KB126021

일본이 우생사회가 될 때까지

NIHON GA YUSEI SHAKAI NI NARU MADE:
KAGAKU KEIMO, MEDIA, SEISHOKU NO SEIJI
(The History of Eugenic Society in Japan:
Scientific Enlightenment, the Media and the Politics of Reproduction)
by YOKOYAMA Takashi
Copyright © 2015 YOKOYAMA Takashi

이 도서의 국립중앙도서관 출판예정도서목록(CIP)은 서지정보유통지원시스템
홈페이지(http://seoji.nl.go.kr)와 국가자료공동목록시스템(http://www.nl.go.kr/kolisnet)에서
이용하실 수 있습니다. CIP제어번호: CIP2019014434(양장) CIP2019014429(무선)

요코야마 다카시 지음
안상현·신영전 옮김

일본이
우생사회가 될 때까지

과학계몽, 미디어, 생식의 정치

THE HISTORY OF EUGENIC SOCIETY IN JAPAN
Scientific Enlightenment, the Media, and the Politics of Reproduction

한울
아카데미

일러두기

· 인용 사료에 관해서는 가타카나를 히라가나로 수정했으며, 옛 한자는 인명 등을 제외하고 새 한자로 수정함.

· 인용 사료는 세로쓰기 시 사료의 아라비아 숫자를 한자 숫자로 고친 부분이 있음.

· 인용 사료 중의 [ ]는 필자에 의한 주석임.

· 제3장에 등장하는 잡지 《문화생활》에 관해서 문화생활 연구회가 간행한 것과 문화생활 보급회가 간행한 잡지는 표기의 혼란 때문에 본문에서 전자는 [연], 후자는 [보] 기호를 붙였음.

· 표 3-2, 4-1-1, 4-1-2, 5-2의 잡지 《민족위생》의 집필진 집필 횟수에 대해 해당 잡지는 오늘날까지 존속하고 있지만, 전쟁 전(12권 6호, 1944년 11월)까지의 집필 횟수를 더해 기술했고, 대회보고, 초록 집필 횟수도 포함하고 있음.

· 제4장에서 잡지 《우생학》의 출처는 복잡함을 피하기 위해 본문에 제목, 연대, 권호(1-1과 같이 간략히 표기), 쪽수를 나타냄. 다른 잡지도 기사 제목과 쪽수를 적을 필요가 없는 경우는 본문에 권호만 표기함.

· 제5장에서 잡지 《민족위생》과 《우생》은 자주 나오기 때문에 이하 본문에서는 제목, 저자, 권호, 연월, 쪽수를 표기함.

· 제9장과 제10장에는 《모성보호의보》와 그 후속 잡지가 자주 나오기 때문에 《의보》로 간략히 표기하고, 본문에 호수, 연도, 쪽수를 표기함.

차 례

제 1 부
우 생 학 의 구 상 과 과 학 저 널 리 즘

제1장_ 20세기 초 진화론 계몽과 우생학 수용의 사상적 기반

제3부
우생학의 정책화와 과학계몽 전쟁 중에서 전쟁 후로

제6장_ 전간기 일본의 우생학론자와 산아조절
논쟁의 발생부터 「국민우생법」까지 ——————————————— 229

제7장_ 「국민우생법」 성립의 재검토 법안 논의와 과학계몽 사이 ———————— 270

제8장_ 인적 자원 조사에서 「우생보호법」으로
다니구치 야사부로의 전쟁 중과 전쟁 후 ——————————————— 297

옮긴이 서문

이 책은 긴 호흡으로 읽어야 하기 때문에 마음이 가벼워지는 서문으로 시작하길 바라며, 『일본이 우생사회가 될 때까지: 과학계몽, 미디어, 생식의 정치』를 번역하는 과정에서 옮긴이가 느낀 점을 나누고자 한다.

먼저 공동 번역자이면서 이 책의 번역을 제안하신 한양의대 예방의학교실 신영전 선생님과의 만남이 재미있다. 나는 밀레니얼 세대답게 SNS로 새로운 만남이나 모임의 기회를 환영한다. 2016년 3월 어느 날 페이스북의 한 글에 소환되어 살펴보니, 신영전 선생님의 포스팅이었다. 신영전 선생님은 일본의 의료제도 이해를 위한 연구 워킹그룹을 찾고 있었고, 연세대학교 인문사회협동과정 대학원 동문인 박중철 선생님이 나를 매칭시켜준 것이다. 당시 일본 의학-건강 서적을 10권 정도 번역한 경험이 있었고 일본 의료에도 관심이 많았던 나로서는 고사할 이유가 없었다. 앞으로도 당분간 전문가 또는 공통 관심사의 네트워크는 이런 식으로 이루어지리라 예측해본다.

다음으로 이 책의 번역 과정을 소개하고자 한다. 신영전 선생님의 연구 주제 중 필자의 관심사와 맞았던 것이 바로 일본 우생학이었다. 나도 우생학의 역사와 현대 사회에도 우생학이 어떤 영향을 주고 있는지 궁금했기 때문이다. 2016년 6월 이 책을 번역하기로 결정했으나, 공동 번역을 어떻게 할지 등의 여러 사정에 의해 실제 번역을 시작한 것은 2017년 1월이었다. 기존 번역했던 경험에 비추어 진료와 병행하면서 2개월이면 번역할 수 있을 줄 알았으나 일본 역사를 다루는 것과 412페이지에 달하는 분량은 만만치 않은 작업이었다. 결국 여러 도움을 얻어 2017년 4월 중순이 되어서야 초벌 번역을 마치고, 5월 초에 1교를 해서 공동 번역자인 신영전 선생님께 전달할 수 있었다. 방대한 분량을 검토하고, 한국 독자들이 이해하기 쉽게 용어를 정비하고, 옮긴이 주를 다는 작업은 신영전 선생님도 쉽지 않았을 것이다. 2017년 12월 마지막 날, 매섭게 추웠던 그날 신영전 선생님의 번역 작업물을 메일로 받아본 것이 지금도 기억에 남는다. 하지만 출판사 일정에 따라 2019년 상반기로 출간 계획이 잡히면서, 다시 한 번 검토할 시간이 생겼다.

그 과정에서 저자 요코야마 선생님이 한국어판 서문을 수정 및 추가해서 보냈다. 처음 한국어판 서문을 작성했던 2018년 2월에 묘사했던 상황과 이 책의 출간 작업이 한창이던 2018년 여름 일본 현지의 사정이 달라졌기 때문이다. (적어도 나에게는) 과거의 유물로만 여겨졌던 우생학은 현재 일본에서도 여전히 살아 있는 생물이었다. 그렇다면 우리나라에서 우생학은 어떠할까? 신영전 선생님의 식민지 조선과 해방 후 국내 우생운동에 관한 고찰 등을 보면, 일본의 우생학 역사와 흡사한 측면이 많이 보인다. 그렇다면 일본이 그러하듯 우리나라의 오늘에도 우생학이 어떤 영향을 주고 있지 않을까?

이 책을 읽다 보면 생각도 못했던, 숨어 있던 우생학의 그림자에 깜짝 놀라는 부분을 발견할 것이다. 또한 그 과정에서 우생학이 현대 사회에 주는 메시지에 대해 한 번 더 진지하게 고민해볼 기회를 가질 수 있을 것이다.

끝으로 이 책을 번역할 기회를 주신 저자 요코야마 선생님, 공동 번역자인 신영전 선생님, ㈜한울엠플러스 여러 분들께 깊은 감사의 말씀을 드리고 싶다. 아울러 사랑하는 아내 명진과 딸 현서에게도 이 자리를 빌려 감사의 마음을 전한다.

2019년 2월 25일
안 상 현

한국어판 서문

이번에 졸저 『일본이 우생사회가 될 때까지: 과학계몽, 미디어, 생식의 정치』(勁草書房, 2015)가 신영전 선생님(이하 신 선생님), 안상현 선생님을 통해 한국어판으로 번역됐다. 저자로서 대단히 영광스럽게 생각한다.

필자가 신 선생님을 알게 된 것은 「저자 후기」에도 적은 것처럼 졸고 「규슈제국대학 의학부에서의 민족위생학·식민위생학 강좌: 전쟁 전후의 미즈시마 하루오(水島治夫)의 학문에서」[《규슈사학(九州史学)》 167호, 2014년 3월]를 발표하면서 전 경성제국대학의 미즈시마 하루오에 대해 자세히 기술한 신 선생님의 이메일을 받고 몇 차례 메일을 주고받으면서부터이다. 한편, 필자도 신 선생님이 집필한 「식민지 조선에서 우생운동의 전개와 성격: 1930년대 《우생(優生)》을 중심으로」(《의사학》 15권 12호, 2006)를 필자의 책 서문에 인용했다(12, 30쪽). 이 논문을 비롯하여 한국에서도 우생학사(優生學史) 연구가 진행되고 있다는 것이 매우 흥미로웠다. 한국 우생학의 근본에 일본 우생학이 영향을 준 것은 틀림없고, 이 책이 그런 연구에 조금이라도 도움이 된다면 필자로서 더할 나위 없이 기쁠 것이다.

이 책은 일본의 우생학에 대해서, ① 우생학의 도입과 구상, ② 우생학 잡지와 우생학 단체, ③ 우생법(「국민우생법」, 「우생보호법」)의 성립과 전개, ④ 신우생학(1972년 「우생보호법」 개정안 이후의 태아 조항, 산전 진단을 권장하던 일본모성 보호의사협회)이라는 네 가지 요소를 통시적으로 추적한 것이다. 결국 이 책은 1900년경부터 2015년까지 매우 긴 기간을 다루게 되었다.

이 책은 일본 우생학에서 중요하다고 여겨지는 인물이나 사항을 대부분 망라하고 있지만, 통사적인 저작과는 어느 정도 성격을 달리한다. 1980년대부터 지속된 연구사 속에서 특히 미해결, 미해명된 주요 문제라고 필자가 판단한 것에 초점을 맞추었다. 그렇기 때문에 누락된 요소가 많이 있다. 특히 전후사(戰後史)에서는 (가장 중요한 요소임에도 연구사에서 지금까지 빠져 있었던) 일본모성보호의사협회 동향을 보완한 것에 지나지 않는다. 일본어 문헌 중에서 전후 우생학의 개요를 알려면 『우생학과 인간사회』[고단샤(講談社) 현대신서, 2000]라는 책 내용 중에 일본의 전후를 다룬 마쓰바라 요코(松原洋子)의 「일본 ― 전후 「우생보호법」이란 이름의 단종법」을 보면 도움이 될 것이다. 다만 전후 우생학은 충실한 각론적 연구도 늘고 있어, 최신 동향도 포함해서 이를 통합한 서적이 언젠가 필요하리라 생각한다.

더욱이 우생학과 우생사상을 둘러싼 문제는 매우 현실적인 성격을 가진다. 필자는 간행 직전인 2015년 8월경까지 관련 정보를 수집하고, 가능한 범위에서 이 책에 반영시키기 위해 애썼지만, 이후 이 주제와 관련하여 특별히 다룰 만한 사건이 일본에서 잇따랐다. 개인적으로는 그런 논의와 보도되는 방식에 다분히 위화감을 느낄 수밖에 없는 것도 있다. 그것들을 기술하는 것이 이 책의 정보를 보충하고, 또 동시에 이 책을 읽는 한국의 독자 분들께 고찰의 재료를 제공하기 위해 유익하지 않을까 생각했다.

이에 아래에서는 ① 산전 진단의 현재, ② 사가미하라(相模原) 사건, ③ 「우생보호법」을 둘러싼 사죄와 보상 소송에 관해서 기술하고자 한다.

1. 산전 진단의 현재

이 책에서 기술한 대로 일본에서 산전 진단은 가이드라인이 없이, 산전 진단에 근거한 선택적 낙태가 계속 증가하고 있다. 2011년 7월 일본산부인과의사회는 2009년까지 10년간 태아 이상 진단 후 낙태를 한 것으로 추정되는 사례가 이전 10년간보다 두 배로 늘었다고 보고했다. 2012년부터 새로운 산전 진단(NIPT)이 도입됐다. 산모 혈액 속에 미량 포함된 태아의 DNA를 검사하는 것만으로 염색체 질환을 높은 정밀도로 알 수 있다고 한다. 2013년 4월부터 37개의 인정시설에서 시행되고 있으며, 2017년 9월 현재 시설은 89개까지 증가했다.

이 책은 결론에서 "산전 진단의 정의나 규칙을 재정의하고, 이 기술의 이점과 결점을 포함해 어떤 의미가 있는지 논의할 시기가 온 것인지도 모른다"라고 적었다(429~430쪽). 이런 것을 고려하면, 이 책 제10장에서 기술한 태아 조항에 대한 논의가 불가피할 수도 있다. 그래서인지 현실에서는 이에 얽힌 논의가 크게 활성화되어 있지 않고, 교착 상태에 빠진 것처럼 보인다.

저자는 그 원인으로, 이 기술에 비판적 입장과 추진하자는 입장 쌍방에서 현재처럼 산전 진단 관련 규칙이 없는 상태가 더 편하기 때문이 아닌가 싶다(단, 전자의 불만·불안 쪽이 클 수 있다).

장애인 단체가 태아 조항 도입에 반대한 입장을 보여준 예로, "산전 진단에 대한 DPI 여성 장애인 네트워크의 의견"(2012년 9월 24일)이 꼽힌다. 이 의견에서는 "태아 조항은 국가가 장애를 지닌 태아의 낙태를 인정하도록 법에 명시하는 것입니다. 우리는 그것이 좋은 결과로 이어지리라 생각하지 않습니다. 태아 조항을 만드는 데 반대합니다"라고 주장했다. 일본다운증후군협회도 대규모 인구집단 조사(mass screening)에 반대를 표명하고 있다. 이와 같이 이 책에서는 제10장에서 1970년대, 1980년대, 1990년대와 같이 단속적으로 이어진 여성단체와 장애인단체의 태아 조항 비판을 다뤘는데, 이들과 그렇게 다르지 않은 입장이다.

사실 흥미롭게도 일본모성보호의사협회(현 일본산부인과의사회)도 태아 조항 삽입은 반대하고 있다. 대담 「의사회, 학회의 뉴 리더, 열변(熱辯)」(2)(《일본산부인과의사회보》 753호, 2013년 5월)에서는 일본산부인과학회 이사장인 고니시 이쿠오(小西郁生)와 일본산부인과의사회 회장인 기노시타 가쓰유키(木下勝之)

의 대담 중 아래와 같은 내용이 오고갔다.

> 고니시: 「모성보호법」에서 태아 조항과 같은 것은 절대 반대입니다.
> 기노시타: 그것은 일본인, 특히 산부인과 의사 원로의 지혜로서 매우 현명한 생각입니다.
> 고니시: 지금 이대로가 가장 좋다고 생각합니다. 그리고 안전한 인공임신중절은 매우 중요합니다.(6쪽)

이 대담에는 위에 기술한 1970년대 이후 장애인, 여성 단체의 태아 조항 비판을 의식한 내용도 포함됐지만, 두 사람 다 산전 진단을 계속한다는 입장에 서 있었다. 그 배경에는 태아 조항 등이 있든 없든 산전 진단과 이에 근거한 선택적 낙태는 가능하다는 것이 있다. 그런 입장이라면 태아 조항을 둘러싼 논의가 활성화되는 것이 오히려 곤란하고 불편할지도 모른다.

이처럼 산전 진단에 비판적·추진적인 입장이 모두 다른 의도로 태아 조항 도입에 반대하고 있다. 결국 산전 진단의 규칙 등 논의가 이루어지지 못하고, 특히 외부에서 간섭할 수 없는 상태로 산전 진단은 현 단계에서 산부인과 의학계의 자율규제를 따르면서 사용이 점차 증가하고 있다. 한편, 현재는 산전 진단에 의해 '장애'가 발견된 경우에도 부모가 원하면 그 아이를 낳을 자유는 보장되어 있다. 산전 진단의 현재는 이렇게 다른 문맥의 의도를 통해 기묘한 평형 상태가 유지되고 있다 할 수 있다.

그러나 의료인 측에 유리한 이러한 평형 상태도 실은 일시적이고 우연적인 성격을 띠었을 뿐이다. 사실 실제로 2018년 3월에는 일본산부인과학회가 비인정·무인정 클리닉에서의 검사 확대 등을 바탕으로 본격 적용하는 방침을 세워 (산전 진찰을) 시행할 수 있는 의료기관 수를 증가시키는 결정을 할 예정으로 알려졌다. 또한, 다운증후군 등에 한정되어온 진단 대상 질환도 확대할 예정으로 알려졌다. 기술의 진전으로 진단 가능한 질환은 계속 확대될지도 모른다. 이 번역서가 간행될 무렵에는 일본의 NIPT를 둘러싼 윤리나 언론 상황이 현재와는 크게 달라질 가능성도 있다.

이 책에서 확실히 말할 수 있는 것은, 적어도 산전 진단에 의한 선택적 낙태가 무조건 '생명의 선별'이라고 비판하는 것만으로는 현재 상황에 대한 적응능력을 한층 더 상실하고, 아카데미즘의 입장에 입각한다면 인문과학의 현실성(actuality)조차 상실할 수 있다는 것이다. 그러므로 특정 정치 세력의 주장에 좌우되지 않는 팩트 중심의 생식의료(生殖醫療) 현대사에 대한 파악이 필수적이며, 그 자료의 제공에 이 책이 일정 역할을 수행할 수 있다고 믿는다.

2. 사가미하라(相模原) 장애인 살해 사건

새로운 산전 진단을 둘러싼 논란은 평형 상태가 계속된 가운데 우생사상을 둘러싼 언론 상황은, 사가미하라 장애인 살해 사건으로 급변한 감이 있다. 1970년대 이후 「우생보호법」은 나치 「단종법」을 따른 「국민우생법」을 이어받은 것으로 나치의 '악(惡)'과 동일시되면서, 산전 진단도 그런 맥락에서 비판받는 경우가 적지 않다. 그러나 오늘날의 산전 진단과 이에 근거한 선택적 낙태는 국가의 강요보다는 개인이 솔선해서 이루어지는 것이 명백하기 때문에 기존의 비판은 설득력을 잃고 있다. 예를 들면, 이 책 제10장에서 증언을 제공한 요네즈 도모코(米津知子)조차도, 오하시 유카코(大橋由香子)와의 대담에서 "산전 진단뿐만 아니라 생식보조의료가 나온 직후의 소시렌(SOSHIREN)*은 '그런 것은 안 된다'고 단호하게 말했었습니다. 그러나 사용하는 사람이 나오면, 그 기술을 비판하는 것이 사용하는 사람을 비판하게 되는 문제가 있어요. 상당히 비판하기 어렵습니다"라고 말했다(「여성의 몸에서 소시렌과 장애인 운동이 이어져 온 것」, 《현대사상》 45권 8호, 2017년 5월, 158쪽).

그러나 우생사상의 '악'을 비판하고 이를 나치의 '악'과 한데 묶고 싶어 하는 사람들의 소망까지 쇠퇴한 것은 아니고, 그 에너지가 사가미하라 사건과 「우

---

* (옮긴이) 일본의 우생학적 정책에 대한 반대 단체.

생보호법」 단종의 사죄·보상 문제로 향한 측면도 있어 보인다.

사가미하라 장애인 살해 사건은 2016년 7월 26일 새벽, 가나가와현(縣) 사가미하라시(市) 미도리구(區)에 위치한 가나가와현립 지적장애인 복지시설 '쓰구이 야마유리엔(津久井やまゆり園)'에서 범행 당시 26세의 전 시설 직원이던 우에마쓰 사토시(植松聖)가 침입해 칼로 19명을 살해하고 26명에게 중경상을 입힌 대규모 살인 사건이다. 우에마쓰는 '불행만 만드는' 장애인은 '보호자의 동의를 얻어 안락사'시켜야 한다는 사상에 따라 이렇게 끔찍한 일을 저지른 것으로 보인다. 사건 발생 직후부터 일본 언론계에서는 이를 '우생사상'과 연결 지어 논의했다.

정신과 병원 입원 중 피고는 "히틀러의 사상이 강림했다"고 말한 것으로 전해졌다. 그러나 나치, 우생사상과 관련이 있다는 증거는 의외로 빈약하다. 아마 피고는 이들을 상세하고 체계적으로 공부하지는 않았을 것이다. 장애인을 불행과 연결짓고, 그 삶을 부정하는 사상은 일단 '우생사상'이라 부를 수 있을 것이다. 그러나 연구적 관점에서 따질 일은 그 '우생사상'의 내용, 유래 혹은 그렇게 파악하는 이해의 근거가 아닐까?

사가미하라 사건을 '우생사상'으로 보고, 다윈까지 거슬러 올라가 골턴, 나치의 우생학, 또 일본의 「국민우생법」, 「우생보호법」, 산전 진단과의 관계를 언급하는 글도 많다. 그러나 역사적으로 보면 우생학과 안락사, 집단 학살(genocide)이 곧바로 연결되지 않는다는 것은 과거의 연구를 통해 알려져 있고, 전쟁 전의 우생학자 스스로도 그것을 부정한 사례도 있다.

나치의 홀로코스트조차 우생학, 안락사와의 어긋남이 있음을 지적하는 견해도 있다. 예를 들면 이치노카와 야스타카(市野川容孝)는 "때때로 우생학, 안락사 계획, 그리고 홀로코스트는 나치라는 악의 용광로(melting pot) 안에 섞인 채 논의된다. 그러나 우생학 논리는 안락사 계획 논리와, 안락사 계획 논리는 홀로코스트의 논리와 각각 미묘하게 다르다"고 지적했다(「독일 우생학은 나치즘인가?」, 『우생학과 인간사회』, 105쪽).

국제적인 우생학사 연구의 표준을 보여주는, 앨리슨 배시퍼드(Alison

Bashford)와 필리퍼 리바인(Philippa Levine)의 『우생학의 역사 옥스퍼드 핸드북(The Oxford Handbook of The History of Eugenics)』(Oxford University Press, 2010)에서 모스(A. Dirk Mose)와 스톤(Dan Stone)은 우생학과 집단 학살, 그리고 인종주의, 반동주의, 정치적 우파와 과도하게 연결시키는 것의 오류를 지적하고 있는데, 그 한 예로 일본의 「우생보호법」을 들고 있다(「제10장, 우생학과 대량학살(Eugenics and Genocide)」, 203쪽).

이 책 제2장에서 다룬 도입기의 일본 우생학론자, 운노 유키노리(海野幸徳)가 1910년 우생학과 안락사를 연관 짓는 것을 '부적당'하고 실현 불가능하다고 비판한 것도 주목된다. 미국 의사 매킴(McKim)은 『유전과 인간 진보(Heredity and Human Progress)』(New York and London, G. P. Putnam's sons, 1900)에서 "악질자를 한 방에 넣고, 여기에 탄산가스를 넣어 조용히 사망케 해야 한다"고 주장했다. 반면 운노는 "부적당하고, 도저히 실행할 수 없다"며 단종수술만 "현재 악질자의 처분법으로서 유효하면서 무해"하다고 말했다[이상 「인종개조와 악질자의 처분」, 《중앙공론(中央公論)》 25년 11월호, 1910년 11월, 29~30쪽]. 매킴의 사상은 안락사와 우생학이 결합될 가능성도 시사하고 있지만, 필자가 알기로 전쟁 전 일본의 우생학론자들이 안락사를 적극 지지한 사례는 없었다.

일본안락사협회(현 일본존엄사협회)를 설립하고 견인한 인물인 오타 덴레이(太田典礼, 산아조절 운동가로 이 책에도 등장)조차 1973년의 저서 『안락사 추천』에서, 우생학적인 장애아 출생 방지 사상을 유지한 반면 안락사와 장애인 살해의 관계성은 부정했다. 그는 『안락사 추천』에서는 "현재 우리가 문제 삼고 또한 세계적으로도 논의하고 있는 것은 임의 안락사 법안으로, '임의'라는 단어가 보여주는 것처럼 본인의 의지에 따르는 것이며 결코 강제성이 없다", "심신 장애인은 앞서 말한 식물인간과 마찬가지로 적극적 안락사의 대상이 아니다"라고 분명히 밝혔다. 또한 1972년 도쿄도 기타구(北区)에서 노인인 아버지가 37세의 장애인 자녀를 살해한 사건을 언급하며 "살아 있는 한 함부로 치료를 중단할 수 없다"고 말했다(136~137쪽).

《현대사상(現代思想)》 2016년 10월호에서, 「살 가치가 없는 생명 종결의 허

용'은 어떻게 전해졌는가?」를 저술한 오타니 이즈미(大谷いづみ)는 그 글에서 "나치 독일 시절의 T4 '안락사' 정책, 즉 '생존의 가치가 없는 생명의 멸각' 경험과 함께 중증 장애아/장애인의 처우를 논하는 것이 1970년대를 가로지르는 특징"이라고 썼다. 또한 상술한 오타니의 글에 대해, 「오타 덴레이 소론(小論)」(《사생학연구》 5호, 2005)에서 "안락사의 대상이 되지 않아야 할, 실제로 지금 '살아 있는' 장애인이 무엇 때문인지 안락사와 연관되어 이야기되고 있다", "장애아/장애인을 살해한 부모를 옹호하고 싶어 하는 것처럼도 보인다"고 썼다(107쪽). 이 논의에 따르면 모든 우생학론자들이 안락사론자가 될지도 모른다. 그러나 우생사상을 태연하게 표명할 수 있는 사람이 아직 존재했던 1970년대에, (비록 장애인단체의 비판이라는 외적 요인이 있었다고 해도) 장애인 살해와 안락사 부정과의 연결을 부정했던 오타(太田)의 생각은 참작할 만하다.

역사적으로 집단 학살, 안락사, '우생사상'이 연결된 예는 부족하다고 말할 수밖에 없고, 비교적 최근의 우생학사 연구도 그것을 보여주고 있다. '우생사상' 역사의 도마 위에 오른 사가미하라 사건을 본다면 집단학살, 안락사, '우생사상'이 삼위일체(三位一體)로 직접적으로 결합된 현상은 의외로 현대적인 현상으로 파악해야 하는 것 아닐지? 이것이 필자의 사견이다. 그렇다면 무엇이 이들을 삼위일체로 결합시킨 것일까? 혹은 우생학사의 문맥에서 바라본 사가미하라 사건의 현대성은 어디서 찾을 수 있을까?

첫째는 사건의 잔혹성이다. "히틀러의 사상이 강림했다"고 주장하는 우에마쓰 피고의 사상과 과거 유례없이 잔학했던 살상 행위가 집단학살, 안락사, '우생사상'을 삼위일체로 결합시킨 것은 틀림없다. 이 사건과 나치의 T4 작전과의 유사성도 찾아낼 수 있다. 다만 필자는, T4 작전과 사가미하라 사건을 우생사상이라는 굵은 선으로 연결시킬 수 있다는 논의 방식에는 찬성할 수 없다.

둘째는 사건을 논하는 현대인의 생각이다. 즉, 사가미하라 장애인 살해 사건을 집단학살, 안락사, 우생학과 연결한 것은 용의자뿐만 아니라 역사적 검증도 제대로 거치지 않고 사건을 논평한 사람들의 논평에 의한 부분도 크다고 평가할 수밖에 없다. 그 논의의 직접적인 도구들은 우생사상을 악의 용광로(melting pot) 안에 녹여 이야기한 1970~1980년대의 「우생보호법」 개정 논란 속에 있는 것은 아닌가. 혹은 1970~1980년대 이후의 패턴으로 우생학을 비판하고 싶은 사람이 에너지를 쏟아낼 수 있는 대상이 사가미하라 사건이라고 볼 수도 있다. 무엇보다, 우생사상을 악의 용광로 안에 녹여 이야기하는 식의 논의는 대체로 최근 연구에서 부정되고 있음은 이 책의 서장과 종장을 참조하면 명백하다. 그런 까닭에 우생사상의 역사를 엮어 이 사건을 논평한 것 중에는 사실 파악에 의문을 제기할 수밖에 없는 것도 적지 않다. 안타깝게도 사가미하라 사건에서 우생사상과 그 역사를 논할 때, 본래는 연구적 입장에 필요한 선행 연구 정리와 비판 등은 몹시 소홀한 채 특별한 방식(ad hoc)으로 사건에 대한 비판을 전개하는 경우가 많다.

셋째는 증오 클레임(hate claim)과의 공통성, 그리고 그 씨앗인 언론을 통한 피고에 대한 공감대 확산이다. 이는 빈번하게 지적되고 있는 그대로이다. 다만, 우생학은 반드시 우익의 전유물이 아니라는 점을 고려하면, 우에마쓰 피고의 사상과 사건에 공감할 수 있는 사람들이 '인터넷 우익'과 겹칠지는 의문이다. 이 사건에서 증오 클레임을 언급하는 사람들은 재일조선인 차별, 장애인 차별을 화제에 올린다. 그러나 우생사상을 둘러싼 현상으로는 NIPT 도입 때나 수정란 진단을 둘러싸고 일본다운증후군협회 등에 대해 이루어졌던 인터넷상 비방·중상이 떠오른다.

위와 같은 세 가지를 특별히 언급하면서 말하고 싶은 것은 단순히 사가미하라 사건에 '우생사상'이라는 낙인을 찍고 "이런 사건이 두 번 다시 일어나서는 안 된다"고 주장하는 것만으로는 사건의 구조를 제대로 파악하지 못할 가능성이 있고, 사건을 일으킨 구조를 반복하게 될 것이라는 점이다. 1970년대의 「우생보호법」 개정 논란 이후 우생사상은 나치를 주된 예로 삼아 악의 용광로 안에 녹여 논해왔다. 그것은 생식의 인권을 둘러싼 정치적 올바름(political correctness)에 대한 근거이기도 하지만, 사가미하라 사건과 인터넷에서 이루어진 (그에 대한) 지지 양상은 그 카드를 뒤집은 모종의 공격이 아닌가라고도 말할 수 있다. 그 카드를 다시 뒤집은 형태의 비판을 하는 것은 구조의 반복일 뿐이지 않을까?

이 점에 관해서는, 기무라 소타(木村草太)의 「『개인의 존중』을 정착시키기 위하여」(《현대사상》 44권 19호, 2016년 10월)를 참고할 수 있다. 미국 영화감독 이스트우드는 트럼프 대통령 후보(당시)를 지지하면서, "내심 모두 정치적 올바름에 대한 아첨을 질색하고 있구나"라고 발언했다. 이를 바탕으로 기무라는 이렇게 썼다.

'개인의 존중'을 정착시키려면, 트럼프 미국 대통령의 차별적 발언에서 볼 수 있는 '소박한 천박함(素朴な粗野)'에 대해서 "너는 틀렸다"고 무조건 설교하고 싶은 충동을 억제할 필요가 있다. 그 '소박한 천박함'을 받아들이고 그들 주장 속에 있는 합리성을 더 파고들었을 때 얻을 수 있는 결론과 마주하는 기회를 확보해야 한다. 그러한 과정을 반복하는 수고를 마다하지 않고서는 차별과 폭언의 의존으로부터 해방되기 어려울 것이다.

어쩌면 정치적 올바름을 이야기하는 사람들이, '무조건적 설교'에 의존하는 것으로부터 해방될 필요가 있는지도 모른다.(61~62쪽)

이와 같은 논의는 서론에서도 많이 참조한 쿤의 논의를 토대로 한 요네모토 쇼헤이(米本昌平)의 '방법론적 이화(異化, dissimilation)'와 가나모리 오사무(金森修)의 논의와도 공통점이 있고, 필자가 믿는 우생학사의 바람직한 모습과도 통하는 점이 있다. (이는) 현재의 사가미하라 사건을 우생사상과 관련지어 논할 때도 효과적인 관점이다.

사가미하라 장애인 살해 사건은 처참한 사건이지만, 그렇다고 그 사건을 투영한 렌즈로 과거의 우생학을 왜곡해서는 안 된다. 사건은 과거의 우생학이나 안락사론과 단순하게 연결되지 않는 현대적인 현상으로 인식해야 한다. 사건에 '우생사상'이라는 낙인을 찍고, 1970년대 이후의 악의 용광로론을 반복하는 것은 최근의 연구 성과를 아무런 근거도 없이 무시하는 것이고, 사건의 찬동자를 설득하지도 못하는 것이 아닐까? 필자가 이 책에서 시도한 우생학 내부의 논리나 당사자 안에서의 '합리성'을 해명하는 접근방식은 사가미하라 사건과 그 주변 언설(言說)을 본격적으로 분석하는 데도 효과적일 것이다.

3. 「우생보호법」하 단종수술을 둘러싼 소송 문제와 보도의 문제점

1) 「우생보호법」 재판과 보상을 둘러싼 움직임

이 한국어판 서문을 집필한 시기는 2018년 6월 중순이다. 사실 2018년 1월 30일, 지적장애를 이유로 불임 수술을 강요당한 미야기(宮城)현의 60대 여성이 "중대한 인권침해가 있었음에도 피해구제를 위한 입법을 게을리 했다"는 등을 이유로 국가를 상대로 한 1100만 엔의 손해배상청구 소송을 센다이(仙台) 지방 법원에 냈다. 동종의 소송이 도쿄, 삿포로 두 지방 법원에도 제기되었으며, 다른 지역에서도 제소의 움직임이 있다. 2017년 11월 무렵부터 신문은 《마이니치매일신문》, 《교토신문》, TV 방송국은 아사히 등을 중심으로 연일 이 소송과 「우생보호법」에 의한 단종의 관계 문서를 소개하고 있으며, 그 내용은 한국에서도 인터넷을 통해 열람 가능하다.

물론, 「우생보호법」 자체는 1996년에 이 법이 「모성보호법」으로 개정됐을 때도, 1997년 북유럽의 단종수술 실태가 보도됐을 때도 화제를 모았기 때문에, 이번 일련의 보도를 통해 처음으로 그 존재가 알려진 것은 아니다. 그렇지만 트위터(twitter) 등 인터넷상에서 이 법의 존재를 처음 알았다는 내용을 자주 접하게 된다. 원래 우생수술에 대한 사죄와 보상을 촉구하는 운동은 1990년대 말부터 계속됐고, 사가미하라 사건 등이 일어난 것 이외에는 그 주장도 크게 달라지진 않았다. 그러나 이번 소송이 일어나서야 드디어 현재 상황에 이르게 됐다. 솔직히 말하자면 '이제 와서?'라는 느낌으로, 신문 보도 등의 변덕에 좌우된 측면도 어느 정도 있어 보인다.

우생 수술에 대한 사죄와 보상 운동은 좌익 페미니스트 단체와 장애인 단체, 이들을 포함한 '「우생보호법」 사죄를 촉구하는 모임' 등이 1990년대 말부터 계속 추진해왔다. 요즘은 일본변호사연합회(일변연), 신문사도 본격적으로 이에 편승하고 있다.

독일과 스웨덴은 우생수술에 대한 보상 제도를 마련했다. 일본에서도 「나병예방법」 위헌 국가 배상 소송을 통해 2001년 이 법은 위헌이 됐고, 고이즈미 내각의 판단으로 국가는 항소를 포기했다. 이 사례에 따르면, 「우생보호법」에 의한 단종수술이 '당시에는 합법'이라며 후생성 등이 반복하는 논리는 조리에 맞지 않는다. 일본도 이에 관해 (독일, 스웨덴과) 유사한 조치를 취하는 것에 필자 역시 찬성이다.

그러나 후생성은 문제 발생 시부터 우생수술이 '당시에는 합법'이란 주장으로 일관하고, 구제나 실태 해명을 게을리 하며 재판에서도 다투는 자세를 바꾸지 않고 있다. 1월 제소 직후에는 「우생보호법」이 1996년 우생수술 항목을 삭제하는 등 「모성보호법」으로 개정되고 올해로 22년이 되었기 때문에, 손해배상청구권이 없어지는 민법 규정의 '제척기간(除斥期間)'(20년)에 해당하는지가 쟁점이었다. 6월 13일 열린 센다이 지방법원의 구두변론에서 국가 측은 "구제 제도를 입법할 의무가 있다고까지 할 수 없으므로, 위법이 아니다"라고 주장했다. 다만, 2018년 3월 장애인에 대한 불임 수술의 문제를 생각하는 초당파 의원 연맹이 결성되어, 5월 24일 법안 작성을 위한 프로젝트팀을 발족했다. 구제 입법은 이르면 내년도 정기국회에 제출할 것으로 전망되고 있다. 6월에는 후생성이 불임 수술 피해자 구제를 위한 새로운 구조를 만들기 위해, 비슷한 수술을 했던 스웨덴과 독일의 구제 제도에 대해 현지 조사를 시행하겠다고 보도됐다. 피해자 구제 관련 사태는 호전되고 있는지도 모르겠다.

2) 「우생보호법」 보도의 문제점

위와 같이 2018년에 들어 갑자기 「우생보호법」 문제가 부각된 것은 재판과 함께 신문사나 방송국에 의한 미디어 캠페인에 힘입은 바가 크다. 2017년 11월 17일 《마이니치신문(每日新聞)》이 가나가와(神奈川)현 공문서관의 단종수술 관련 공문서의 존재를 보도한 이후, 여러 지역의 공문서관 등에서 유사한 공문서의 '발견'이 잇달아 보도됐다. 결과적으로는 전국 공문서관과 현청의 서고 등에「우생보호법」의 강제 단종수술에 관한 공문서는 전체 수의 2할 정도밖에 남아 있지 않다는 사실 등 그 전체 모습이 대략 밝혀졌다. 동시에 공문서관에 단편적으로밖에 모여 있지 않고, 남아 있지 않다는 실태는 일본 공문서관 제도가 안고 있는 심각한 결함을 다시 한 번 부각시켰다. 또한, 일부 병원에서 의무기록을 발견하는 등 이러한 보도가 관련 자료 발굴에 큰 역할을 한 것은 환영할 만한 일이다.

하지만 신문과 방송국의 보도 내용과 태도에는 문제가 많다. 그 특징을 한마디로 말하자면, 보도지침(press code)에 맞춘 것처럼 지나치게 패턴화, 일상화하고 있다는 느낌을 부정할 수 없다. 때때로「우생보호법」의 주체를 국가만으로 한정하고, 거대 악인 권력으로 묘사해 비난 일색의 고발조를 취하는 한편, 피해자는 악랄한 국가정책의 희생자로만 그린다. 이 공식에서 벗어난 것은 역사적 사실에 부합하는 것도 과소평가하거나, 없던 일처럼 취급하는 경향이 강하다. 대학 교수들의 논평은 그 보도의 주장을 뒷받침하는 부품으로 소비된다.

아울러 이들 보도는 역사에 대해서 아주 기초적인 수준의 사실 오인을 범하거나, 연구사에서 누차 문제시된 견해를 제대로 검증도 하지 않고 퍼뜨리는 일도 드물지 않다. 2018년 전후 처음으로「우생보호법」을 알게 된 보도 관계자도 많아 보이고, 그 폐해도 있을 것이다. 역사 연구의 학문적 객관성에 한정하면, 2차 피해도 끼치고 있다 말할 수 있다.

중요한 것은 믿기 힘들지만,「우생보호법」이 나치「단종법」을 본뜬「국민우생법」을 계승한 법률이라는 설명이 지금도 이뤄지고 있다는 사실이다. 1970년대 무렵부터 퍼진 이 견해는 우생학 연구사에서 글로벌하게 거듭 문제시되고 있고, 이 책에서도 이는 오류이며 유해하다는 의견을 몇 번이나 적었다. 이 책 제7장에서도 설명했지만, 후생성의 민족위생협의회와 민족위생연구회에도 참여자를 배출한 일본민족위생학회 회원과 《민족위생》지는 나치의 민족정신과 인종주의에 그다지 공감하지 않았고, 그것을「단종법」에 반영한 흔적이 없다. 나치「단종법」은 격렬한 단종법 논쟁을 배경으로 '학리(學理)'를 기반으로 했음을 보여주는 편법이므로, 포맷이 본보기가 된 것이 실제 모습이었다. 무엇보다 조문이 표면적으로 비슷해도, 나치「단종법」은 중증의 알코올 중독, 정신질환자, 사회로부터 일탈자로 간주된 사람이나 정치범까지 단종시켰는데,「국민우생법」은 단종법으로서 제대로 기능하지 못했다며 전후(戰後)에 기능부전을 비판받았다.「우생보호법」이 나치「단종법」을 본뜬「국민우생법」을 계승했다고 하는 사람들은 나치의 악과「우생보호법」을 동일시하고 싶겠지만, 이 책의 독자는 그런 이해가 무의미하고 유해한지 이해할 것이다.

또한「우생보호법」성립을 사회당 중심으로 파악하는 견해도 간혹 보인다. 이것 역시 이 법의 이 이해의 문턱에서 전도(顚倒)해버린 것은 물론,「우생보호법」체제의 구조 자체에 대한 몰이해를 토로하는 것이다. 이 책 제8장에서 설명했듯이「우생보호법」에는 두 가지 안이 있었다. 제1안은 1947년 8월 사회당 가토 시즈에(加藤シヅエ), 오타 덴레이(太田典礼), 후쿠다 마사코(福田昌子)가 제출했지만 성공하지 못했다. 제2안은 산부인과 의사이며 일본의사회 부회장 등을 역임하고 자유당의 참의원 의원이었던 다니구치 야사부로(谷口弥三郎)가 사회당 의원에 협력을 호소해 통과시킨 것이다. 이것을 일부 보도에서 퍼뜨린 것처럼 사회당 주도로「우생보호법」이 통과됐다고 파악한다면, 그 후 경위를 전혀 이해할 수 없게 된다. 1949년, 1952년 개정의 주도권은 다니구치가 장악했다. 한편 오타는 1948년 12월 사회당에서 제명됐고, 후쿠다는 사회당 색깔이 부족하고 의학자로서 다니구치에게 접근했으며, 가토는 이후 개정에 참여하지 않았다.

「우생보호법」성립 주체를 사회당에서 찾는 관점이 잘못된 이유는, (그럴 경우) 다니구치가 억지로 밀어 넣은「우생보호법」12조에 의거「우생보호법」지정의사, 이어 1949년 지정의사 단체로 결성된 일본모성 보호의사협회(일모)의 동향을 놓치게 되기 때문이다. 이 지정은 후생대신이나 지방장관이 아니라 일본의사회가 하는 것이었으며, 이 시대의 의료법에서는 이례적이었다. 이로써「우생보호법」에 관해 후생성이 일모에 개입하기 어려운 상황이 생겼고, 이 단체야말로 우생수술, 중절수술 등「우생보호법」시행에 큰 영향력을 쥐게 됐다. 이런 동향은 이 책 제8~10장에 나와 있는 대로이다.

일모에 관한 예외적인 보도로, 2018년 4월 4일 《기후신문》(그 외, 복수의 신문에 게재)이 《보건과 조산》 1953년 6월호에 관한 언급이 있다. 마쓰이 아사노(조산사) 「강제 우생수술을 시행할 때까지」라는 수기가 실렸고, 16세에 출산한 소녀에 대해서, 아이치(愛知)현의 조산사가 강제 불임 수술을 받게 만든 경위를 밝혔다. 이에 훗날 일모 회장인 모리야마 유타카(森山豊)가 경의를 표하며 우생수술을 장려하는 '소감'을 보냈다. 보도는 모두 저자의 실명을 게재하지 않은 것도 이해가 가지 않지만, 이 신문 기사의 기자는 아마 《일본모성보호의보》도 읽지 않고, 이 매우 단편적인 잡지 기사로 일본산부인과의사회(구(舊)일모) 취재에 임해 "당시 협회가 조직적으로 우생수술을 장려한 적은 없다"는 발언을 실었다. 또한, 《마이니치신문》은 2018년 6월 6일 "과학의 이름하에 구(舊)우생보호법을 묻는다 3"이란 제목의 기사에서 "당시는 우생사상을 반영한 법률이 있었고, 산부인과 의사는 법에 근거해 국가나 부모의 요청에 응했다"라는 일본산부인과의사회의 기노시타 가쓰유키(木下勝之) 회장의 발언을 싣고, 구(舊)일모와 회장인 다니구치 야사부로의 동향도 소개했다. 다만 구(舊)일모와 다니구치가 「우생보호법」에 기여한 역할에 비하자면 단편적이고 미세한 분량이었고, 더구나 너무 늦었다는 느낌을 부정할 수 없다.

3) 강제 불임 수술에 대한 일본모성보호의사협회의 역할

우생수술에 구(舊)일모와 다니구치 야사부로가 미친 영향은 다른 기회를 통해 자세히 논할 필요성을 느끼고 있다. 다만 구(舊)일모의 회지인 《일본모성보호의보》에서 특히 중요한 내용을 몇 가지 여기에 소개하고자 한다. 참의원 의원이기도 했던 다니구치 야사부로의 국회 내에서 발언은 《의보》에도 자주 보도되면서 다니구치는 우생 단종의 확장을 계속해서 요구했다. 예를 들어 1953년 1월 《의보》에서도 매춘부, 범죄자, 부랑자를 정신이상자로 간주하고, 불임수술의 시행을 후생 대신에게 호소한 것을 보면 알 수 있다. 반면 후생대신은 "그 말씀은 지당합니다"라고 하면서도 "하루아침에 될 일은 아닙니다"라며 주저하는 기색을 보였다. 1954년 1월 《의보》의 "연초(年初)를 맞아"에서 다니구치는 정신병자 중 생식 가능한 사람이 약 5만 명으로 추정하고, 자유당의 인구 대책 특별위원회는 1954년도에 남자 3000명, 여자 2000명을 우생수술 대상으로 결정했다고 발언했다. 1955년 12월 《의보》에 실린 "우생보호법 시행 7주년을 돌아보며"에서는 정신박약자에 대한 단종 불실시, 예산 미증가에 분개했고, 1956년 1월 《의보》에 실린 "문제가 산적한 새봄을 맞아"에서는 우생수술 시행이 연간 약 1000건에 지나지 않음을 탄식하고, 후생성에 1956년에는 다섯 배의 수술이 이뤄질 수 있도록 6000만 엔 정도의 예산을 요구 중이라 했다.

교토 부립 교토학·역채관(京都府立京都学·歴彩館) 소장의 공문서 중에는 교토부(府)는 1955년 1월 각 병원장에게 보낸 문서에서 수술의 적부(適否)를 판단하는 우생보호심사회 신청이 극히 적다며, "정신장애자는 해마다 증가 일로라, 심히 우려된다"라고 지적한 내용이 있다. 또한 1957년 4월 후생성 공중위생국 정신위생 과장이 각 도·도·부·현의 담당자에게 보낸 통지를 보면, 우생수술 시행 건수는 해마다 증가하고 있다고 전제하면서도 "예상 건수를 밑돌고 있다"며 우려하는 내용도 있다. 이는 모두 여러 신문과 텔레비전 보도로 소개됐지만, 오로지 후생성과 현의 탄핵 재료로 머무른 감이 있다. 그렇지만 앞서 설명한 일모 회장으로서의 다니구치가 한 발언을 보면 배후 관계를 더 검증하는 것이 필수적이지 않을까?

이어 1957년 4월 《의보》에는 일모 제6차 연례 대의원회의 내용을 담고 있다. 상무 이사인 소카(莊寬)가 "현재 강제 우생수술이 필요한 생식 연령 인구가 약 5만 명으로 추정되는데, 지난해는 겨우 1350건의 적은 수"라며 특히 정신과 의사의 소극적 태도를 비난했다. 아이치현의 아사이 시로(浅井四郎)가 "법 자체를 가지면, 완화되지 않겠는가?"라고 하자, 다니구치 회장은 "우리도 그 희망을 품고 4년 전 중앙우생보호심사위원회에 자문한 결과, 인권 옹호 등의 반대 의견이 나왔다. 그러나 이번에 위원 멤버가 바뀌었기 때문에 다시 자문할 생각"이라고 응했다. 게다가 이사인 후쿠다 마사코(福田昌子)는 "강제 우생수술에 대해서는 전국적으로 법이 충분히 활용되지 않고 있다. 정신병원의 인식 부족과 교도소의 의관(醫官) 등을 통해서는 하나도 신청이 없다. 일모와 현의 열성적인 곳은 수술 건수가 많지만, 1300건 정도로는 너무 부족하고 더 적극적으로 해야한다"고 했다. 이러한 기록을 통해 첫째, 일모 간부들은 정신과 의사, 중앙 우생보호심사위원회, 교도소 의관의 「우생보호법」 대처에 불만을 품고 단종 건수의 증가 추진을 강하게 주장했다는 것을 알 수 있다. 둘째, 후쿠다의 "일모와 현의 열성적인 곳은 수술 건수가 많다"는 발언도 주목해야 한다. 보도처럼 강제불임 수술이 후생성에 의해서 강력히 추진됐다면, 홋카이도가 최다인 것과 같이 도·도·부·현마다 수술 건수가 극단적인 차이가 나타날 수 없다. 「우생보호법」 체제에서는 후생성의 하향식 지령이 작동했다고 말하기 어렵고, 오히려 현과 일모의 주도에 따라 좌우된 부분이 큰 것이 실제 모습이 아니었나 생각된다.

4) 공문서 정보 공개의 문제점과 공문서 이해 가능성

마지막으로 이번의 「우생보호법」 보도를 계기로 소장(所藏) 상황이 명료해진 공문서와 그 이해에 관해서 언급하고 싶다.

첫째, 각지의 공문서 상황인데, 각 지역의 공문서를 횡단적으로 비교 연구할 수 있을지 매우 의심스러운 상황이다. 공문서의 잔존율은 전체의 약 20% 정도로, 전체상과 어디까지 합치하는지 불투명하다. 만약 남아 있는 자료를 이용한다고 하더라도, 이번에는 각지의 공문서관과 현청 등 개인 정보에 관한 정보공개 기준이 제각각이라는 문제점이 있다. 예를 들어 같은 공문서관이라도 병력이나 불임 수술에 이르는 경위 설명에 관한 비공개 정보가 고르지 않기도 하다. 군마(群馬)현에서 공개된 후생성 공중위생국 서무과장이 군마현 위생부장에게 보낸 위서 제56호 문건 등은 연월일이 비공개이다. 이처럼 개인정보 보호에 관해서는 전혀 의미가 없고, 종합적인 실태 조사를 하는 데도 현저한 지장을 줄 것이다. 필자가 접한 범위에서 최악은 야마나시(群馬)현의 사례였다. 남아 있는 우생수술 신청서는 날짜 외 신청 이유도, 신청자(의사)도 모두 비공개였다. 그 외의 자료도 다른 공문서관류라면 공개하는 정보까지 야마나시현은 모두 비공개였다. 이 사태는 연구자들이 지역 횡단적인 실태 해명이나 분석을 할 때 반드시 해결해야 할 장벽이 될 것이다.

둘째, 공문서 읽기에 대해서이다. 공문서나 불임 수술 피해자들에 관한 보도에 관련된 기자와 운동가들이 '생명을 선별하는 기술 개발과 보급'을 비판하고, 장애 유무와 관계없이 아이를 낳을 수 있는 사회가 되어야 한다고 주장할 수도 있다. 그러나 「우생보호법」 실행자의 다양성에 대한 충분한 이해 없이 후생성이나 국가의 악행만 단죄하려는 자세로는 그 행위를 매개로 자신의 입장을 절대선이라 여기기 때문에, 현대의 생식의료나 장애자가 생식과 관련해 놓인 처지에 대한 통찰력이 매우 약해지는 것 아닐까? 모처럼 각 도·도·부·현에서 공문이 속속 소개되고 있지만, 후생성의 악행을 보여주기 위한 용도로만 사용한다면 너무 불행한 사료 독해라고 평가받아야 한다.

그렇다면 위에 언급한 난점을 극복하고, 현대의 생식의료와의 관계도 고려하면서 불임 수술 관련 공문서 독해를 더 잘하는 방법은 없을까? 하나의 방법으로 '가족'에 주목할 것을 제창하고 싶다.

예를 들어 거듭 보도된 가나가와현 공문서관의 우생보호심사회 관계 철 등에 있는 검진록 등을 보아도 '불임 수술 대상자의 인격황폐 상태', '생활은 전체적인 보조가 필요함', '월경의 뒤처리를 못 함', '배회 방랑함', '낯선 남자와 동거하다가 모르는 사이 임신해서 여러 번 중절수술을 함', '가재(家財)를 들고 나가 낭비함' 등의 행실이 나열되어 있다. 그리고 대상자의 부모, 남편, 형제 등 가족이, 그들 입장에서 괴로운 대상자의 이러한 행동과 미래를 보다 못해 당시의 「우생보호법」이란 제도를 이용하여 불임 수술대에 오르게 한 모습을 엿볼 수 있다.

이러한 광경은 산전 진단으로 다운증후군 등 장애가 있다고 통지받은 커플이 아이의 미래나 장애아를 가진 자신들의 삶이 가져올 어려움에 대해 고민하다가 중절을 선택하는 것과 얼마나 차이가 있는지 생각해보아도 좋지 않을까? 현재도 단종은 국가적인 것으로서 구(舊)우생학, 산전 진단에 의한 선택적 중절은 개인주의적인 신(新)우생학으로 간주하는 도식적 이해가 있다. 그러나 '가족'을 축으로 「우생보호법」하 단종과 산전 진단을 바라보면 양자의 거리감은 의외로 가깝게 느껴진다. 이런 견해는 신·구 우생학의 차이를 강조하는 인식 틀에 재고를 촉구하는 것 아닐까? 필자가 여러 공문서를 읽고 나서 특히 인상에 남은 것이 바로 이 점이었다.

최근 보도를 통해 여러 차례 소개된 공문서들도 용도에 따라서는 1970년대 이후의 고색창연한 우생학 비판의 재생산이 아니라, 연구사의 새 지평을 여는 분석 틀 확대를 가져올 독해의 가능성을 다분히 내포한다고 필자는 믿고 싶다.

❖　　❖　　❖

이상, 번역서의 저자 서문으로는 상당히 길어졌지만, 이 세 가지 문제는 이 책이 다룬 내용의 현황 파악에 필수적이기 때문에 굳이 기술했다. 모두 현재 진행형, 혹은 계류 중이어서 2018년 6월 이 책을 집필했을 때로부터 시간이 경과했고, 또 이 번역서가 출판될 때에는 상황이 크게 달라져 있을지도 모른다. 또한, 필자와 같은 주장을 일본의 다른 논객의 상당수가 공유하고 있다고 볼 수는 없으며 오히려 반대인 경우도 많다. 그러나 그것 때문에 이 책을 선택한 한국 독자분들께도 일본의 현재 상황과 논점을 바탕으로 자신의 나라와 세계 우생학의 역사와 현재를 둘러싼 문제에 대한 사색을 심화시켜주는 재료 중 하나로 받아들여 주시면 좋겠다.

마지막으로 여러 감사의 인사를 추가하고 싶다. 2018년 5월에 이 책을 중심으로 한 필자의 노력을 인정받아 일본과학사학회(日本科学史学会)로부터 학술 장려상을 수상했다. 일본과학사학회에 깊이 감사한다. '저자 후기'에도 적은 것처럼 이 책은 2012년에 규슈대학 대학원 비교사회문화학부에 제출한 박사 학위 논문을 바탕으로 했다. 당시 주심을 맡은 요시오카 히토시(吉岡斉) 선생님은 2018년 1월 14일에 간암으로 돌아가셨다. 한국에서도 일본의 탈원자력발전 운동을 주도했던 한 사람이라고 알고 있는 분들도 있을지 모른다. 또한 이 책의 지적 틀에 지대한 영향을 미친 가나모리 오사무(金森修) 선생님(전 도쿄대학 대학원 교육학연구과 교수)도 2016년 5월 26일 돌아가셨다. 지금은 돌아가신 두 분의 선생님께 삼가 이 책이 한국어로 번역되고, 학회상을 수상한 영예를 알려 드리고 싶다. 또 이 책의 한국어판에는 일본어판에 없던 그림과 표가 많이 추가됐다. 그 가운데 운노 유키노리(海野幸德)(제2장의 주요 인물)의 영정은 손자이자 곤충사진작가로 유명한 운노 가즈오(海野和男)로부터, 모리모토 고키치(森本厚吉)(제3장의 등장 인물)의 영정은 니토베분카학원(新渡戶文化学園), 니토베 모리모토 연구소(新渡戶森本研究所)로부터 사용 허가를 받았다. 아라카와 고로(荒川五郎)(제7장의 등장 인물)의 영정은 『니혼대학 법률과 졸업 기념 사진첩』(1925년 3월)에 실린 것으로, 니혼대학 홍보과로부터 역시 사용 허가를 받았다. 삼가 감사의 인사를 드린다. 마지막으로 필자가 일본 규슈대학 의학부의 민족위생학·식민위생학 강좌를 담당했던 고 미즈시마 하루오(水島治夫) 선생님(1975년 별세)에 관한 논문을 쓰지 않았다면 필자와 신 선생님과 만남은 없었을지도 모르고, 이 책도 한국어로 번역되지 못했을 것이다. 고 미즈시마 선생님께도 심심한 감사의 말씀을 전하는 바이다.

2018년 6월 20일
후쿠오카시에서
요코야마 다카시(橫山尊)

서론
과제와 방법 제시

이 책은 일본의 우생학 운동이 현재에 이르는 역사적 전개 속에서 어떤 특성을 보이는지를 고찰한다. 동시에 우생학이 어떤 '과학'이었는지, 그러한 말과 논리를 성립시켰던 당시의 구조와 연결해서 밝히고자 한다. 이를 통해 우생사회라 할 수 있는 상황을 맞이한 오늘날의 현실을 역사학적으로 살펴보고자[俯瞰] 한다.

우생학은 19세기 후반, 찰스 다윈(Charles Robert Darwin)의 진화론과 당시의 유전 연구에 영향을 받아 인류의 유전적 개량을 목적으로 탄생했다. 우생학의 창시자는 다윈의 사촌 동생인 프랜시스 골턴(Francis Galton)이다. 우생학은 독일과 미국을 비롯한 서양 여러 나라로 전파되었다. 미국의 일부 주에서는 20세기 초 「단종법(斷種法)」(유전병을 지닌 자에 대한 불임 수술 시행을 합법화하는 법안)이 만들어졌다. 우생학은 일본을 포함한 동아시아와 인도에도 파급되었다.

일본에 우생학이 본격적으로 도입된 것은 러일전쟁 전후이다. 1920년대에는 보급단체를 모체로 한 잡지가 만들어졌고, 1930년대에는 일본민족위생학회(1935년부터 협회)라는 대규모 우생학론자 단체가 「단종법」의 제정을 목표로 계몽 활동을 활발하게 진행했으며, 1940년에는 「국민우생법」이 만들어졌다. 전쟁 후에도 그 영향력은 쇠퇴하기는커녕 더 활발해져 1948년에 「우생보호법」

이 만들어졌고, 단종 건수는 인공임신중절 건수에 비례해 급증했다. 1960년대에는 산전 진단 기술(태아의 심각한 유전 질환을 출생 전에 진단하는 기술)이 개발되어 보급되었다. 이것을 「단종법」을 중심으로 한 '구(舊)우생학'과 대비해 '신(新)우생학'이라 부른다. 각국에서는 (윤리적 문제가 없도록) 산전 진단에 대한 가이드라인을 만들었지만 일본에서는 어떤 제도도 만들어지지 않았다. 1960년 「우생보호법」은 법의 정신인 우생사상이 문제시되어 「모체보호법」으로 개정되었지만, 산전 진단을 통한 선택적 인공임신중절 건수는 증가일로를 걷고 있다.

이 책은 우생학을 추진한 세력의 동향을, 미디어를 이용해 급성장하고 이를 통해 정치적 영향력을 획득해나간 '과학운동' 측면에서 다루고자 한다. 서양에서도 우생학을 'Eugenics'보다 'Eugenics movement'로 부르는 경우가 더 많고, 또한 이것이 우생학의 동향을 설명하는 데 더 적절한 듯하다. 이 책에서는 우생학의 동향을 통시적으로 추적해 신·구 우생학과의 연속적인 구조의 포착을 시도하고자 한다. 동시에 과학운동으로서 우생학 운동을 전개한 '과학'이 일본 사회에서 어떻게 작동하고 자리를 잡았는지 고찰한다.

또한 이 책에서는 '우생사상', '우생학', '우생학 운동', '우생학론자', '우생학 계몽', '신우생학'이라는 표현으로 구분해서 사용했다. 물론 편의적인 구분이지만, 그 내용을 설명하고자 한다.

'우생학'은 인류의 유전적 소질을 개선하는 것을 목적으로, '열등한'* 유전형질을 도태시키고, 우량한 형질을 보존하는 것을 연구하는 '학문'의 총칭이다. 여기서 '학문'이라 적는 이유는 필자가 현재 우생학을 학문으로 간주하고 있기 때문이 아니다. 후술하는 바와 같이, 우생학이 설파된 당시에 이것이 대체로

---

* (옮긴이) 원문에는 '악질(惡質)'로 되어 있다. 한국어판에서는 이를 문맥에 따라 '열등한', '나쁜' 등으로 번역했다. 원칙적으로는 나쁜, 열등한 유전자 등은 적절한 표현이 아니기 때문에 '나쁜', '열등한'이란 '…' 표식을 붙여야 하지만, 특별한 경우가 아니면 생략했다.

'학문', '과학'으로 여겨졌기 때문이다. 무엇보다 이 책은 그 '학문', '과학'의 내용도 미디어 상황과 연결해서 문제 삼고 있다.

'우생사상'은 인류의 유전적 소질을 개선하는 것을 목적으로 열등한 유전 형질을 도태시키고 우량한 형질을 보존하려는 사상을 말한다. '학문'이라 불리는 것은 물론 막연한 전망까지도 포함된 개념이다.

'우생학 운동'은 '우생학'이나 '우생사상'이 표방하는 인류의 유전적 소질 개선을 위한 정책 도입과 법 정비를 목적으로 한 계몽 활동, 정치 운동을 말한다.

'우생학 계몽'은 '우생학 운동'과 의미가 겹치는 부분이 많지만, '우생학'이나 '우생사상'을 저서·잡지·신문·라디오 등을 통해 설파하는 행위뿐만 아니라 이를 보급하기 위해 결혼상담소를 여는 등의 행위까지를 포함한다. 특히 잡지 미디어에서의 보급 활동을 염두에 두고 있다.

'우생학론자'는 '우생학 운동'이나 '우생학 계몽'을 시행한 사람을 가리킨다. 하지만 이 책에서 '우생학자'라는 단어는 거의 사용하지 않는다. 그들은 의사, 생물학자, 관료, 사회사업가, 교육학자, 저널리스트 등이었는데, 이렇게 자기 일을 하면서 우생학을 설파한 경우가 대부분이기 때문이다.

'신우생학(新優生學)'이란 산전 진단과 장애를 가진 태아의 인공임신중절, 유전자 진단의 남용, 1990년대 이후의 인간 게놈 프로젝트를 통한 인간의 유전 정보 저장과 관리, 유전자 기술과 생식 기술을 사용한 임신, 인간을 유전자 중심주의적으로 바라보는 것 등을 가리킨다. 신우생학은 태어날 아이의 '질(質)'을 개인 중심, 자유의사로 선택하는 것을 표방하며, 단종을 필두로 공공의 이익에 반하는 것으로 간주되는 기존의 생식 행동의 규제와 구별된다.

신우생학의 내용은 다양하지만, 이 책은 역사책이므로 신·구 우생학의 경계선을 중시한다. 따라서 머지않은 미래에 있을 유전자 개조 찬반을 둘러싼 논란 등은 다른 책에 양보하고, 이 책은 1960~1970년대에 도입되어 2012년부터 임산부의 혈액을 이용해 태아의 염색체 이상 가능성을 찾을 수 있어 화제가 되고 있는 산전 진단과 장애를 가진 태아의 선택적 인공임신중절을 둘러싼 논의에 중점을 두고자 한다.

1. 우생학 역사 연구의 동기

1) 현대의 신우생학 동향과 연구

먼저 우생학 역사 연구의 의미는 무엇인지, 선행 연구의 성과와 견해에 근거하여 서술하고자 한다.

선구적 연구인 스즈키 젠지*의 『일본의 우생학』은 우생학을 진화론과 유전학이 인간사회의 문제를 다룬 '과학적 근거'의 사례사(case history)로 보고, '포마토(Pomato)**'로 상징되는 '생물 개조기술'이 제기하는 오늘날의 과제를 생각해보도록 한다는 점에서 의의가 있다. 1970년대부터 유전자 조작기술이 확립되고 시험관 아기(체외수정)가 태어나는 등 생명공학(biotechnology)이 가져올 제반 문제에 대해 활발한 논의가 생겼다. 스즈키 연구의 동기는 이런 풍조를 반영한 것이다.[1]

지금도 우생학과 관련이 깊은 유전자 개조에 대해 공상과학영화 〈가타카〉(앤드류 니콜 감독, 1997)가 자주 거론된다. 〈가타카〉는 유전자 개조가 자유자재로 가능하고, 그것을 통해 태어나지 않으면 출세도 할 수 없는 미래를 그렸다. 현재 사회가 공상과학 영화와 똑같다고는 생각하지 않지만, 그만큼은 아니더라도 유전 정보를 바탕으로 고용과 보험 권유에서 차별이 미국 등에서 문제화되고 있고, 일본에서도 유전 질환을 이유로 장애보험의 지급을 거부당한 재판이 2003년에 있는 등 관련 사태가 발생하고 있다. 무엇보다 오늘날 우생사상과 연관된 것으로 산전 진단과 수정란 진단이 생명윤리 문제로 꼽히고 있다.

산전 진단은 모친의 자궁 속에 있는 태아의 염색체나 유전자를 조사해 태어나기 전에 이상이 없는지를 검사하는 것이다. 이때 다운증후군과 이분척추 등

---

* (옮긴이) 스즈키 젠지(鈴木善次, 1933~): 일본의 생물학자, 과학사학자. 오사카 교육대학 명예 교수. 과학사, 과학교육 전공.
** (옮긴이) 줄기에는 토마토, 뿌리에는 감자가 열리는 식물. 토마토와 감자를 세포 융합하여 만든 잡종을 말한다.

의 장애를 가지고 출생할 것이라는 진단이 내려져, 그 결과에 근거해 인공임신중절이 이루어지면, 이를 일반적 인공임신중절과 구별하여 '선택적 인공임신중절'이라 부른다. 이 기술은 영국에서 1960년대에 먼저 개발되었는데, 일본에는 1960~1970년대 효고현(兵庫県) 등이 '불행한 아이가 태어나지 않게 하기 운동'이란 이름으로 양수검사를 보급하려다 장애인단체 '푸른 잔디회(青い芝の会)' 등의 반대로 시행 계획이 중지된 일이 있었다.

현재 산전 진단은 가이드라인이 없는 상태로, 이 진단에 의한 선택적 인공임신중절이 증가하는 추세이다. 2011년 7월 일본산부인과의사회는 2009년까지 10년간, 태아의 이상을 진단한 후 인공임신중절로 추정되는 사례가 그전 10년에 비해 두 배로 증가했다고 발표했다. 조사에 따르면, 실제로 염색체 수 이상 중 하나인 다운증후군과 태아의 배와 가슴에 물이 차는 태아 수종 등을 이유로 인공임신중절을 한 것으로 추정되는 경우가 2000년부터 2009년 사이에 1만 1706건으로, 1990년에서 1999년 사이(5381건)와 비교하여 2.2배 증가했다. 이는 최근 임산부 건강검진으로 시행하는 초음파 검사를 통해 인공임신중절이 가능한 임신 초기에도 이상을 발견할 수 있게 되었기 때문인 것으로 보인다.[2]

또한, 2012년부터 임산부의 혈액 속에 들어 있는 미량의 태아 DNA를 검사함으로써 염색체 질병을 높은 정밀도로 알 수 있는 새로운 산전 진단(비침습적 산전검사, NIPT, Non Invasive Prenatal Test)의 도입이 검토되었고, 2013년 4월부터 일부 인정 시설에서 시행되고 있다. 검사 기관의 수는 첫해 37개였으나, 2년째에는 47개로 증가했다. 새로운 산전 검사의 공동 연구 조직인 비침습적 산전검사(NIPT) 컨소시엄의 발표에 따르면, 2013년 4월부터 2014년 9월까지 1만 2782명이 검사를 받았는데, 219명이 양성으로 나왔고 양수검사 등을 통해 이중 201명이 태아 선천성 질병으로 진단되었으며, 그중 83%에 해당하는 67명이 인공임신중절을 선택했다. 임신 지속을 바랐던 임산부는 4명이었고, 26명이 유산 또는 사산했다고 한다.[3] 또한 2015년 4월 비침습적 산전검사(NIPT) 컨소시엄은 다운증후군 등 세 가지 질병에 한정되었던 검사 대상을 ① 남아에서만 발병하는 듀시엔형 근이영양증* 등의 질환 가능성을 찾기 위한 성별 판정, ②

성염색체 수 이상에 의한 터너 증후군 등의 질병, ③ 염색체의 미세 결손으로 발생하는 질병으로까지 확대하도록 일본산부인과학회에 요청했다.[4] 새로운 산전 검사의 등장과 보도가 산전 진단 자체에 대한 관심을 불러일으켰기 때문인, 2013년 양수검사는 약 2만 6000건(전년 대비), 모체 표지자 검사도 약 2만 6400건(9.5%)으로 최고치를 경신했다.[5]

수정란 진단에서는, 1990년대에 '착상 전 진단' 기술이 개발되었다. 이는 체외 수정을 시켜 8세포기 정도의 수정란 단계가 되면 세포를 한 개 추출해 염색체나 유전자를 검사하는 기술이다. 이상이 없는 수정란을 선별해서 자궁에 착상시키기 때문에 인공임신중절은 동반하지 않는다. 그러나 1993년에 가고시마대학(鹿児島大學) 의학부가 착상 전 진단을 임상 시험하려는 것을 대중매체가 다루었고, 장애인단체가 거세게 항의하면서 이상이 없는 수정란을 선택해 출생시키는 것은 우생사상에 근거한 장애인 차별이라는 비판이 생겼다. 가고시마대학은 시행 여부에 대한 검토를 일본산부인과학회에 위임했고, 이에 학회는 1995년 이후로 몇 차례 용인하려는 시도를 했지만, 그때마다 거센 반발을 받고 결론을 미뤄왔다. 그 후 학회는 1998년 이사회에서 사전에 개별 심사하는 것을 조건으로 시행 승인에 대한 길을 여는 결정을 했다. 그 후, 무풍 상태가 지속되다가 2004년 고베(神戸)의 오타니(大谷) 산부인과가 사전 신청 없이 착상 전 진단을 시행하고 있었던 것이 밝혀졌고, 결과적으로 일본에서 처음 듀시엔형 근이영양증에 대한 시행이 허가되었다. 2006년에는 특정 염색체 이상으로 유산을 반복하는 부부에게까지 대상이 확대되었는데, 그간 학회는 불임과 유산으로 고민하는 일반 환자에게 시행하는 것은 금지해왔다. 그러나 최근 임신의 고령화로 염색체 이상이나 유산에 대해 고민하는 여성의 증가 등을 배경으로, 학회도 의학적 효과를 검증하기 위해 2014년 12월 '착상 전 선별검사'에 관한 임상 연구 시행을 결정했다. 다만 이러한 사정이 있더라도 '생명의 선별'에

---

* (옮긴이) 듀시엔형 근이영양증(Duchenne muscular dystrophy)은 1968년에 G.B.A. 듀시엔이 최초로 기술했으며, 진행성 근이영양증 중 가장 빈도가 높은 유전성 질환이다.

대해 논의가 필요하다는 목소리는 계속되고 있다.[6]

이러한 현상은 기존 생명윤리학과 의료 사회학, 과학론 등에서 생식 개정(改定)에 수정을 가하는 기술의 이용을 부모 등이 스스로 결정한다는 점에서 과거의 강제적·국가적 단종법 등과 대치되는 '자발적 우생학', '레세페르(방임주의) 우생학'으로 취급되어왔다. 이 책에서도 그에 따라 장애를 이유로 한 선택적 인공임신중절이나 그것을 가능케 하는 정치적·기술적 동향을 신우생학이라고 부른다. 향후 착상 전 진단에 관한 연구의 진전도 주목을 받겠지만, 산전 진단의 증가도 눈여겨 볼 점이다. 마쓰바라 요코(松原洋子)는 2000년경에는 '레세페르(방임주의) 우생학'에 제동을 걸 수 있도록 "어떤 제도적 개입이 필요하다"고 했다.[7] 그러나 제도를 통한 극단적인 '브레이크 밟기'에는 반대로 생식 권리(reproductive rights)에 대한 침해 위험성도 있을 것이다.

산전 진단을 이유로 한 선택적 인공임신중절에 대한 태도는 2000년 전후에 경청해야 할 견해가 등장했다. 다테이와 신야(立岩真也)는 저서 『사적 소유론(私的所有論)』의 마지막 장 제목을 '올바른 우생학과의 교제'로 했다. 다테이와는 과거의 우생사상이 비판받아야 할 요소로 첫째, 인과 관계에 대해 주장한 것들이 상당히 의심스러웠다는 것과 둘째, 이 사상의 실현이 국가에 의한 강제, 살해로 행해졌다는 것을 꼽는다. 그러나 산전 진단 → 선택적 인공임신중절은 첫째로 진단과 결과에 상응하는 인과관계가 있고, 둘째로 현상적으로는 개개인의 선택으로 이루어져 살해가 이루어진 것도 아니란 점에서는 문제가 없다고 했다.[8] 단 그것을 의무화할 수는 없고, 오히려 산전 진단 → 선택적 인공임신중절을 하지 않겠다는 선택을 현실적으로 존재시켜야 한다고도 주장했다.[9] 모리오카 마사히로*도 장애를 이유로 한 인공임신중절을 법으로 의무화하는 것은 안 된다고 하면서, 개인이 심사숙고 끝에 스스로 결정한 것은 사회 질서와 공공의 복지에 반하지 않는 한 법적으로 금지해서는 안 된다고 했다.

---

* (옮긴이) 모리오카 마사히로(森岡正博, 1958~): 일본의 철학자. 와세다대학 인간과학부 교수. 삶과 죽음을 종합적으로 탐구하는 생명과학을 옹호하며, '생명의 철학'이라는 새로운 철학 장르를 제창하고 있다.

다만 궁극적으로 지향해야 할 것은 태어날 아이에게 장애가 있든 없든 괜찮다는 생각을 진심으로 할 수 있도록 '내면의 우생사상(内なる優生思想)'을 극복하는 것을 목표로 하는 것이라고 역설했다.[10]

이 두 사람의 생각은 현재 필자의 견해에도 큰 영향을 주었다. 결국 산전 진단을 이유로 한 인공임신중절은 법적으로 의무화하거나 금지하는 것이 아니라, 개인의 자유에 맡기는 것으로 귀결되어야 한다고 생각한다.

오늘날 산전 진단 기술을 포기하기란 어려운 일이다. 하지만 개인의 자유라는 이유로 임산부에게 중대한 선택을 강요하는 현상이 존재한다. 예를 들면, 산전 진단을 받은 한 여성은 장녀가 다운증후군인데, 둘째를 출산할 때 장녀의 존재를 부정하는 느낌이 들었다고 한다.[11] 그래서 더욱 유전 상담이 필요해지고 있다. 현장의 의사조차 진단 결과를 어떻게 전달해야 할지에 대해 의견이 나뉘는 경우도 있다.[12] 게다가 이런 기술에 의해 장애인에게 자신의 존재가 부정당하는 듯한 느낌을 줄 가능성도 있다.

이런 일련의 아포리아(aporia)*의 배경에 기술의 진보와 이를 추진한 사상과 운동이 존재한다. 그 현대적 현상을 역사적으로 소급하면 19세기 후반에 등장했던 우생학 운동에 도달하게 된다. 이 책은 20세기부터 현재에 이르는 역사적 전개를 추적한다. 특히 오래된 것이든 새로운 것이든 우생학은 왜 사라지지 않고, 오히려 현대에 이르러 우생사회라 말해야 할 정도로 강화되고 있는가 하는 문제에 관심을 갖는다.

2) 과거를 연구하는 의미

1)항에서 이야기한 현대 신우생학의 동향과 연구에서 나타난 문제를 규명하려면, 우생학 운동의 성쇠를 정확하게 파악해야 한다. 그러려면 어떻게 해야 좋을까?

---

* (옮긴이) 어떠한 사물에 관하여 전혀 해결의 방도를 찾을 수 없는 난관의 상태.

먼저 이 책이 연구의 동기로 채택할 수 없는 자세나 견해부터 살펴봄으로써 이 책의 입장을 더 명확히 할 수 있을 것이다. 그것은 우생학을, 과학을 표방하면서도 과학의 이름값을 하지 못하고 오히려 인류의 역사에 끔찍한 상처를 남긴 생명 과학사의 이단아[鬼子]로 간주하는 사고방식이다.

우생학을 대규모로 실천한 것이 나치 독일인데, 나치즘이라는 거대 악[巨惡]과 우생사상을 동일시하고, 그것과 '일본의 파시즘'에서의 우생사상과 우생정책(체력 정책이나 성병 대책도 포함)과 동질성을 찾으려 한 연구가 있다.[13] 이런 종류의 연구 자세에 대해서는 요네모토 쇼헤이*가 정확히 비판하고 있다. 요네모토는 '나치즘 = 우생사회 = 거대 악'이라는 해석 도식에서 탈피할 것을 주장한다. 이런 해석 도식을 신봉하는 한, 우생학 담론의 모든 것이 역사적 흐름과는 관계없이 나치 우생학을 정점으로 하는 악의 위계 표 안에 배열되며, 우생학의 역사 분석과 인간 게놈의 윤리 문제 등에 대한 냉정한 고찰을 하려는 노력에 장애가 될 수 있다고 지적한다.[14] 요네모토는 이 편향된 공간에서 탈출하는 가장 빠른 길은 20세기 전체를 관통한 우생학 역사의 실상, 특히 전쟁 후 우생정책의 실상을 검증하고 '나치즘 = 우생사회 = 거대 악'의 해석 도식이 언제 성립했는지를 찾는 것이라 했으며, 그 성립 시기를 1960~1970년대로 보고 있다.[15]

20세기 전체를 관통한 우생학 역사의 실상을 검증하려는 동기 부여는 1970년대 과학지식 사회학(SSK)과 과학기술사회론(STS)에서 크게 영향을 받았다. 마쓰바라 요코(松原洋子)의 정리에 따르면, 과학과 사회의 상호작용에 주목하는 이런 연구적 접근방식은 과학적 지식이 사회로부터 초연한 채 과학세계의 내부로만 발전하는 것이 아니라 사회와 깊은 관계 속에서 형성된다고 생각한다. 또한 과학자의 사회적 책임이나 과학과 기술이 사회에 미치는 영향을 중시한다. 우생학은 20세기 초 유전학의 성립 과정과 깊은 관계를 가짐과 동시에

---

* (옮긴이) 요네모토 쇼헤이(米本昌平, 1946~): 일본의 사상가. 도쿄대학 객원교수. 일본과학사학회 생물학사분과 회장. 과학사, 과학 이론, 생명 윤리, 지구환경 문제 전문가.

과학인지 비과학인지, 옳은지 그른지, 선인지 악인지 등의 평가를 둘러싼 논란
의 거센 파도 속에 현재까지 표류하고 있으며, 과학과 사회, 다양한 이데올로
기가 치열하게 뒤섞인 현장으로서의 우생학은 그 접근에서 매력적인 주제가
되어오고 있다.[16]

　결국 20세기 전반에 걸친 일본 우생학 역사의 실상을 검증하고 과학과 사회
의 뒤섞인 이데올로기와 정책, 과학자 본연의 자세를 명확히 함으로써 19세기
말에 골턴, 20세기 일본에서는 나가이 히소무*와 운노 유키노리**가 구상했던
의미로서의 우생사회가 실체화되고 있는 상황과 그 동인(動因)을 역사적으로
규명하고 이해한다는 점에 이 책의 연구 동기가 있다.

2. 일본 우생학 운동의 개요: 시기 구분과 국제적 동향과의 대조

　필자는 시기 구분이라는 작업 자체에 큰 가치가 있다고 생각하지는 않는다.
그러나 독자의 편의를 고려해야 하고, 이 책 단락의 근거도 되므로, 대략적인
개요를 제시한다. 선행 연구에서도 시기 구분은 연구자에 따라 각기 다르다.[17]
다만 너무 세세한 구분은 전체 모습을 파악하는 데 좋지 않다. 필자는 운동의
형태에 주목하면 대략 10~20년 단위로 구분하는 것이 타당하다고 생각한다.
즉 다음과 같다. 또한 제0기라는 구분 자체는 편의적으로 번호를 부여한 것이

---

* 　(옮긴이) 나가이 히소무(永井潛, 1876~1957): 일본의 의학자, 생리학자. 1902년 도쿄제국
　대학 의과대학을 졸업한 후, 1903년부터 독일에 유학. 괴팅겐대학에서 생리학을 전공하고
　막스 페르보룬(Max Verworn)의 지도하에 동면 동물의 대사생리를 연구했다. 1906년에
　귀국, 1915년에는 오사와 겐지(大沢謙二)의 뒤를 이어 도쿄제국대학 생리학 교실 제2대 교
　수가 된다. 그 전후로 우생학과 생명론을 비롯한 글을 다수 발표했다. 1930년에 '일본민족
　위생학회'를 설립, 이사장으로 우생학 연구를 진행했고, 「국민우생법」(1940)의 전신인 「민
　족우생보호법」안의 제출에 큰 역할을 했다.
** 　(옮긴이) 운노 유키노리(海野幸德, 1879~1954): 일본의 우생학자, 사회사업 이론가. 1910
　년 『일본 인종 개조론』을 저술하고 우생학에 관한 많은 글을 발표했다.

고 이 책 전체의 분석 개념으로는 사용하지 않는다.

제0기: 1900년대 이전, 전사(前史). 잡혼론 등 우생학 도입의 맹아적 사상

제1기: 1900~1910년대 언론과 번역적 담론 중심의 우생학 도입기

제2기: 1920년대 잡지 매체를 통한 우생학 운동의 본격화

제3기: 1930년대~1948년 우생법안의 제출과 「국민우생법」 성립

제4기: 1948년~1960년대 「우생보호법」의 성립과 전개

제5기: 1960년대~현대 신우생학의 도입과 전개

제0기는 1910년대 이전의 전사(前史)이다. 이를 이전 역사라고 하는 것은 소극적 우생학에서의 단종과 같은 주장이 기본적으로 보이지 않기 때문이다. 여기에서 상정하는 것은 1880년대 일본인의 유전적 형질을 향상시키기 위한 후쿠자와 유키치,* 다카하시 요시오**의 서양인과의 잡혼론(雑婚論)이다. 단, 우생학의 시조로 꼽히는 프랜시스 골턴(Francis Galton)은 1869년에 『유전적 천재』를 집필하고, 1883년에 우생학이라는 개념을 제창했는데, 후쿠자와는 골턴의 존재를 의식한 상태로 논의를 전개했다. 따라서 (이 논의는) 우생학적 논의의 범주에 들어간다.

제1기는 1900~1910년대로, 일본 우생학의 도입기라고 할 수 있다. 당시 국제적인 우생학의 동향에 눈을 돌리면, 우선 영국에서는 골턴 외에도 칼 피어슨(Karl Pearson)이 활약했고, 독일에서는 알프레드 플뢰츠(Alfred Ploetz), 빌헬름 샬마이어(Wilhelm Schallmayer) 등이 인종위생학을 구상하고 있었다. 게다가 에른스트 헤켈***과 같은 일원론 동맹 등도 우생학적 주장과 친화성이 컸다. 플뢰

---

*   (옮긴이) 후쿠자와 유키치(福沢諭吉, 1835~1901): 일본 개화기 대표적인 계몽사상가, 교육가, 저술가.

**   (옮긴이) 다카하시 요시오(高橋義雄, 1861~1937): 일본의 사업가, 다인(茶人).

***   (옮긴이) 에른스트 헤켈(Ernst Heinrich Philipp August Haeckel, 1834~1919): 독일의 생물학자, 박물학자, 철학자, 의사, 교수, 화가. 1000여 종에 학명을 붙였으며 계통학, 분류

츠는 1904년부터 《인종 생물학과 사회 생물학 잡지》를 창간하고, 이듬해 인종 위생학회를 결성했다. 영국에서도 골턴을 중심으로 우생교육협회가 결성되고, 《우생학 리뷰(the Eugenics Review)》가 창간되었으며, 1912년에는 런던에서 국제 우생학 회의가 개최되었다. 한편, 1907년에는 미국 인디애나주 등에서 「단종법」이 입법화되고, 후에 30주(州)로까지 확산되었다.

즉, 서구권에서는 우생학 전문 단체가 결성되고, 잡지가 간행되며, 일부에서는 「단종법」이 입법화된 반면, 일본에서는 제1장에서 상세히 기술할 잡지 《인성(人性)》이 『정치 인류학 평론』(Politish-anthoropogishe Revue)과 일원론 동맹의 동향을 의식하고는 있었지만, 기본적으로 서구권 논의의 소개에 주력했다. 일본에서 본격적인 우생학 관련 저서가 나온 것은 제2장에서 기술할 운노 유키노리의 『일본 인종 개편론』이었고, 이는 1910년대 들어서면서였다. 1910년대 중반부터 1930년에 일본민족위생학회를 조직한 나가이 히소무 등이 언론 활동을 전개하는 등 우생학 도입을 꾀하는 인물은 늘어갔지만, 기본적으로는 이론가가 개인적으로 저서와 잡지를 통해 서구권의 동향을 소개하고 도입하는 상황이었다.

제2기는 대략 1920년대 전후이고, 우생학 운동의 본격화 시기이다. 여기에서는 우생학 잡지의 창간과 단체의 결성이 중요한 요소이다.

1910년대 이론가에 의한 서구권의 동향 소개와 단체 결성과 「단종법」 제정을 제창했는데, 실제로는 1916년 나가이 히소무가 보건위생조사회에서 우생학의 정책화를 제창했다. 그리고 1917년에는 대일본우생회가 결성되었다. 더 본격적인 것으로는 1924년 고토 류키치*가 창간한 《우생학》과 일본우생학협

학, 생태학, 원생생물 연구에 많은 업적을 남겼다. '생태학'이란 단어를 처음 사용했다(『생물체의 일반 형태론(Generelle Morphologie der Organismen)』, 1866 Berlin). 찰스 다윈의 진화론을 독일에 확산시키는 데 기여하였고, 후에 많은 논쟁을 낳은 '반복발생설'을 주창했다. 또한 일원론(一元論)의 대표적인 주창자이기도 하다.

* (옮긴이) 고토 류키치(後藤龍吉, 1887~1973): 고베를 중심으로 활동한 의학 분야 저널리스트. 사회주의적 우생운동을 전개하기도 했다.

회, 1926년 이케다 시게노리[*]가 창간한 《우생운동》과 우생학운동협회를 들수 있다. 또한 1920년대에는 1922년 3월 마거릿 생어[**]의 일본 방문과 산아조절론 찬반을 둘러싼 논의의 고조와 맞물려, 1910년대 나타났던 잡지를 통한 계몽도 더욱 활발해졌고, 1910년대부터 활동하면서 1930년대 정책 논의에도 참여한 인물들이 잡지 등에서 많은 활약을 했다. 제3장에서 상세히 기술할 《문화생활》지는 그러한 동향을 상징하는 것이다.

제3기는 1930~1948년으로 한다. 중요한 요소는 우생법의 국회 제출과 입법으로 상징되는 우생학의 정책화이다. 이 일련의 동향이 나치의 「단종법」과 우생정책에서 영향을 받은 것은 제7장에서 언급한 것과 같다.

이 시기의 중요한 행위자(actor)는 1930년에 결성된 일본민족위생학회이다. 이 단체는 나가이 히소무가 결성한 것으로, 1920년대에 결성된 우생학 단체보다 큰 규모였고, 계몽 활동과 정치 활동에 대한 영향력도 컸다. 1930년대에 다섯 차례에 걸쳐 단종 법안이 제출되었는데, 야기 이쓰로[***]가 제출한 법안은 이 단체의 기안에 의한 것이다. 1938년에는 후생성이 성립하고, 예방국에 우생과가 결성되었으며, 1941년 정부 입안으로 「국민우생법」이 만들어졌다. 다만, 이 법이 만들어지기 전 일본민족위생학회의 계몽 활동은 줄어들고 학술단체로서의 성격을 강화하는데, 거기에서는 서구권에서 유행했던 인류유전학의 영향을 볼 수 있다.

아시아권의 중국에서도 청나라 말부터 우생사상이 수용되는데, 나가이 히

---

*   (옮긴이) 이케다 시게노리(池田林儀, 1892~1966): 다이쇼, 쇼와 시대의 저널리스트. 베를린 특파원으로 근무하기도 했고 《우생운동》(1926~1930)이란 잡지를 간행하여 우생학 보급에 힘썼다.
** (옮긴이) 마거릿 생어(Margaret Sanger, 1883~1966): 미국의 여성 사회개량 운동가. 미국에서 최초로 산아제한 클리닉을 개설했으며, 산아제한운동의 지도자로서 유럽 및 아시아를 방문하고, 산아제한운동의 보급과 계몽에 노력했다.
*** (옮긴이) 야기 이쓰로(八木逸郎, 1863~1945): 도쿄제국대학 의과대학 별과 졸업 후 독일로 유학하여 박사 취득. 귀국 후 도쿄제국대학 의과대학부속병원에서 근무. 이후 정치입문 중의원을 역임했다.

소무나 오카 아사지로*의 논의도 참조되고, 인구론이나 산아제한론도 거의 일본과 같은 시기인 1920년 전후부터 전개되었다.[18] 1931년에는 판광단(潘光旦)이 《우생 월간》을 간행하고, 1936년 홍콩우생학회가 설립되었으며, 1950년부터 공공 기관이 되었다.[19] 식민지 타이완에서는 1940년대에 가나세키 다케오(金関丈夫) 등이 내지인과의 통혼과 우생정책을 제창하며 형질 조사도 시행했지만, 대체로 우생학론자는 잡혼에는 소극적이었고,[20] 「국민우생법」도 시행되지 않았다.[21] 식민지 조선에서는 1934년에 조선우생협회가 설립되어 잡지 《우생》을 간행했고, 전쟁 전에는 1937년까지 활동했다. 또한, 이 협회의 중심인물 이갑수(李甲秀)는 「국민우생법」의 조선에서의 시행을 지지했지만, 전황의 절박화로 무산되었다. 1946년에 이 협회는 한국민족위생협회로 개명하고 우생법의 입법화를 도모했다.[22]

제4기인 1948~1960년대는 「우생보호법」이 성립된 획기적인 시기이다. 또한 전쟁 후에 인구 억제론의 위상이 높아지기도 했고, 이 법에 따라 인공임신중절이 급증했으며 산아조절도 '가족계획'이란 이름 아래 긍정적인 것이 되었다. 「국민우생법」하에서는 538건밖에 없었던 단종도 전쟁 후 급증했다. 한편 미군 점령하의 오키나와에서는 「우생보호법」이 시행되지 않았고, 본토 복귀까지 「국민우생법」이 효력을 가져 '건강한 정상인[健常者]'의 인공임신중절과 불임수술은 비합법이었으며, 피임과 가족계획도 적극적으로 추진되지 않았다.[23]

이 시기에 또 하나 주목해야 할 것은 「우생보호법」을 담당하는 주도권이 다니구치 야사부로**와 그가 결성한 일본모성보호의사협회로 넘어갔다는 사실이다. 그러나 본론에서 자세히 설명한 바와 같이 이 책은 기본적으로 「국민우

---

* (옮긴이) 오카 아사지로(丘浅次郎, 1868~1944): 일본의 동물학자. 1891년부터 3년간 독일 유학을 다녀오기도 했고, 일본에스페란토협회를 설립하기도 했다. 1904년에 일본 최초의 대중용 진화론의 해설서인 『진화론 강연』을 저술했다.
** (옮긴이) 다니구치 야사부로(谷口弥三郎, 1883~1963): 산부인과의사 출신 정치인. 일본의 사회 회장과 참의원 의원을 역임했다. 후쿠다 마사코(福田昌子) 등과 함께 「우생보호법」 성립에 관여했다.

생법」과 「우생보호법」에 대해 연속성을 강조하기 때문에 제3기와 제4기는 통합시켜도 무방하다고 생각한다.

제5기는 1960년대부터 현재까지로 한다. 이 시기의 초반에도 제4기에 나타났던 우생 단종이 높은 빈도로 존재했지만, 점차 '신우생학'으로 대체된다. 그내용은 태아의 선천적 장애를 진단하는 기술에 근거해 선택적 인공임신중절을하는 형태의 것이었다. 제4부에서 설명한 것처럼 사상이야 같은 뿌리였지만,우생 단종과는 선을 긋는 것이다. 국제적으로는 1960년대 이전부터 분자 유전학의 형성, 인류 유전학의 전개, 신생아에 대한 스크리닝 기술이 개발되어,1960년대부터 응용이 이루어졌으며 일본에도 도입되었다.

이 시기에 일본의 「우생보호법」에 의해 이미 실시되고 있던 인공임신중절자유화가 세계적으로 이루어지게 되었다. 이에 따라 장애를 가진 태아를 인공임신중절하는 태아 조항을 「인공임신중절법」에 설치하려는 움직임이 세계의주류가 되었다. 아시아 국가 중에서도 한국에서는 1973년 「모자보건법」, 대만에서 1984년 「우생보건법」, 중국에서는 1994년 「모자보건법」 등 태아 조항을포함한 법률이 제정되어갔다.[24] 그러나 일본에서는 신우생학적인 기술은 있었지만, 태아 조항은 존재하지 않았다. 태아 조항은 1972년 「우생보호법」, 1999년 「모체보호법」에 삽입하려는 움직임이 보였지만 성공하지 못했다. 하지만조항이 없어도 「우생보호법」(1996년부터는 「모체보호법」)의 경제 조항을 확대해석해 선택적 인공임신중절이 행해지고 있는 것이 현실이다.

때마침 1970년대에는 우생학이 비판의 대상이 되어 비과학적이고 비인간적인 것으로 간주되었으며 나치 우생학이 그것을 대표하는 것으로 받아들여졌다. 이런 우생학에 대한 접근 방법은 현재 일부 선행 연구에도 지대한 영향을주고 있다(제10장과 종장에서 자세히 설명).

이상이 국제적 동향을 고려한 일본의 우생학 운동 전개의 개요이다. 각각 획기적인 근거가 되는 요소를 찾아내기는 했지만, 한편으로 1920년대 이후에도우생학 구상의 중요성이 없어진 것은 아니다. 1930년대 이후에도 잡지 계몽은활발했으므로 분석할 가치가 높다. 여기에서의 구분과 요소는 어디까지나 대략적인 기준임을 강조해둔다. 또한, 연대를 10년마다 구분했지만, 몇 년 정도의 오차가 있을 수 있다.

3. 연구사 개요

말할 것도 없이 이 책은 수많은 선행 연구의 축적 위에 성립한다. 1980년대부터 서양에서는 '우생학 산업'이라 불릴 정도로 연구가 활발했다. 일본의 우생학사 연구도 1990~2000년대 '산업'이라 칭해도 어울릴 만큼 연구의 생산량을 자랑할 수 있게 되었다. 일본 우생학사의 연구사 정리에 대해서는 마쓰바라 요코(松原洋子),[25] 오카다 에미코(岡田英己子)[26]의 리뷰 논문도 있다. 그것도 참고로 하면서 개관을 서술하고자 한다.

일본 우생학사 연구의 효시로는 스즈키 젠지(鈴木善次)의 『일본의 우생학』(1983)을 꼽을 수 있다. 1965년대부터 1970년대의 연구 성과를 정리한 책으로, 메이지 시대의 도입부터 「국민우생법」에 이르기까지의 학설사에 관한 서술이 중심이다.[27]

1980년대에 서양에서는 젠더(gender), 섹슈얼리티(sexuality) 연구의 융성과 함께 우생학사 연구가 본격화되었다. 그러나 일본에서는 1980년대까지 스즈키와 인구정책 역사의 관점에서 산아조절이나 「국민우생법」의 성립을 다룬 히로시마 기요시(廣島清志)[28]의 연구 이외에는 두드러진 성과가 없었다. 1987년이 되어서야 노마 신지(野間伸次)[29]가 「국민우생법」의 성립 과정에 대해 논했다. 1990년대 초반에는 교육사에서 다카기 마사히(高木雅史),[30] 과학사에서 사이토 히카루(斎藤光),[31] 역사사회학에서 오구마 에이지(小熊英二),[32] 도미야마 이치로(富山一郎)[33]가 각각의 관점으로 전쟁 전의 우생학 동향을 다뤘다. 1990년대 후반에는 통사적 연구도 충실해졌고, 1996년 사회복지학 관점에서 가토 히로시(加藤博史)의 『복지적 인간관의 사회사』[34]가 나왔다. 또한, 일본 근현대사의 후지노 유타카(藤野豊)가 상세한 사료와 사실을 발굴했고, '파시즘'론의 관점에서 『일본 파시즘과 우생사상』[35]을 저술했다. 같은 시기에 마쓰바라 요코 (松原洋子)는 전쟁 전 「국민우생법」과 전쟁 후 「우생보호법」의 계보를 논했고, 전쟁 후의 「우생보호법」이 나치 「단종법」의 연장선에 있다는 통설을 부정하고, 「단종법」에서 신우생학을 전망한 연구로서 가장 중요한 위치를 차지하게 되었다.[36]

또한, 이 시기부터 2000년대에 걸쳐 푸코의 '생권력론(bio-pouvoir)'의 영향 등도 있어 우생학은 '근대적 신체'를 구축하는 모든 학문의 네트워크 기점으로 간주되었고, 이치노카와 야스타카(市野川容孝),[37] 가토 슈이치(加藤秀一),[38] 제니퍼 로버트슨(Jennifer Robertson)[39] 등이 그 방법론을 원용했다. 관련된 섹슈얼리티와의 연관성으로 말하자면, 후지메 유키(藤目ゆき),[40] 아카가와 마나부(赤川学),[41] 간노 사토미(菅野聡美),[42] 오기노 미호(荻野美穂),[43] 다마 야스코(田間泰子),[44] 티아나 노그렌(Tiana Norgren)[45] 등의 연구가 중요하다. 2000년대는 후반에 걸쳐 일본의 신우생학 연구도 정교화되었다. 특히 쓰치야 아쓰시(土屋敦)의 1960~1970년대 「우생보호법」 개정, 신우생학을 추진한 프로 라이프파 단체와 행정의 동향 분석,[46] 호리 도모히사(堀智久)에 의한 장애아의 부모와 우생사상의 관계에 대한 연구[47]가 주목된다. 2000년대는 전쟁 전과 후를 포함하여 개별 사례 연구도 다양한 학문 분야에서 이루어졌고, 간접적으로 우생학을 논한 것까지 포함하면 헤아릴 수 없을 만큼 많다. 특히 중요한 성과로서, 사회복지학에서는 나카무라 마키오(中村満紀男) 편저 『우생학과 장애인』,[48] 교육사에서는 후지카와 노부오(藤川信夫) 편저 『교육학에서 우생사상의 전개』[49] 등 여러 논문, 경제학에서는 스기타 나호(杉田菜穂)의 저작[50]이 꼽힌다.

개관은 여기까지다. 1995년 마쓰바라(松原)가 연구를 리뷰했을 때는 양적인 부족함을 한탄하는 기술도 보였는데,[51] 2015년 현재, 성과는 위와 같이 풍부하게 되었다. 물론 지금까지 언급한 것은 두드러진 것에 한정되었을 뿐이고, 본장에서의 기술과 각론에서도 중요한 연구는 언급하고 인용할 것이다.

4. 일본 우생학 운동 연구사의 문제점과 이 책의 논점

여기에서는 앞에서 언급한 선행 연구에 어떤 문제점이 있는지, 이 책은 그에 대해 어떤 시각을 취하고 있으며, 무엇을 과제로 할 것인지를 서술한다.

1) 우생학을 어떤 '과학'으로 다룰 것인가?

앞에 설명한 것처럼 이 책은 현대적 눈높이에서 우생학을 '비과학적'이라고 단죄하는 듯한 입장을 취하지 않는다. 오히려 우생학이 통상 과학이 된 점을 중시하고, 사회에 침투하게 된 경위와 영향을 냉정하게 되묻는다는 입장을 지지한다. 그러나 '과학이냐 비과학이냐'와 같은 이원론적인 관점에도 필자는 한계를 느낀다. 결론부터 말하면, 우생학은 대중 과학(popular science) 연구의 대상으로 다뤄야 한다.[*]

2007년 과학사학회에서 '대중 과학과 대중 과학사'라는 심포지엄을 개최했다. 일본에서 대중 과학을 검토할 단면(切り口)이 논의되었다.[52] 우선 필자는 '대중 과학'을 실험실이나 학술지에서 일차적으로 생산, 수용되는 것이 아니라 신문이나 잡지 등 매체를 통해 일반인 대상으로 발신(發信)되는 과학으로 정의한다.[**] 그 안에는 과학계 발신자도 있고, 언론인 등 비전문가인 경우도 있다. 내용은 해설기사와 과학평론을 중심으로 과학적 이데올로기를 추구하기도 한다.[53] 이러한 새로운 연구 동향 가운데 비교적 친숙한 주제인 우생학을 평가하는 것은 대중 과학 연구에도 필요할 것이라 생각한다.

사실 우생학 논설의 상당수는 전문지보다 일반 잡지나 과학계몽 잡지 등 언론(저널리즘) 게재가 두드러지기 때문이다. 우생학 운동의 주요 관계자는 언론을 알맞은 매체로 여기고, 「단종법」이나 「결혼법」 등 정치적·사회적 운동을

---

[*]   옮긴이 강조.
[**] 옮긴이 강조.

추진해나갔다.

우생학 논설이 여러 일반 미디어에 게재되기 이전인 전사(前史)의 사례로 러일전쟁 전후 오카 아사지로(도쿄 고등사범학교 교수)의 『진화론 강연』이 베스트셀러가 된 것, 이시카와 지요마쓰(石川千代松)(도쿄제국대학 농학부 교수)가 진화론과 위생에 관한 논설을 역설하기도 했다는 것을 들 수 있다. 그들의 논설은 《중앙공론》, 《태양》, 《일본과 일본인(日本及日本人)》과 같은 일반 잡지, 《과학세계》와 같은 통속 과학 잡지, 《교육계》와 같은 교육지나 《시사신보(時事新報)》와 같은 신문에 게재되었다. 생물학적·의학적 관점에 따른 인간의 종합적인 연구를 내세우며 진화론과 우생학과도 밀접한 관계가 있었던 《인성(人性)》(1905~1918)은 어느 정도 전문성이 짙다는 인상을 받는데, 이러한 출판 저널리즘의 성장과 생물의학계의 계몽 논설의 등장 속에서 그 위치가 규정될 것이다.[54]

이러한 전문가에 의한 진화론과 위생에 관한 계몽 논설과 유사 언론에 140개 가까운 우생학과 진화론 관련 논설을 게재한 사람이 운노 유키노리(나중에 류코쿠대학 교수)였다. 운노는 도쿄 와카마쓰 전문학교(현재의 와세다대학) 출신으로 대학 등 고등교육기관에서 자연 과학에 관한 전문 교육을 받지 않고, 후루야상회(古屋商会)라는 무역 상사에 근무하면서 1910년대 초반 집중적으로 대량의 우생학 논설을 남겼다.[55] 당시의 과학 저널리즘은 대학 교수나 박사 등 소위 말하는 '대가(大家)'뿐만 아니라 교수나 박사 같은 권위적 자원이 없는 논설가들도 적지 않게 포용했다.

러일전쟁 전후 교육, 심리학, 복지 등 다양한 잡지에서 다수의 우생학 관련 논설이 나타났다. 거의 모든 잡지 미디어에 우생학 논설이 게재되었다.* 특히 도입기의 우생학과 미디어의 관계에서 주목해야 하는 것은 여성 잡지의 역할이다. 나중에 민족위생학회의 이사장이 되는 나가이 히소무(도쿄제국대학 의학부 교수)는 《부인지우》, 《부인세계》, 《부녀신문》에서 적극적으로 집필했다.

---

* 자세한 내용은 히라타 가쓰마사(平田勝政)의 문헌[56]을 참조.

또한 일본 최초의 우생학 단체인 '대일본우생회'는 아베 후미오(阿部文夫, 지바현 원예고등학교 강사), 이치카와 겐조(市川源三, 도쿄 부립 제일고등여학교 교감)를 중심으로 1917년에 결성되었다. 충분히 기능했다고 말하기 어렵지만, 그 활동은 《부녀신문》사의 결혼 문제 강연회 등과 묶여서 이루어졌다.[57] 우생학론자에 의한 여성 계몽 중시는 그 자체로도 흥미롭지만, 우생학 논설이 전문적인 연구보다 계몽 논설로서의 성격을 띠고, 매체도 그 성격에 맞는 것이 선정되었다.

이처럼 우생학 주요 관계자는 의학자나 생물학자에 한정되지 않는다. 발표의 장도 실험실 과학과 위상을 달리한다.

그리고 전문가의 논설, 비전문가의 논설 모두 발표 매체와 내용에 동질성이 보인다. 이러한 특성은 직선적인 지식 경사(勾配)를 상정한 '과학자 → 일반 대중'이라는 도식에 들어맞지 않는다. 게다가 우생학은 해설 기사와 과학평론의 형태를 취하고, 범죄나 빈곤의 유전성을 역설하는 등 이데올로기적 측면도 있다. 이것들은 우생학론자의 영위를 처음부터 과학 저널리즘에서 생성된 대중과학의 한 형태로 파악해야 한다는 것을 보여준다. 이런 관점을 통해 우생학의 특성을 기존 연구가 취했던 '과학 또는 비과학의 이원론' 혹은 '과학자 → 일반 대중'과 같은 직선적인 지식 경사 도식보다 합리적으로 파악할 수 있다.[58]

선행 연구도 잡지를 대상으로 분석하고, 우생학과 저널리즘에 어떤 관련이 있는지 지적해왔다. 그러나 저널리즘이 과학의 방식을 규정한다는 관점에서, 또한 그러한 언론을 성립시키는 구조 자체를 묻는 연구는 아직 초기 단계이다.

따라서 이 책에서는 우생학론자의 사상 분석, 우생학 운동의 과정에서 만들어진 여러 종류의 잡지 분석, 그리고 정부 조사회와 「단종법」의 성립과 개정에 관한 의회와 행정 사료, 그리고 그것을 둘러싼 정치인이나 관료의 구상과 미디어에서의 발언 등을 개별이 아닌 종합적으로 다루는 방법을 취했다. 이런 분석을 통해 제도를 포함한 우생학에 관한 언론 공간의 구조가 보다 넓은 시야 아래 드러날 것이다.

2) 우생사상, 운동의 전개를 논함에서의 문제

가나모리 오사무(金森修)는 그의 논문집에서, 후지카와 노부오(藤川信夫)는 편저『교육학에서 우생사상의 전개』의 서평을 통해 다음과 같은 중요한 지적을 했다. 우생사상을 조사하는 입장으로는, ① 어떤 사상가에게 우생사상이 있다며 "나 자신은 그런 종류의 차별·배제적 영위를 반복하는 것을 생각지도 못했다"라고 고발하거나, ② "우생사상이 우리 인간 안에 잠재된 보편화 가능한 위험 인자"라는 자기 경계 등이 있다. 또한, 우생사상은 '건강·건전·유능'이라는 차별·배제의 근거가 되는 옳음이라는 가치[正価値]가 수반되고, '우생사상의 위험성'을 언급하는 논자가 그 근원을 추적하려는 문맥에서 이들 개념군이 갖는 의의를 찾고, 의문시할지도 모른다. 그와 달리 가나모리는 "적어도 이론적 관점에서 본다면 이것은 조금 지루한 것 아닌가? 이와 같이 담론 풍경의 맥락이 대략 그려지는 담론 공간이라는 것은 사실상 이론적으로 포화 정체되어 그 이상의 것을 말할 수 없는 상태"라고 평가했다.[59]

우생학에 관심을 가진 사람은 이런 가나모리의 지적을 진지하게 받아들일 필요가 있다. 필자 역시 이런 비판을 피해갈 수 없을지 몰라 두려운 마음이다. 그렇지만 이 책의 입장은 현재에 이르러서도, 우생사상은 피하기 어렵고 때때로 사람들을 중대한 딜레마에 빠지게 만드는 것으로 파악하여, 그 현대적 상황의 형성과 구조의 형태를 역사적 입장에서 설명하는 것이다. 따라서 비판을 받던 상태의 것과는 다소 차이가 있다. 또한, 우생학사 연구를 '지루'하지 않게 하려면 어떻게 하면 좋을까? 현재 필자가 내놓은 해답은 역사학적·과학사적으로 생산성 있는 분석 시각을 제시하는 것이다.

선행 연구에서도 이러한 종류의 시도가 이루어졌다. 마쓰바라 요코(松原洋子)는 지난 리뷰에서 '파시즘'과 '푸코의 방법론'을 꼽았다.[60]

무엇보다 '파시즘'에 대해서는 우생사상을 분석하는 데 충분히 적합할지 의문이다. 이토 유키오(伊藤之雄)의 지적처럼 "정의된 분석 개념이 아니다". 대표적인 연구자인 후지노 유타카(藤野豊)는 "'우생주의'를 '파시즘'으로 '환원'했다"

는 마쓰바라(松原)의 비판에 대해, 자신은 1910년대부터 분석을 시작해서 전쟁 후 「우생보호법」까지 다루고 있다는 점을 들어 그 비판이 온당하지 않다는 입장이다.[61] 그러나 후지노는 전쟁 중기 이외의 시대에 대해 '파시즘'이 아닌 다른 효과적인 설명 개념을 만들었다고 하기 어려워 마쓰바라의 비판에 충분히 답했는지는 의문이다.

마찬가지로 우생학에서 '파시즘' 연구의 의의를 발견한 것이라 하더라도, 마쓰무라 히로유키(松村寛之)의 고야 요시오*에 대한 연구는 후지노가 우생학을 '비과학적'이라 단죄한 것을 비판했다. 그리고 '국방 국가'의 우생학이라는 '과학'에서야말로 '근대(近代)'에서 하나의 '정상성(正常性)'이 '독자(独自)' 형태로 '병리(病理)'[또는 '특이(特異)']로 생각되는 것으로서 표출된다고 주장했다.[62] 전시(戰時) 우생학에서 '이화(異化, dissimilation)'된 '근대'를 찾으려는 시각은 '파시즘'기 한 시점에 대한 해석으로는 매력적이다. 그러나 마쓰무라도 '파시즘'기 전후(前後)가 어떻게 특징지어지느냐는 논의를 전개하지는 않았다. 역시 한 시점에 한 해 유효한 설명이라는 느낌을 부정할 수 없다. 무엇보다 '파시즘'을 포함한 우생학과 어떤 시대에 그러한 설명 개념을 부여하는 것 자체를 필자는 유익하다고 생각하지 않는다.

다음으로 미셸 푸코(Michel Foucault)의 방법론이다. 마쓰바라의 지적처럼 우생학을 둘러싼 역사는 푸코의 접근 방식을 통해 근대 사회에서 신체를 둘러싼 권력이 교차하는 곳으로 재발견되었다. 그것은 '근대적 신체'를 구축하는 '지식 네트워크의 형성'으로 풀이된다. 그 사례로 도미야마 이치로(冨山一郎)는 '일본 인종론'에서 (우생학에 대해) "타자를 관찰하면서 구축된 근대의 지식"이라는 관점을 도출했다.[63] 필자도 이에 동감하고, 어느 정도 그 시각을 공유하고 있다.

그런데 그 이후 푸코를 차용한 연구에 대해서는 의문점도 적지 않다. 예를 들어, 푸코의 논의를 원용한 이치노카와 야스타카(市野川容孝) 등은 1920년대

---

* 고야 요시오(古屋芳雄, 1890~1974): 다이쇼 - 쇼와 시대의 공중보건학자, 작가. 메이지 23년 8월 27일 출생. 가나자와 의대 교수를 거쳐 1946년 국립보건원장, 1956년 니혼대학 의대 교수.

의 운노 유키노리가 '방면위원(方面委員)* 제도'에 대해 말하면서, "개인과 사회의 가시화한 장악 장치가 우생학이라는 생명정치(biopolitics)의 편성에서도 필수적임을 잘 알고 있었다"고 말했다.[64] 그러나 운노는 제2장에서 설명한 것과 같이 우생학을 논하는 맥락으로 방면위원을 다룬 것이 아니다. 또한 방면위원이 전시 우생학의 하부 체계로 작동하는 모습도 보이지 않았다. 전쟁 후「우생보호법」이 되어 장애인이 민생위원의 교사(敎唆)에 따라 단종 수술을 받은 사례[65]가 생겼고, 그때야 비로소 '개인과 사회의 가시화 장치'라고 설명을 하는 것이 가능할지도 모른다.

또한 제니퍼 로버트슨도 푸코를 원용해 "우생학 민족/인종위생, 우생학적 내혼(內婚)이 생활의 일부로 보급된 것은 생권력(bio-pouvoir)의 측면에서 이야기하더라도 국민을 동원하는 데 매우 효과적이었다"고 말했다. 그 방증의 하나가 '피[血]'를 '문화자원(文化資源)'으로 활발히 이용한 이케다 시게노리가 '우생결혼상담소를 개설'하고 "1938년에 후생성이 설치되자 정부가 그 업무를 인계받았다"는 것이다.[66] 그러나 이케다의 운동은 1930년에 수습되었고, 그 후 후생성의 우생결혼상담소와의 연속성은 발견할 수 없었다. 또한, 상담소가 선전은 활발하게 했지만, 상담 자체의 실태는 사료적으로 불분명하다. 후생성의 것조차 실상은 빈약했음을 보여주는 증언도 있다.[67]

양측에서 구상과 실상을 혼탁하게 하고, 그 권력을 불필요하게 비대화시킨 설명이 발견되는 것은 유감이다. 게다가 수직적인 권력의 파악 방법부터 파시즘론과 마찬가지로 다음 장에서 언급할 강제사관(強制史観)과 동일한 것일 뿐이지 않을까.

반면 이 책은 단조로운 권력론에 의존하는 것이 아니라, 우생사상, 우생학 운동과 계몽, 우생정책을 구성하는 요소의 모순과 대립을 실증적으로 밝히는 접근 방식을 철저히 따른다. 결과적으로 우생정책의 권력 형태도 실제에 가깝

---

* (옮긴이) 지역의 구제 행정을 보완하는 명예직 위원으로, 제2차 세계대전 후 민생위원의 전신.

게 드러나는 것 아닐까? 이때, 앞에서 설명한 우생학이 지닌 '과학'으로서의 대중성은 그 권력을 구성하는 중요한 요소가 될 것이다.

3) 전쟁 중과 전쟁 후의 우생정책: 그 연속성과 비연속성

우생정책이 법제화된 사례로 1940년 「국민우생법」, 1948년 「우생보호법」이 있다. 앞에서 설명한 바와 같이 이를 '파시즘' 개념으로 파악한다면, 1996년까지 계속된 「우생보호법」의 모습과 신우생학의 전개에 대해 합리적으로 설명하는 것은 불가능할 것이다.

반면 마쓰바라 요코(松原洋子)의 연구는 「단종법」 이해에 관해서 '파시즘'론보다 정밀한 논의를 하고 있다. 마쓰바라의 논의가 공헌한 것은 1948년 제정되어 1996년까지 존속된 「우생보호법」이 '나치 「단종법」을 본뜬 전쟁 전 「국민우생법」'의 우생사상을 계승했다는 '통설'을 과학사적 관점에서 부정하고, '우생법의 계보'라는 모델을 제시했다는 점이다.

마쓰바라의 동기(動機)는 필자도 공유하고 있다. 마쓰바라는 "'「우생보호법」은 나치의 「단종법」을 본뜬 전쟁 전 「국민우생법」의 우생사상을 계승했다'는 '틀에 박힌 통설'을 지지해온 역사관이 바로 '강제사관(强制史観)'이다"라고 말한다. 이것은 '국가와 개인을 대치(對置)'시키고 '국가 권력에 의한 우생사상의 개인에 대한 강제'라는 측면을 강조한다. '우생학은 국가의 개인에 대한 억압으로 작용하는 존재이며, 개인을 국가의 편의에 따라 관리되는 존재'로 규정한다. 그러나 '내면의 우생사상(內なる優生思想)'은 「우생보호법」의 우생사상과 개인과의 공범 관계를 시사하는데, "권력을 국가가 개인에게 일방적으로 작용하는 것으로 간주하는 강제사관으로는 이런 공범 관계를 해명하기 어렵고, 「우생보호법」의 성립과 존속의 역사에 관해서도 우생사상의 양의성(兩義性)을 전제로 한 분석 장치가 필요하며, 강제사관을 대체하는 역사상이 요구된다"고 말했다.[68]

그러나 '우생법의 계보'를 입증하는 논거(論據)에는 의문을 표할 수밖에 없다.

마쓰바라가 주창한 '우생법의 계보'론의 개요는 이렇다. 「민족우생보호법」안은 1934년부터 1938년까지 총 다섯 차례 제출되었는데, 제65·67회 의회에 제출한 것을 제1안, 제70회 의회와 제73·74회 의회에 제출한 것을 제2안이라고 하면, 양자는 완전히 내용이 다른 법안이다. 후자는 분명히 나치 「단종법」을 계승했지만, 전자에는 나치 「단종법」이 관여한 흔적이 보이지 않는다고 한다. 그 주요 근거로 중의원 의원인 아라카와 고로*가 제출한 제1안은 단종 외 혼인금지법의 규정이 있는 반면, 일본민족위생협회가 작성에 깊이 관여한 제2안은 단순한 단종법인 것을 들 수 있다. 그리고 제1안에서는 흉악범을 단종 대상, 중독증, 결핵, 매독, 임질 환자도 법 규제의 대상이 되는 반면('확장우생주의'), 제2안에서는 대상이 '유전 우려가 현저한 것'으로 한정('유전병 한정주의')하여 거론되었다.[69] 그 결과 1940년 「국민우생법」은 제2안의 계보를 이었고 1948년 「우생보호법」은 제1안의 계보를 이었으므로, 양자는 완전히 다른 법률이라 할 수 있다. 결과적으로 전쟁 전과 후의 우생정책을 절단하는 시각이 나타난다.

이런 논의에 대해 필자는 다음과 같은 의문점을 품었다. 첫째, 제1안을 비나치계로서 산아조절론의 계보를 잇는 논의라 하고, 전쟁 후의 「우생보호법」으로 이어지는 것이라 규정하는 것이 타당한지 의문이다. 실제로 아라카와 고로는 나치 「단종법」에 대한 공감을 보였고, 산아조절 운동에는 부정적이었다. 둘째, 제1안에서 볼 수 있는 '확장우생주의'는 1930년대 이전의 우생학 논설에서 일반적이었고, 1930년대 일본민족위생학회의 주요 일원들도 공유했다는 것을 설명할 수 없다는 점이다. 셋째, 제2안도 흉악범이나 알코올 중독자 등은 '병적 인격자'로 포함하고 유전성을 인정했다는 점은 마쓰바라도 근거로 삼았지만,

---

* （옮긴이） 아라카와 고로(荒川五郎, 1865~1944): 일본의 정치인, 언론인, 교육자. 히로시마 현 출생. 1889년(메이지 22년), 니혼 법률 학교(니혼대학 법학부 의 전신)에 1기생으로 입학하여 1893년에 니혼대학 법률학과를 수석으로 졸업했다. 니혼대학 교무주임, 중국 신문 주필 등을 거쳐 1904년 3월 제9회 총선에서 중의원 의원에 당선. 제9~15회, 17~19회 총선에 당선. 전국 사립학교협회 이사장, 니혼대학 이사, 니혼대학 부속 중학교 교장, 니혼고등 철도학교 교장, 헌정회 정무조사회장 등을 역임했다.

그렇게 되면 제1안과 제2안에 그렇게 큰 차이가 있는 것인지 의문이다. 제7장에서 자세히 기술하겠지만, '우생법의 계보'론은 고정관념(stereotype)이 작용한 것으로 타당한 논의라고 말하기 어렵다. 오히려 필자는 우생학이 가진 복잡한 역사적 전개 과정을 계보화할 것이 아니라 다른 방식의 파악이 필요하다고 생각한다.

현재까지 마쓰바라의 「단종법」 연구는 대표적인 것으로 많은 연구자가 인용을 해왔다. 그러나 '「단종법」의 계보'라는 중요한 요소를 검증한 연구가 지금까지 있었을까? 이것은 연구 지식의 계승이라는 점에서 불행한 사태라고 평가할 수밖에 없다. 그러므로 '우생법의 계보'론을 사료에 근거해 비판적으로 검증하고, 우생정책의 연속성, 비연속성에 대한 보다 정확한 설명을 제공하는 것은 꼭 필요한 작업이다.

4) 「우생보호법」 체제와 신우생학 관계자들의 동태 분석의 문제점

「우생보호법」의 성립과 전개를 '우생법의 계보' 논의로 설명할 수 없다면, 「우생보호법」 체제의 성립에 대해서도 재검토해야 할 것이다. 그 성립 과정의 파악 방법 역시 필자는 주장을 달리한다. 전쟁 후의 「우생보호법」은 그 성립까지 1안과 2안으로 나뉜다. 1안은 (전쟁 전부터 산아조절 운동의 중심인물이었으며, 전쟁 후에는 사회당 의원이 된) 가토 시즈에(이시모토 시즈에)[*]와 오타 덴레이[**]가 1947년 8월 제1회 국회 중의원에 제출했지만, 심의 미완료가 된 것이다. 2안은 1948년에 참의원 의원(민주자유당)이었던 다니구치 야사부로(谷口弥三郎)가 제2

---

[*] (옮긴이) 가토 시즈에[加藤シヅエ, 이시모토 시즈에(石本静枝), 1897~2001]: 여성해방운동가, 정치인, 우생 사상 보급자. 산아제한상담소 개설 운영, 일본사회당 입당, 전국구 참의원을 네 차례, 중의원을 두 차례 역임한 정치인이다. 1931년 일본산아조절여성연맹을 창립하고 초대회장이 되었고, 1948년 「우생보호법」 성립에 핵심 역할을 했으며, 일본가족계획연맹 회장을 역임하기도 하였다.

[**] (옮긴이) 오타 덴레이(太田典礼, 1900~1985): 교토부 출신 산부인과 의사, 중의원 의원, 산아제한과 안락사 허용 주장, 자궁 내 피임기구 중 하나인 '오타 링'의 개발자.

회 국회 참의원에 제출했고, 이것이 「우생보호법」으로 성립된 것이다.

이미 「우생보호법」의 성립은 이시 미치코(石井美智子)가 인공임신중절 합법화에 초점을 맞추어 의회 심의의 동향 등을 비교적 상세하게 추적해왔다.[70] 반면 마쓰바라 요코는 '인공임신중절 규제 완화와 우생정책 강화'[71]로 전쟁 후 「우생보호법」을 근거로 한 강제 단종의 시행, 단종 절차의 간편화, 한센병과 '비유전성' 정신 질환자에 대한 단종 합법화 등 우생정책이 강화된 점은 인공임신중절 합법화를 주안점으로 해서는 보이지 않기 때문에 우생 정책의 강화에 인공임신중절 합법화가 어떻게 관련되었는지에 관한 시각을 제시했다. 필자는 이 주장과 시각에 동의한다.

그러나 '우생법의 계보'를 주창한 마쓰바라는 다니구치가 산아조절에 따른 역도태(逆淘汰, adverse selection)를 방지하기 위해 우생정책을 강화했다는 견해를 가졌고, 가토와 오타와의 문제 관심이 다르다고 하면서도, 결국 다니구치의 안(案)은 사회당 안(案)을 '그릇(바탕)'으로 한 것이라며 「국민우생법」과는 단절된 것으로 간주하고 있다. 그러나 이 견해는 사회당 안의 영향을 과대 평가하고, 「우생보호법」의 입안자였던 다니구치 자신의 구상을 경시한 것처럼 느껴진다.

원래 다니구치는 전쟁 전부터 구마모토현(縣) 의사회장, 일본의사회 부회장으로 의계에 영향력을 가졌고, 인구정책에도 관심을 보였으며 특히 1939년부터 간헐적으로 시행된 구마모토현 여성 22만 명을 대상으로 시행한 출산 조사는 내외에서 높은 평가를 얻고 있었다. 이 출산 조사를 지원한 것은 후생성의 설치로 상징되는, 위생행정의 국가적 전환을 강화려는 구상과 '낳자, 늘리자(産めよ, 增やせよ)'라는 말로 상징되는 인구 증강의 이념이었다. 그렇다면 전쟁 전부터 전쟁 후까지 다니구치의 궤적을 통해 전쟁 전의 인구 증강 이념과 전쟁 후의 「우생보호법」의 연속성도 보이는 것 아닐까?

또한, 1960년대부터 '생장의 집(生長の家)*'이 주도한 인공임신중절 규제를

---

* (옮긴이) 1930년 다니구치 마사하루(谷口雅春)에 의해 창설된 종교단체로, 정후 정치에도

의도하는 「우생보호법」 개정 문제를 놓고 1970년대 이후 여성해방단체가 '생식권(reproductive rights)' 논리로 반대하고, 장애인단체는 여성해방단체와 대립하면서도 국가 비판을 축으로 공동 투쟁하며 개정 저지에 이르렀음에도, 산전진단 등 선택적 인공임신중절이 증가하고 있고 우생학 문제는 아직도 존재한다는 것을 여러 연구가 밝혀왔다. (이와 관련해서는) 통사적인 개요 형식으로 『우생학과 인간사회』에 실린 마쓰바라 요코의 논고가 유익하다.[72] '생장의 집' 동향에 관해서는 쓰치야 아쓰시(土屋敦)의 연구가 있다.[73] 한편 여성단체에 관해서는 모리오카 마사히로(森岡正博)[74]와 가토 마사에(加藤雅枝)[75]의 연구가 있는데, 여성단체와 '푸른 잔디회(青い芝の会)' 등 장애인단체와의 논쟁과 공동 투쟁도 다뤘다.

한편, 1970년대부터 1980년대의 「우생보호법」 개정은 저지되었는데, 산전진단 등의 기술은 현재에 이르기까지 어떻게 진행되었는지, 그리고 신우생학은 누가 어떻게 맡아 추진해왔는지에 대한 분석은 충분하다고 할 수 없다. 신우생학의 행정적 추진에 관해서는 '불행한 아이가 태어나지 않게 하기 운동(不幸な子どもの生まれない運動)'을 다룬 쓰치야(土屋)의 유익한 분석이 있다.[76] 그러나 이 운동은 1970년대에 수습되었고, 이것이 꼭 현대까지 이어졌다고는 할 수 없다.

즉 신우생학의 일환으로서 산전 진단이 오늘날까지 어떻게 전개되었는지를 현대사적 관점에서 설득력 있게 설명한 연구는 현재까지 아직 성공했다고 말하기는 어렵다. 그 근본적인 원인은 '일본모성보호의사협회(현재의 일본산부인과의사회, 이하 '일모(日母)'로 표기)'에 대한 동향 분석이 미흡한 점에 있다. 일모(日母)는 1949년에 산부인과 의사로 참의원 의원과 일본의사회장을 역임한 다니구치 야사부로가 결성했다. 다니구치는 「우생보호법」 12조에 인공임신중절수술, 우생수술을 시행하는 지정 의사 조항을 마련했다. 일모는 이듬해 「우생

─────

적극 참여했는데, 이들의 주요 정치노선은 ① 메이지 헌법으로의 복원, ② 기원절(紀元節)의 부활, ③ 국기(國旗)와 국가의 부활, ④ 우생보험법의 개정이었다. 우익 또는 극우적 성격을 가진다.

보호법」 지정 의사 단체로 결성되었고, 인공임신중절 문제에 가장 큰 이해관계가 있었다. 다니구치의 의지를 등에 업고, 「우생보호법」 지정 의사의 이익을 대변하며 신우생학적인 기술 개발도 촉진한 이 단체는 신우생학의 전개를 탐구하는 데 최적의 소재이다. 그럼에도 이 단체의 활동을 통해 신우생학의 전개를 상세하게 다룬 연구는 거의 존재하지 않는다. 이 단체의 동향을 분석하는 것은 우생학 운동의 전쟁 후 전개와 미디어와의 관계를 탐구하는 데서도 필수적이다.

5. 이 책의 구성

각 과제의 내용과 선행 연구에 관한 더 자세한 내용은, 각 장의 '시작하며'에서 다루겠지만, 전체적인 구성은 여기서 미리 제시하고자 한다. 이 책은 2절에서 기술했던 시기 구분을 바탕으로 총 4부로 구성되어 있다. 즉 ① 도입과 구상, ② 잡지와 단체, ③ 우생법의 성립과 전개, ④ 신우생학, 이 네 가지 요소의 구분과 분류에 근거한 것이다.

제1부는 우생학이 일본에 도입된 사상적 배경, 미디어적 기반을 밝히고, 그 특수한 상황을 고려해 도입기에 활발한 언론 활동을 전개했던 '통속적 과학자'의 전형, 운노 유키노리를 대상으로 우생학 운동의 구상과 그에 얽힌 여러 관념과의 모순 그리고 대립적 측면을 보여준다. 제1장은 20세기 초 일본에 우생학이 도입된 지적 기반을 19세기 이후의 진화론 계몽과 그러한 언론을 배출시킨 기반인 과학 저널리즘이라고 본다. 제2장은 우생학론자에서 사회사업 이론가로 진출한 운노의 사상적 영위를 통해 우생학과 사회사업의 이론적 친화성을 밝히는 동시에, 1920년대의 사회연대 관념과 전쟁 중기 우생정책이 어떻게 틀어져 어긋나게[齟齬] 되었는지 보여준다.

제2부 「잡지 미디어에 의한 우생학 운동의 전개」는 1930년대 「단종법」 제정 운동의 중심이 된 나가이 히소무 등 민족위생학회의 핵심 일원의 동향을 중

심으로 잡지 매체를 통한 우생학 운동 구상과 전개, 그런 과학운동으로 창도된 '과학'의 대중성과 전문성의 경계를 논한다. 제3장은 경제학자 모리모토 고키치*가 주도한 잡지 《문화생활》을 통해 민족위생학회의 회원이 되는 논객이 다수 집필했던 점에 주목하고, 1920년대의 '민주주의(democracy)' 이념과 우생학의 친화성과 과학계몽의 특징을 논한다. 제4장에서는 《우생학》(1924~1943)이라는 일본 최초의 우생학 잡지에 초점을 맞추어 전문성, 통속성 모두와 거리를 둔 우생학 계몽의 특수성, 우생학 미디어 정책의 자립성 등을 논한다. 제5장에서는 일본민족위생학회의 《민족위생》지에 주목하고, 「단종법」 제정 운동 등 계몽·정치 활동의 측면과 인류 유전학 등 학술적 지향 측면의 대립으로부터 학회의 쇠퇴 원인을 찾고, 강제사관과는 다른 이미지 제시를 시도한다.

제3부에서는 1922년 마거릿 생어(Margaret Sanger)의 일본 방문을 계기로 언론에서 산아조절 찬반을 묻는 논란이 고조되는 가운데 우생학이 정책화되었다. 1940년 「국민우생법」, 1948년 「우생보호법」이 제정된 동향을 검증하고, 「우생보호법」 지정 의사 단체인 일본모성보호의사협회의 동향을 통해 우생학 운동의 정책화와 과학계몽과의 거리감을 논한다. 제6장은 산아조절 운동 우생학론자들의 잡지, 논설 등의 비판 논리가 정책 문서에 반영되어 「국민우생법」으로 이어졌고, 그것이 오히려 '산아조절 금지법'으로서의 성격을 무효화 시킨 역설에 관하여 논한다. 제7장은 「국민우생법」의 성립에 대해 '우생법의 계보'를 비판하는 동시에 과학계몽으로 전개된 논리와 '과학'으로서의 엄밀성을 요하는 법안 논의에서의 대립 양상을 밝힌다. 제8장에서는 「우생보호법」 성립에 기여한 다니구치 야사부로의 사상과 행동을 통해 인적 자원 조사의 실행으로 상징되는 의료계의 신체제 구상과 「우생보호법」, 동법에 근거한 일본모성보호의사협회(통칭 일모) 설립의 연속성을 제시하고, 동시에 「우생보호법」 성립과 개정에서 각 세력의 경쟁 방식을 밝힌다.

---

* (옮긴이) 모리모토 고키치(森本厚吉, 1877~1950). 일본의 경제학자, 교육자, 문화 생활연구자. 도호쿠대학(東北大學) 농경제학 교수 등 역임. 1922년 '문화보급회'를 설립했다.

제4부는 1960년대부터 1996년, 「우생보호법」에서 「모체보호법」으로 개정에 이르는 신우생학의 전개를 다룬다. 여기서 신우생학과 관련하여 중점적으로 다루는 것은 우생 단종에 의한 것이 아니라 기술 개발로 가능해진 산전 진단, 태아 표지자 진단과 그 결과에 근거한 개인의 '내면의 우생사상'에 따라 선택적 인공임신중절을 하는 종류들에 관한 것이다. 이런 신우생학의 핵심 주역으로 「우생보호법」 지정 의사 단체, 일본모성보호의사협회(일모)를 꼽는다.

제9장에서는 1960년대 '생장의 집'과 후생성에 의한 「우생보호법」의 인공임신중절 비판에 대해 일모(日母)는 '오갸(おぎゃー) 헌금'*이라는 미디어 캠페인을 이용해 논점 일탈을 도모했지만, 그것을 통해 같은 시기 우생학 운동과 대중매체의 거리감, 신우생학이 정당화되어가는 경로에 관하여 논한다. 제10장에서는 1970년대부터 1980년대의 「우생보호법」 개폐 논란에서 일모의 대응을 다룬다. 1972년에 '생장의 집'과 그 계통의 국회의원 운동의 결과로 인공임신중절의 경제 조항을 삭제하는 「우생보호법」 개정안이 국회에 상정되었다. 이 장에서는 여성 운동, 대중매체와의 거리감도 염두에 두고, 일모의 동향을 밀착하여 살펴본다. 그렇게 함으로써, 일모가 「우생보호법」에서 '불량 자손'의 출생 방지 이념을 신봉하면서 「우생보호법」 비판을 뚫고, 우생사상에 근거한 산전 진단 기술을 개발하고 정착시켜나간 양상을 밝힌다.

인용 사료는 가타카나를 히라가나로, 옛 한자는 인명 등을 제외하고 새 한자로 고쳤다. 그리고 인용 사료 중에 나오는 [ ]는 필자에 의한 주석이다.

---

* (옮긴이) 일모(日母)가 주도하여 만들고 운영하고 있는 심신장애아 시설이나 심신장애의 예방, 치료, 교육 등에 관한 연구를 위한 기금. 현재에도 공익재단 오갸 헌금이란 단체가 활동하고 있다.

주(注)

1 鈴木善次,『日本の優生学』三共出版, 一九八三年, 四~一〇頁.

2 「出生前診断で中絶倍増」『読売新聞』二〇一一年七月二二日(夕刊), 一面.

3 「新型出生前検査『陽性』(一·七%) 病気判明の八割が中絶」『読売新聞』二〇一五年四月一一日, 三八面.

4 「新出生前検査『対象拡大を』共同研究組織有志3種を要望」『読売新聞』二〇一五年四月九日(夕刊), 三面.

5 「羊水検査2万600件出生前診断関心高まる 十三年, 過去最多」『西日本新聞』二〇一五年六月二六日, 一面.

6 이러한 사항에 대해서는 주로 다음과 같은 문헌을 참조한다. 棚島次郎,「はじめに」(『優生学と人間社会』講談社現代新書, 二〇〇〇年), 利光恵子,『受精卵診断と出生前診断 ── その導入をめぐる争いの現代史』生活書院, 二〇一二年,「基礎からわかる最新生殖医療 新技術倫理的課題も」『読売新聞』一七九六八号, 二〇一五年二月五日, 一七面.

7 松原洋子,「日本 ── 戦後の優生保護法という名の断種法」(前掲『優生学と人間社会』), 二三五~二三六頁.

8 立岩真也,『私的所有論』勁草書房, 一九九七年, 四一一頁.

9 앞서 언급한 立岩,『私的所有論』, 四一七頁.

10 森岡正博,『生命学に何ができるか』勁草書房, 二〇〇一年, 三四六~三五一頁.

11 「医療ルネサンス5117出生前診断2/6 2人目羊水検査に葛藤」『読売新聞』一六六九五号, 二〇一一年七月七日, 二一面.

12 현재 사정과 배경을 알기 위해 유익한 문헌으로 다음과 같은 책이 있다. 坂井律子,『いのちを選ぶ社会 ── 出生前診断のいま』NHK出版, 二〇一三年, 玉井真理子·渡部麻衣子編『出生前診断とわたしたち』生活書院, 二〇一四年, 河合蘭『出生前診断』「出生前診断 ── 出産ジャーナリストが見つめた現状と課題』朝日新聞出版, 二〇一五年.

13 藤野豊,『日本ファシズムと優生思想』(かもがわ出版, 一九九八年)가 전형적인 예일 것이다.

14 米本昌平,「イギリスからアメリカへ」『優生学と人間社会』講談社現代新書, 二〇〇〇年, 四七~五〇頁, 同『知政学のすすめ』, 中公叢書, 一九九八年, 二一四頁.

15 米本昌平,「生命科学の世紀はどこへ向かうのか」前掲『優生学と人間社会』, 二三八頁.

16 松原洋子,「優生学の歴史」(廣野喜幸ら編『生命科学の近現代史』勁草書房, 二〇〇二年), 二〇二頁.

17 鈴木善次,「日本における優生思想·優生運動の軌跡」(D·ケヴルス(西俣総平訳)『優生学の名のもとに』朝日新聞社, 一九九三年)에서는 시기를 넷으로 구분했다(507~508쪽). 거기다 앞서 언급한 藤野,『日本ファシズムと優生思想』에서는 일곱 개로 구분(49~50쪽), 加藤博史『福祉的人間観の社会史』(晃洋書房, 一九九六年)에서는 전쟁 전만 9개의 구분(476쪽)을 채용했다. 또한, 여기에서 제시한 대략적인 국제적 동향을 파악하는 데 유익한 일본어 문헌으로 구미권에 대해서는 앞서 언급한 松原,「優生学の歴史」, 현대 아시아권에 대해서는 Shigeo Kato, A Comparative Study of Current Eugenics Law in China, Taiwan, and Japan,『研究紀要』(日本大学文理学部人文科学研究所) 六〇号, 二〇〇〇年, 土屋敦,「北東アジアの優生法 ── 中国·台湾·韓国·日本の立法過程比較分析から」(『コロキウム』一号, 二〇〇六年)가 있다. 또한, 우

생학의 확장은 여기에 머무르지 않고, 서아시아, 남미, 아프리카 등 전 세계적이다. 이런 동향을 보여주는 현재 유익한 문헌이 Alison Bashford, Philippa Levine ed., *The Oxford handbook of THE HISTORY OF EUGENICS*, Oxford University Press, 2010이다.

18 坂元ひろ子, 『中国民族主義の神話 —— 人種・身体・ジエンダー』岩波書店, 二〇〇四年(二章).

19 Yuehtsen Juliette Chung, Eugenics in China and Hong Kong; Nationalism and Colonialism, 1890s~1940s, ibid., p. 259.

20 小熊英二, 「金関丈夫と『民俗台湾』」(篠原徹編『近代日本の他者像と自畵像』柏書房, 二〇〇一年), 三七~四三頁.

21 金月岑, 「日本の占領地政策下における優生学」(山崎喜代子編 『生命の倫理3 —— 優生政策の系譜』九州大学出版会, 二〇一三年), 二七九頁, 이 논문은 판관당(潘光旦)을 중심으로 중국 우생학론자의 동향도 논하고 있다.

22 申榮全, 「식민지 조선에서 우생운동의 전개와 성격」1930년대 『우생(優生)』을 중심으로」「醫史學」 一五卷 一二号・二〇〇六年一二月.

23 澤田佳世, 「『日本一』の出生率と沖縄の子産み —— 日米支配と家父長制下の家族計劃」小浜正子, 松岡悦子編, 「アジアの出産と家族計劃 ——「産む・産まない・産めない」身体をめぐる政治」』勉誠出版, 二〇一四年, 六四頁.

24 앞서 언급한 土屋敦, 「北東アジアの優生法 —— 中国・台湾・韓国・日本の立法過程比較分析から」, 또한 중국에 관해서는 于麗玲ら, 「中華人民共和国母嬰保健法にみる『優生優育』政策」(『生命倫理』二三巻一号, 二〇一三年)도 참조.

25 松原洋子ら, 「展望; 優生学史研究の動向(II)」『科学史研究』II, 三四巻, 一九九五年.

26 岡田英己子, 「研究時評」「優生学と障害の歴史研究の動向 —— ドイツ・ドイツ語圏と日本との国際比較の視点から」(『特殊教育学研究』四四巻三号, 二〇〇六年).

27 앞서 언급한, 鈴木, 『日本の優生学』.

28 廣嶋清志, 「現代人口政策史小論」『人口問題研究』一五四号, 一九八〇年, 同「現代人口政策史小論(二)」『人口問題研究』一六〇号, 一九八一年.

29 野間伸次, 「『健全』なる大日本帝国—国民優生法制定をめぐって」『ヒストリア』一二〇号, 一九九八年.

30 高木雅史, 「『大正デモクラシー』期における『優生論』の展開と教育」『名古屋大学教育学部紀要(教育学科)』三六巻, 一九八九年, 同「一九二〇~三〇年代における優生学的能力観」『名古屋大学教育学部紀要(教育学科)』三八巻, 一九九一年, 同「戦前日本における優生思想の展開と能力観・教育観」『名古屋大学教育学部紀要(教育学科)』四〇巻, 一九九三年 등.

31 斎藤光, 「〈二〇年代・日本・優生学〉の一局面」『現代思想』二一巻七号, 一九九三年.

32 小熊英二, 『單一民族神話の起源』新曜社, 一九九五年(一三章).

33 富山一郎, 「国民の誕生と『日本人種』」『思想』八四五号, 一九九四年.

34 앞서 언급한 加藤, 『福祉的人間観の 社会史』.

35 藤野豊, 『日本ファシズムと優生思想』かもがわ出版, 一九九八年.

36 松原洋子, 「民族優生保護法案と日本の優生法の系譜」(『科学史研究』II, 三六巻, 一九九七年), 同「〈文化国家〉の優生法」『現代思想』(第二五巻四号, 一九九八年), 同『中絶規制緩和と優生政策強化』『思想』八八六号, 一九九七年, 同「戦時下の断種法論争 —— 精神科医の国民優生法批判」『現代思想』二六巻二号, 一九九八年, 同「戦時期日本の断種政策」『年報・科学・技術・社会』七巻, 一九九八年.

37 市野川容孝,「黄禍論と優生学 ―― 第一次大戦前後のバイオポリティックス」『岩波近代講座近代日本の文化史五編成されるナショナリズム』(石波書店, 二〇〇二年).

38 加藤秀一,『恋愛結婚は何をもたらしたか』ちくま新書, 二〇〇四年.

39 ジェニファー・ロバートソン(堀千恵子訳),「優生学的植民地主義 ―― 日本`における血のイデオロギー」『思想』九九五号, 二〇〇七年, 同(荻野美穂訳)「日本初のサイボーグ? ―― ミス・ニッポンと優生学と戦時下の身体」(『〈性〉の分割線 ―― 近・現代日本のジェンダーと性』青弓社, 二〇〇九年, 所収).

40 藤目ゆき,『性の歴史學』不二出版, 一九九八年.

41 赤川学,『セクシュアリティの歴史社会学』勁草書房, 一九九九年.

42 菅野聰美,『〈変態〉の時代』講談社現代新書, 二〇〇五年.

43 荻野美穂,『「家族計画」への道 ―― 近代日本の生殖をめぐる政治』岩波書店, 二〇〇八年.

44 田間泰子,『「近代家族」とボディポリティクス』世界思想社, 二〇〇六年.

45 ティアナ・ノーグレン(岩本美砂子ら訳),「中絶と避妊の政治学」青木書店, 二〇〇八年.

46 土屋敦,「日本社会における『胎児をめぐる生命主義』の源流 ―― 一九六〇年代優生保護法争をめぐって」『ソシオロゴス』二八号, 二〇〇四年, 同「胎児を可視化する少子化社会」『死生学研究』二〇〇五年秋号, 同「『不幸な子どもの生まれない運動』と羊水検査の歴史的受容過程」『生命倫理』一七巻一号, 二〇〇七年, 同「母子衛生行政の転換局面における『先天異常児』出生予防政策の興隆」『三田学会雑誌』一〇二巻一号, 二〇〇九年, など.

47 堀智久,『障害学のアイデンティティ ―― 日本における障害者運動の歴史から』生活書院, 二〇一四年.

48 中村満紀男編,『優生学と障害者』明石書店, 二〇〇四年.

49 藤川信夫編,『教育学における優生思想の展開』勉誠出版, 二〇〇八年.

50 杉田菜穂,『人口・家族・生命と社会政策』法律文化社, 二〇一〇年, 同『〈優生〉・〈優境〉と社会政策』法律文化社, 二〇一三年.

51 앞서 언급한 松原ら,「展望; 優生学史研究の動向 (II)」, 一〇二頁.

52 「シンポジウム; ポピュラーサイエンスとポピュラー科学史」『科学史研究』II, 四七号, 二〇〇八年.

53 拙稿,「明治後期 ―― 大正期における科学ジャーナリズムの生成 ―― 雑誌『科学世界』の基礎的研究を通して」(『メディア史研究』二六号, 二〇〇九年)을 참고.

54 松原洋子,「富士川游と雑誌『人性』」(『『人性』解説・総目次・索引』, 不二出版, 二〇〇一年)는 이 잡지에 대해 가장 잘 정리된 해설이다.

55 中垣昌美,『シリーズ福祉に生きる二一海野幸徳』大空社, 一九九九年, 平田勝政「海野幸徳文献目録」『長崎大学教育学部紀要 ―― 教育科学』六八号, 二〇〇五年.

56 平田勝政,「戦前の日本優生学関係資料目録 (I)社会事業雑誌編」(『長崎大学教育学部紀要 教育科学』六〇号, 二〇〇一年), (2)教育雑誌編 (同六二号, 二〇〇二年), (3)心理学・医学雑誌編(同六七号, 二〇〇四年).

57 平田勝政,「大日本優生会の研究」『長崎大学教育学部紀要) 教育科学』六三号, 二〇〇二年.

58 例えば, 鈴木善次『バイオロジー事始』吉川弘文館, 二〇〇四年, 九〇～一〇六頁.

59 金森修,「藤川信夫編著『教育学における優生思想の展開』―― 優生思想の〈批判〉とは, 何を意味するのか」『近代教育フォーラム』一八号, 二〇〇九年, 二五八頁.

60 앞서 언급한 松原ら,「展望; 優生学史研究の動向(II)」, 一〇三～一〇四頁.

61 앞서 언급한 藤野, 『日本ファシズムと優生思想』, 四四~四五頁, なお, 伊藤之雄の批判の典拠は 「一九九三年の歴史学界 ── 回顧と展望 ── 日本(近現代)」『史学雑誌』一〇三編 五号, 一九 九四年, 一五九頁.

62 松村寛之, 「『国防国家』の優生学 ── 古屋芳雄を中心に」『史林』八三巻二号, 二〇〇〇年, 一 〇三~一〇五頁.

63 앞서 언급한 松原ら, 「展望─優生学史研究の動向 (II)」, 一〇四頁, 前掲. 富山「国民の誕生と 『日本人種』」.

64 앞서 언급한 市野川, 「黄禍論と優生学─ 第一次大戦前後のバイオポリティックス」, 一五六頁.

65 예를 들면, 우생수술에 대한 사죄를 요구하는 모임에서 나온 「優生保護法が犯した罪 ── 子ど もをもつことを奪われた人々の証言』(現代書館, 二〇〇三年) 제1부에 그 실제 예가 나와 있다. 덧붙여 민생위원의 관여에 대해서는 「우생보호법」 제18조에 중앙우생보호위원회, 지역우생 보호위원회의 위원 및 임시위원은 '의사, 민생위원, 재판관, 검찰관, 관계행정청의 관리, 그 외 학식경험이 있는 자'에서 임명하도록 되어 있다.

66 앞서 언급한 ロバートソン「優生学的植民地主義」, 九八~一〇一頁.

67 加用信憲「優生結婚相談所の思い出」(『民族衛生』三〇巻二号, 一九六四年三月)에 이렇게 되 어 있다. 일본민족위생학회가 1933년에 문을 연 우생결혼상담소는 처음엔 손님이 십 수명은 왔는데, '겨우 2개월 지난 후 급격히 내소자가 줄어들어 10명이 5명이 되고, 5명이 0명에 근접 하게 됐다', '반년 만에 자연붕괴됐다', '이번에는 당시의 내무성(후생성)이 주체가 되어 새롭게 도쿄에 대대적인 우생결혼상담소를 개설했고, 크게 홍보에 임했지만 이 역시 용두사미로 끝 이 나고, 어느새 자취를 감췄다'라고 되어 있다.

68 松原洋子, 「〈文化国家〉の優生法」『現代思想』第二五巻四号, 一九九八年, 一〇頁.

69 특히 앞서 언급한 松原 「民族優生保護法案と日本の優生法の系譜」, 同「〈文化国家〉の優生法」 를 중심으로 전개.

70 石井美智子, 「優生保護法による堕胎合法化の問題点」『社会科学研究』三四巻四号, 一九八 二年.

71 松原洋子, 「中絶規制緩和と優生政策強化」『思想』八八六号, 一九九七年.

72 앞서 언급한 松原, 「日本 ── 戦後の優生保護法という名の断種法」.

73 앞서 언급한 土屋, 「日本社会における『胎児をめぐる生命主義』の源流 ── 一九六〇年代優生 保護法論争をめぐって」, 同「胎児を可視化する少子化社会」.

74 前掲, 森岡『生命学に何ができるか』.

75 Masae Kato, *Women's Rights? The Politics of Eugenic Abolition in Modern Japan*, Amsterdam University Press, 2009.

76 앞서 언급한 土屋, 「『不幸な子どもの生まれない運動』と羊水検査の歴史的受容過程」, 同「母子 衛生行政の転換局面における『先天異常児』出生予防政策の興隆」.

77 앞서 언급한 ノーグレン, 『中絶と避妊の政治学』은 피임, 중절, 피임약 해금(解禁) 등을 둘러싼 다니구치와 일모의 동향을 논했다. 다만, 제8장 이후에 설명한 것과 같이 이 책의 내용은 신우 생학의 전개에 중점을 둔 본서와는 시각을 달리 하고, 수정이나 보충해야 하는 부분도 있다. 또한, 앞서 언급한 松原, 「日本 ── 戦後の優生保護法という名の断種法」(二三一~二三三頁) 도 「모체보호법」 개정을 둘러싼 일모의 동향을 언급하고 있다.

제1부

우생학의 구상과 과학 저널리즘

잡지 《인성(人性)》 5권 6호 표지그림(1909년 6월)

제1장

20세기 초 진화론 계몽과
우생학 수용의 사상적 기반
자연과학주의와 과학 저널리즘

1. 시작하며

이 장에서는 20세기 초 일본에 우생학이 도입된 지적 기반을 사상·학문적 방면과 미디어 상황에 대한 분석을 통해 밝히고자 한다. 여기에서 말하는 '사상·학문적'이란 19세기 이후의 진화론 계몽의 모습이며, 미디어 상황이란 그러한 언론을 배출하는 기반이 된 과학 저널리즘을 뜻한다.

우생학과 진화론의 연관성은 선행 연구의 지적을 보아도 충분히 명백하다. 원리와의 연관성은 스즈키 젠지(鈴木善次)가 역도태(逆淘汰)라는 발상과의 연속성을 지적한 바 있다. 역도태는 다윈(Charles Robert Darwin)의 자연선택설을 우생학의 창시자이자 다윈의 사촌인 골턴이 자기 나름대로 해석한 것이다. 즉 자연선택설은 동식물에는 적용될 수 있어도 문명을 가진 인간에게는 적용되지 않고, 부적격자가 살아남아 집단으로서 바람직하지 않은 방향으로 간다는 것이다.[1]

그러나 진화론과 우생학의 연관은 원리에 그치지 않고 19세기 자연과학주의라 부를 수 있는 시대사조와 많은 관련이 있었다. 특히 이러한 논의에 대한 이해에 도움이 되는 요네모토 쇼헤이(米本昌平)의 설명을 살펴보자. 1859년 다윈의『종의 기원』이 등장하면서 자연과학과 기독교 간에 균열이 생겼고, 종교를 대신할 만한 세계관을 창출하려는 시도가 이루어졌다. 자연과학주의는 그중 하나로, 인간의 행동이나 사회 등 모든 현상을 자연과학적·통일적으로 해석하고자 시도한 철학적 경향이다. 1970년대 이후에는 이에 기초해 다원적 원리로 인간과 사회를 해석하려는 경향이 생겼다. 이것이 바로 사회 다원주의이다. 지식인들은 종교적 미망(迷妄)을 타파한 자연과학이야말로 합리적이고 확실한 새로운 논리와 생활규범의 근거를 제시한다고 믿었다. 그리고 그들은 사회과학 분야에서 수많은 사회 다원주의 학설을 세웠으며, 자연과학에 입각한 생활개선 운동도 만들어냈다. 예를 들면 교육개혁, 여성해방, 사회주의, 우생학, 공중위생 등이 그것이다. 특히 우생학은 진화론과 유전의 원리를 인간에 응용했고, 신흥 자연과학으로서 인간 스스로가 자연적 운명의 개량을 시도하여 기독교적 구제사관(救済史観)의 세속화라고도 할 수 있는 성격을 지녔다.[2]

일본에서는 어떠할까? 메이지 초기부터 일본에 도입된 진화론과 20세기 초에 이루어진 우생학 도입과의 관련성을 같은 시기의 사료에 근거해 실증적으로 조사한 연구는 충분하다고 할 수 없다. 예를 들어 후지노 유타카(藤野豊)는 근대 일본의 사회 다원주의는 과학이라는 이름하에 '강자의 약자 배제, 지배, 차별을 유도하는 기능'을 가지고 있고, 그 유행은 구미 열강과의 생존경쟁에서 일본이 이기기 위해 '인종개조'에 대한 관심을 이용해서 우생사상을 수용하려는 토양을 형성했다고 지적했다.[3] 그러나 요네모토가 지적한 19세기 자연과학주의의 모습을 감안하면 이는 일부 측면을 서술한 것일 뿐이다. 게다가 가토 히로유키(加藤弘之)의 주장을 논하면서 다케다 도키마사(武田時昌)는 진화론을 응용할 때 이론 자체에 극단적인 우생사상을 상기시키는 요소가 잠재함을 인정하면서도 "계몽적인 역할과 우생학에 대한 접근이라는 두 가지 측면은 진화론을 통해서 처음으로 제시된, 자연과 인간사회를 연결시키는 '철학'이라고 불리며 사람들의 주목을 끌었을" 가능성도 지적하고 있다. 따라서 다케다는 '진화론의 위태로운 사상성'도 "진화론의 침투력과 표리 관계에 있으며 과학이론의 사회적 작용, 과학지식의 보급과 그 공과(功罪)의 구체적 사례를 들어 정면으로 논의"해야 한다고 주장한다.[4] 이는 흥미진진한 지적이지만 사료적으로 실증하고 우생학이 본격적으로 도입된 1910년 전후 지식사회의 동향과 관련시켜서 논해야 할 것이다. 이 장에서는 요네모토, 다케다의 지적이나 문제 관심을 계승하면서, 우생학에서 자연과학적인 '철학'으로서의 진화론과 그 계몽에 따른 영향(언론적 기반도 포함)을 실증적으로 탐구한다.

2. 20세기 초에도 변하지 않는 진화론 정신

이 절에서는 우생학을 도입한 배경을 알아보기 위해 20세기 초에 진화론 계몽가들은 진화론에서 무엇을 찾고자 했는지를 논하고자 한다.

논의를 전개하기에 앞서 우선 미기타 히로키(右田裕規)의 견해를 참고하고자 한다. 미기타는 20세기 초 사회진화론에서 생물진화론으로의 유행 전환을 강조했다. 미기타는 메이지 시대 지식인의 진화론 논의는 전적으로 스펜서(Herbert Spencer)가 주장하는 사회진화론 형식을 취했지만, 메이지 후기만 보면 "진화론 열기는 명백하게 사회진화론의 유행이 아니라 다윈이 주장한 생물진화론·인간과 짐승의 조상이 같다는 설(인수동조설, 人獸同祖說)의 유행이라는 양상을 띠었다"고 했다. 미기타는 그 '영향(impact)'을 강조하기 위해서 다음과 같은 사례를 들었다. 1889년에 《국민지우(國民之友)》지가 지식인 69명의 '서목십종(書目十種)'을 조사한 결과, 생물진화론 관련 서적을 거론한 응답자는 4명이었는 데 비해 스펜서를 거론한 응답자는 더 많았다. 그러나 1902년에 마루젠(丸善)의 홍보지 《학등(學燈)》이 78명을 대상으로 실시한 '19세기 구미의 대저술'이라는 추천 설문조사에서는 『종의 기원』이 32표를 획득해, 2위인 괴테의 『파우스트』, 3위인 스펜서의 『종합철학대계』와 큰 차이를 벌리며 1위를 차지했다. 또한 1902년 《시사신보(時事新報)》의 설문조사에서도 유사한 결과가 나왔다고 한다.[5] 그러나 이 설문조사 결과는 미기타가 주장하는 인수동조설(人獸同祖說)의 영향을 입증하는 것이 아니라 아전인수에 지나지 않는다는 느낌이 있다. 또한 스펜서에서 다윈으로 유행의 대상이 변했다고 해서 곧바로 사람들의 관심이 사회진화론에서 순수한 생물진화론으로 바뀐 것을 의미하는 것일까?

이를 검증하기 위해 1903년 스펜서 서거 후 발표된 《철학잡지(哲學雜誌)》 스펜서 추도호(19권 26호, 1904년)에 실린 논의를 살펴보고자 한다. 추도호에는 고바야시 이치로(小林一郎)의 '허버트 스펜서', 도모나가 산주로(朝永三十郎)의 「스펜서의 인식론과 형이상학」, 모토라 유지로(元良勇次郎)의 「심리학자로서의 스펜서와 베인」, 오카 아사지로의 「스펜서 저(著) 『생물학 원리』」, 나카지마 리키조(中島力造)의 「스펜서의 윤리학상의 공헌」, 다니모토 도메리(谷本富)의 「스펜서와 교육학」, 엔도 류키치(遠藤隆吉)의 「스펜서와 사회학 계통」이 기고되었다. 야마시타 시게카즈(山下重一)가 지적하듯이 스펜서를 높이 평가한 것은 다니모토뿐이며, 다른 논객들은 그의 사상을 과거의 것으로만 언급해 스펜서 수용의 최후 기념비라기보다는 여운을 느끼게 하는 것들이었다.[6]

여기에서는 『진화론 강화(講話)』가 베스트셀러가 되는 등 이 시기의 대표적 진화론 계몽가였던 오카 아사지로의 견해에 주목하자. 오카는 스펜서의 『생물학 원리』를 "표제는 과학적인 느낌을 풍기지만, 내용은 그것과 상관없이 기존 철학자풍의 서적으로 결코 순수한 자연과학 서적이 아니다"라고 평가했다. "이 책은 저자가 『제1원리』에서 언급한 원리를 그저 생물계의 현상에 적용해, 생물계에서 재료를 찾아서 그의 원리를 부연한 것에 지나지 않기 때문에 자연과학에서 항상 이용하는 방법과는 논의 방법이 전혀 다르다"라는 게 근거였다. 게다가 "이 책은 다윈의 주장과 달리 원리가 먼저 있고, 단순히 적당한 사실을 거론해 이를 부연한 것"이라며 그 논리성 결여도 지적했다.[7]

그러나 오카는 "오늘날은 학문이 매우 세분화·전문화되었고 (중략) 처음부터 좁은 전문분야로 들어가기 때문에 자칫하면 자신의 연구가 인간의 지식 가운데 어떠한 부분인지, 생물학 중의 어떤 부분인지를 잊어버리기 쉬운 경향이 있다. 이러한 사람들에게 이 책은 시야를 넓힌다는 점에서 다른 책에서는 유례를 찾아볼 수 없던 이익을 줄 것"이라고도 했다. 또한 오카는 '철학과 생물학과

오카 아사지로

자료:『近代思想体系 9: 丘淺次郎集』
(筑摩書房, 1974).

의 관계'에 대해 "심리학이든 사회학이든 윤리학이든 대부분이 연구를 하는 목
적물은 인간이며, 이를 연구하는 학자 자신도 인간이므로 우선 인간이란 어떠
한 존재인가, 인간은 우주에서 어떠한 위치를 차지하는가 등의 문제를 먼저 풀
어야 하는데 이 문제에 대답하는 것이 바로 생물학"이라고 했다.[8]

스펜서의『제1원리』,『생물학 원리』,『심리학 원리』등 '종합 철학 체계'는
생물학, 심리학, 사회학, 윤리학 등 과학지식의 종합 체계라는 형태를 갖추며,
그 체계는 진화의 법칙 원리로 관철되고 있었다. 그러나 이 글이 나온 시기에
는 대학에서 강좌제가 채용되어 학문이 세분화되어가는 것을 우려하는 사람들
도 있었다. 오카는 그 상태에 대하여 스펜서 철학이 가지고 있던 학문의 종합
성을 되찾고 싶어 했다. 또한 오카가 '인간은 우주에서 어떠한 위치를 차지하
는가와 같은 철학적인 문제에 생물학이 대답할 것'이라고 본 점도 주목할 만하
다. 즉 오카는 스펜서의 논리성 부족은 비판하지만, 근본적인 문제의식은 계승

하고 있는 것이다.

생물학, 진화론의 철학적 의의를 인정하는 경향은 1909년 6월 잡지 《태양》의 '다윈 탄생 100주년 기념' 특집에도 잘 나타나 있다. 논제는 다음과 같다. 가토 히로유키의 「자연계의 진화와 사회적 진화」, 다나카 시게호(田中茂穂)의 「인류의 유래 개요」, 시가 시게타카(志賀重昂)의 「일본에 현존하는 다윈 선생의 유물」, 아네사키 마사하루(姉崎正治)의 「진화론과 기독교」, 시마무라 호게쓰(島村抱月)의 「진화론이 문학에 미치는 영향」, 가네코 지쿠스이(金子筑水)의 「진화론이 철학계에 미치는 영향」, 나카지마 고토(中島孤島)의 「다윈과 월리스(Alfred Russel Wallace)」, 다테베 돈고(建部遯吾)의 「진화론이 사회학에 미치는 영향」. 논제만 보아도 종교, 문학, 철학, 사회학 등 다양한 분야에서 진화론의 의의를 동시대 사람들이 인정하고 있었다는 사실을 알 수 있다. 실제로 그 취지 설명에는 "다윈의 학설이 여러 분야의 학문과 예술에 심대한 영향을 미쳤고, 그 때문에 예로부터 내려온 인생관, 혹은 세계관을 완전히 바꿨다"고 적혀 있다.[9] 또한 우키타 가즈타미(浮田和民)는 "진화란 어떤 의미에서 우주의 대사실(大事實)이다. 무기계와 유기계를 포함하고 또 인간세계도 포함하며", "다윈의 위업은 인간의 이성에 근거해 인류의 여론을 정복하고, 만물 위에 인간의 왕국을 건설한다"라고 했다.[10]

특집 중에서 20세기 초 진화론 철학의 의의와 정의에 관해서는 철학자 가네코 지쿠스이의 논설이 가장 명시적이다. 가네코는 "다윈의 진화론이 진화론으로서 후세에 영향을 미쳤다"기보다 오히려 "진화론의 정신", 즉 "그 안에 담긴 넓은 의미의 인생관"이 "일반 학술계와 기타 사회적 방면에 영향을 미쳤다"고 했다. 그 진화론의 정신이 학술, 사회에 미친 영향에 관해 가네코는 이렇게 설명했다.

우주 생명에 관련된 것을 지금까지 생각해온 것처럼 단순히 불가사의한 힘에 의한 것이라고 귀결시켜선 안 된다. 자발적·자동적으로 그리고 자신의 힘으로 자연스럽게 서서히 오늘날 상태에 이르렀음이 틀림없다. 그러므로 모든 설명은 자연이나 인생, 그것 자체가 가진 힘이라는 측면에서 설명해야 한다. "다른 것에서 불가사의한 힘을 빌려 설명하는 것은 불합리하다"라는 주장이야말로 다윈의 진화론의 대정신이며, 또한 오늘날의 과학적 정신의 기반을 이룬 것이다. 이 기반이 아니면 과학은 도저히 성립하지 않는다. 이것이 다윈의 진화론이 현대 학술계와 기타 사회적 방면에 미친 위대한 영향이다.

한편 가네코는 '다윈의 진화론'의 '큰 문제점'으로 적자생존의 개념에 대해 "오로지 기계적으로, 아무런 힘도 없이 단지 주위의 힘으로 우연히 일어난다는 식으로 해석한 경향"이 있다는 점을 들었다. 가네코는 "순응이란 생물 그 자체에 순응할 만한 힘(자발적 불가사의한 힘이 없으면 안 됨)이 존재함에도" 다윈은 이에 대해 '충분히 설명'하지 않았다고 비판했다. 그래서 가네코는 다윈의 진화론은 "한때 우주의 수수께끼를 푼듯한 느낌"이 있었지만, "우주의 수수께끼는 다윈이 등장한 후에도 여전히 우리 앞에 어른거리고 있다", "정확한 의미의 진화나 진보 등"은 여전히 "오늘날의 의문"으로 남아 있으며 "향후 학자들은 이 의문을 풀어줄 제2의 다윈을 기다려야 한다"고 했다.[11]

요컨대 가네코가 말하는 '진화론의 정신'은 '우주의 수수께끼'를 자연이나 인생의 방면에서 과학적으로 설명하기를 원했다. 메이지 전기에는 스펜서에게 그 역할을 원했다. 스펜서의 유행이 시들해지자 그 역할을 다윈이 해주기를 원했으나, 가네코는 다윈에게도 만족하지 못했다. 결국 메이지 전기 이후, 사상가의 관심에 변화가 생겼더라도 우주의 수수께끼를 과학적으로 푸는 종합 철학으로서의 시도라는 진화론의 의의에는 그다지 근본적인 변화는 없었다. 따라서 메이지 후기에 사회진화론에서 생물진화론으로 유행이 바뀐 것을 지나치게 강조하는 것은 타당하지 않다. 그리고 이러한 진화론의 사변적인 모습이야말로 우생학에 대한 접근으로 이어지게 된다.

3. 생물학에서 사회학으로

이 절에서는 우주의 수수께끼를 과학적으로 푸는 종합 철학적인 시도인 진화론이 우생학 도입과 어떻게 연동해가는지를 알아보고자 한다.

이를 위한 첫 단계로 20세기 초의 사회학과 생물학의 친화성에 주목하고자 한다. 진화론 수용과 우생학 도입에 국한시키면 20세기 초의 사회학과 철학의 시점은 기본적으로 동일하다고 보아도 무방하다. 대부분의 일본 사회학사에서 스펜서를 수용하면서 들어온 사회진화론과 사회유기체설*이 메이지 시대의 그러한 것들을 대표하는 것이라고 설명하고 있다. 반면 후나야마 신이치(船山信一)의 『메이지 철학사 연구』[12]는 메이지 시대의 사상가나 철학자가 자연과학 이론을 배격하지 않고 그들 자신의 방법으로 해석해 그것을 철학, 사상 수립에 이용하고 기초로 삼았음을 보여주었다. 후나야마는 사회진화론과 유기체론 수용을 철학적 소재로 삼았고, 그러한 문맥에서 오카 아사지로나 이시카와 지요마쓰(石川千代松)의 사회관, 세계관도 다루었다. 필자는 메이지 전기부터 중기까지의 진화론 수용을 통해 철학과 사회학은 혼연일체가 되었고, 그 영향은 20세기 초에도 남아 있었다고 보고 있다.

따라서 우선 참고하고자 하는 것은 제2차 세계대전 이전 일본의 우생학 도입과 정책화에 지속적으로 중요한 역할을 해온 생리학자 나가이 히소무(도쿄제국대학 의과대학 교수)의 논설 「생물학과 사회학」(1907)이다. 나가이는 19세기를 대표하는 것은 'Naturwissenschaft(자연과학, 즉 만유과학)'이라고 했다. 나가이는 "생물학과 사회학을 연결시키고 있는 이론의 흐름은 만유과학(萬有科學)이 우리에게 준 산물 가운데에서도 가장 흥미롭다"고 하면서 '사회학' 이론의 흐름을 되돌아본다. 그것은 플라톤, 아리스토텔레스를 시작으로 홉스(Thomas Hobbes), 로크(John Locke)부터 칸트(Immanuel Kant), 헤겔(Friedrich Hegel) 등이

---

* (옮긴이) 사회 각 구성 요소가 마치 유기체가 생존해나가는 원리처럼 기능적으로 연결되어 움직여나간다는 주장을 말한다. 그 말의 어원 중 'organism'이 일본에서 '유기체'로 번역되기 시작한 것은 에도 후기 난학자들에 의해서였다고 알려져 있다.

사회를 논하는 방식에서 콩트(Auguste Comte), 스펜서의 사회학에 이르는 길이었다. 나가이는 생물이 사회에 미치는 영향으로 다음 두 가지를 들었다.

- 첫째, 생물학의 진보에 따라 고체(固體)의 의의가 확정되고 분업의 법칙이 밝혀진 점.
- 둘째, 진화론에 의해 자연계에서 인간의 위치에 대해 공평한 판단을 내릴 수 있게 된 점.

첫 번째는 사회유기체론이다. 나가이는 생물의 생리적 분업을 통해 '사회조직'의 성립을 '생물학의 견지'에서 '추정'할 수 있다고 했다. 인간사회에서 분업이 진행함에 따라 그것들 간의 결합은 밀접성이 필요해졌고, 분업이 더욱 진행되면 '총괄해서 그 사이의 조화와 일치를 도모하는 기관이 필요'해지는데, 인체에서는 '신경 중추'가, 사회에서는 '각종 정부'가 이에 해당한다고 했다.

두 번째에 대해서 나가이는, 헉슬리(Thomas Huxley), 헤켈(Ernst Haeckel), 다윈이 주장한 인간은 일종의 동물로, '그 선조는 분명히 원숭이를 닮은 모습에서 진화'했다는 설에 근거하여 '인간이 동물의 한 종류'라고 강조했다. 나가이는 뒤부아(Eugene Dubois)의 자바 원인 발견과 같은 일을 계기로 원숭이와 인간의 연관성을 찾아내 '인간이라는 존재가 자연계에서 차지하는 위치'가 확정되었다고 했다.

이를 근거로 나가이는 복잡한 현대사회가 형성되기 이전에 '극히 단순한 생물의 집합 단체'를 찾아낼 수 있다며, "우리는 생물학적 견지에 기초해 비로소 완전한 사회의 성립을 이해할 수 있다. 또한 개인과 사회의 관계도 이렇게 해야만 근본적으로 밝힐 수 있다"고 했다.[13]

이렇듯 나가이는 인간사회를 하나의 유기체로 보고, 동물 사회를 실마리로 삼아 유추(analogy)를 통해서 파악할 수 있다는 점에서 생물학이 사회학에 유용하다고 주장했다. 이런 종류의 발상은 생물학자나 의학자가 사회적·정치적 발언을 하는 이론적 근거가 된 것 같다. 제1차 세계대전 후, 나가이는 전쟁 후 인종 간 경쟁에 대해 "한 사회, 한 민족의 흥망성쇠를 논하는 자는 오로지 사회학자 혹은 정치인, 종교인, 철학자 등 정신적 방면의 일에 종사하는 사람들로 한정해왔다. 그러나 생물학 혹은 의학 관련자들이 사회를 커다란 생물로 다루면서, 그 흥망성쇠의 원리에 대해서 깊게 생각해야 할 책임이 있고, 또한 권리가 있다"고 말했다.[14]

생물학과 사회학의 친화성은 우생학 도입과도 연관을 맺어갔다. 『일본사회학원연보(日本社會學院年報)』에서 사회학자 요네다 쇼타로(米田庄太郎)는 「생물학에서 사회학으로」라는 제목의 논문을 소개했다. 이는 로마대학의 인류학 교수이자 사회학자이기도 한 세르기(Giuseppe Sergi)가 자신이 편집하는 《이탈리아 사회학 평론》에 권두 논문 형태로 게재한 것이었다. 내용은 매우 일반적인 우생학 이론과 정책 논평이다.[15] 그러나 '생물학에서 사회학으로'라는 문맥에서 현재 대표적인 사회학자로 불리는 요네다가 우생학에 주목했던 것은 우생학이 '사회학'으로서 학문적 가치가 있다는 것, 그리고 진화론, 유기체설과 연결시킬 수 있음을 보여주었다는 것이다(제1장 제1부).

한편 20세기 초 철학 관련 잡지도 우생학을 상당한 빈도로 다루었다. 예를 들어 《정유윤리회 윤리강연집(丁酉倫理會倫理講演集)》에는 도모나가 산주로(朝永三十郎)의 「우종학 만국대회에 대하여(優種学万国大会に就て)」(110호), 도모마쓰 다카히코(友松高彦)의 「만국 인종회의」, '태서사조(泰西思潮)'란에 퍼디낸드 실러(Ferdinand Schiller)의 「인종개량과 정치」(139호), 야마우치 시게오(山内繁雄)의 「유전에 대하여」(186호), 마쓰모토 마타타로(松本亦太郎)의 「민족의 우생화와 열생화」(188호) 등의 기사를 게재했다. 즉 우생학은 진화론과 유기체설을 통해 철학·사회학적 문제로서 논의하게 되었다고 볼 수 있다.

4. 잡지 《인성(人性)》과 후지카와 유

그렇다면 진화론, 유기체설을 매개로 한 우생학은 철학, 사회학과 어떤 논리로 서로 관련지을 수 있을까? 결론부터 말하면, 스펜서 철학 등에서 엿보인 종합 과학의 시선이 인체라는 우주로 향하게 되고, 그 병리를 해결하는 사고 방식이 등장한 것으로 설명할 수 있다. 1900년대부터 1910년대에 그러한 사고를 자주 구현했던 것이 의학자 후지카와 유(富士川游)[*]가 주간(主幹)을 맡은 잡지 《인성》(1905~1918, 부제 der Mensch)이었다.

1) 인체라는 우주를 연구하는 지향(志向)

후지카와 유는 히로시마의학교를 졸업하고 22살부터 33살까지 《중외의사신보(中外醫事新報)》에서 의료 저널리스트로서 활동하면서, 당시 거의 회고되는 일이 없었던 일본 의학사 연구에 전념하고 있었다. 그는 33세(1898년)에 독일의 에나대학으로 유학을 갔고, 「척수로와 심장판막병의 병발에 관하여」라는 논문을 제출해 1900년에 의학사(Doktor der Medizin)[**]를 받았다.

《인성》지를 간행한 시기에 후지카와는 이미 여러 분야에서 활동하고 있었다. 후지카와가 주최하거나 중심이 된 학회로는 '인성학회'를 비롯해 '쇼신의계 [奬進醫界, 의가선철추천회(醫家先哲追薦會) 포함]', '예비(藝備) 의학계', '일본아동학회'가 있다. 또 평의원이나 간사로 활동한 학회로는 일본내과학회, 일본신경학회, 일본화류병예방회, 국가의학회, 의가(醫家)기계연구회, 암연구회, 임시각기병조사회, 보건위생조사회, 간호학회, 범죄학협회, 고서보존회, 사적명승천연기념물조사회, 일본민족학회, 통계학사 등이 있었다. 또한 후지카와가 주간이나 편집자로 참여한 잡지는 《중외의사신보》, 《치료신보》, 《치료신전(治療新典)》,

---

[*] (옮긴이) 후지카와 유(富士川游, 1865~1940): 일본의 의학자, 의사학자(醫史學者), 의학 저널리즘의 개척자. 히로시마대학(현 히로시마대학 의학부)을 졸업하고, 1889년에는 독일 에나대학에 유학하여 독일 신경병학, 물리치료 등을 공부하여 학위를 받았다. 1915년 설립된 민간아동상담소의 선구자이다. 1904년 필생의 저서 『일본의학사』(1904), 『일본질병의 역사』(1912)를 간행했다.

[**] (옮긴이) 1900년대 독일에서 'Doktor der Medizin'는 '의학박사'보다는 '의학사' 또는 'Medical Doctor(MD)'에 가깝다. 하지만 연구논문을 써야 했다.

후지카와 유

자료: 富士川游, 『富士川游先生』
(「富士川先生」刊行会, 1954).

《예비의사》, 《도규신보(刀圭新報)》, 《아동연구》였다. 《중앙공론》이나 《태양》, 《개조》, 《부인공론(婦人公論)》 등 일반지에도 많은 집필을 했다. 후지카와는 다양한 학회·잡지의 운영자이자 조직자였으며 많은 글을 남겼다. 그리고 그는 의학사 연구를 주요 저서인 『일본 의학사』, 『일본 질병사』로 결실을 거두어 학사원 은시상(恩賜賞)을 수상했고, 1914·1915년에는 문학박사, 의학박사의 칭호를 얻었다.[16] 참고로 후지카와는 1930년 일본민족위생학회에 평의원으로만 이름을 올리고 있다.

  잡지 《인성》은 우생학사의 선행 연구에서도 우생학이 본격적으로 도입되는 배경을 논할 때마다 거론되어왔다. 이는 《인성》지가 독일의 샬마이어 (Wilhelm Schallmayer) 등 많은 우생학 창시자들이 기고했던 1902년에 창간된 잡지 《정치인류학 평론(Politish Anthoropogishe Revue)》을 본떠서 간행되었으며, 1909년 《인성》지에 이미 우생학이 소개되었고, 그 이후에도 우생학 관련 기사가 자주 게재되었다는 사실에 기인한다.

  가장 도움이 되는 것은 마쓰바라 요코(松原洋子)의 해설이다. 마쓰바라는 《인성》지의 이념이나 주목해야 할 사항을 정리했고, 일원론*이나 변질론**이 유

---

*   (옮긴이) 일원론(Monism, 一元論): 일체의 존재를 포함한 세계 전체를, 유일한 기본에 기초하여 설명하는 철학적 세계관의 견해.

** (옮긴이) 변질론(變質論): 열화(劣化), 'degeneration'. 여러 학문들을 동원한 "일탈의 의학적 모델"이다.

행한 19세기 말 독일의 사조가 여기에 영향을 주었다고 시사했다.[17] 마쓰바라는《인성》지에 등장하는 각종 학문이 "『생물로서의 인간』을 전제로 했으며 진화론·변질론·일원론 등 동일한 의도로 굳게 혹은 느슨하게 연결되어 있었다"고 했다. 그리고 사회 다원주의 사상이 보급된 19세기 말과 우생운동이나 산아제한운동 등 각종 운동이 조직화와 활성화된 1920년대 이후 사이에《인성》이 이론적 지주인 독일을 중심으로 한 해외정보를 제공하면서 일본에서는 이를 어떻게 수용해나가야 할 것인지를 탐구하는 장을 제공했다고 평가했다.

여기에서는 그러한 성과를 참고해《인성》을 일본의 진화론, 우생학 수용의 전체적인 문맥상에서 정의하고, 종합 철학적인 관점과 우생학의 관련성을 고찰하고자 한다. 우선 잡지의 성격은 각 호의 표지에 붙어 있는 설명서를 보면 명확히 알 수 있다.

> 《인성》은 자연과학상의 지식에 의거해 인류의 사회적 생활와 정신적 생활을 연구하는 일본 유일의 학술잡지이다. 그 주의란 우선 생활의 자연율(自然律)을 밝힌 후에 나아가 역사적으로 인류의 사회적 생활와 정신적 생활을 연구하고, 또한 실제적으로 인류의 발육과 존속에 필요한 조건을 조사하고, 이를 통해 인류의 사회적 생활과 정신적 생활을 향상시키는 길로 이끌려고 하는 것이다. 그러므로 생물학, 인류학, 의학, 위생학부터 통계학, 문명사, 사회학, 교육학, 종교학, 법학, 경제학 등에 이르기까지 적어도 인성문제의 연구에 이바지해야 하는 것들은 모두 망라해서 채집해야 한다. 바라건대 세상의 법률가, 행정자, 교육가, 종교인, 의료인[醫家], 심리학자, 그 외에 적어도 인류의 사회적 생활과 정신적 생활 연구에 취미를 가지는 제군들을 위해 둘도 없는 좋은 반려자가 될 수 있기를.

'인류의 사회적 생활과 정신적 생활 연구'에 대해 자연과학의 관점에서 여러 과학을 종합해서 연구한다는 취지이다. 독자층도 여러 과학 관계자나 관심을 가진 사람들을 대상으로 정했다. 인성학회의 간사 5명[후지카와, 다카시마 헤이자부로(高島平三郎), 시모다 지로(下田次郎), 아마코 시로(尼子四郎), 나가이 히소무],

오른쪽부터 후지카와 유, 시모다 지로, 구레 슈조
자료: 富士川游, 『富士川游先生』(「富士川先生」刊行会, 1954).

평의원, 구레 슈조(吳秀三), 하나이 다쿠조(花井卓蔵), 이시바시 가하(石橋臥波)는 히로시마현 출신이었다. 같은 현민이라는 네트워크가 영향을 주었을 것이다. 인성학회에서 그 밖에 평의원이 된 인물로는 모리타 마사타케(森田正馬, 훗날 간사), 이시하라 마코토(石原誠), 오가와 시게지로(小河滋次郎), 도야마 가메타로(外山亀太郎), 후쿠라이 도모키치(福来友吉) 등이 있다. 이처럼 인성학회에는 생물학, 의학, 형법학, 심리학 등 다양한 학자가 모였다. 즉 학회의 구성원도 잡지가 표방한 여러 과학의 전문가를 폭넓게 모은 진용이었다.

후지카와는 인류의 신체 구조와 기능과 정신의 작용을 연구하고, 생활의 작용을 자세히 밝히고 그 '자연율(自然率)'을 확인하며, 더 나아가 인류의 가족으로서, 국민으로서의 활동, '사회적 생활'과 '정신적 생활'을 포괄적으로 연구할 것을 제창했다. 후지카와는 이를 '하나의 학문으로서 '인성학(人性學)'이라 명명하고자 한다'고 했다. 후지카와가 '인성학'을 제창한 이유는 기존에도 '인성을 연구의 대상으로 삼는 학과'는 분명히 있었지만 '모두 개별적이고, 따로따로 인성을 연구했기 때문에 체계적이고 종합적인 것은 아니었기' 때문이다.[18] 후지카와는 인성학의 최종적인 목적을 '인류의 가족으로서, 국민으로서의 활동, 사회적 생활과 정신적 생활'을 연구하여 향상시키는 것이라고 했다.

《인성》지의 이념은 다른 잡지의 서평에서도 호의적으로 다루어졌다. 예를 들면 《학등(學燈)》은 《인성》에 대한 비평에서 "(기존) '인간'에 관한 연구는 심리학과 생리학을 중심으로 하는 철학자와 의학자가 각각 따로 행하고, 서로 조금도 교류하지 않는다. 다른 종교인, 법률가 같은 사람들은 '인간'의 연구 같은 것은 전적으로 의가(醫家)의 임무로 생각해 신경 쓰지 않는다"라고 하면서, 평자(評者)는 "최근에 이처럼 이것저것 괴리하는 것에 따른 폐해(弊害)를 당분간은 학자가 인정할 부분"이라며 학문의 세분화에 대해 비판하였고, (따라서) 《인성》의 이념을 높게 평가했다. 또한 평자는 "'인간' 그 자체의 연구가 모든 우주 문제의 중심이 될 것"이라고 했다.[19]

즉 《인성》은 학문의 세분화에 맞서, 모든 학문을 총동원하여 '인간'에 대한 연구를 하고, '우주 문제'에 접근하는 이념을 제시한다는 점에서 평자의 공감을 얻은 것이다.

후지카와는 이러한 생각을 어떻게 얻었을까? 선행 연구에서도 지적했지만, 후지카와는 독일의 진화론 제1인자인 헤켈의 일원론을 중심으로 한 사상의 영향을 많이 받고 있었다. 헤켈은 1874년에 기독교의 조물주 관념을 부정하는 『우주의 수수께끼(Die Lebenswunder)』(1904)를 저술해 전체론적인 우주진화론을 전개했다. 1905년에는 『생명의 불가사의』를 집필해 생물형태학과 진화론을 통합했고, 무핵생물의 존재를 근거로 들어 보편적 실재로서의 '생명' 관념을 설명했으며, 고대부터 유럽철학을 생명일원론으로 지양(止揚)하는 체계를 고안했다.

헤켈은 『우주의 수수께끼』의 종장 '일원론'에서 물리학·화학·수학·천문학·지질학과 생물학·인류학·심리학·어학·역사(이상은 이론학과)·의학·위생학·공예학·교육학·윤리학·사회학·정치학·법률학·신학(이상은 응용학과)을 모두 일원론의 아래에, 즉 일원론적 물리학, 일원론적 화학……으로서 인식할 것을 주장했다.[20] 이것은 헤켈이 일원론을 주장한 이래 계속된 그의 지론이었다.[21] 일원론[22]은 이 우주에서 벌어지는 모든 현상은 무기적 물질과 정신현상의 양측 기저에 존재하는, 어떤 일원적인 '무엇인가'의 진화 생성 발전의 산물이라고 하는 철학이었다. 무기물과 유기물, 생물과 인간, 사회와 자연, 정신과 육체와 같은 이원론은 스콜라적 해석으로 완전히 잘못된 것이며, 모든 것은 일원적인 것이 계층적 발전에 대응한 것이라고 주장했다. 따라서 인간사회의 기반에도 진화론이 관철되고 있는 것에 대해서는 논할 필요도 없으며, 오히려 지금까지의 사회습관은 자연과학적인 관점에서 재검토될 필요가 있다고 했다. 일원론이란 이러한 발상에 근거한 사상 체계였다.

《인성》이 발간된 당시에는 일원론의 번역(飜譯)을 통한 수용이 일본의 과학철학을 대신하는 모습마저 보인다. 후지카와는 헤켈 일원론의 열성적인 신봉자 중 한 명으로, 직접 헤켈의 글을 번역하거나 일원론자의 글을 참고하면서 일원론에 관한 글을 쓰곤 했다. 후지카와는 "'일원론(monismus)은 자연적 통일적 우주관으로, 이 우주관은 최근의 발생학, 인류학, 비교 해부학, 생리학, 조직학, 동물학, 식물학, 이학(理學), 화학 등 각종 학과에서 인식된 부분을 종합해서 결론을 내린 것이다. 나는 이것을 우주의 통일적 개념이라 생각한다"고 주장했다.[23] (그는) '우주의 통일적 개념'으로서의 일원론이 자연과학자는 물론이고 기타 분야에도 폭넓은 영향을 줄 것이라고 생각했다. 헤켈은 일원론에 이론적 우주관의 변혁뿐만 아니라 실제 '인성문제로 전개되어', 사회적·윤리적·정치적·교육적 등 많은 방면에서 이론으로써 침투할 것이라 기대했다.[24] 그리고 후지카와도 그 주장에 마음이 끌렸다고 한다.[25] 《인성》은 한 호 대부분이 번역 논설로 채워지는 경우도 있을 정도로 번역 논설을 많이 소개했는데, 그중에서도 헤켈이나 일원론 관련 논설이 많이 소개되었다.

요컨대 《인성》이 발간된 시기에도 메이지 전기부터의 스펜서를 수용하는 과정에서 볼 수 있던 우주의 수수께끼를 탐구하는 종합 철학을 원하는 바람은 계속되고 있었다. 《인성》은 헤켈 사상 수용이 그러한 역할을 해주기를 기대했다. 이러한 시선은 인간을 향하고 있었는데, 우주의 수수께끼를 풀려고 하는 시도의 일환이었다. 결국 《인성》도 의거(依據)하는 사상가의 유행에 좌우되었지만, 진화론 수용에 바란 것은 본질적으로 다르지 않았다는 것을 알 수 있다.

2) '인성' 연구에서 우생학으로

그렇다면 《인성》의 지향과 우생학의 도입은 어떻게 연관되는 것인가? 후지카와는 창간호의 글 「인성」에서 '옛날 학자'의 연구 표준은 '종교적 억측*과 철학적 억측'이라고 비판했다. 그에 반해 동물학·해부학·생리학 등이 '인체에 대한 확실한 지식'을 갖추고 있어서 후지카와는 이들 '자연과학'을 통해 '인류의 기질적(器質的) 발육, 사회적 발전과 정신적 발전을 과학적으로 연구'하는 법을 얻었기 때문에 그 연구를 알리기 위해 《인성》지를 창간했다고 했다. 후지카와는 계속해서 '인류학', '신체적 인류학', '인종 인류학', '정신적 인류학', '역사적 인류학', '생물학', '심리학', '인종 심리학', '국민 심리학 혹은 사회 심리학', '문화사', '광의의 역사', '인류학적 자연사', '법률학'의 동향을 개관했다.

후지카와는 《인성》에 실린 내용은 "이와 같은 법칙에 의거해 연구된 전문학자의 업적"인데, "우리 잡지 《인성》은 여기에 만족하지 않고 더욱 나아가 실제적으로 인류의 발육과 존속에 필요한 조건을 연구하고 이에 의거해 현재 인류의 사회생활과 정신생활을 향상시키는 길로 유도하는 것을 목적으로 한다"고 했다. 그래서 '위생학', '사회위생', '인류학적 위생', '인종위생', '사회정책', 교육, 경제, 법률, 정치 제도와 관련하여 '사회적 도태기관(社會的 淘汰機關)'에 대해서 견해를 펼쳐나갔다. 즉 후지카와는 '인성'에 대한 기초 연구뿐만 아니라, 그 연구에 근거한 위생학이나 사회정책 등을 '인류의 사회생활과 정신생활'의 향상을 위한 실천에 옮기게 함으로써 일원론을 기반으로 한 학문의 종합적인 연관성 확대를 도모했다고 볼 수 있다.

그는 또한 '위생학(Hygiene)'은 '이학적·식물학적 (세균학) 일변도'가 아니고, '위생에 관한 사회적 사상과 인류학적 사상'에도 관심을 가져야 한다고 했다. 그 필요성 때문에 '사회위생(Die soziale Hygiene)'이 생겼다고 생각했다. '사회

---

* (옮긴이) 원문은 '근거 없이 판단한다'는 의미의 '억단(臆斷)'이지만, 한국에서는 잘 사용하지 않는 단어라서 억측(臆測)이라고 번역했다.

위생'이란 "인류의 사회 생활과 더불어 식품, 의복, 주거, 직업, 교통 등의 여러 사항"이 건강에 미치는 영향을 연구하는 것이었다. 예를 들면 "알코올 중독과 신경 쇠약증의 사회적 원인과 작용, 정신병자 급증, 소년의 자살과 범죄, 국민병(결핵 등), 화류병의 박멸, 직업 때문에 생기는 질병 등"이 여기에 해당한다. 또 "위생에 관한 생물학적 사상은 이를 인류에 응용할 때는 인류학적"이 된다고 하면서 "국민통계, 사망통계, 체질병리 등"에 대한 연구는 "민세학(民勢學, Demographie)"이 아니고, "인류학적 위생학(Dicanthoropologishe Hygiene)"이라고 불러야 한다고 했다. 또한 후지카와는 '인종위생(Rassen hygiene)'도 언급했다. 이것은 "인류의 생리학적 상태를 위생학 관점에서 관찰하여 정신적·신체적 소질을 개량하고 완비시킬 것을 연구하는 학문의 한 분야로, 다시 말해 인종 보존과 발육에 가장 적합한 조건을 밝혀내는" 것이었다.[26] 이 '인종위생'은 "근래 소위 말하는 사회정책(Die Sozialpolitik)과 그 주의(主義)를 같이하며, 노동자 보호, 즉 부상자·이환자·실업자에 대한 보험, 노동시간을 감소시키는 것, 여성과 소아의 보호·구호 방법을 시행하고, 이로써 인종 보존을 도모하는 것"이라고 설명했다.

'Rassenhygiene(racial hygiene)'은 '인종위생'이나 '민족위생'으로 번역된다. 또한 이 글에서 '사회위생학'과 '인종위생학'을 논한 부분은 플뢰츠(Alfred Ploetz)와 그로트잔(Alfred Grotjahn)의 글을 인용했다.[27] 플뢰츠와 그로트잔은 두 사람 다 우생학사에서 독일을 대표하는 우생학자이다. 또 필자는 후지카와가 '민족위생'이나 '우생학'이라는 제목을 붙인 논문을 찾지 못했지만, 예를 들면 「신(新)맬서스론」에서 "어떤 질병(심장병, 폐병, 신장병, 체질병, 골반협착, 생식기병) 때문에 임신하면 임신부 몸이 위험해지거나 수태하면 좋지 않은 체질이 아이에게 유전되는 경우(결핵, 매독, 당뇨병, 정신병, 알코올 중독)에 수의적 피임법을 실시"할 것을 소개하고 권장했다. 혹은 프렌켈(Manfred Fraenkel)의 「불임법의 실시」(10권 8호, 1914년 8월) 등 우생학과 관련 깊은 논문 번역도 소개했다. 또한 후지카와는 1930년대에, 주도적인 입장은 아니었지만, 일본민족위생학회의 평의원에 이름을 올렸다.

때마침 당시에는 청일전쟁 전후로 사회문제가 표면화되고 있었다. 1900년
에는 「감화법(感化法)」,* 「정신병자 감호법(監護法)」,** 「창기(娼妓) 단속규칙」
이 제정되었다. 이는 행정 역시 그러한 사회문제에 주목하기 시작했다는 것을
보여준다. 그러한 사회문제가 발생하자 관련 학회가 등장했다. 후지카와도 창
립이나 운영에 적극적이고 중심적인 역할을 했다. 후지카와가 일본아동연구
회를 설립한 것은 1902년, 도히 게이조(土肥慶蔵)를 중심으로 창립한 일본화류
병예방회의 간사가 된 것은 1905년, 가타야마 구니카(片山国嘉), 구레 슈조, 미
야케 고이치(三宅鉱一), 후쿠라이 도모키치(福来友吉), 다테베 돈고(建部遯吾), 하
나이 다쿠조(花井卓蔵) 등과 범죄학협회를 창립한 것은 1913년이었다. 이러한
학회의 설립과 잡지 등을 통한 발언은 의학자·생물학자·사회학자·교육학자·
법학자가 사회문제(빈곤 문제, 범죄자 증가, 매춘, 자살 문제, 알코올 중독, 정신병)
해결에 본격적으로 개입하는 과정을 구현하고 있었다. 인종위생이나 사회위
생은 그러한 문제군을 종합하고 해결을 도모하는 것으로, 다양한 분야의 학자
들이 그 시점에서 사회문제에 개입했다.

인종위생, 사회위생의 관점이란 어떠한 것일까? 그것은 '변성(變性 혹은 '변
질', '퇴화', 영어로 Degeneration)'이라는 개념이었다. 후지카와도 사회문제를 '변
성(Entarten oder Degeneration)'이라 부르고, 이것을 '유기체 발육의 퇴보'라고
보았다. 후지카와는 '변성'을 "근래 프랑스 의사, 그중에서도 모렐(Bénédict
Morel) 등이 처음 제창"한 것이며, "신체와 정신의 질병 때문에 신체의 정형(定
型)을 변화시키는" 것이라고 설명했다. '변성'은 "유전되어 그 자손은 태어나면
서 이어받게 된다"고 했다.[28] 중요한 것은 "변성을 가지고 있는 사람이 존재하
기 때문에 사회에 나타나는 현상"을 '사회적 변성 징후'라고 인식한 것이다. 개
인의 병적인 유전적 특징은 사회나 인종의 퇴화로 일반화되어갔다. 현대에서
말하는 유전병에 그치지 않고, "범죄자, 불량소년과 정신병자 증가, 징병 합격

---

*   20세 미만의 유소년 범죄자를 도·도·부·현에 설치된 감화원에 수용하는 법령.
**   정신병자의 후견인·배우자·사촌 등 가까운 친족 또는 호주를 감호 의무자로 규정하고, 행
    정청의 허가를 받은 후, 병자의 감치 임무를 맡도록 하는 법령.

자 감소, 수유력과 생산력 멸각(滅却) 등"도 '변성'이라고 인식했다. "따라서 변성 연구는 단순히 의학상의 연구 문제로서 흥미로운 것에 그치지 않고, 사회문제로서 실제 긴요(緊要)"한 것으로 여겨졌다.[29]

이런 선천적 이상을 발견하는 방법으로 이용되던 동시대의 테크놀로지로 '두개계측학(頭蓋計測學)'이 있었다. 후지카와는 이렇게 말했다.

인류학적 조사에 따르면, 두개골에도 속발성(續發性)의 징표가 나타나고 있다. (중략) 개략적으로 말하자면, 여자의 두개골은 소아의 두개골에 가까운 모양에 그친다. (중략) 남녀, 연령에 따른 두개골의 차이 이외에, 인종에 따라서도 서로 다른 점이 확인된다. 예를 들면 황인종의 경우 두개는 단두(短頭)지만, 백인종의 경우 두개 궁륭(穹隆)이 모든 방면으로 똑같이 커서 장두(長頭) 형상이 된다 (중략). 한 민족 중에서도 사회상 지위가 높은 사람과 낮은 사람은 두개의 정형이 서로 다르다. 체사레 롬브로소(Cesare Lombroso)에 따르면 범죄자의 두개골에는 일종의 변형이 나타난다. 예를 들어 범죄자의 하악골이 일반적으로 크고 무거운 것은 필경 범죄자는 하등사회에 속하는 경우가 많기 때문이다.[30]

글 속에 나오는 롬브로소(Lombroso)는 이탈리아의 의학자로 '천성적 범죄성 이론', '범죄인류학'이라는 전문분야를 구축한 것으로 유명한 인물이었다. 그 이론은 인체측정학의 데이터에 의거한 특수한 진화 이론이었다. 범죄자는 선조인 원숭이쪽으로 거슬러 진화한 자로 봤기 때문이다. 그 증거가 두개의 형상이었다. 이는 범죄뿐만 아니라 계급차이, 남녀차이를 인류학적 관점에서 유전에 따른 것으로 보는 관점도 낳았다.

그렇다면 실제로 '변성', '퇴화'라는 말로 상징되는 장애를 가진 사람에 대한 대처에 관해서는 어떻게 주장한 것일까. 우생학과 관련이 깊은 장애아에 대한 대처에 대해서 후지카와는 '교육병리학' 내지는 '교육치료학'을 통한 제언을 했다. 당시 장애아는 '이상아동(異常兒童)'이라고 불렸다. 장애의 원인은 "선천성/후천성으로 나눌 수 있고, 선천성에 해당하는 것들은 부모의 알코올 중독, 유전 혹은 어머니의 매음(賣淫) 등이 주된 이유이며 그중에서도 어머니의 매음에 기인하는 경우 등이 80%를 차지하며, 기타 자신이 가지고 있는 것이 있고, 후천성은 여러 가지 질환과 빈곤생활 등 때문에 일어난 것도 있다"고 주장했다. 이처럼 어머니에게서 자식의 선천적 이상(異常)의 원인과 책임을 찾는 관점의 배경에는 여성잡지 등에서 후지카와나 나가이 히소무와 같은 의학자가 우생학과 관련시켜서 모자위생(母子衛生)을 주장하는 것과 관련이 있다.

실제로 태어난 '이상아동'에 대한 대처법으로 후지카와는 "반드시 다른 아동과 구별해서 교육을 실시해야 한다"며 격리를 주장했다.[31] 격리 방법으로 ① 입원 요법[Ansraltsbehandlung, 양육원(pflefeanstalten), 교육원(Erziehungsanstalten)], ② 보조학교(hilfschule), ③ 특수학교제를 들었다. '양육원'은 백치(白痴), 히스테리를 보이는 아동, 농아 등을 수용하기 위한 전문학교를 설치하고, "여기에서 의술적·교육적 치료"를 한다는 것이다. '교육원'은 "기숙생과 통학생을 나눠 정신박약자를 수용해야 하며, 정신병학에 대한 지식이 있는 의가(醫家)에게 그들을 감독할 임무를 맡기는 곳"이라고 했다. '보조학교와 특수학급제'는 "이상 소아의 증상과 정도에 따라 적절하게 적용해야 하는 곳"이라고 정의했다.[32]

후지카와는 '교육병리학'과 관련하여 "교육에 종사하는 자, 의학을 전문으로 하는 자, 심리학을 연구하는 자는 앞으로 서로 제휴, 협력해서 연구"해야 한다고 했다.[33] 후지카와는 알코올 중독, 유전, 어머니의 매춘이 선천이상의 원인이라는 것을 발견하고 분석하는 것, 시설에서 격리하는 것을 교육·의학·심리학 등 인성학과의 연관 속에서 이해했다. 그 연관 안에 단종수술이나 피임법이 추가되면 전형적인 우생학적 발상이 된다. 1911년에 쓰인 사와다 준지로(澤田順次郎)의 『민종개선 모범부부』는 '민종개선론(民種改善論)'의 목적을 "인류의 체질을 개선하고, 사상을 건전하게 하여 국민의 행복과 안녕을 증진시키며 나아가 사회의 모든 죄악을 근절시키는 것"이라고 했다. 또한 사와다는 '민주개선론(民主改善論)'의 성격을 "하나의 응용과학이자 생물학, 인류학, 위생학, 사회학, 심리학, 교육학 등 여러 방면에서 인류의 개선에 관한 방법을 강구하는 것"이라고 했다.[34] 이러한 발언에서 알 수 있듯이 진화이론의 연장선상에서 각종 학문의 종합을 주장한 인성학과 우생학의 수용을 하나의 선으로 연결할 수 있을 것이다.

5. 우생학, 진화론 계몽에 관한 학문으로서의 위상: 과학 저널리즘과의 연관

지금까지 20세기 초 일본의 진화론 계몽과 우생학의 연관성은 자연과 인간 사회를 연결시키는 '철학'이었다는 점에 주목하면서 고찰해왔다. 여기에서는 또 하나의 과제로서 이러한 언론을 배출하는 기반이 된 과학 저널리즘과의 연관성을 고찰하겠다.

1) '새로운 과학'과 인성 연구

본격적인 고찰에 앞서 우생학과 깊은 관련이 있는 인성학이 동시대에 어떠한 위상을 차지하고 있었는지에 대해 본질에서 다소 벗어난 사례를 통해 고찰하고자 한다.

야나기 무네요시(柳宗悅)는 1909년에 「새로운 과학」이라는 글에서 "과학의 발전이란 우주의 신비를 밝히는 것이다. 여기서 과학은 그저 단순한 '과학'이 아니다. 그것은 철학, 종교와 동일한 것"이라고 했다. 야나기는 "종교와 도덕의 권위가 땅에 떨어진 오늘날 사상에 굶주린 우리에게 크나큰 힘을 가지는 것은 과학이다. 만약 이지(理知)의 문명에서 자란 사람에게 다시 한 번 인생의 신비를 확실하게 이야기할 수 있는 게 있다면 그것은 오래된 신앙이 아니고 새로운 과학"이라고 했다.[35] 야나기는 이 '새로운 과학' 안에 '인성 연구'를 포함시켰다. "가까운 미래에 우리의 인생관에 영향을 줄 만한 과학"으로 "생물학상의 인성 연구, 물리학상의 전기물질론, 변체심리학의 심령현상 연구" 세 가지를 든 야나기는, '인성 연구'를 "인간이란 무엇인가라는 질문에 답하려는 것"이라며 "장래의 도덕은 이 연구에 의해 개척되는 부분이 많을 것이란 점이 내가 믿는 바"라고 했다. 야나기가 이 글에서 중점적으로 거론한 것은 '심령현상 연구'였다. 그런데 앞 절에서 거론한 '인성' 연구가 전기물질론이나 심령현상의 연구와 마찬가지로 철학이나 종교로서의 '새로운 과학'으로 다루어진 점이 매우 흥미롭다.

야나기의 문장을 인용한 이유는 후지카와 유가 진화론자 헤켈의 일원론 수용을 통해서 찾으려고 한 것도 철학이나 종교의 기저에 공통된 '새로운 과학'이었다고 생각하기 때문이다. 후지카와는 1914년 1~2월의 《인성》지에 「일원론적 종교」라는 글을, 1915년 《중앙공론》지 9월호에 「신란성인(親鸞聖人)」이라는 글을, 11월호에는 「신란성인 여담」을 실었다. 1916년에는 신란성인찬앙회(讚仰會)*를 창립하고, 매월 정례모임을 가지고 종교에 관한 강연회를 개최했다. 그뿐만 아니라 1918년 2월에는 이 모임의 기관지로 《법이(法爾)》를 창간했다. 이 잡지는 같은 해에 폐간된 《인성》과 교체된 셈이다. 나아가 후지카와는 『금강심(金剛心)』(1916), 『진종(眞宗)』(1919), 『진실한 종교』(1920), 『불교의 진수』(1924) 등의 종교서를 연달아 출판했다. 진종에 대한 그의 집착이 엿보이는 대목이다. 후지카와의 고향 히로시마는 옛날부터 정토진종(淨土眞宗)**이 대세인 지역이었다고 한다. 후지카와는 1916년의 종교강화에서 지난 30년간 신란상인(親鸞上人)의 가르침을 신봉해왔다고 이야기했다고 한다.

후지카와는 "신란성인의 부처관이 우리가 오늘날 일원론(monismus)으로 신봉하는 자연적 우주관에 부합한다"고 했다. 여기서 후지카와는 '일원론'은 "각종 학과를 통해 인식한 부분을 종합해서 결론 낸 것"으로 "우주의 통일적 관념"이라고 했다. 후지카와는 헤켈이 '근래 자연과학의 발달'은 "언젠가 실제 인성 문제에 들어와서 사회적·윤리적·정치적·교육적 등 다양한 방면에 이르고, 마지막에는 일원론적 종교"를 성립시킬 것이라고 했다 하였다. 실제로 일원론 동

---

*   1919년에 정신(正信)협회로 개칭.
**   (옮긴이) 일본의 불교 종파의 하나로 가마쿠라 시대 초기에 호넨(法然, 1153~1212)의 제자인 신란(親鸞, 1173~1262)이 호넨의 가르침을 계승하여 창종한 종파이다.

맹운동은 '과학적 종교를 실현한 것'이라고 간주했다. 한편으로 후지카와는 "신란성인의 생각이 오늘날 일원론의 제설(諸說)과 마찬가지로 우주 세력의 총화를 인정하고, 이것을 진여(眞如)이자 법성(法性)으로 보고 이 법성에서 아미타여래를 이 세상에 등장시켜 종교적 상징으로 삼았다", "정토진종도 초자연적 부처를 가지고 있지 않는다"는 점에서 "초자연적 인격신을 가지지 않는" "일원론적 종교"라고 했다. 후지카와는 그러한 점에서 일원론과 신란의 친화성을 발견하려고 했다. 그 동기는 서양에서 '진화론의 진보'에 따라 기독교를 신경 쓰지 않게 된 것과 마찬가지로 일본에서도 '국민이 종교를 갖지 않게 만드는 경향'이 있다는 점을 우려하면서 '철학'이 도덕의 기초를 만들고, 거기에 '생명'을 불어넣는 것은 '종교'밖에 없다는 확신에 의한 것이었다.[36]

후지카와의 신란론에는 몇 가지 반론이 있었다. 문예평론가 나카자와 린세이(中澤臨川)는 "헤켈이나 후지카와 박사가 제창하는 일원론이 필연적 결과에서 나온 것이 아니라, 어떻게든 상반되는 세력과 물질[타성(墮性)]과의 사이에서 타협점을 찾으려는 일부 과학자의 저렴한 통일 욕심에 이끌려 존재하지 않는 '실태(實態)'를 고안해낸 것일 뿐"이라고 비판했다.[37]

그러나 사실은 나카자와도 과학에서 관찰이나 실험에 그치지 않는 통일적 세계관을 찾으려 하고 있었다. 나카자와의 과학관, 철학관은 '자연 철학의 주장'에 잘 나타나 있다. (그는 거기에서) "우리는 관찰하고 실험하는 것만으로 만족하지 않는다. 우리는 총괄해야 한다. '자연 통일'을 믿는 것이 인간의 본성이다. 이 본성을 만족시키기 위해서 철학이 있고 과학이 있다고 해도 좋다"[38]고 했다. 결국 후지카와에 대한 비판은 방법론의 차이 표명에 지나지 않았던 것이 아닐까?

이와 유사한 입장은 "후지카와 박사가 신란이 창시한 정토진종의 교리를 가지고 일원론 사상과 일치하는 것이라 설명하는 것은 전혀 정곡을 찌르지 못한다"고 비판한 《의학(醫學)과 의정(醫政)》에서도 볼 수 있다. 이 글에서도 "일원론의 진·선·미에 대한 이상(理想)"이 "일원론적 종교라고 부르는 것은 결코 불가한 것은 아니"라며 "우리 과학자는 그것을 믿는 신자여야 한다. 분명 진·선·

미는 일원론적 종교의 대상이며, 이를 추구하는 길은 과학의 관찰과 인식을 제외하고는 달리 방법이 없기 때문"이라며 일원론적 종교에는 공감을 나타냈다.[39] 과학에서 '진·선·미'나 자연의 '생명'을 찾으려는 발상은 후지카와의 나카자와에 대한 반론에서 볼 수 있는 "인간의 지식에는 한계가 있는 데다가 일상 생활에서도 지력(知力) 이외에 감정적 요소도 필요하므로, 독단(Dogma)도 이런 점에서 볼 때 우리 생활에 필수적인 것이기 때문에 과학적 우주관에 의거해서 독단을 만드는 것은 부조리하지 않다"는 사상과 그렇게 큰 차이가 있다고 보이지 않는다.[40]

후지카와의 제자들은 그가 "실제로 인간 완성이라는 문화필지(文化必至) 업무에 착수했다"고 했다.[41] 인성학의 이념은 "인류의 사회적 생활과 정신적 생활을 향상시키는 길로 유도하려는 것"이었다. 그러나 의학·생물학·교육병리학 등은 그 한쪽인 '사회적 생활'의 향상과 관련이 있을 뿐이다. 그래서 후지카와는 '인간 완성'을 달성하기 위해서 '정신적 생활'의 향상도 도모한 것이 아닐까? (그는) 신란의 신앙을 통해 그 실행을 시도했을 것이다. 1918년 폐간된 《인성》과 교체되는 식으로 간행된 잡지 《법이》에는 "법이는 우리의 정신생활 안주와 향상 도모를 목적으로 함"이라고 쓰여 있다.

주목할 점은 우생학 도입의 제1인자인 나가이 히소무에게도 후지카와와 통하는 발상이 보인다는 것이다. 나가이는 제1차 세계대전, 신해혁명, 러시아혁명으로 대표되는 당시의 사회상을 "지식의 열매가 이제야 무르익으려 하고 있으며, 신앙의 꽃은 이미 떨어졌다"는 것으로 보았다. 나가이는 "나는 우리나라에서 뉴턴, 헬름홀츠가 나올 것을 간절히 바라는 것과 비슷한 정도로 루터, 아우구스티누스가 나타나길 갈망한다"며 "진정한 '지식(Wissen)'과 진정한 '신앙(Glauben)은 서로 경쟁하는 것이 아니라 서로 도와야 하는 것이다. 그리하여 이 두 가지는 사람을 복되게 하고 세상을 구하려 함에 그것들이 도달하려는 곳이 같다"는 점을 강조했다. 그리고 "무릇 신을 만드는 자는 사람이다. 게다가 괴테가 말하듯이 인간은 지식(Wissen)을 신(神)으로 여김으로써 비로소 인간일 수 있다"고 했다.[42]

꽤나 옆길로 벗어났지만 여기에서 말하고자 하는 것은, 진화론이나 우생학을 수용하고 그것을 추진한 인물들은 철학적 세계관을 원하는 성향이 강했고 경우에 따라서는 종교까지 원했던 것이 아닐까 하는 점이다. 종교나 신은 '인간의 완성'이라는 철학적 과제에 필요했겠지만, (이들은) 우생학 또한 인간의 완성에 이바지하게 하려 했다고 말하지 못할 것도 없다. 두 사람의 심성(心性)은 매우 유사하지 않았을까? 이러한 세계관을 수반하는 '과학'은 이제 더는 전문적으로 세분화된 학문의 틀에 가둘 수 없다. 그러한 '과학'을 지지하는 지적 기반은 무엇이었을까? 동시대의 과학 저널리즘에서 이를 찾아보도록 하겠다.

2) 과학 저널리즘의 세계관과 우생학 계몽의 친화성

여기서는 '과학 저널리즘'이라는 말을 과학계몽, 과학보급을 목적으로 한 읽을 거리, 잡지, 신문기사나 그 안에서 전개된 언론이라는 의미로 사용한다. 1900~1910년대에 과학 저널리즘의 동향은 어떠했을까?

선행 연구에서는 과학 저널리즘의 등장을 1920년대의 《과학지식》이나 《과학화보》에서 발견할 수 있다는 견해가 있었다. 그러나 러일전쟁 후에 간행된 《과학세계(科學世界)》를 분석한 졸고[43]에서 필자는 다음 사항을 제시했다.《과학세계》는 다양한 계층을 독자층으로 상정해 과학 저널리즘의 이름에 적합한 다채로운 과학계몽을 전개하고 있었다. 이는 전문적 리포트뿐만 아니라 비행기나 화학 공업 등 학술이나 교육에 특화되지 않는 특집호, 가정주부나 어린이를 대상으로 한 항목을 마련한 점 등에서 알 수 있다. 동시대의 다른 잡지와 비교해도 이 잡지 주제의 다양성은 주목할 만하다. 결국 쇼와 시대의 과학 저널리즘을 구성하는 요소는 이미 메이지 후기의 《과학세계》 안에 다 있었다.

실은 이러한 과학 저널리즘을 형성한 이념은 4절 1)항에서 본 과학 안에서 세계관을 찾으려는 성향과도 통한다.

주간 오리토 마사미쓰(織戸正滿)의 논의를 참고하고자 한다. 오리토는 "나는 《과학세계》의 기자다. 평생 '과학비평가'임을 스스로 인정한다"고 했고, 과학

비평가의 역할은 "우선 과학세계의 원천을 탐구하고 이를 제시하여 세상 사람들과 함께 원천을 어떻게 할 것인가를 강구하는 것"이라고 했다.[44] 또한 오리토는 "과학자는 또한 철학자여야 한다"며 "궁리[*]가 가르치는 바에 따라 인생의 목적을 달관하는 것, 이것이 바로 철학이다. 신앙이 지시하는 바에 따라서 인간으로서의 사명을 확신한다", "평범하게 말하자면 이상(理想)이다"[45]라고도 했다. 요컨대 '과학'에 '철학'이나 '이상' 등의 세계관을 부여하는 것이 '과학평론가'의 역할이라고 본 것이다.

이러한 세계관은 왜 필요할까? 오리토는 다음과 같이 주장했다. 1909년의 공중비행기 완성과 북극탐험이라는 '2대 현안'의 성공은 '문명의 진보', '과학 발달'의 결과이다. 그러나 '과학은 만능이라는 의견'은 '한 측면'에 지나지 않고, '공업·상업의 발달'로 인한 빈부 격차의 확대, '자살자 증가와 죄악 급증' 등 '현대문명의 암흑적인 면'도 엄연히 존재한다는 것이다. 따라서 "나는 '현대문명이 발달 도중, 즉 과도기에 있다'고 보았다. 이 '과도기'는 "과학은 인류를 종교의 굴레에서 벗어나게 하거나 그저 해방시켰을 뿐이지 아직 결코 이(종교)를 다시 수집(收集)할 능력은 없다"는 점에서 비롯되었다고 했다. 따라서 "종교를 대신해 인류를 통제하려는 것은 필경 '새로운 종교', 즉 과학"이라는 것이다. 그리고 "과학에 통제력을 부여하는" 것이 "오늘날의 인류, 아니 과학자의 책임"이라고 했다.[46] 또한 "요사이 과학을 위한 과학은 잘못된 용도를 자각"했다며 "과학은 인생 최후의 목적이 아니다. 명백하게 인생의 이상(理想)을 실현하기 위한 수단이다"라고도 했다.[47]

위와 같이 오리토는 현대를 '과학을 위한 과학'이 문명적 병리를 낳는 '과도기'라고 간주했다. 반면 종교적 세계관, '철학', '이상'으로 '과학'을 통제하여 '인생의 목적'을 달성해야 한다고도 주장했다. 여기에 하드 사이언스[**]에는 없는 과학 저널리즘의 독자성이 존재한다. 그리고 오리토는 그 목적을 러일전쟁 이

---

[*] (옮긴이) 사물을 진리를 밝히는 것. 원문에서는 '究理'라고 쓰고 있다.

[**] (옮긴이) 물리학, 화학, 생화학, 생리학 등의 자연과학을 하드 사이언스(hard science)라 하며, 넓게는 공학, 의학, 농학 등 응용과학기술 학문도 포함된다.

후 일본의 새로운 국위선양이라는 국가적 가치관과 관련지어 국민들도 (이러한) '과학사상'을 공유하기를 원했다. 이러한 오리토의 사상과, 진화론에서 철학을 찾으려고 한 생물 분야 과학자들이 가진 사상의 유사성은 명백하다. 참고로 말하자면 오리토는 후에 예일, 앰허스트, 컬럼비아대학에서 영양학을 전공하고 1931년에 귀국했다. 1934년의 저서 『국민보건독본』에서 우생학을 '선천성을 통한 불로장수법'이라는 문맥으로 언급했다.[48] 또한 일본민족위생학회의 도쿄지부의 통상회원에 이름을 올렸다.[49]*

이 《과학세계》와 우생학과의 연관성에 대해 말하자면, 이 잡지의 집필자 중 운노 유키노리(海野幸德)는 다섯 번째로 많은 글을 발표했다. 운노는 도쿄 와카마쓰 전문학교(현재의 와세다대학) 출신으로 대학에서 자연과학 전문교육을 받지는 않았지만 '진화학(進化學) 전공'을 자칭해 『일본 인종 개조론』 등에서 우생학을 소개했다.[50]

그의 사상은 다음 장에서 상술할 텐데, 일단 운노가 주요 저서 『일본 인종 개조론』에서 기존의 학문 체계를 비판하고 통일적 세계관을 표명한 점에 주목하고자 한다. 운노는 이 책의 제1장 제목을 「생물의 우주에서의 위치」라고 하여 "지구 전체는 이화학적 법칙을 지배하는 곳, 그리고 자연법이 횡행 활보하는 곳"이라는 사실을 분명히 하고, 나아가 "우주의 이화학(理化學)적 통일"을 주장했다. 따라서 "인류 같은 것은 우주의 미소분자(微小分子)는 이화학적 법칙 그리고 자연법이 지휘·통솔하는 대상임은 확실하다"고 했다. 이러한 세계관에 의거해 운노는 종교가 잘못 판단하거나 못 보는 부분[謬盲]이 있다고 하면서 생명인조(生命人造)의 가능성을 이야기하고, 더 나아가 "자연법칙에 따라 인류의 개조, 특히 일본 인종을 개조해야 한다"고 했다.[51] 운노는 자연과학주의적인 세계관을 철학으로서 신봉하고, 기존의 아카데미즘까지 비판했다.

전국(全局)과 종국(終局)과 통일을 연구하는 것은 철학이 아닐까? 그래서 나는

---

* 하지만 《민족위생》지에 글을 쓰지는 않았다.

아무래도 나비 한 마리, 잠자리 한 마리를 연구하는 데에는 마음이 내키지 않는다. 결국 전국, 종국, 통일에 집중한다. 나의 이러한 성향은 나로 하여금 진화학이나 생명인조를 연구하게 만들고 철학에도 입문할 수 밖에 없게 만들었다.[52]

앞 절까지의 내용을 생각해보면 운노의 통일적인 세계관이나 학문의 세분화에 대한 비판도 갑작스러운 것은 아니다. 그리고 《과학세계》 같은 동 시기의 과학 저널리즘은 진화론이나 우생학에서 볼 수 있는 자연과학에 의거한 통일적 세계관과 공명(共鳴)하고, 학회지와는 다른 형태로 새로운 '과학'의 구축을 꾀하고 있었다고 볼 수 있다.

《과학세계》는 '전문대가'의 권위를 빌려서 어필하는 한편, 교수나 박사 직함이 없고 오로지 해설 기사나 과학평론을 쓰는 '통속과학자'의 논설도 많이 게재했다. '박사'나 '교수'라는 권위의 후광을 기준으로 하면 양자의 입장은 양분되어 있었다. 그러나 양자가 쓴 기사의 내용에는 차이가 없었다. 《과학세계》의 논설은 실험이나 학문적 조사를 정리한 연구논문이 아니고 주로 해설 기사나 과학평론이었기 때문이다. 집필자의 내부에 권위적인 계층이 존재했으나 집필 내용이 거의 동질적이었던 점은 과학 저널리즘이 과학을 계몽하는 모습을 파악하는 데서도 중요하다. 그 점이 우생학을 연구하는 사람들과 유사하기 때문이다.

우생학 주창자도 당시의 제일선에 있는 의학자, 생물학자가 많았다. 그러나 법학자·철학자·사회학자, 나아가 교육가·사회운동가·저널리스트도 이를 지지했다. 또 우생학 기사는 《동물학 잡지》, 《식물학 잡지》 같은 전문지에는 거의 실리지 않았고, 실렸다고 해도 '잡보(雜報)'란에 실리는 정도였다. 주로 우생학 관계 논설이 실린 것은 《태양》, 《중앙공론》 같은 일반잡지, 《부인공론》 등 여성잡지, 교육·심리학 잡지, 복지 관계지, 그리고 《과학세계》를 비롯한 과학 계몽 잡지였다.

즉 우생학 주창자는 다양했으며 기존 학술지의 아카데미즘과는 이질적인 집필자층까지 포섭하고 있었다. 우생학 운동은 과학 저널리즘을 기반으로 아카데미즘과는 이질적인 과학관을 가지고 언론활동과 운동을 전개해갔다.

그러한 경향은 1938년의 《민족위생》지의 머리말[53]에서도 볼 수 있다. 저자인 가와카미 리이치(川上理一)는 "민족위생학에서 전문가라고 자칭할 만한 자격을 갖춘 사람이 과연 한 명이라도 있을까? 이 점을 생각할 때 이 분야가 부진한 것도, 세상에서 제대로 대우받지 못하는 것도 어쩔 수 없는 일은 아닐까"라고 했다. 역설적으로 1930년대에도 우생학(민족위생학)이 기존의 아카데미즘과 어울리기 힘들었다는 사실을 알 수 있다. 실제로 가와카미는 "민족위생학은 이상(理想)이 고매"한 만큼, "광범위한 예비지식"이 있어야 하고, 의학 일반뿐 아니라 환경위생학·생물학·유전학·인구론·경제학·사회학과도 '밀접한 관계'가 있으므로 "자연과학 내지 의학의 한 분과로 간주하는 것 또한 잘못되었다", "민족위생학은 참된 철학이자 종교이며, 그러므로 모든 과학을 포함하는 종합과학이다"라고 했다. 가와카미 같은 1930년대 후반의 우생학 연구자들도 진화론 수용의 지적 전통에서 자유롭지 못했던 것이다.

주(注)

1   鈴木善次,「進化思想と優生学」柴谷篤弘ら編『講座進化②進化思想と社会』岩波書店, 一九九一年, 一一〇頁.

2   米本昌平,「イギリスからアメリカへ──優生学の起源」『優生学と人間社会』講談社現代新書, 二〇〇〇年, 一六~一七頁.

3   藤野豊,『日本ファシズムと優生思想』かもがわ出版, 一九九八年, 五四頁.

4   武田時昌,「加藤弘之の進化学事始」(阪上孝編『変異するダーウィニズム』京都大学学術出版会, 二〇〇三年), 三一三頁.

5   右田裕規,『天皇制と進化論』青弓社, 二〇〇九年, 二六~三三頁.

6   山下重一,「スペンサーと日本近代」御茶の水書房, 一九八三年, 二二〇~二二一頁.

7   丘浅次郎,「スペンサー著『生物学の原理』『哲学雑誌』一九巻二〇六号, 一九〇四年四月, 三一五~三一六頁.

8   앞서 언급한 丘,「スペンサー著『生物学の原理』」三二五~三二六頁.

9   「ダーヰン百年紀念」『太陽』一五巻八号, 一九〇九年六月, 一五三頁.

10 浮田和民,「チャールズ, ダルウィンの誕生百年祭に就て」『太陽』一五巻八号, 一九〇九年六月, 二, 六頁.

11 金子筑水,「進化論の哲学界に及ぼせる影響」『太陽』一五卷八号, 一九〇九年六月, 一七〇~一七三頁.

12 船山信一,『明治哲学史研究』ミネルヴア書房, 一九五九年.

13 永井潜,「生物学と社会学」『国家医学会雑誌』二三八号, 一九〇七年二月, 九〇頁.

14 永井潜,『人性論』(増補五版) 実業之日本社, 一九二三年, 三六三~三六四頁.

15 米田庄太郎,「生物学から社会へ」『日本社会学院年報』二年五冊, 一九一五年六月.

16 『富士川先生』刊行会「富士川游先生」一九五四年, 非賣品, 七七頁.

17 松原洋子,「富士川游と雑誌『人性』」(『「人性」解説・総目次・索引』二〇〇二年, 不二出版, 五~九頁.

18 富士川,「人性の研究」『人性』九卷七号, 一九一三年七月, 二四一頁.

19 「雑誌『人性』の刊行」『学燈』(九卷四号, 一九〇五年, 二八頁, 이 서평은 여러 잡지를 포함하고, 富士川「『人』第一卷の後に附す」(『人性』一卷九号, 一九〇五年一二月, 四七三頁)에서 소개되었다.

20 Ernst Haeckel, *Die Lebenswunder: gemeinverstaendliche Studien ueber biologische Philosophie: Ergaenzungsband zu dem Buche ueber die Weltraethsel*, Stuttgart: Alfred Kroener, 1904. 邦訳に岡上梁, 高橋正熊訳, 加藤弘之閲『宇宙の謎』有朋館, 一九〇六年三月.

21 E. A. ヘッケル,「総合科学との關係における現代進論について」(一八七七年), 八杉龍一編訳『ダーウィニズム論集』岩波文庫, 一九九四年.

22 헤켈의 일원론과 일원론 동맹, 그리고 그 우생학과의 관련성에 대해서는 주로 다음의 연구를 참조. 米本昌平,『遺伝管理社會』弘文堂, 一九八九年, 福本圭太,「一元論の射程――エルンスト・ヘッケルの思想(1)」『言語文化研究』一三号, 二〇〇一年, 同「個体発生・系統発生・精神分析――エルンスト・ヘッケルの思想(2)」「言語文化研究」一四号, 二〇〇一年, ポール・ワイントリング(坂野徹訳),「ヘッケルとダーウイニスムス」『現代思想』(特集ダーウィン) 二一卷二号, 一九九三年, 書籍として独立した研究は, 佐藤恵子,『ヘッケルと進化の夢――一元論, エコロジー, 系統樹』(工作舎, 二〇一五年), Daniel Gasman, The Scientific Origins of National Socialism Social Darwinism in Ernst Haeckel and the German Monist League London: Macdonald: New York: American Elsevier, 1971. 다만, 헤켈의 사상과 나치즘을 동일시하는 가스만(Gasman)의 기술에 대한 문제점도 많이 지적되고 있고, 필자도 동의한다. 독일 우생학사 연구 동향은 「展望: 優生学史研究の動向 (II)」(『科学史研究』II, 三一, 一九九二年)가 유익하다. 또한, 鈴木貞美,「生命觀の探求―― 重層する危機のなかで」(作品社, 二〇〇七年)는 헤켈의 일원론 등 진화론의 전체적 동향에도 관심을 가져 일본의 사상과 문학에 미친 영향도 논하고 있다.

23 富士川,「親鸞聖人」『中央公論』三〇年一〇号, 一九一五年一〇月, 九六頁.

24 일원론은 신체와 정신의 관계에도 영향을 미쳤다. 후지카와(富士川)는 일원론이 "세력과 물질이란 한 개의 실태의 표현 방법이 상이한 것에 지나지 않는다고 하며, 일원론적 자연철학이 성립되고 정신과 신체, 세력과 물질, 모두 이것 하나의 실체에 지나지 않는다(『人性』五卷七号, 一九〇九年七月, 二五九頁)라고 신체와 정신을 묶어서 논했다. 예를 들면, '아라이 하쿠세키(新井白石) 선생님의 두개골'에서 후지카와는 '초상화로 추측해 보면, 하쿠세키 선생님은 키가 보통이었던 것 같다. 그래서 신장이 보통이고, 머리가 크면 그 뇌의 용량이 크다고 추정할 수 있고, 즉, 지식인은 뇌질이 많다고 할 수 있다'고 말했다.

25 『富士川游先生』, 一二八頁.

26 以上 富士川,「人性」『人性』一九〇五年四月, 八~一〇頁.

27 참고문헌은 다음 저작. A. Ploetz. Die Tuchtigkdit unseru Rasse und der Schutz der sehwachen 1901, Alfred Ploetz. Sozialpolitik und Rassen Hygiene Archivf soziale Gesetzgebung und Statistik. Bd12. Grotjahn Chronik der sozialen Hygiene 1902.

28 富士川,「変性ノ説」『人性』四巻四号, 一九〇八年四月, 一二四頁.

29 富士川,「変性ノ説(承前)」『人性』四巻六号, 一九〇八年六月, 二一五頁.

30 富士川,「頭蓋卜賢愚」『人性』五巻二号, 一九〇九年二月, 四三~四四頁.

31 富士川,「教育病理学」『人性』三巻一二号, 一九〇八年一二月, 五七〇頁.

32 富士川,「教育治療学」『人性』二巻四号, 一九〇六年四月, (『神經学雜誌』四巻一一号転載), 二二〇頁.

33 앞서 언급한 富士川「教育病理学」, 五七一頁.

34 澤田順次郎,『民種改善模範夫婦』啓成社, 一九一一年, 二三頁, '민주개선론'이란 우생학을 의미함. '인종개조론' 등도 마찬가지. 당시에는 Eugenics의 번역이 정착되어 있지 않았다.

35 柳宗悦,「新しき科学」『白樺』一巻六号, 一九〇九年, 一~二頁.

36 富士川游,「親鸞聖人」『中央公論』三〇年九月号, 一九一五年九月, 八五~一〇九頁.

37 中澤臨川,「科学者の宇宙觀を難ず(富士川博士の親鸞聖人論を読む)」『中央公論』三〇年一〇月号, 一九一五年一〇月, 八二頁.

38 中澤臨川,「自然哲学の主張」『中央公論』三〇年二月号, 一九一六年二月, 二〇頁.

39 無署名[主筆の田中香涯である可能性が高い]「一元論的宗教とは何ぞや」『医学及医政』四巻一號, 一九一七年一月, 三六頁.

40 富士川游,「親鸞聖人談余」『中央公論』三〇年一一月号, 一九一五年一一月.

41 앞서 언급한『富士川游先生』一三五頁.

42 永井潜,「宗教と人間生理」『日本社会学院年報』五年 四・五合冊, 一九一八年五月.

43 拙稿 「明治後期 ── 大正期における科学ジャーナリズムの生成 ── 雑誌『科学世界』の基礎的研究を通してい」『メディア史研究』二六号, 二〇〇九年.

44 織戸正満,「科学と社会問題(上)」『科学世界』五巻九号, 一九一二年九月, 二頁.

45 織戸正満,「科学と社会問題(下)」『科学世界』五巻一一号, 一九一二年一一月号, 六~七頁.

46 織戸正満,「科学と社会」『科学世界』三巻四号, 一九一〇年四月, 一~五頁.

47 織戸正満,「大正の新天地と科学の前途」『科学世界』六巻二号, 一九一二年二月, 五頁.

48 織戸正満,『国民保健読本』改造社, 一九三四年一月, 序文 (島薗順次郎) 五頁, 六六〇~六七一頁.

49 「会員名簿」『民族衛生』四巻一号, 一九三四年一二月, 九一頁.

50 中垣昌美,『シリーズ福祉に生きる21海野幸徳』大空社, 一九九九年.

51 海野,『日本人種改造論』富山房, 一九一〇年六月, 三五頁.

52 海野,「進化学上の生命人造論」『国民雑誌』三巻二〇号, 一九一二年一〇月, 一七頁.

53 川上理一,「巻頭言」『民族衛生』六巻五・六号, 一九三八年五月, 一~二頁.

우생학과 사회사업
제1차 세계대전 후 운노 유키노리의 변신을 중심으로[*]

1. 시작하며

이 장에서는 앞 장에서 본 자연과학주의하에서 도입된 우생학적 구상을 같은 시기의 대표적 우생학 주창자인 운노 유키노리(海野幸德, 1879~1955)의 사상을 통해 알아보겠다. 운노는 제1차 세계대전 때 사회사업가로 변신하는데, 얼핏 보기에 특이한 이 변화에서 우생학이 같은 시대적 관념이나 정책과 어떻게 서로 대립[相克]하고 통합되는지 살펴보고자 한다.

먼저 우생학과 사회사업의 연관성에 대해서 알아보자. 스웨덴 등의 북유럽 각국에서 1930년대부터 전후에 이르기까지 강제적 불임 수술이 계속해서 실시되었다는 사실이 1997년 여름에 보도되었다. 이를 계기로 특히 복지국가가 '살 가치가 없는 생명을 배제한다'는 논리를 포섭한다는 점에 주목한 연구가 바이마르공화국 시대의 독일, 북유럽 각국을 주요 대상으로 삼아 이루어졌다. 이 문제는 1996년까지 「우생보호법」이 존속된 일본도 그 대상으로 삼았고, 일본의 사회사업가들 사이에도 우생사상이 내재하고 있었다는 것은 이미 모두 에

---

* ⟨옮긴이⟩ 원문에는 '전신(轉身)'이라고 되어 있으나 이 책에서는 '변신'으로 번역했다.

운노 유키노리
자료: 운노 가즈오(海野和男) 씨 소장.

게 공유된 지식이다.[1]

그러한 가운데, 1910년대 일본에 우생학을 도입하면서 제1차 세계대전 후에 사회사업 이론가로 변신한 운노 유키노리는 그 특이한 경력 때문에 선행 연구에서도 우생학과 사회사업의 관계를 고찰할 때 좋은 (연구) 대상이 되어왔다.[2]

적지 않은 선행 연구로 운노의 전기적 사실이나 저작물의 개요는 알려져 있으며, 특히 그가 주요 저서인 『사회사업학 원리』(1930)를 비롯한 많은 이론서를 썼다는 점, 사회사업의 이론적 선구자였다는 점이 널리 알려져 있다. 또한 사회사업가로 변신하면서도 우생사상을 계속해서 가지고 있어서 사회사업에 우생학을 접목시키려 했으며, 중일전쟁 때 우생학이 국가정책화하자 적극적으로 지지했다는 사실도 밝혀진 바 있다.

그러나 다음과 같은 부분에서 불만이 남는다. 첫째, 현재까지 운노의 변신에는 설득력 있는 설명이 없다. 이치노카와 야스타카(市野川容孝)는 운노의 변신을, 우생학을 이론에서 실천으로 '구체화'하기 위한 행동으로 보고 있고 다른 연구도 이를 답습했다.[3] 그러나 실제로는 운노는 시종일관 이론가였다. 나마에 다카유키(生江孝之)의 『사회사업강요(綱要)』에 대하여 "나마에 씨의 원리론은 겨우 10여 쪽이지만, 나는 이 문제에 약 1000쪽을 할애할 계획"이라고 말했을 정도이다.[4] 게다가 이치노카와는 운노가 방면위원제도(方面委員制度)를 통해서 우생학의 '실천'을 도모했다고 하지만, 그 점은 사료에서 발견되지 않아 억측일 뿐이다. 한편 제1차 세계대전 후에 운노가 쓴 「우생학의 한계에 대하여」[5]라는 제목의 논문을 개관해서 운노가 변신한 이유와 내용을 제시하려고 한 연구[6]도 있지만, 이것만으로는 불충분하다.

이는 두 번째 불만과 관련된 부분이다. 운노는 사회사업'학(學)' 구축에 집착했으나, 그 이론적 근거와 배경을 알아보기엔 선행 연구가 미흡했다. 그것은 운노가 주장한 우생학과 그 근간인 자연과학주의적인 세계관이나 중산계급이라는 출신이 크게 영향을 미쳤다.

셋째, 운노의 사상 변화는 사회사업의 성격 전환과 연동되는데, 선행 연구는 그 기미(機微)를 충분히 못 잡아내고 있다. 제2차 세계대전 전 운노의 사상은 세 개의 시기로 구분할 수 있다. ① 우생사상을 외치면서 자선 사업을 비판한 1910년대, ② 사회사업가로 변신한 1920년대에서 1930년대 전반까지, ③ 중일전쟁 때 사회사업이 총동원되자 우생학의 정책화를 지지한 1930년대 후반부터 태평양 전쟁 때까지이다. 이처럼 운노의 사상을 분석함으로써 우생학과 사회사업의 성격 변천을 넓은 시대적 범위를 훑어볼 수 있다. 히라타 가쓰마사(平田勝政)는, 운노의 우생학에 대한 관심은 '초기'에 비해 '중기'에는 '시들'해졌고 '후기'에 '다시 불붙었다'는 점을 지적했다.[7] 그러나 필요한 것은 우생학과 사회사업의 상극과 통합이 생겨난 원인에 대한 연구와 그 이론적 근거에 대한 조사와 분석일 것이다. 이 장은 운노가 1920년대에 우생학에 관심을 덜 갖게 된 것은 우생학과 제1차 세계대전 후 '사회연대'의 불일치에 원인이 있다는 점을 보여주고자 한다. 또한 1930년대 후반에도 단순히 우생학에 대한 그의 관심이 "다시 불붙었다"고는 설명할 수 없으며 이념과 우생정책과의 불일치에 직면한 시기였다는 것을 이야기하겠다. 이 장은 그의 사상적 전개를 앞에서 언급한 ①~③의 전환기를 따라가며 분석하겠다.

2. 1910년대 운노 우생학의 과학관과 계급관

이 절에서는 1910년대의 운노의 우생학과 그 기조가 되는 과학관에서 1920년대 이후의 사회사업이론으로 나아가는 계기를 찾아내겠다. 우선 다음 글에 주목하고자 한다.

저와 아내에게는 청춘 시절이 없었습니다. 결혼 초기에도 식사하는 사이에 길면 10분이나 15분씩 이야기를 나누는 데 그쳤습니다. 그리고 그 시대에는 약 10년간 제가 옷은 한 벌만 맞췄고, 아내 역시 그러자고 했기 때문에 마지막 한 푼까지 서적에 투자했습니다. 제가 성의껏 살았다기보다는 아내의 성의 덕에 해낸 것입니다. 다만 우리 부부의 유일한 기쁨과 자랑이라면 학리(學理)를 하루라도 빨리 사회개량에 활용하는 것이었습니다. 제 우생학과 사회개량에 관한 학리 연구의 모든 동기는 여기에서 시작되었습니다.[8]

1921년 4월에 겐닌지(建仁寺) 대통원(大統院)에 창설한 '운노 사회사업 연구소'가 1924년 9월 29일 방화사건에 말려들면서 5000권의 서적이 소실되었을 때의 발언이다. 운노는 이를 연구의 집대성인 『사회사업학 원리』(1930년, 내외출판)의 완성을 알리는 글에서 감개에 잠겨 다시 수록했다.[9] 글 속의 '학리'를 '사회개량'에 활용하려는 관념이야말로 우생학에서 사회사업에 이르는 운노의 말에 일관되게 깔려 있었다. 이 절의 1)항에서는 1910년대의 운노의 지적 토양에서 '학리'의 경향을 찾아본다. 그리고 2)항에서는 운노 우생학의 내용을 구체적으로 들여다봄으로써 '학리'를 통한 '사회개량'의 1910년대의 모습을 파악하고 1920년대 이후 사회사업학 구상과의 연관을 알아보기로 한다.

1) 운노 유키노리의 과학관과 그 배경

제1장에서 말한 대로 운노는 1910년에 처녀작 『일본 인종 개조론』을 집필

한 이래 스스로를 '진화학 전공자'라고 이야기했다.

그의 진화론은 이러한 다원적 원리로 인간의 행동이나 사회 등 모든 현상을 자연과학적이고 통일적으로 해석하는 경향이 있었다. 이러한 경향은 19세기 후반의 구미 사회와 일본에서도 볼 수 있었다. 제1장에서 다룬 후지카와 유와 그가 주간이었던 《인성》지의 논설이 그 전형적인 사례이다.[10] 후지카와는 의학자이자 의사학(醫史學)의 선조이며, 정신병리나 범죄학 등 다양한 종류의 학문적 요소를 포섭한 사회위생학을 제창했고, 1921년에는 도요대학(東洋大學)의 사회교육사회사업 학과장에 취임했다. 그러면서 제1장에서도 보았듯이 운노는 특히 자연과학주의적인 세계관을 철학으로 신봉하고, 기존의 아카데미즘까지 비판했다. 1930년에도 "나는 전문가라든가 과학자라고 불리는 걸 아주 싫어한다. (중략) 나는 과학자보다도 인간이 되고 싶다! (중략) 자유 사상가라는 게 있다면 나는 그것을 목표로 삼고 싶다"고 했으며, 이러한 것이 운노의 일관된 태도였다.[11] 이 말에서 대학의 강좌제로 인한 과학의 엄밀한 실험주의화에 따라 야기된 학문의 세분화 경향에 대한 그의 반발을 쉽게 확인할 수 있다.

이러한 운노의 대학 아카데미즘에 대한 반발은 학력(學歷)에도 영향을 미쳤을 것이다. 운노의 상세한 경력은 불분명한 부분도 많지만, 최종학력은 도쿄 와카마쓰(東京若松) 전문학교(현재의 와세다대학) 졸업으로 전문적인 대학교육을 받은 인물은 아니다. 1921년에 불교대학 강사로 부임하기 전에는 후루야상회(古屋商会) 등의 무역회사에 근무하면서 언론 활동을 하고 있었다. 1931년의 저서 『벌(閥)*의 우상』에서 운노는 '학벌' 문제를 다루고 '특권적 지위를 점하는 학교에 들어가면 그 벌(閥)의 옹호로 인해 높은 사회적 지위가 분배된다'는 점을 비판했다.[12] 운노가 언론 활동을 시작한 시기부터 학벌 세계에서 배제되었다는 점은 상상하기 어렵지 않다.

운노는 자연과학주의적인 세계관을 표방하면서 우생학을 주장했지만, 전문

---

* ⟨옮긴이⟩ 벌(閥)이란 특정 가계(家系), 가문(家門), 학벌(學閥) 등 이해관계를 같이하는 배타적 집단을 말한다.

지에 그의 주장은 실리지 않았다. 1920년대에는 사회사업 관계 잡지에 엄청난 글을 남겼지만, 1910년대에 우생학이나 진화론의 논설을 발표한 매체는《태양》,《중앙공론》,《일본과 일본인》,《국민잡지》,《신공론》,《동아의 빛》,《동양시론》,《제3제국》등의 종합 잡지, 기타《형사법 평림(評林, 평론 모음집)》등 범죄학 관련 잡지,《과학세계》등 과학계몽 잡지였다. 그중에서 운노는《과학세계》지에 가장 많이 글을 썼다. 논문 수는 62편으로, 운노는 다섯 번째로 많이 집필한 논객이었다.

제1장에서도 보았듯이 당시의 과학 저널리즘은 대학 교수나 박사 등 '대가(大家)'의 권위를 선전에 이용하는 한편, 이러한 권위적 자원을 가지고 있지 않은 논설가도 적지 않게 있었다. 그들은 '통속과학자'라고 불렸으며 운노는 그 전형적인 인물이었다. 또한 당시 우생학의 언론적 기반이 전문지보다 오히려 과학 저널리즘에 있었다는 사실도 제1장에서 제시한 대로이다. 물론 나가이 히소무 같은 도쿄대학 의학부 교수도 대표적인 연구자이지만, 운노 같은 '통속과학자'도 중요한 연구자였다. 우생학뿐만 아니라 1920년대의 사회사업학은 이러한 지적 토양에서 양성되었음을 먼저 알아둘 필요가 있다.

2) 1910년대의 우생학 논설: 자선사업 비판과 중산계급 신장방안

그렇다면 1)항에서 말한 과학관은 '사회개량'에 어떠한 형태로 현저하게 나타난 것일까? 선행 연구의 지적을 기다릴 것까지도 없이 운노가 쓴 1920년대 이후의 사회사업 이론서를 개관하면 '생존원리'라는 개념이 중요한 핵심 개념이라는 것은 쉽게 알 수 있다.

이 개념은 일찍이 '다이쇼(大正) 벽두의 흥국책(興國策)'을 논하는 문맥에서 등장했다. "20세기에 이르러 인류 생존 원리를 연구하는 분위기가 갑자기 나타났다"고 운노는 말한다. 운노는 1912년 런던에서 개최된 제1회 국제우생학회를 언급하며 '인종개조'(우생학)를 "20세기의 대문제", "다이쇼 벽두의 대문제"라고 했다. 운노는 "정치인, 경제가, 사회개량이"가 추진하는 '개량 전체'는 '인류가 아닌 오로지 외부 환경을 바꾸는 것"이라며 불만을 드러냈고, "유해무익한 사상이나 시설"의 '수입'을 비판했다.[13]

우생학에 근거한 사회 '개량'에서 '유해무익한 사상이나 시설'이란 무엇일까? 이것은 인식의 틀의 근간과 관련된 문제로, 운노의 처녀작 『일본 인종 개조론』(1910) 「자서(自序)」에 단적으로 나타나 있다.

> 학자는 냉담하고 국민은 무지해서 무익의 소극적 자선에 빠져 불구자, 병자, 죄인을 구조함으로써 국가 차원에서 점차 불구자, 병자, 죄인 단체를 만들고 있다. 악질자의 생산력이 왕성한 것은 움직일 수 없는 정론이어서 국민의 척추골인 중류 인사는 자신 집안의 품위를 유지하고 사치를 누리기 위해 생산을 억압하며 그 번식 수를 감소시킨다. 이러한 결과는 뻔히 알 수 있는 일이며 결국에는 사회의 쇠패(衰敗)와 국가의 궤멸을 초래할 것이다. 어찌 이를 방지하는 방법을 생각하지 않을 수 있겠는가? 내가 이 책을 공표한 것은 이러한 수요에 응하기 위함이다.[14]

여기에서는 '불구자, 병자, 죄인' 등의 '악질자(惡質者)'가 '자선'으로 구조되는 것을 비판했다. 운노는 '악질자'를 '하층사회'와 밀접하게 결합시켜 이해했다. 운노는 독일 민족위생학의 선조격인 플뢰츠의 두개계측학 통계를 이용하여 "가난한 자의 두뇌는 확실히 부유한 자의 두뇌보다 뒤떨어져 있다"고 주장하고 "가난한 자는 형질상의 열악자(劣惡者)라고 단정"했다.[15]

한편 하층계급과 대조적으로 '중류인사', 다시 말해 중산계급의 유전적 형질이 우수하다는 점을 강조했다. 제1차 세계대전 후에는 '지식계급'이나 샐러리맨으로 불리던 계층이다. 운노에 따르면, 인류 중에서 '고등한 인류'일수록 성욕 등의 욕망을 억제하는 '금지력'은 '유전적'으로 발달되어 있다고 했다. 이 기준에 따라 '하층사회'의 사람들에게 '피임 등 극기 자제를 요구하는 것'은 불가능하다고 했다. 반면 '중류인사'는 '의무 책임의 관념과 극기 자제의 정신'이 있어서 자녀 양육이나 교육, 저금에 힘쓴다고 했다. 이러한 정신이 '중류인사'를 '고등한 인류'로 만드는 한편, 그 '수를 감소시키는 원인'이 되고 있다고 하였다.[16] "중류인사는 감소하고 하층사회는 팽창"하고 있기 때문에 "사회를 어지럽혀 국가를 파괴하는 위험분자는 증가"하고 있다는 것이다.[17]

이 발상은 '역도태론'으로 알려져, 같은 시기의 구미의 우생학은 물론 운노 이외의 일본의 우생론자들도 제창했고, 제2차 세계대전 후까지 영향을 미쳤다. 역도태론은 동시대 진화론과 유전설에 근거하고 있었으며, 중산계급은 하층사회보다 물질 면이나 정신 면에서 '진보'하고 있다는 통념도 이를 뒷받침하고 있었다.[18] 운노의 하층사회에 대한 적대감은 중산계급의 생활문제와 밀접하게 관련되어 있었다. 운노는 중산계급의 궁핍을 언급하며 '우리나라에서 연수입 300엔 소득'에 세금을 부과하는 것을 '잔혹한 소행'이라고 했고, '중류인사에 대한 진흥방안'으로 '부담 경감'을 거론했다. 한편 운노는 '악질가족(惡質家族)'을 구제하기 위해 '거액의 비용'을 부담하는 것은 '상류, 중류 특히 중류사회'가 떠맡고 있으며 이 부담이 중산계급의 '감소', '멸종'을 초래한다고 비난했다.[19] 당시 근대 도시가 형성되면서 슬럼 문제가 드러나기 시작했다. 그것은 알코올 중독, 결핵, 영아사망, 출생률 감소, 성병 등의 위생학적 문제에 대한 대처를 수반하는 것이었다. 운노는 그러한 문제의 근원적이고 '과학'적인 해결방법을 우생학 안에서 찾아내려고 하여 "종족의 생명을 길게 하고 이를 풍요롭게 하기 위해 인류 중 열악자의 희생을 요구"했다.[20]

운노는 이러한 문제의식에서 자선사업을 비판했다. 운노는 시부사와 에이이치(渋沢栄一)나 모리무라 이치자에몬(森村市左衛門) 등 부호이면서 구호를 행한 인물들을 지목하면서 "자선 박애에 대한 망상" 때문에 귀중한 재산을 헛되이 하고, "적극적으로 인류를 파괴해 사회를 붕괴"하고 있다고 비판했다.[21] 운노는 "여하튼 위험한 사회병이 발생한 이상", '생물학상' 입장에서 "근본적 치료방안"을 세울 필요가 있다며, 유전을 중시한 '사회병'의 해결을 주장했다. 운노는 '구빈원(救貧院)'을 열었기 때문에 "가난한 자들이 사회와 국가에 넘쳐났다"고 비판하고, "자선병원이나 감화원, 고아원"은 현재의 '맹목적 근거'에 입각한 상태로는 '백해무익'하다고 주장했다. 다만 운노는 이러한 시설들의 "건물을 파괴하라"고 주장하는 게 아니라 "주의(主義)와 방침(方針)"을 바꿀 것을 주장했다.[22] 이러한 면에서도 '학리(學理)'에 근거한 사회개량이라는 운노의 기조적인 발상을 확인할 수 있다.

그러면 운노가 말하는 '과학'으로서의 '자선(慈善)'은 어떠한 것일까? 우생학이 주축이 되는 것은 말할 필요가 없다. 운노는 "① 소극적 자선 = 형질 개량, ② 소극적·적극적 자선 = 외부환경 개선, ③ 적극적 자선 = 형질과 외부환경 개선"을 주장했다. ①은 단종 수술을 하고 그 후에 "자선 대상으로 삼아서 은혜를 입히는" 것, ②는 "우량자를 열악자로 만드는 유해한 외부환경을 제거"하는 것, ③은 단종과 환경 개선 양쪽을 병행하는 것을 의미한다.[23] 유전에 의거한 자선사업 비판은 나가이 히소무를 비롯한 다른 우생론자도 했다. 나가이는 '감화사업'이라고 부른 아동보호에 대해 법률, 종교, 교육에 관한 교육시설을 '외적 사항'이라고 하는 반면, '감화사업'은 '내적 관계, 즉 유전학'을 충분히 이해하고 '그 운용을 완전하게' 해야 한다고 주장했다.[24]

이러한 우생학의 자선사업에 대한 응용은 구미에서도 광범위하게 주장된 사회위생학과 같은 맥락에 있다고 할 수 있을 것이다. 앞 장에서도 언급했듯이 후지카와 유도 《인성》 등에서 우생학을 포함한 사회위생학을 소개하고, 당시의 자선사업 쇄신을 요구했다. 후지카와에 따르면 '일본의 사회사업'은 매우 유치하고, '극히 새로운 학문'인 '사회위생학'을 연구하는 자가 '구제사업' 종사자 중에 적은 점을 우려하며, 결핵 문제에 대해서 단순한 '격리'를 비판하고, '관청'이 '환자의 집에 출장을 가서 철저하게 소독'을 실시하고 '환자가 살던 집'에 '경고문을 붙여두는' 등의 '예방'을 중심으로 한 미국의 방안을 모두 '적절하고 학리적'이라고 했다. 또 '빈민치료문제'에 대해서는 '개인'이 '자선'으로서 '빈민구조'를 하는 것은 문제가 없지만, '일종의 사회사업으로서 고려할 때'에는 불가능하다고 주장했다.[25]

이 후지카와의 주장은 1914년에 나왔는데, 제1차 세계대전 후 일본에서 기조를 이룬 '사회사업'과 비슷한 발상이 보인다. 제1차 세계대전 후의 운노에 따르면 '사회사업'은 구미에서 1905년 전후에 성립되었고, '사회적 질병'에 대해 '자선사업'이 '인간'을 대상으로 하는 반면, '사회사업'은 '세력'을 대상으로 하면서, '병적인 사람'이 발생하는 요인을 '치료'하는 것으로 받아들여지고 있었다.[26] 일본의 '공적 사회사업형태'는 '1918년(다이쇼 7년) 전후'에 성립했고, 이 시기에 "공설 시장, 공설 전당포, 공영 주택, 노동 숙박소, 간이 식당, 공설 욕탕과 이발소, 직업 소개소, 유아원, 탁아소 등이 속속 기획"되어 "각 부(府)·현(県)과 시(市)의 사회과(社會課)도 특설하자는 기운"이 일었다.[27] 이 '사회사업'의 구제대상은 '개인'이 아니라 '사회' 자체로, 사회병 요인 자체를 제거하려고 한 것이 제1차 세계대전 전부터 사회위생학과 통했다는 점은 주목할 필요가 있다.

이 절의 내용을 정리해보자. '생존원리'라는 개념은 1910년대에는 중산계급의 궁핍 문제와 역도태에 대한 관심, 그 문제에 대한 우생학적 해결을 상징하고 있었다. 그 주장의 배경에 알코올 중독, 결핵, 영아사망, 성병 등의 '사회병'에 대한 대처라는 문제가 있었다. 1910년대의 운노는 이 문제를 일원적으로 유전의 산물로 보고, 해결수단은 오로지 '열악'한 형질을 근절시키는 것이라고 생각했다. 사회병리의 '예방', 나아가 '과학'적인 방법을 통한 근본적 제거를 축으로 '자선'을 비판한 점에서 당시 사회위생학의 모습을 고려하면, 제1차 세계대전 후 주류가 된 '사회사업'으로 들어가는 길은 1910년대부터 이미 열려 있었다고 할 것이다.

3. 제1차 세계대전 후 사회사업 이론가로 변신:
  우생학적 사회사업의 모색

이 절에서는 운노가 1920년대에 우생학에서 사회사업으로 연구 활동의 축을 옮긴 이유와 그때 우생학과 사회사업을 접목시킨 방식을 분석하겠다.

운노가 도미해서 1912년부터 1914년 가을까지 스탠퍼드대학교, 시카고대학교에서 사회학 및 사회사업 이론을 배웠다는 선행 연구가 밝힌 것을 현 시점에서 저작물로 확인하기는 어렵다. 오히려 미국행이 운노에게 영향을 미친 것은 인종관이었다. 미국에서 인종 차별을 받은 운노는 황·백인종의 우열을 검토하고, 일본인은 '우수 인종 자격'을 가지고 있지 않아 '퇴화'될 운명에 처해 있다고 설명했다.[28] 운노는 우생학의 큰 틀에 대해 다시 생각해봤지만 결국은 좌절했고, 1915년 이후 신경 쇠약에 걸려 병상에 눕게 되었다.[29]

운노는 1919년 1월에 「우생학의 한계(界限)에 대하여」(이하 「한계」 논문으로 약칭)를 쓰면서 저작 활동을 재개했다. 그러나 그것을 검토하기 전에 제1차 세계대전 후의 운노의 언론 기조를 언급해야 할 것이다. 기존에는 전혀 지적된 바가 없지만, 제1차 세계대전 후에 운노는 기독교를 신봉하게 되었다. 1919년부터 1920년까지 기독교 잡지 《신인》에 집중적으로 글을 발표하면서 예수 숭배를 통한 사회개조를 제창했다. 주장은 다음과 같다.

> 우리는 우리의 생명을 혼자 구하는 것이 아니고, 가난한 자는 부유한 자와 함께, 남자는 여자와 함께, 그리고 서양인은 황색인종이나 흑인을 차별 없이, 서로를 구하는 것이다. 즉 우리의 구원은 사회화된 것이어야 한다.[30]

운노는 예수 숭배를 통해 제1차 세계대전 후에 널리 설파된 세계, 국가의 '사회학화', 즉 평준화 사조에 편승한 것이었다.

(그는) 인종평등관을 주장함으로써 구미의 우생학이 내포한 인종주의에서 벗어날 수 있었다. 그뿐 아니라 이 장의 논점과 관련해서 그가 영향을 받은 중요한 점으로는 계급평등관에 근거해 자본가를 비판하고, 중산계급을 무산계급으로 규정해 생활개선 운동을 전개할 수 있게 한 점이다.

운노는 「한계」 논문에서 우생학이 정의(定義)상의 문제 때문에 '매우 불충분한 학과'이며 '응용 유전학' 같은 순수 생물학적인 성격을 띠는 데 지나지 않아, '인류의 생존'을 연구하기에는 적합하지 않다고 비판했다. 여기서 말하는 '인류 생존'의 문제란 무엇일까? 그것은 역도태 문제였다. 여기에서 운노는 중산계급이 '우등계급'이고, 하층계급이 '열등계급'이라는 견해를 되풀이했고, '우등계급'은 '지적인 생활[知能生活]'을 보낼 필요성 때문에 '자식을 장애물'처럼 보게 되면서, '인위적인 방식을 통해 줄이고' 있으며, 이는 '민족의 열생화(劣生化)'를 야기한다고 지적했다. 운노는 이에 대해서도 '단순히 생물학적으로', '우종(優種)', '열종(劣種)'이 증감한다는 '단순한 필법'이 아니라 '인류적으로 '생존'이라는 관점에서' 해결해야 한다고 했다.[31]

이 시기부터 운노의 논설의 중점은 우생학이 아니라 환경개선이나 사회정책에 비중을 둔 사회문제 해결법으로 옮겨갔다. 여기서 중요한 점은 1920년의 저서 『봉급자 생활문제』에 제시된 견해일 것이다. 이것은 제1차 세계대전 후에 언론이 소리 높여 외친 '중등계급 구제방안'을 논한 것이었다. 같은 책에서 운노는 '지식계급과 노동자'는 같은 '무산계급'이므로 '공수(攻守) 동맹'을 맺고, '자본가'에 대항하는 '사회 운동에 투합'할 것을 주장했다.[32] 게다가 1920년 1월 9일부터 운노는 《요코하마 무역신보(貿易新報)》의 객원(客員)으로서 한달에 4, 5회 정도의 빈도로 사회문제를 논하게 되었다. 「빈민의 사회정책」(상)·(하)(1920년 3월 15·16일), 「방면위원제도」(상)·(하)(1920년 6월 20·21일), 「불량소년 사회정책」(상)·(중)·(하)(1920년 6월 27·28·29일), '활동사진(영화) 단속」(1)~(3)(1920년 12월 16·17·18일), 「중앙시장 문제」(상)·(중)·(하)(1922년 4월 5·6·7일), 「융화사업의 현황」(상)·(하)(1923년 7월 17·18일) 등 다방면에 걸친 내용을 다루었고, 훗날 쓴 40권 정도의 저서에서 되풀이되는 소재의 상당 부분이 이 시기에 거의 다 나왔다. 이처럼 운노는 중산계급의 생활문제 해결을 기점으로 사회문제 전반에 대한 관심을 열어나갔다.

그래도 운노는 우생학에 대한 관심을 잃지 않고 오히려 사회사업과의 접목도 모색했다. 우생학의 '한계'를 설명한 1년 후에는 사회문제를 해결하는 데에 "유전주의가 인정받지 못하면 사회문제는 결코 완전한 것이라고는 할 수 없다"며, '우생학적 사회개량정책'을 펼쳐야 한다고 주장했다.[33]

운노는 '생물학적 견해' 위에 성립하는 '우생학적 사회정책'이 '사회사업 세계관 위에 근본적 개선을 더할' 것을 기대했다. '우생학적 사회정책'의 구체적인 방침 중 하나는 "한번 (악질자 등으로) 출현한 자에 대해 사회는 빈궁원, 양로원, 양육원, 여성보호시설, 무료 숙박소 등을 개설해서 구조하는 것 이외의 방법은 없다"면서도, '종족적 견지'에 따라 '악질자, 낭인(浪人), 위험인물'의 출산과 번식을 막는 것이었다.[34] 제1차 세계대전 후의 운노의 사회사업 구상은 '처지에 따른 사회사업과 유전을 고려한 사회사업'[35] 두 가지를 주축으로 성립되어 있었다.

운노는 「한계」 논문에서 '생존'이라는 '복잡한 인류적·문화적인 문제'를 다룰 때, "우생학을 뛰어넘어 저 멀리에 새로운 경지를 개척하려는 기운은 이미 무르익었다"고 했다. 그러나 "금세기 초에 우생학처럼 인류 생존에 밀접한 관계가 있는 문제를 제공한 것은 따로 없다"고도 했다.[36] 게다가 1년 후에는 "우생학은 사회문제를 받아들여 그 독특한 시각에서 사회개량 플랜을 제공"하여, "생물학적 견해에서 사회문제에 참여할 권리를 획득한다"고 했다. 그렇게 함으로써 '인류 생존에 필요한 모든 요소의 통합'을 도모했다.[37] 결국 우생학은 여전히 '학리'에 근거한 '사회개량'을 통합하는 존재로 존속했다.

제1차 세계대전 후 운노는 사회사업이론 구축에 노력한 것으로 알려져 있다. 일본에서도 운노가 1920년에 봉직한 류코쿠대학(龍谷大學)이나 도요대학(東洋大學), 릿쿄대학(立教大學) 등 주로 종교계 사립대학에 사회사업의 강좌가 생겼다. 제1장에서 언급한 후지카와 유도 1921년에 도요대학 사회사업 학과장으로 취임했다.[38] 사회사업이론은 사회사업의 전문성 심화와 강좌 유지에 필요했다고 생각된다. 같은 시기에 운노는 '사회사업 강좌 창설'을 주장했는데 그렇게 함으로써 사회사업을 '일반인(아마추어)'이 떠맡고 있는 상황이 타파되고, 전문화되기를 기대했다.[39]

그러기 위한 이론 구축에는 우생학도 영향을 미쳤다. 그것은 앞서 나온 '우생학적 사회정책'이 사회사업의 세계관에 '근본적 개선[修改]'을 더할 수 있다는 견해에서도 나타난 것이다. 또한 다음 글에도 주목해야 한다.

사회사업이 인류의 발달, 문화의 발전에 공헌하기 위해서는 내가 주장하는 바처럼 소극적이면서 적극적·종합적 내지 초월적이어야 한다. 이 기본적인 견해가 확정되지 않고, 오늘날처럼 사회사업(특히 자선사업)이라 해도 우생학적 의의가 반영되지 않으면, 개인의 복리를 꾀하여 (결국) 종족의 발전을 저해하게 된다.[40]

우생학 때문에 사회사업의 세계관이 바뀐다는 것은 어떠한 의미인가? 여기에서 운노가 구축을 시도한 사회사업 이론의 골자를 참조할 필요가 있다. 『사회사업학원리』를 비롯한 여러 가지 저서나 논문에서 전개된 운노 사회사업이론의 골자는 다음과 같다.

① 사회사업이란 사회의 결함을 제거·조절하는 것이다. = '소극적 사회사업'
② 사회사업이란 생존의 합리적 법안을 목표로 하는 것이다. = '적극적 사회사업'
③ 사회사업이란 생존의 소극적 적극적 종합을 목표로 하는 것이다. = '종합적 사회사업'
④ 사회사업이란 문화적 기준에 따라 인류의 생존 완성의 원리 실현을 목표로 하는 것이다. = '초월적 사회사업' [41]

①에서 ④로 진행될수록 '생존'이 '합리화'되고, '종합'에서 '완성'에 이르는 진화론적인 시간적 도식이다. 운노는 "내 사회사업 대상은 생존이다. 생존을 학문으로서 연구하는 것, 이것이 바로 사회사업"이라고 했다. 이는 '생존'을 대상으로 하는 '과학'으로서, 사회사업을 존재하게 하는 중요한 요소로서 우생학을 평가한 것을 의미할 것이다. 그것이 불가능한 한, 사회사업은 ① 소극적 사회사업에 머물러 '생존'을 대상으로 하지 않는 무이상적인 것에 머물러 '종족'의 발전을 저해한다고 그는 보았다.

여기까지 참고한 바와 같이 '생존' 연구를, 운노는 우생학을 도입한 이후 계속해서 추구했다. 1920년대에도 '생존'은 '과학'으로서의 사회사업의 연구목적이며, 그 사회사업 이론은 '생존'이라는 개념을 축으로 형성되었다. 운노가 갖추고자 시도한 사회사업학은 후발 학문이었다. 그 학리를 뒷받침한 것이 1910년대 이후의 자연과학주의였던 사실은 사회사업학의 '과학'성을 이해하는 데 매우 흥미롭다.

그러나 정말로 검토해야 할 과제는 그 뒤에 있다. 그는 주요 저서 『사회사업학 원리』에서 '생존'에 대해 지금까지 "생물학적으로, 물리학적으로, 생리학적으로, 경제학적으로, 윤리학적으로, 교육학적으로, 그리고 철학적으로 분석하고 밝혔을" 뿐이지만, 앞으로는 "종합적인 새로운 과학으로서의 생존학 탄생"을 기다리고 그 성립을 촉진시키고자 한다고 했다.[42] 그렇지만 실제로는 어떤 저작물에서도 '생존'에 대한 내용이 두드러지게 나타나지는 않는다.

한편 운노는 1925년에 효고현(兵庫県)의 고토 류키치(後藤龍吉)가 재단법인화를 시도한 일본우생학협회의 창립 발기인과 동인으로 이름을 올렸다. 이것은 이루어지지는 않은 것 같지만, 설립 '취지서'를 운노가 집필하고 '선언'서를 나가이 히소무가 집필하는 계획이 있었던 것 같다.[43] 협회의 재단법인화도 성공하지 못했지만, 운노는 협회의 잡지 《우생학》에 1924년에서 1925년에 걸쳐 6편의 글을 실었다. 또 같은 시기에 운노는 야마모토 센지(山本宣治)의 《산아조절 평론》의 평의원으로 이름을 올리고, 우생학적인 견지에서 산아조절론을 주장했다. 그러나 그 시기는 1924년에서 1925년까지의 단기간에 그쳤다. 실제로 1931년이 되자 운노는 "나의 사회문제 해결방법"은 이제는 '생물학적'이 아니지만 "생물학을 받아들이고 나아가 현대사회사업의 연구방법에 대해 꼼꼼히 비판하고자 한다"고 했다.[44] 이것은 '우생학적 사회사업'을 주장하기는 했지만 그 주장이 완벽하지 못해 (자신의 주장이) 우생학에서 벗어나 있음을 인정한 발언이다.

그 원인은 1910년대부터 주장한 '우생사상'과 1920년대에 획득한 '사회연대사상' 중심 사회사업의 기조사상 간의 불일치 때문이었다고 필자는 생각한다. 다만 그 상세한 분석은 다음 장에서 다룬다. 여기에서는 당시의 사회사업 잡지에서 우생학 연관 논설이 1910년대보다는 자주 다루어졌지만, 거기에서도 양자의 불일치가 지적되었다는 사실에 주목하고자 한다.

1929년 잡지 《사회사업연구》는 '사회사업과 우생학'이라는 소특집을 실었는데, 4인의 논객 중 마쓰자와 겐진(松沢兼人)이 다음과 같은 지적을 했다. 마쓰자와는 사회사업의 '범죄학'적 측면 등에 'eugenics'가 '현저한 영향'을 준 사실을 긍정적으로 보는데, (하지만) '자연과학'인 이상 '사실을 냉정하게 사실'로 보는 성격이 있다며 다음 논거를 들어 '우생학(eugenics)과 사회사업 사이에는 극복할 수 없는 상극'이 있다고 했다.

  사회사업 같은 것은 최근에 개인적 변덕이나 이기적 동기에서 해방되었다고
해도 여전히 박애나 인도라고 부르는 막연한 감정의 요구를 배제할 수 있었던 것
은 전혀 아니고, 아마 사회사업의 일부에서라도 인간적 접촉의 요소가 상당히 중
대한 역할을 하고 있는 한은 무조건 '우생학(eugenics)'의 이론적 결과가 적용될
수 있는 것은 아니다.

  마쓰자와는 "양자의 상호 의존성에 관해서는 그의 말이 맞고, 우생학의 우월
성에 관해서는 그렇지 않다"고 결론지었다.[45] 마쓰자와에 따르면, 사회사업을
'개인적인 변덕이나 이기적 동기'에서 해방시킨 것은 '과학'으로서의 우생학이
었다. 그러나 사회사업의 '인간적인 접촉'이라는 말로 상징되는 사회연대 관념
은 그 '과학'과는 양립하지 않는다고 했다. 1920년대에 사회사업계에서도 우생
학을 받아들이는 움직임은 진행되었다. 그러나 양자의 이념을 둘러싼 불일치
도 지적되었다. 그 불일치를 운노도 자각하고 있었다고 필자는 생각한다.
1920년대의 우생학의 단편적인 논설로는 충분히 밝힐 수 없지만 중일전쟁 때
의 우생학 논설을 참고하면 이해가 될 것이다.

4. 중일전쟁 시기 '민족사회사업'으로의 전환:
   우생학 국책화에 대한 대응

  중일전쟁 때의 우생학과 사회사업* 간의 연관성을 고찰하기 전에 먼저 1930
년대 우생학의 정책화를 사회사업계의 동향을 고려하면서 개관하고자 한다.
  사회사업가가 우생학의 실천에 관여할 기회가 있었다면 그것은 산아조절

---

* 당시의 일반적 호칭은 '후생사업'.

운동을 통해서였을 가능성이 있다. 1920년대부터 사회사업 잡지도 산아조절을 많이 다루었고, 아베 이소*나 마지마 유타카** 등의 산아조절 운동가가 집필했다. 1930년대에는 도쿄시 사회국의 야스이 세이이치로(安井誠一郎)나 오사카시 사회국의 가와카미 간이치*** 등 사회사업의 실천을 시도하는 공무원도 등장했다. 산아조절의 의의를 설명할 때에 우생학이 인용되었다는 사실은 잘 알려져 있다. 그러나 운노는 1925년에 발표된 야마모토 센지의 《산아조절 평론》의 동인이었지만 그해 이후 산아조절을 언급하지 않았다. 또한 산아조절은 위험시되는 부분도 많아서 내무성은 1920년대부터 산아조절방법 공개를 금지했다. 또 야스이는 내무대신 아다치 겐조(安達謙藏)의 질책을 받아 사회국장 자리에서 물러났다.[46] 마르크스주의자였던 가와카미는 공산당 간사이(關西)지방위원회 간부 동조자들이 대량 검거되었을 때 함께 처벌을 받았다. 중일전쟁 때는 주요 산아조절 운동가도 미디어에서 발언할 수 없게 되었다.[47]

무엇보다 우생학의 국가정책화에 중심적인 역할을 한 일본민족위생학회(1935년부터 협회)가 산아조절에 비판적이었다. 그 설립 취지서는 "이제 신맬서스주의, 생어주의****가 세계를 휩쓸어, 많은 문명국가 국민의 생물학적 세력을 끊임없이 잠식하고 있습니다"는 말로 시작하며, 산아조절 운동을 배격하고, 우생학에 근거한다는 의미에서의 '올바른 산아조절'을 장려했다.[48] 1934년부터

---

* (옮긴이) 아베 이소(安部磯雄, 1865~1949): 정치가, 도시샤 영어학교(1884), 하트포드 신학교(미국), 베를린대학 졸업. 일본 사회주의 운동의 선구자, 기독교적 인도주의 입장의 사회주의를 주창하였다. 1901년 사회민주당을 결성, 공창제도 폐지와 산아제한 등 초기 여성해방운동에 적극 참여했고, 1924년에는 일본페이비언협회를 설립하기도 했다. 사회민중당으로 5회 연속 중의원에 당선되는 등 정치활동을 했으며 일본 야구의 아버지로도 활약했다.

** (옮긴이) 마지마 유타카(馬島僩, 1893~1969): 의사, 사회운동가, 아이치현립 의학전문학교 졸업. 1928년 아내와 함께 해방운동희생자구원회[解放運動犧牲者救援会, 현재 일본국민구원회(日本国民救援会)]를 창설하였다. 도쿄에 노동자 진료소를 개설 운영하였고, 1929년 도쿄시의회 의원을 역임했다.

*** (옮긴이) 가와카미 간이치(川上貫一, 1888~1968): 다쇼·쇼아 시기의 노동운동가, 정치인, 후에 일본공산당의원단장이 된다.

**** 미국 산아조절 운동가인 마거릿 생어(Margaret Sanger)의 주장.

아라카와 고로(荒川五郞)가 「민족우생보호법」안을 의회에 제출했지만 통과되지 않았다. 제 70·73·74회 의회에도 이 법안은 제출되었다. 법안 제출자는 야기 이쓰로(八木逸郞)가 중심이었지만, 이 법안 작성에 일본민족위생협회가 관여했다. 그러한 가운데 1938년에 설립된 후생성의 예방국에 우생과가 만들어졌고, 1940년 3월에 정부가 입법한 「국민우생법」이 제정되었다.

우생학의 정책화에 중심적으로 관여한 인물은 나가이 히소무를 비롯해 고야 요시오(古屋芳雄), 요시마스 슈후(吉益脩夫) 등 의학자, 의계기관(醫系技官, 관직명)으로, 사회사업가로 불리는 사람들은 눈에 띄게 관여하지 않았다. 운노가 우생학에 대해서 열심히 언급을 시작한 것은 중일전쟁 때였는데, 그러한 운노도 예외가 아니었다. (그는) 아예 일본민족위생학회에 참가하지도 않았다. 그러나 우생정책의 기획자들이 일반적으로 중일전쟁 때 후생사업과 우생학의 연관성을, 1920년대 우생학과 사회사업과의 거리를 염두에 두면서 명시적으로 논했다고는 말하기 어렵다. 그런 만큼 운노의 우생학 논설에 대한 사상사적 접근은 그 구상을 밝히는 데 유익할 것이다.

이 시기의 운노는 중일전쟁 발발을 계기로 사회사업은 '민중 [계급] 사회사업'에서 '민족 [국가] 사회사업'으로 방향을 바꿨다고 주장했다. 중일전쟁 때부터 제2차 세계대전 때에 이르는 여러 글에서 운노가 반복한 것은 다음과 같은 사회사업의 역사적 경위이다. 제1차 세계대전에 따른 경제적 호황이 노동자와 빈민의 심각한 생활난을 야기하여, 1918년 8월에 쌀가게를 습격한 폭동이 발발했다. 이와 더불어 노동 쟁의도 일어나 세상을 놀라게 만들었고, 이 사건들을 계기로 사회사업이 성립되었다고 한다. 그것은 "빈민과 노동자와의 경제적 곤궁으로 인해 성립"하여 "계급사회사업의 모습이 엿보였다". 그러나 '지나사변(중일전쟁)' 발발 후에는 민족의식이 고양되면서 "구미대전(제1차 세계대전) 후에 생긴 계급적 경향은 후퇴했고, 사회사업은 모든 면에서 민족화"하여 '민족사회사업'으로 성격을 완전히 바꿨다고 했다.

'계급사회사업'과 '민족사회사업'의 성격 차이는 구제 대상의 차이에서 오는 것이다. '계급적 사회사업'이 등장한 당시, 사회사업은 '개인'·'인류'·'국민 또는 민족의 궁핍' 중에 어떤 궁핍을 제거할 것인지가 애매하여, 구호가 필요한 사람의 만연한 궁핍을 제거한다는 견지에 선 채로 오늘날에 이르렀다고 했다. 그러나 '민족사회사업'의 경우 '전체적 견지가 명확'하다. 물론 '요구호자 개개인의 사회적 질병'은 치료한다. 그러나 그것은 "민족 그 자체가 건강해지고 건전해지는" 것이 목적이며 "모든 것은 민족에게 환원되고, 민족을 기본으로서 계산하며, 지도를 받아 실행된다". 요컨대 "국가적 사회사업과 민족적 사회사업이란 국가와 민족의 생존과 발전을 기본으로 움직"이며, '전체주의적' 성격을 띤다.

주목해야 할 점은 운노가 이 '민족사회사업'을, "우생학을 단지 '잘 태어남의 과학(The science of well born)'이 아니라 '국민적(National)'이라는 단어를 붙여서 National Eugenics, 즉 '국민 우생학'이라고 부르는 것과 같다"고 말한 것이다.[49] 우생학을 '국민 우생학(National Eugenics)'이라고 정의하는 견해는 1910년대부터 시작되었고, 제1차 세계대전 후의 「한계」 논문에서도 변함이 없었다. 그러나 운노는 『일본 인종 개조론』을 시작으로 여러 종류의 잡지에 글을 발표한 1910년대의 집필 활동을 "청춘 시절의 불타오르는 피가 낳은 나의 초기 시대의 산물"이라고 회고하면서도, 그것은 "30년 전의 일이고, 나 자신도 그 당시의 감격과 열정을 대부분 잃었다"고 했다.

한편 운노는 '감정적 사회사업'을 신봉하는 '무지(無智)·무사상(無思想)'적인 '맹신자'가 격리, 결혼 금지, 거세, 단종 등의 우생학적 시책을 "인류의 유지 발전을 도모하는 박애의 정신을 꺾어, 상호 부조의 관념을 위축시킬 수 있다"는 이유로 반대하는 것을 비난했다. 운노는 1938년에 후생성이 설치되고, 예방국에 우생과가 생긴 것을 '민족시대'의 산물이며 '맹신자의 편집(偏執)을 꺾는 것'이라고 하면서, 우생학의 국가정책화를 '지나사변' 발발 이후의 국가주의 고양과 직결시켜서 이해했다. 그래서 운노는 우생학에 "약간의 연이 있는 나로서는" "앞으로 청춘시대에 가졌던 열정을 다시 이 문제에 조금 쏟아서 그것을 다시금 부흥시키고자 한다"고 했다.

요컨대 운노 본인도 1920년대부터 1930년대 전반의 '계급사회사업' 시대에는 1910년대의 주장을 봉인했지만, 중일전쟁 때의 '민족사회사업' 시대야말로

1910년대의 이상과 정열을 실현시키는 시기라고 본 것이다.[50] 이 논조는 태평양전쟁 시작 후에 더욱 고조되었다. 운노는 '지나사변 전'의 '인도사회사업'에 내재하는 '인류 개념은 급사'했고, '그 대신 민족 개념이 나타나' 사회사업을 '민족화'시켜 '민족사회사업', '국가사회사업'으로 전환시켰다고 했다. 운노는 이 '새로운 시기의 경향'은 '계속해서 생존 쪽으로 굴러가고 있으며', 그 '생존 방법은 민족적이고, 민족이라는 한 단체로서 생존하려'는 방향성을 가지고 사회사업을 '바꾸고' 있다고 했다.[51] 요컨대 '생존' 개념은 1910년대의 우생학의 계몽과 중산계급의 생활문제를 통해서 연구 목적이 되었다. 1920년대에는 '인류 생존'의 개념이 사회사업이론의 핵심이 되었지만 충분하게 전개할 수는 없었다. 따라서 중일전쟁이라는 '비상 상황'을 맞이하면서 '국가', '민족'의 전체적인 '생존'을 지향하는 쪽으로 초점이 잡혔다.

그러나 더욱 중요한 것은, 1910년대 이후의 '생존' 개념으로 상징되는 자연과학주의는 중일전쟁 이후 정부의 우생정책과 불일치를 보였다는 점이다. (이것을) ① '부랑, 걸식, 불량청년' 등에 대한 우생학적 조치, ② 우생학을 중심으로 한 인구증가방안이라는 두 가지를 통해서 논하겠다.

첫째, 빈곤, 범죄, 매춘, 중독증 등의 '사회병'을 우생학적으로 근절하는 구상이 법적으로 실현될 여지는 없었다. 운노는 '사회사업'이 '어떤 종류의 인간이든 개선시킬 수 있다'는 생각을 부정하고 '부랑, 걸식, 불량청년'을 '개선 불가능자'로 보았다.[52] 이 주장은 1910년대 이후의 계급적 역도태의 발상에 근거했고, "대체적으로 건강이 나쁜 자는 사회의 하층을 차지하고, 건강이 좋을수록 상층을 차지한다"고 했으며, 특히 "프롤레타리아는 건강 측면이 가장 열등하며, 정신박약자·빈민·걸식·부랑자·범죄인·매춘부는 신체가 가장 허약"하기 때문에 "생존경쟁을 거쳐 사회에서 낙오되었다"고 했다.[53] 이런 과정을 통하여 (그는) 1920년대의 사회연대 개념을 완전히 포기했다.

그런 '유전'을 막는 방법으로 운노는 ① 격리, ② 거세, ③ 단종, ④ 건강결혼, ⑤ 인공임신중절을 들었다.[54] 물론 「국민우생법」의 단종 대상은 '유전성 정신병', '유전성 신체질환', '유전성 기형' 등 유전병으로 한정되어 있었다. 제7장에서 자세히 설명하겠지만, 이는 본래 「단종법」 추진자는 빈곤·범죄·매춘까지 단종의 대상으로 하려고 했지만, 당시의 유전적 지식의 불충분함을 지적하는 「단종법」 비판을 감안하여 단종 대상을 한정했다는 내막이 있었다. 그렇기 때문에 「국민우생법」 제정 후, 독일의 「결혼보건법」을 본뜬 「우생결혼법」 제정도 모색되었다. 운노도 독일의 법을 모범으로 삼아 정신병이나 정신 결함, 그 밖에 성병, 결핵 등의 전염병,* 중증 신체결함, 알코올 중독, 마약 중독 등의 중독증을 대상으로 한 '건강결혼'의 필요성을 주장했다.[55] 그러나 전쟁 전에 우생결혼은 법제화되지 않았다.

둘째, 당시의 인구정책은 운노에게는 '민족사회사업'에 기초를 두는 종합적인 것으로 보이지 않았다. 운노는 중일전쟁 이전의 신맬서스주의적인 인구감소론을 포기하고, 인구증가론으로 돌아섰다. 이는 다산(多産)이 '국가 유지·발전'에 필요하며, 출산은 '군인 육성과 마찬가지로 국가적이며 공적인 일'이라고 보는 '전체 개념'에 의한 것이었다.[56] 인구증가의 방안으로 운노는 '국민윤리의식 고무방안', '자식이 많은 가족'에게 '가족수당', '관공직에 취직할 우선권'을 주는 등의 '사회적 명예와 실리'를 주는 방안, '자식이 적은 가족에 대한 징벌적 방안', '아동애호' 등의 실시를 제창했다. 또한 '결혼증명서 교환'을 통해 '건전한 가족 증가를 도모하는 등의 우생정책'을 취할 것을 후생성 우생과에 요구하였고, '허약, 요절', 알코올 중독, 매독 등을 막고 낙태를 금지하는 등의 '예방적 수단'도 취할 것을 요구했다.[57]

그러나 운노는 1942년에 일본학술진흥회 민족과학위원회가 '공영권(共榮圈)에 실시해야 할 긴급인구정책 토의'라는 제목으로 회의를 개최하여 '그중에서 유산, 조산, 사산 대책과 앞으로의 농촌지도 문제를 토의'한 사실을 언급했지만, '경제와 인구가 타율적으로 고찰되었을 뿐'으로, '종합적 견지'에서 내려진 결정은 없다고 불만을 드러냈다.[58] 한편, 운노 자신도 1910년대부터 계속해서

---

* (옮긴이) '전염병'이란 표현은 주로 개체 간 감염이라는 제한적인 의미를 가져, '감염병'이 더 적절한 표현일 수 있으나, 과거 한국과 일본 모두에서는 '전염병'이란 표현이 일반적이었다. 과거 표현과 연관성을 살리기 위해 이 책에서는 원저의 표기를 그대로 따랐다.

문제 삼아온 중산계급의 저출산 문제에 대답을 제시하지 못하는 난점을 안고 있었다. 운노는 '봉급생활자에게는 보배 같은 자식이라는 개념'이 없고, '자녀 교육'이나 '문화적 생활'을 우선시하는 데에 '인구 감소의 원인이 숨어 있다'고 했다. 그러나 수입 증가가 해결되지 않으면 '보배 같은 자식이라는 개념을 국민에게 보급'시키려고 해도 '경제적 의의가 없는 한 유토피아'에 지나지 않는다는 점도 자각하고 있었다. 운노는 "'정신 원리'만 있고 내실이 미흡하다면, 다른 '묘안을 찾아야 하지 않을까"[59]라는 말만 하고, 자신의 질문에 대답은 하지 않았다.

결국 1930년대 후반의 우생학과 '민족사회사업'의 연관성은 이렇게 설명할 수 있다. 구상으로서는 '민족의 생존'이라는 관념을 통해 볼 때 양자는 비슷했다. 그러나 당시의 우생정책 대응법은 분산되어 있었고, 실천도 부족한 면이 있었다. 당시에는 '학리'에 근거한 '사회개량' 구상을 다름아닌 현실의 우생정책이 막는 사태가 있었던 것이다.

5. 마치며

이 장에서는 운노 유키노리의 저작물을 통해 우생학과 사회사업의 상극과 통합을 재검토해보았다. 동시에 사회사업의 이론화에 우생학이 미친 영향을 '과학'적·사회적·정책적 배경과 관련시켜 분석했다.

우선 사회사업의 이론화에 우생학이 미친 영향부터 정리하고자 한다. 여기에서는 사회사업가가 우생사상을 주장했다는 지적만으로는 불충분하므로 양자가 결합하게 된 학문적 배경이나 주창자의 사회적 입장까지 염두에 둔 접근이 반드시 필요하다.

우생학은 '과학'으로서는 아카데미즘보다는 저널리즘에서 유래했고, 자연과학주의가 학문을 종합시켰으며, 그 종합과학을 통해 사회문제를 해결하는 것을 목표로 했다. 그 사회문제는 운노 본인이 속한 '중산계급'의 '생존' 문제에 직결되어 있었다. 이들 우생학의 학문적 성격이 1920년대 이후 운노가 앞장선 사회사업의 이론화, '과학'화에 직결되었다. 사회사업학은 후발적 학문이었지만, 그 때문에 저널리즘에서 유래한 우생학과 학문적으로 친화성을 보였다. 1930년대에는 1910년대에 주장된 중산계급의 '생존'은 민족 전체의 '생존'으로 승화되어 우생학과 사회사업은 '민족사회사업'으로서 일체화되었다.

이러한 사실을 전제로 운노를 통한 우생학과 사회사업의 상극과 통합의 모습을 도식적으로 정리해보자. 여기에서는 양자의 평탄한 결합뿐만 아니라 사회, 국가 개념과 얽힌, 결합의 흔들림과 모순을 주시해야 한다.

운노가 우생학을 도입한 1910년대에는 자선 사업을 비판하는 논리 속에서 1920년대의 사회사업 주장에 이르는 회로를 찾아낼 수 있다. 그 내용이란 하층사회를 구제하는 것이 중산계급의 '생존'을 위협하여 '민족'의 역도태를 초래하는 것을 우려해, '사회병'의 원인을 우생학적 견지에서 밝혀내고, 그 원인을 근절시켜야 한다는 이념이었다.

우생학의 '한계'를 주장하면서 사회사업 이론가로 변신한 1920년대에는 실제로 사회사업과 우생학을 결합시켜 우생학적 사회사업의 틀을 형성했다. 사회사업과 우생학을 결합시킨 것은 1910년대부터 일관되게 존재한, 중산계급의 생활 구제, 사회문제 해결에 우생학적 견지를 도입하려는 논리를 통해서였다. 그러나 원래 하층사회를 박멸하고자 한 우생학은 사회사업에 내재된 사회연대의 이념과 불일치를 초래하여 충분히 결합되지 못했다.

1930년대 후반, 운노는 '민족사회사업'을 외치면서 시국에 편승했고, '민족의 생존'이라는 논리로 1920년대의 사회연대의 이념을 포기했다. 그렇게 함으로써 이념상으로는 우생학과 '민족사회사업'을 일체화시켰다. 그러나 「국민우생법」 등의 우생정책은 빈곤·범죄·중독증 등 '사회병'의 종합적인 해결과는 거리가 멀었다. 게다가 이와 관련된 출생증강정책도 중산계급의 생활 문제에 대한 해결방안은 없는 채 강구되었다. 이에 운노는 불만을 표명할 수밖에 없었다.

결국 우생학과 사회사업은 학문이나 이념 차원에서는 친화성을 가졌지만, 1920년대에는 사회연대 이념과 불일치를 초래했고, 전쟁 중에 '민족사회사업'으로서 우생학이 정책화된 단계에서는 현실의 우생정책이 1910년대 이후의 구상과 모순되었다. 애초에 운노를 비롯한 사회사업가는 전쟁 전의 우생정책에 직접 참여하지 않았다. 제7장에서는 미디어를 통해 우생학을 계몽할 때 전개되었고 지지를 받은 논리가, 우생정책의 과학적인 엄밀함이나 전문성 추구와 불일치를 초래하면서 영향력의 근거를 상실하여 정책적 실천의 미흡함을 안게 되는 점을 지적하고자 한다. 그러한 경향은 개별 이론가의 구상 단계에서부터 내재되어 있었던 것으로 보인다.

주(注)

1 최근 연구 중 특히 중요한 성과로, 中村満紀男編, 『優生学と障害者』(明石書店, 二〇〇四年)를 들 수 있다. 이 책을 중심으로 한 연구사의 파악에 岡田英己子, 「研究時評 優生学と障害の歴史研究の動向 —— ドイツ・ドイツ語圏と日本との国際比較の視点から」 『特殊教育学研究』(四四巻三号, 二〇〇六年)가 유익하다.

2 우생사상 관련으로는 鈴木善次, 『日本の優生学』三共出版, 一九八三年, 同「日本の優生学にかかわった海野幸徳」 『生物学史研究』四五号, 一九八五年; 加藤博史, 「福祉的人間観の社会誌』(晃洋書房, 一九九六年), 사회사업 관련으로는 中垣昌美, 「シリーズ福祉に生きる21海野幸徳」(大空社, 一九九九年); 酒井慈玄, 「海野幸徳の生涯と文献」(『龍谷大学論集』三八九・九〇号, 一九六九年); 吉岡いずみ, 「女性と社会 —— 海野幸徳の社会事業理論の形成とドイツ女性運動」; 吉岡眞佐樹, 「大正期京都における社会教育論の可能性 —— 海野幸徳の社会事業論・社会教育論とドイツ社会的教育学(sozialpaedatogik)」(ともに「京都のドイツ文化受容」平成二一年京都府立大学地域貢献型研究助成金研究成果報告書, 二〇一〇年所収), 佐々木拓哉「一九二〇年代における公私社会事業の対立」(『日本歴史』七七九号, 二〇一三年). 경력 등은 이를 참고. 또한 平田勝政, 「海野幸徳文献目録」(『長崎大学教育学部紀要 —— 教育科学』六八号, 二〇〇五年)는 가장 상세한 목록을 제공하지만, 『新人』 등의 문헌은 수록되어 있지 않다.

3 市野川容孝, 「黄禍論と優生学 —— 第一次大戦前後のバイオポリティックス」 「岩波近代講座近代日本の文化史5 編成されるナショナリズム」(岩波書店, 二〇〇二年), 이 견해를 답습한 연구로 다음과 같은 것들이 있다. 杉田菜穂, 『人口・家族・生命と社会政策 —— 日本の経験』(法律文化社, 二〇一〇年), 中澤務, 「人種改良の論理 —— 明治・大正期における優生学の展開」(『技術と身体』ミネルヴァ書房, 二〇〇六年).

4 海野, 「社会事業概念の研究(中)」 『社会事業研究』一四巻一号, 一九二六年一月, 一六頁.

5 海野, 「優生学の界限に就いて『心理研究』八五号, 一九一九年一月.

6 中嶋英理, 「海野幸徳の人種改造論と社会事業学論をめぐる『優生学の限界説』の誤り」 『唯物論研究年誌』一三号, 二〇〇八年.

7 平田勝政, 「戦前日本の社会事業・障害者福祉への優生学の影響に関する研究 —— 海野幸徳へ

の影響とその特質の検討」『日本社会福祉学会第五二回全国大会報告要旨集』二〇〇四年, 一一二頁.

8　海野, 「研究家としての私の災厄と善後」『ユーゼニックス』一巻一〇号, 一九二四年一一月, 二一頁.

9　海野, 「社会事業学原理誕生のいきさつ」『社会事業』一四巻二号, 一九三〇年五月, 一二九頁.

10　松原洋子, 「富士川游と雑誌『人性』」『「人性」解説・総目次・索引』不二出版, 二〇〇一年.

11　앞서 언급한 海野, 「社会事業学原理誕生のいきさつ」, 一二八頁.

12　海野, 『閥の偶像』赤炉閣, 一九三一年, 一〇〇~一〇一頁.

13　海野, 「大正劈頭の興国策」『国民雑誌』四巻一号, 一九一三年一月, 二四~三〇頁.

14　앞서 언급한 海野, 『日本人種改造論』, 自序, 二~三頁.

15　海野, 『興国策としての人種改造』博文館, 一九一一年一〇月, 一一九~一二一頁.

16　앞서 언급한 海野, 『興国策としての人種改造』, 二八八~二八九頁.

17　앞서 언급한 海野, 『興国策としての人種改造』, 二九四頁.

18　예를들면, 堀切善兵衛, 「中産階級対策(一)」『三田学会雑誌』九巻六号, 一九一五年六月, 二八頁.

19　앞서 언급한 海野, 『興国策としての人種改造』, 三〇四~三〇五頁.

20　海野「迷走的博愛観を難ず」『国民雑誌』三巻二三号, 一九一二年一二月, 二四頁.

21　海野「所謂矯風運動に就て ── 渋沢森村両翁に一言す」『第三帝国』一四号, 一九一四年七月, 八頁.

22　海野, 「社会病と慈善問題」『中央公論』二六巻五号, 一九一一年五月, 二九~三〇頁.

23　前掲, 海野, 『興国策としての人種改造』, 三二四~三二五頁.

24　永井潜「遺伝学上より見たる感化事業」『社会と救済』二巻二号, 一九一八年五月, 九〇~九一頁.

25　富士川游, 「不徹底なる社会事業」『第三帝国』二〇号, 一九一四年一〇月, 二七~二八頁.

26　海野, 「社会事業概念の研究(上)」『社会事業研究』一三巻一二号, 一九二五年一二月, 五一頁.

27　海野, 『輓近の社会事業』内外出版, 一九二四年七月, 六頁.

28　예를 들면 海野, 「日本人の退化」『東亜の光』九巻二号, 一九一四年, 七〇~七一頁. 운노의 인종관과 미국 경험은 필자의 「日露戦後における優生学と日本人優劣論(上)」同(下)(『生物学史研究』八六, 八七号, 二〇一二年三月, 同年九月)에 자세히 나와 있다.

29　1915년부터 운노가 '신경쇠약'에 빠진 것은 海野, 「社会事業原理誕生のいきさつ」(一二七頁)을 참조.

30　海野, 「霊的宗教乎社会的宗教乎」『新人』二一巻四号, 一九二〇年四月, 二二頁.

31　앞서 언급한 海野「優生学の界限に就いて」, 五七~七三頁.

32　海野, 『俸給生活者問題』常盤堂, 一九二〇年五月, 一八七頁.

33　海野, 「社会問題の優生学的解釈」『心理研究』九八号, 一九二〇年二月, 二一八頁.

34　海野, 『社会事業概論』内外出版, 一九二七年一一月, 八〇頁.

35　海野, 「優生学と社会事業」『人道』二〇〇号, 一九二二年四月, 一六頁.

36　앞서 언급한 海野「優生学の界限に就いて」, 七二~七三頁.

37　海野, 「社会問題の優生学的考察」『新人』二一巻一号, 一九二〇年一月, 二七~二九頁.

38　山下裟裟男, 「東洋大学社会福祉学科の成立とその背景」天野マキ「富士川游の社会事業」とともに『東洋大学社会学部紀要』三〇巻一号, 一九九三年.

39　海野, 「社会事業講座の創設」『人道』二一〇号, 一九二三年二月, 六~七頁.

40　앞서 언급한 海野, 『社会事業概論』, 八二頁.

41 海野, 「社会事業概念の研究(下)」(『社会事業研究』一四巻二号, 一九二六年二月, 五六~五九頁)より作成.

42 海野, 『社会事業学原理』内外出版, 一九三〇年一月, 九一五頁.

43 「日本優生学協会の第一戦線 同胞民族の将来を憂ふる者は来れ」『優生学』二巻四号, 一九二五年四月, 三二頁.

44 海野, 『階級協争の研究』赤炉閣書房, 一九三一年五月, 三〇七頁.

45 松沢兼人, 「社会事業と優生学」『社会事業研究』一七巻一号, 一九二九年一月, 七五~七八頁. 마쓰자와는 오사카 노동학교 주사(主事), 도쿄대 신인회 OB가 결성한 사회사상사 회원이었던 인물.

46 馬島僴, 『激動を生きた男』日本家族計画協会, 一九七一年二月, 木村毅による序文.

47 藤目ゆき, 『性の歴史学』不二出版, 一九九八年.

48 「日本民族衛生学会設立趣意書」『民族衛生』一巻一号, 一九三一年三月, 八七~八八頁.

49 以上, 海野, 「民族社会事業への転回」『同胞愛』一七巻三号, 一九三九年三月, 一一~一三, 一七~一八頁.

50 海野, 「社会行政の新標準としての優生政策」『朝鮮社会事業』一八巻一号, 一九四〇年一月, 七~八頁.

51 海野, 「民衆社会事業より国家社会事業への転換」『人道』一〇六号, 一九四二年三月, 一~二頁.

52 海野, 「浮浪, 乞食, 不良少年の処遇(一)」『朝鮮社会事業』一九巻九号, 一九四一年九月, 二三頁.

53 海野, 「浮浪, 乞食, 不良少年の処遇(二)」『朝鮮社会事業』一九巻一一号, 一九四一年二月, 一〇頁.

54 海野, 「浮浪, 乞食, 不良少年の処遇(三)」『朝鮮社会事業』一九巻一二号, 一九四一年一二月, 二〇頁.

55 앞서 언급한 海野, 「浮浪, 乞食, 不良少年の処遇(三)」, 二四~二五頁.

56 海野, 「人口減少と産児政策 —— 人的資源の増加策(上)」『朝鮮社会事業』一八巻五号, 一九四〇年五月, 一七頁.

57 海野, 「人口減少と産児政策 —— 人的資源の増加策(下)」『朝鮮社会事業』一八巻六号, 一九四〇年六月, 三三~三四頁.

58 海野, 「人的資源の増加策 —— 人口増加は可能なりや(上)」『人口問題』五巻一号, 一九四二年九月, 三七~三八頁.

59 海野, 「人的資源の増加策 —— 人口増加は可能なりや(下)」『人口問題』五巻二号, 一九四二年一二月, 三八六頁.

잡지 미디어에서 우생학 운동의 전개

A · B 「인물평론(36) 나가이히소무 (永井潛)론」
(《의사공론(医事公論)》 1415호, 1939년 9월 9일, 43쪽)에 게재된
나가이 히소무의 초상화

제3장

《문화생활》의 우생학
다이쇼 시대의 과학계몽과 잡지 미디어

1. 시작하며

　　이 장의 과제는 잡지 《문화생활》에 게재된 우생학 관련 기사를 통해 다이쇼
(大正) 시기의 '문화생활'을 '과학'의 관점에서 재평가하고, 같은 시기 미디어를
통한 우생학 계몽의 특징을 규명하는 것이다.

　　《문화생활》은 1921년 문화생활연구회가 발간한 월간지이다. 이 연구회는
1920년에 경제학자 모리모토 고키치(森本厚吉, 홋카이도제국대학 법학부 교수)를
주간으로, 요시노 사쿠조(吉野作造)와 아리시마 다케오(有島武郎)를 고문으로 하
여 도쿄에서 발족해 강의록 《문화생활연구》를 간행했다. 이 강의록은 매월 1
회 간행하여 1년 만에 완결되었다. 이후 강의록에 이어 간행된 것이 월간지 《문
화생활》이었다. 창간호부터 모리모토 고키치, 아리시마 다케오, 요시노 사쿠
조, 미야케 유지로(三宅雄二郎)(세쓰레이, 雪嶺), 나가이 히소무 등 강의록의 집필
진이 이름을 올렸고, 주로 이들을 중심으로 논설을 전개했다. 이후 모리모토는
문화보급회라는 단체를 결성해 그곳에서도 잡지를 발행했기 때문에 표 3-1, 표
3-2와 같이 '문화생활'을 취급하는 잡지가 1925년까지 양립하는 상황이 발생했
다.[1] 잡지의 이력은 복잡하지만 이 장에서는 '문화생활'을 논한 잡지로서 두 잡

표 3-1 • 문화생활연구회 발행지

잡지명	권호	발행 연월일
《문화생활》	1권 1호~3권 4호	1921년 6월~1923년 4월
《문화생활의 기초》	3권 5호~4권 12호	1923년 5월~1924년 9월
《문화의 기초》	5권 1호~5권 9호	1925년 1월~1925년 9월

표 3-2 • 문화보급회 발행지

잡지명	권호	발행 연월일
《문화생활》	1권 1호~6권 3호	1923년 5월~1928년 3월
《경제생활》	6권 4호~8권 3호	1928년 4월~1930년 3월

지를 아울러 분석하고자 한다.[2]

'문화생활'에 대해 모리모토는 "현대의 진보된 과학의 입장에서 보아 합리적·경제적이라고 인정할 만한 생활"이라는 설명을 부여했다.[3] 이 장은 '과학'의 내용을 자연과학의 관점에서 밝힘으로써 '문화생활'에 대한 풍부한 이해를 꾀하고 있기도 하다.

《문화생활》지에 주목하는 이유는 이 잡지의 우생학 관련 논설이 다른 잡지에 비해 많기 때문이다. 잡지의 주요 집필자로는, 1930년에 결성된 일본민족위생학회의 이사장으로서 「단종법」 제정운동을 이끈 나가이 히소무를 비롯해 우생학에 깊이 관여한 과학자들이 많이 포함되어 있다. 이러한 사실에서도 우생학과 '문화생활'의 관계를 검토할 여지가 있다.

그리고 《문화생활》지가 간행된 시기는 1924년에 잡지 《우생학》, 1926년에 《우생운동》이 간행되면서 우생학이 잡지 미디어를 통해 그 주장을 사회 일반에 전파한 시기와 겹친다. 그 우생사상은 특히 《우생운동》이 '아시노카이(足の会)' 등의 단련집회를 열고 '우생즈케(優生漬)'와 같은 건강식품을 소개하는 등 유전 개량뿐만 아니라 심신의 능력 향상 전반을 목표로 하는 것이었다.[4] 이러한 점으로 미루어볼 때 1920년대에 우생학 역시 생활의 합리화·과학화를 지향하고 생활 속으로의 관여를 강화했던 것으로 보인다.

위와 같은 점에서 1920년대의 잡지 미디어에 의한 계몽과 우생학의 친화성은 《문화생활》이 나아가야 할 방향에도 반영되었던 듯하다. 그리고 우생학 계몽이 가진 방향성은 '문화생활'이라는 형태를 통해 선진적으로 표현된 것이 아닐까. 이 장에서는 이러한 관점에서 분석을 전개하고자 한다.

2. 《문화생활》지와 우생학의 접점

모리모토 고키치

자료: 니토베 문화 학원(新渡戶文化学園) 니토베 모리모토 연구소(新渡戶森本研究所) 소장.

1) 집필자의 구성

우선 다이쇼(大正) 시기의 우생학 분석에 《문화생활》이라는 잡지 미디어를 이용하는 것이 왜 유효한지를 다시 한 번 설명하고자 한다. 먼저 표 3-3에 주목하기 바란다. 이는 《문화생활》지의 집필자 중에서 전쟁 전의 대표적인 우생학 잡지인 《우생학》, 《우생운동》, 《민족위생》 등 3개 잡지에 집필한 적이 있는 인물을 열거한 것이다. 특히 나가이 히소무, 스기타 나오키(杉田直樹), 오치 신이쓰,[*] 다카다 기이치로(高田義一郎), 다나카 요시마로(田中義麿) 등의 《문화생활》지 게재수는 20회에 가깝거나 그 이상이기 때문에 집필진의 주요 일원으로 간주해도 좋을 것이다. 이러한 사실은 문화생활연구회의 잡지에서 현저히 나타나는데, 한 호당 1개 이상은 이들 집필자 중 한 사람의 글이 게재되어 있었다. 이는 자연과학에 특화되지 않은 잡지

---

[*] (옮긴이) 오치 신이쓰(越智真逸, 1884~1960). 생리학자, 교토 부립 의과대학 의학박사, 생리학 교수.

표 3-3 • 우생학잡지에도 집필한 《문화생활》지 집필자

집필자명	직함 등	주요 게재 (우생학과 가정위생의 해설 중심으로)	우생학 관련 활동
나가이 히소무(永井潜)	도쿄제국대학 교수(생리학), 의학박사	「우생결화(優生潔化)」[메], 「유아의 보호」[메], 「저욱의 연기」[메], 「반여의 이틈」[메], 「산아제한(産児制限)은위험」[월]	일본우생학협회 회원, 민족우생협회이사장, 일본우생결혼보급회 회장
스기타 나오키(杉田直樹)	도쿄제국대학 의학부 교수(신경학, 정신병리), 의학박사	「사회적 변화를 이루기 위해」[메], 「비문화생활(非文化生活)의 마음가짐제(心得制)에서」[메], 「신경병(神経病)에서 보이는 문화상」[월]	민족우생협회 본부이사
미야케 세쓰레이(三宅雪嶺)	문학박사	「문화생활의 출발점」[메], 「인간심인과 동물심인」[메]	우생운동 찬조원
오치 신이소(越智真逸)	교토부립의과대학 교수, 의학박사	「부부학교(夫婦学校)」[메], 「유전이야기(遺伝の話)」, 「육체와 정신이야기」등, 「여성의 생리적 특징」[메]	일본우생협회 회원, 우생운동 찬조원, 민족위생 학회 오사가지부 평의원
마쓰무라 쇼넨(松村松年)	홋카이도제국대학 농업학과 교수, 이학박사, 농학박사	「근시체한과 산아제한」[메], 「문화생활과 장수」[메]	우생운동 찬조원
야마우치 시게오(山内繁雄)	도쿄고등사범학교 교수, 이학박사	「인간진화 방향」[메], 「생물진화로 본 인간의 정체」	대일본우생회 이사, 일본우생학회 찬조원, 우생운동 찬조원
아베 이소(安部磯雄)	사회운동가, (전) 와세다대학 교수	「사상의 선도(善導)와 산아제한·생활난과 인구문제」[메]	
이시가와 지요마쓰(石川千代松)	도쿄제국대학 농학부 명예교수, 이학박사	「성과 문제」[메], 「인류 발전론-이상적국가의 주구」[메], 「대교와 우생학」[월]	일본우생학회 회원, 우생운동 찬조원, 민족우생학회 본부이사
야나이하라 다다오(矢内原忠雄)	도쿄제국대학 법학부 조교수	「흥고토 어떤인가」[메], 「약자보호의 문화적 기조」[메]	
고야 요시오(古屋芳雄)	지바의과대학 교수, 가나자와(金沢) 의과대학 교수	「과테 회수 히이로와 그 비극성에 관하여」[메], 「문예란담 소세기(漱石)와 오가이(鴎外)」[월]	민족우생학회 본부상무이사
가가와 도요하코(賀川豊彦)	그리스도교 사회운동가	「빈세(貧世)의 설교」[메], 「환상의 효고(兵庫)」[월]	
오구 무메(奥むめお)	여성운동가	「간호여독」[메], 「부인과 소비 경제생활」[메]	
야마다 와카(山田わか)	여성운동가	「인간사회와 동물사회」[메], 「생활개선과 빈곤원인의제기」[월]	
오가와사지로(丘浅次郎)	도쿄고등사범학교 교수	「개세(改替)를 죽하」[메], 「동물학연구실로 오가(丘) 박사를 방」	마데일본우생협회 찬조회원

이름	직위	문헌[書]	소속
다카다 기이치로(高田義一郎)	의학박사, 구버(歐美)지바이의메 교수	「생활문제해답」[과외편], 「우생학과 근친결혼」, 「피임용.避姙用 폐색리산넬법 등 다수」[書], 「결혼과 자손」[書]	일본우생학협회 회원
시모무라 히로시(下村宏)	오사카 아사히신문사 법학박사	「인구문제대책」[書], 「부인의 꿈 웅집」[書], 「사회개조에 미치는 여성의 힘」[書]	우생운동 찬조원, 민족우생협회 본부이사, 오사카 지부장
사토 도시조(佐藤俊三)	《문화생활》(보급회)편집 겸 발행인, 도쿄정치학교 교수	「나의 페이지」[書, 편집후기], 「성애학(性愛學)을 읽는다. 일본부인을 위해」[書]	일본우생학협회 범인찬성인 및 회원
다니모토 도메리(谷本富)	(전) 교토제국대학 문학부 문학박사	「자연의 정복과 자연의 반란」[書], 「가정교육 관련 제문제」[書]	내일본우생 찬조회원
다나카 요시마로(田中義麿)	규슈제국대학 농학부 교수 농학박사	「진화론으로 본 생활개조원리」[書], 「우생학에서 본 배일(排日)문제」[書], 「우생학 이야기」[書], 「봄바람이 본다」[書]	일본우생학협회 회원, 민족우생학회 지방이사 평의원 간사
니토베 이나조(新渡戸稲造)	도쿄제국대학 교수	「인격본위의 경제교육」[書], 「눈물의 장점과 단점」[書]	
기하라 다다요시(紀本正美)	문학박사	「문화생활은 어디에 있습니까」[書], 「경제생활의 빈민과 정신적 빈민」[書]	
다카바타케 모토유키(高畠素之)	사회사상가	「자유 국가」[書], 「사회정제의 밀린」[書]	
모로오카다모쓰(諸岡存)	규슈제국대학 의학부 정신과 교수	「새로운 문화의 제 요소」[書], 「심리학과 부인생활.가정과 아동심리」[書]	
교사카이 주보쿠(小酒井不木)	작가, 의학박사	「시경 하의 남수(鑑授)관계」[書], 「비과학적 인성(人性)」[書]	
스기야마 모토지로(杉山元治郎)	농민운동가	「생활개선과 농촌문화」[書], 「짓어와 생과 경제 생활」[書]	
마쓰모토 마타타로(松本亦太郎)	도쿄제국대학 교수, 문학박사	「지능총화(靈化)와 우량소질의 감식(減衰)」[書], 「사회생활의 이면」[書]	민족우생학회 본부이사
야마무로 군페이(山室軍平)	구세군 대좌(大佐)	「생활혁명과 기독교」[書], 「명사의 웅집」[書]	

이름	이력·직책	저작	단체 활동
이치카와 겐조(市川源三)	도쿄부립 제1고등여학교교장	「연애소설의 가부(可否)」[筆]	대일본우생회 이사, 민족위생협회 본부 이사
쏘쿠미 유스케(鶴見祐輔)	중의원(衆議院) 의원	「무서운 낭비습관」[筆], 「감격 없는 시대」[筆]	우생운동 찬조원
요시오카 야라타(吉岡彌生)	의학박사	「여성에게도 교육을」[筆], 「일본여성의 체격 향상」[筆]	우생운동 찬조원, 민족위생협회 지방평의원, 일본우생결혼보급회 고문
하라사키 라이피라(平塚らいてう)	여성운동가	「사회사업에 임하는 젊은이에게」[筆]	우생운동 찬조원
다카노 로쿠로(高野六郎)	내무성 위생국	「변소의 경제적 연구」[筆], 「생명과 건강의 소비 합리화」[筆]	
미와다 겐도(三輪田元道)	미와다(三輪田)고등여학교교장	「예술미(藝術味)의 강화」[筆], 「교육자의 임장에서」[筆]	대일본우생회 특별회원, 일본우생협회 회원 찬성인 및 회원, 우생운동 찬조원, 민족위생협회 지방평의원
하세가와 노죠젠(長谷川如是閑)	평론가	「무엇이 일본여성을 음울하게 만들었나」[筆]	
미야케 기이치(三宅驥一)	도쿄제국대학 농학부 교수, 이학박사	「다시마와 식물이야기」[筆]	우생운동찬조원, 민족우생협회 지방이사
산도하 히라쿠(山田谷格)	나가야마(中山)문화연구소	「젊은 내가 문부대신을 선택한다면?」[筆]	대일본우생회 특별회원, 일본우생협회 회원
우지하라 스케조(氏原佐藏)	내무성 위생국	「산아제한을 이루려면」[筆]	민족위생협회 평의원

주 1) 대일본우생회는 1917년에 이치카와 겐조와 겐조(市川源三)를 중심으로 우생학의 보급을 목적으로 결성된 단체. 자세한 것은 히라타 카쓰마사(平田勝政)의 「대일본우생학회 연구」(《나가사키 대학 교육학부 기요 ㅡ 교육과학》)을 참고할 것(제II부 1장 표 1·1·2, II부 3장 표 2도 동일).

주 2) 일본우생학협회는 잡지 《우생학》(1924~1943년)을 발행한 조직이다. 단 《간사이 의사(關西医事)》의 발행도 한 의학저널리스트 고토 류키지(後藤龍吉)의 개인 운영에 가까운 것이었다. 일본 우생학협회는 1925년 4월부터 제단법인화 운동을 시작해 동년 7월에 창립 발기인의 이름을 《우생학》 잡지에 게재했다(제II부 1장 표 1·1·2, II부 3장 표 2도 동일). 10월에 는 '동인', '찬성인부회원'의 명부를 개재하였다(제II부 1장 표 1·1·2, II부 3장 표 2도 동일).

주 3) 《민족위생》은 현재까지 존속되고 있으나 이번에는 전쟁 전(12권 6호, 1944년 11월)까지의 집필 횟수를 보고, 조목 집필 횟수도 포함하고 있다(제II부 1장 표 1·1·2, II부 3장 표 2도 동일).

로서는 이례적인 일이다.

　그리고 '우생학에 관한 활동'에서도 알 수 있듯이 그들 중엔 1930년대 민족
위생학회의 이사 등 「단종법」 제정운동에 관여한 사람이 많다. 특히 주목해야
할 인물은 연구회지에 28차례나 글을 쓴 나가이 히소무이다. 나가이 히소무는
도쿄제국대학 의학부 교수로 생리학을 담당했고 후에 의학부장이 되었다.
1916년 보건위생조사회, 1927년 인구식량문제조사회의 위원을 역임하는 등
정부 관련 조사회의 의원으로서도 활동하며 내무성에도 인맥이 있는 인물이었
다. 그 제자로는 하시다 구니히코(橋田邦彦, 도조(東条) 내각 문부대신), 고이즈미
지카히코(小泉親彦, 도조 내각 후생대신), 데루오카 기토(노동과학연구소장)[*]가 있
다. 나가이는 우생학사 연구 분야에서 1930년대에 민족위생학회의 이사장으로
서 「단종법」 제정운동을 이끈 인물로서 중요하게 여겨진다. 나가이는 1900년
대부터 《중앙공론》, 《일본과 일본인(日本及日本人)》 등의 종합잡지와 《부인공
론》 등의 부인잡지, 그리고 《과학세계》와 같은 과학계몽잡지에 일반인을 대상
으로 한 글을 썼다. 또 『생명론(生命論)』(1913)이나 『인성론(人性論)』(1913) 등
과학철학에 관한 논저도 있다.[5] 1900년대부터 이와 같은 언론활동을 한 인물로
오카 아사지로(丘浅次郎), 이시카와 지요마쓰(石川千代松)가 있다. 나가이는 학술
면에서도 업적을 쌓고 계몽가로서도 활동한 대가 중 한 사람이었다고 이해할 수
있다. 이 장에서는 나가이의 활동에 특히 주목할 것이다. 나가이는 《문화생활》
의 전신이었던 강의록에서 「인체영양론(人体栄養論)」을 집필했다. 연구회와 접
점을 가진 계기는 관련이 깊은 여명회(黎明會)[**] 참가에서 비롯되었을 것이다.[6]

---

[*]　(옮긴이) 데루오카 기토(暉峻義等, 1889~1966): 생리학자, 산업의학자, 일본 '노동과학'의
　　창시자.

[**]　(옮긴이) 도쿄제국대학 법학부 교수였던 요시노 사쿠조(吉野作造)는 제1차 세계대전 전후
　　에 '여명회(黎明會)' 등의 결성을 통해 다이쇼 민주주의 운동을 주도하면서, 세계의 대세는
　　영미식의 민주주의 체제이며, 일본으로서도 그에 순응하여 국내적으로는 민주주의 체제
　　의 확산에 힘쓰고 대외적으로는 영미협조주의를 취할 것을 역설하였다(박영준, 「전전(戰
　　前) 일본 자유주의자의 국가구상과 동아시아」, 《한국정치학회보》, 2005. 39: 2, 29쪽에서
　　재인용). 여명회는 1918년 12월 결성된 언론단체로 약 2년 미만의 활동을 했다. 다이쇼 교

또 나가이가 이와 같은 계몽활동에 참가하게 된 배경으로 무시할 수 없는 것은, 영미권 국가들이 '세계대전의 쓰라린 경험'을 계기로 우생학에 한층 더 힘을 쏟고 있는 데 반해, 일본은 우생법이 없고 '민족위생조사기관'이나 연구기관도 없어 민중을 대상으로 한 '교육적 노력'도 이루어지지 않은 것에 대한 실망이었다. 나가이는 1916년에 설치된 보건위생조사회에 대해서도 "그 착안은 대부분 과거의 것에 의해 과거처럼 질병문제의 범위를 헤매고 있을 뿐이다"라고 비난했다(「국가와 생식」[연] 2-3, 1922, 10~11쪽). 사실 보건위생조사회에 나가이도 위원으로 참가해 "'유제닉(eugenic)'에 관한 조사 사항"의 설치를 제기했으나 "초미지급에 해당하는 실제적인 일"을 조사하는 이곳에서 "'유제닉스(eugenics)'와 같은 것은 너무나 고상"하다는 시기상조론이 대두되어 이후 10년 이상 우생학 논의는 이루어지지 않았다.[7] 반대로 말하면 나가이 등의 우생학론자들은 서구권을 모델로 한 조사기관의 설립, 「단종법」 제정 등의 국가정책화를 목표로 하는 우생학의 '민중' 보급을 꾀하고 있었다. 그 주된 수단으로 부상한 것은 역시 미디어를 통한 계몽이었다.

선행 연구에서, 노마 신지(野間伸次)는 우생학을 '국가주의, 마르크스주의, 민주주의' 등 세 개로 분류해 나가이를 국가주의의 대표자로 평가했다. 이 평가를 답습한 연구는 적지 않다.[8] 그러나 '국가주의의 우생학'과 '민주주의의 우생학'은 양립할 수 없는 것일까? 오히려 이 둘은 나가이라는 동일인물 속에 공존하며 《문화생활》지의 논설에 그 경향이 현저하게 나타났다고 본다. 우리는 이를 통해 역으로 《문화생활》지에서도 민주주의에 내포된 민족주의적 성격을 발견할 수는 없을까. 다음 분석에서는 이 점에 대해서도 고찰해보고자 한다.

2) 문화생활의 이념과 우생학

이 절에서는 문화생활과 우생학의 관계에 대해 과학으로서의 내용 이전에

___
양주의, 신칸트주의, 사회주의적 경향을 포함한 다양한 지식인이 참여했다. 내부 이견과 정부의 탄압으로 해산되었다.

이념 층위에서의 관련성을 다룰 것이다. 히라이데 유코(平出裕子)는 1920년 5월에 연구회가 발행한 강의록 《문화생활연구》가 '대학보급사업'을 모델로 했고, 학문의 성과를 대학이나 학자 간에서 널리 민중으로 넓혀 그 지식교양의 향상을 도모하고자 개시했다고 지적했다.[9] 이 강의록의 광고가 《문화생활》지에도 나왔는데, 이 잡지와 공통된 예상 독자층이 다음과 같이 명시적으로 나타나 있다.

- 낡고 얽매인 생활을 개선하고 새로운 시대에 적응하는 문화생활을 즐기고자 하는 진보적인 일반 신사 숙녀
- 소위 출가 준비 중인 고등여학교 졸업 정도의 젊은 부녀자
- 건전하고 즐거운 가정을 만들고, 현대 주부로서의 막중한 임무를 완수하고자 노력하는 부녀자
- 연구심은 풍부하지만, 여러 사정으로 규칙적인 고등학교 교육을 받을 수 없는 독지가

우선 인습을 타파하고 '새로운 시대'에 걸맞은 생활, '건전하고 즐거운 가정'을 구축한다는 《문화생활》의 방향성을 확인해보자. 이를 책임지는 것은 역시 가정주부이지만, '신사'나 고등교육을 받을 수 없는 향학심 풍부한 '독지가'도 포함되었다. 이 잡지의 형식을 보아도 집필자는 대부분 남성이었고, 부인잡지와 같이 여성을 대상으로 한 기사로 도배되어 있지는 않았다.

창간호에서는 모리모토가 「《문화생활》 간행에 대하여」를 집필했다. 그 내용은 이러하다. 세계대전 이후 일본은 '세계 5대 강국'이 되었지만, '문화의 혜택'을 '특수계급'이 독점하는 상황을 타파하고, 인간적이고 문화적인 생활을 영위하는 '생활권'을 획득해야 한다. 이를 위해 개인은 '근본적으로 자신의 생활을 현대의 진보된 과학적 관점에서 합리적이고 경제적'인 것으로 고치고, 사회는 '질서와 제도가 진정으로 인민의 의사에 따라 지배되는 것'으로 고쳐야 한다고 주장했다([연] 1-1). 그 '개조'를 담당할 사람이나 대상으로 먼저 중산층을 상

정했다. 이러한 이념은 선행 연구가 제시하는 모리모토 식 이상향의 핵심을 집약한 것이지만, 그 내용을 보면 일단은 세계대전 후 '민주주의'를 내세운 대학인(大學人) 중심의 사회적 계몽운동이라고 평가할 수 있을 것이다.

위와 같은 동향을 염두에 두고, 민주주의 이념과 우생학의 관련성을 나가이 히소무의 논설을 통해 생각해보자. 선행 연구의 평가는 앞 절에서 본 바와 같이 '민주주의'에 대립되는 '국가주의자'라는 것이다. 그러나 나가이가 진보적인 지식인 모임이었던 여명회에 참가한 사실에 우선 주목해야 한다. 그리고 보통선거론, 평화론, 부인해방과 같은 논의를 지면상에서 전개했다. 이는 1920년대부터 보이는 것으로 다른 잡지에서는 그다지 볼 수 없는 징후이다.

우선 보통선거론에 대해 살펴보자. 연구회지 5권 2호의 서문「'질(質)'과 '수(數)'와 보통선거」(1925)에서 나가이는 보통선거에 찬성했다. 다만 정치적 평등이 실현되면 그만큼 우생학이 필요해질 것이라고 역설했다. 또「부인해방과 유전학」([연] 2-10, 1922)이라는 부인해방론에서는 이렇게 말했다.

> 남존여비, 남자 중심의 가족제도는 '가계에 특유의 피'가 남자에게만 이어짐으로써 정당화되지만, 최근 유전학의 견해는 이와 일치하지 않고 나는 유전적으로 남녀가 평등하다고 생각한다. 따라서 부인해방은 '생물학적 기초'에 입각해야만 한다(9~14쪽).

또 평화론에 대해서는「세계의 노처녀」([연] 1-6, 1921)라는 글을 썼다. 나가이는 이렇게 말했다.

> 지난 세계대전으로 '일 국민의 핵심을 형성하는 심신이 우량한 장정'의 수는 감소했다. 그 결과 독일 통계상 '결혼생식기에 있는 여자'이면서 '배우자를 찾지 못한 자'가 1913년에는 200명 중 한 명이었던 것이 1919년에 와서는 56명 중 한 명꼴이 되었다. 이러한 '양성의 비대칭'은 결혼난, (영아의) 출생 감퇴를 초래할 뿐만 아니라', '매음(매춘)', '화류병(성병)', '사생아 문제' 등 '성도덕의 퇴폐'를 가

져온다. 그리고 '자본만능'이 가져온 '중산층 이하의 생활을 위협'하고 여성을 노동에 종사하게 해 '양성의 균형'의 상실에 따른 여자의 결혼난은 그 동향을 가속화시켰다. 이는 아이를 낳아 기르는 '부인의 천직을 내던지고', '부인의 남성화'를 초래해 '인종위생상 미치는 영향'은 지대하다(16~22쪽).

(이는) 우생학의 관점에서 비롯된 전후(戰後) 경영론이라고도 할 수 있다.

이와 같은 논설에서는 보통선거, 부인해방, 전쟁반대론과 우생학과 생물학적 결정론의 결합을 확인할 수 있다. 이러한 나가이의 발언은 갑작스런 주장이 아니다. 1917년 「민족위생으로 본 결혼의 개량」이라는 글에서는 '부인의 각성이나 부인 개방'에 대해 "천직이어야 할 '어머니'를 이 때문에 버리고, 반성하지 않고, 결혼을 피하고, 육아를 부끄러워하는 것은 실로 성숙된 문화의 중독에 걸린 자"이며 "민족위생의 관점에서 단호히 이 같은 악습을 일소"해야 한다고 말했다.[10] 여성의 특징을 생식에 특화해 가정에 붙박아 두려는 발상은 공통적이지만, 전쟁 후에 이르러서는 부인해방을 바탕으로 주장을 전환해 전쟁 후 언설(言說)에 대한 적응을 꾀했다고 할 수 있다. 그러나 이 「세계의 노처녀」에 대해 '편집실 측'은 "과학적인 관점에서 고쳐시키려는 일념으로 전쟁의 참화와 인류 멸망의 시급을 역설한 박사의 탁월한 고견"이라고 평가한 것을 보면, 나가이의 논설이 호의적으로 받아들여졌음을 확인할 수 있다.

이러한 동향을 보면, 우생학을 특정 이념과의 부동의 결합, 이를테면 파시즘이나 국가주의, 총력전체제와의 동일시로 파악하는 것이 잘못되었음을 다시금 알 수 있다. 그리고 우생학은 '문화생활'이 내세운 여러 이데올로기와 융합할 수 있다. 그 점에서 1920년대 우생학의 특징을 밝히는 것도 가능할 것이다.

3. 가정생활과 생식의 '합리화'

이 절에서는 문화생활의 '과학'으로서의 성격과 우생학과의 관련성을 본격적으로 논할 것이다. 먼저, 1)항에서는 모리모토 고키치 등 《문화생활》지에서 중심적인 역할을 했던 인물들의 과학관은 '가정경제학'이라는 틀로 상징되는 점을 밝히고, 2)항에서 우생학은 '가정경제학'의 틀에서 어떻게 기능할 수 있었는지를 고찰하고자 한다.

1) '문화생활'에서 '가정경제학'의 성질

모리모토 고키치(森本厚吉)는 "과학의 원리 또는 원칙을 가정생활에 적용함으로써 비로소 철저한 생활개선이 이루어진다"고 말했다. 여기서 '과학'이란 '가정경제학'을 가리킨다. 모리모토는 이를 "가정에서 가족 혹은 기타 단체에 의해 이루어지는 의식주의 선택, 준비와 사용에 관해 그 경제적·위생적·심미적 방면을 연구하는 특별한 과학 중 하나"라고 정의했다. 모리모토는 미국 대학의 '가정경제부'나 '대학보급사업'을 모델로 '경제학·화학·사회학·생물학·물리학·생리학·위생학·역사·수학·미술·인류학 등의 여러 학과'를 종합해 '가정경제학' 연구의 필요성을 논했다.[11] 이렇듯 가정경제학은 가정에서 의식주의 선택, 준비, 사용에 관해 다양한 과학을 동원하면서 깊이 연구하는 학문으로 여겨졌다. 따라서 자연과학도 필요해졌고, 위생학을 중시한다는 점에서 우생학이 개입할 여지도 생긴 것이다. 그렇다면 '최신 학리'의 원리원칙이란 무엇일까? 다음 글이 여실히 표현해주고 있다.

현대인으로서의 당연한 의무는 개인적으로는 심적·물적 생활에서 항상 최신 학리가 제시하는 대로 합리적으로 생활행위를 진보·개량시켜 낭비가 없는 문화 생활을 스스로 실행해 각자의 생활 능률을 높이는 것이다. 사회적으로는 이러한 생활을 민중이 영위할 수 있도록 사회 조직을 개조하는 것이다.

중요한 것은 낭비의 배제와 생활 능률의 증진이라는 이념이다. 모리모토는 미국에서 학문적으로 깊은 연구를 했는데, 모델로 삼은 것이 미국 산업계에서

'산업 교란, 실업' 등으로부터 촉발된 '막대한 낭비를 줄이고자 하는 운동', 즉 '테일러주의'였다. 그리고 이 같은 이념은 국민생활에 이르러 "국민 일반의 행복을 위해 음주와 같은 사치는 국법으로 금하고, 최근에는 '니코틴, 넥스트'(다음은 담배 퇴치) 운동마저 개시"된 점을 들어 "모든 낭비를 생활에서 제거해 국민생활의 표준을 높이고자 하는 그 정신은 크게 배워야 할 것"이라고 주장했다 (이상 「저주해야 할 두 개의 생활」[엔] 1-3, 1921, 1~3쪽).

이런 테일러적 합리화 원칙은 가정생활의 개선에도 적용되었다. 상징적인 것은 이것이 '인간공학'이라는 단어로도 표현되었다는 점이다. 《문화생활》지에 20회 이상의 집필 이력이 있는 교육심리학자 와다 도미코(和田富子, 고우라 도미, 高良とみ)는 오늘날 "도래하려는 시대는 인간공학의 시대"라고 말했다. 이는 전기공학이나 식품공학과 같이 "인간이라는 일대 동력의 성질을 알고 그것이 운행 법칙을 규명하며, 그리하여 이를 어떻게 지도·지배할 것인지를 탐구하는 과학"이다. 이 과학을 통해 "가족생활, 나아가서는 사회생활이 근본적 개조"로 향한다고 말한다(「창조생활의 주장: 문화생활의 기조」[보] 1-2, 1923). 와다는 아동심리학을 통한 가정의 개조를 논했는데, '인간공학'은 소위 가정학에도 적용되었다. 모리모토의 아내인 모리모토 시즈코(森本静子)는 남편 고키치의 미국 유학길에 동반해 볼티모어시 YMCA 단대에서 영양학, 조리학을 배웠다. 그녀는 「과학적 가정경영의 가치」([엔] 2-11, 1922)로 미국 산업공비제거위원회의 리더이자 '인간공학자'인 해링턴 에머슨(Harrington Emerson)에 의한 '키치넷 (kitchenette, 부엌용 식기 선반)'의 이용 실험을 소개했다. 그 효과를 스톱워치와 계보기로 검증한 결과 키치넷을 사용했을 때 조리시간이 줄고 피로도 경감되었다고 한다. 시즈코는 이러한 실험을 인용하며 일본의 가정경영은 침실, 빈지문, 기모노, 방문객 접대 등 모두가 '유치'하고 '비과학적'이며 '5대 강국 주부로서의 긍지'따위는 없다고 말했다(37~40쪽).

이러한 합리화는 생명 전반의 합리화까지도 지향했다. 모리모토는 "우리나라에서 가장 큰 낭비는 생명 그 자체가 아직도 경제화되지 않은 것"이라고 했다. 생명의 낭비란 "국민의 다수가 타고난 수명과 그 능력을 병이나 사망으로 방해를 받아 충분히 신장시키지 못하는 것"이다. 모리모토는 선진국과 스위스나 덴마크와 비교해 일본의 영아사망률이 높다는 사실을 들면서, 다산다사(多産多死)는 '문화국으로서 부끄러운 낭비'이며, "이제는 다른 선진국과 마찬가지로 적게 낳고 적게 죽이는 방법으로 우리 경제생활을 진전"시킬 것을 주창했다(「생명생활의 낭비문제」[보] 6-5, 1928, 3~4쪽).

위에 언급한 것처럼, 모리모토가 말하는 가정생활의 과학화와 합리화 구상의 핵심에 있는 것이 '가정경제학'이었다. 이는 생물학, 생리학, 위생학까지도 포섭하는 종합과학으로서의 성격을 지닌다. 가정경제학의 합리화 원칙은 미국의 테일러주의에 따라 '인간공학'으로서의 성격을 띠고 있었다. 이는 금주, 금연 등의 생활개선과 가정학(家政學)에서 영아사망률과 같은 인구, 생명의 '합리화'에까지 미쳤다. 생명의 '합리화'까지 이른 가정경제학의 성격과 우생학과의 거리는 그다지 멀지 않다.

2) 우생학에 의한 생식의 '합리화'

이상의 내용을 바탕으로 우생학이 모리모토 고키치 등의 '가정경제학'이라는 틀 안에서 어떻게 기능할 수 있었는지를 고찰해보자. 우선 '생명'의 합리화라는 원칙에 관해 우생학론자의 발언을 살펴보자. 나가이 히소무는 「국가와 생식」이라는 논문에서 "인간 사회생활의 지나온 경로를 생각해보아도 결단코 국가를 무시하는 것은 용납될 수 없다"고 말했다. 언뜻 보면 앞 장의 데모크라틱한 발언과 양립할 수 없는 듯하지만, "국가라는 그릇에 담긴 내용물은 민중 그 자신"으로 "민중 없이는 곧 국가도 역시 없다"라고 되어 있듯이 유기체적 국가관을 취하면서 민중을 그 구성요소로 함으로써 다른 논설과의 모순은 면하고 있다. 나가이는 국가를 하나의 생명체로 간주하고, 그로부터 우생학의 도입을 주장했다(9쪽). 이와 같은 국가관에 의거해 나가이는 「영아의 보호(상)」([연] 1-3, 1921)에서 영아사망률도 논했다. 이 또한 '민족의 경쟁 무대에 서서 패권을 장악하고', '민족의 질과 수'를 '우수'하게 유지하는 '민족위생'의 문제인 것이다.

여기에서 나가이는 일본의 출산율은 증가 추세이지만 50~60년 전의 영국이나 독일과 마찬가지로 "이제는 정점에 달해 가까운 미래에 내리막으로 향할" 가능성을 언급하는 한편, "사망률은 유럽 열강과 달리 언제까지고 지지부진하게 내려가지 않을" 가능성을 우려했다(14~19쪽). 이런 논법이나 논점은 《문화생활》지에 실리는 우생학 이외에도 많이 보였던 것이다. 그러나 이런 논설이 모리모토 가정경제학의 틀을 반영한 《문화생활》지에서 전개된 의미를 생각하면 이는 '생명' 합리화의 일익을 담당하는 논의로서 읽을 수 있다.

《문화생활》지의 틀에 따르자면, 우생학론자에게 가장 큰 목적은 유기체인 국가의 '생명'을 합리화하는 것이었다. 그 관심은 앞 절에서 살펴본 국민생활의 합리화와 관련이 깊은 분야에까지 침투했다. 특히 나가이가 《문화생활》지에서 금주·금연론을 역설한 것이 눈길을 끈다. 예를 들어 「뒤편에 바쳐진 그릇된 예찬」([연] 3-5, 1923)에서는 "술의 독성이 오체에 스며들어 생식세포를 다독(茶毒)"하는 것은 그 자손에게도 선천적인 장애를 주어 우생학자로서 묵시할 수 없다고 말했다(5쪽). 또 「지옥의 연기」(1923)라는 금연론에서는 세포나 조직이 섬세한 소년이나 젊은 부인에게 흡연의 해로움이 막대하다고 강조했다([연] 3-8, 11쪽). 또 흡연은 생식기능의 장애를 가져오고 "여자의 과도한 흡연은 임신을 인공임신중절시키고, 조산을 일으킨다"고 지적했다([연] 3-7, 10쪽). 나아가 흡연의 해독(害毒)은 알코올이나 매독과 같아 "선천적으로 신경계, 순환계가 약한 사람이나 음주가와 매독에 걸린 사람은 무슨 일이 있어도 흡연을 해서는 안 된다"고까지 말한다([연] 3-8, 12쪽). 이러한 나가이의 계몽적 시선이 다음과 같이 유독 부인에게 향한 것은 주목할 만하다.

애젊은 부인들이여. 경들이 영구히 그 젊은 미를 유지하고자 한다면 화장대에서 골몰하기 전에 우선 경들의 손에서 담배를 버려야 한다. 더군다나 흡연이 황금으로도, 진주로도 바꿀 수 없는 소중한 자식을 즐거워야 할 경들의 가정에서 빼앗아 감은 말할 것도 없다([연] 3-8, 2쪽).

여기에서는 '애젊은 부인'에 대한 남성, 연장자, 과학자로서 3중의 의미를 지닌 가부장적 온정주의(paternalism)를 엿볼 수 있는데, 나가이는 《문화생활》지가 내건 '건전'한 아이들에게 둘러싸인 '즐거운 가정'을 형성하는 데 생식의 합리화를 지향했다. 이러한 까닭에 부인이 계몽의 대상이 되었던 것이다.

'건전'한 아이들에게 둘러싸인 가정생활의 형성을 지향하는 경향 때문인지 《문화생활》지에는 의학자가 결혼이나 부부관계를 설명한 논설이 아주 많다. 이는 가정생활에서 부부관계에 대한 우생학의 적용과도 연관된다. 이를 현저히 보여주는 것이 오치 신이쓰(교토 부립의과대학 교수)가 게재한 '부부학교(夫婦学校)'라는 연재물 중 「유전 이야기」([엔] 5-1, 1925)이다. 이 글의 장 구성을 보면 '결핵은 유전되는가'를 비롯해 나병,* 암, 매독, 정신병, 농아, 색맹의 유전 가능 여부를 다루고 있다. 매독에 관해 '태내감염'의 위험성이 있지만, '살바르산(salvarsan)'으로 근치도 가능하여 '피임법'을 강구해 자손의 절멸을 계획할 필요는 없다는 견해를 밝혔다. 결핵, 나병의 경우 균에 감염되기 쉬운 성질은 유전되므로 '결혼문제'에서는 "이러한 집안을 피할 것"을 주장했다. 나아가 정신병은 "종류 여하에 따라서는 단호히 피임법을 준수"하고 "농아인 자녀가 있는 집안의 결혼은 크게 경계"하자고 주장했다. 그 밖에 혈족 결혼도 '유해'하므로 "혈족관계가 없는 가정에서 선택 가능"하며, '혼혈아'는 '정신적 능력'이 '열등'한 경우가 많아 "다른 인종과의 결혼은 불가"라고 말했다.

이렇듯 1920년대의 가족에 대해 우생학 계몽은 유전성이라고 여겨진 질병의 위험도에 대한 지식을 습득하고, 위험하다고 간주한 집안과의 결혼은 피하는 방책을 실천할 것을 장려했다. 이러한 계몽 언설도 앞 절의 '인간공학'과 같은 성격을 띠었다고 지적할 수 있다. 다음은 오치가 문화생활에서 유전학의 의의를 설명한 글이다.

---

* (옮긴이) '한센병'으로 번역하는 것이 바람직하나, 당시 또는 현재 일본의 상황을 고려하여 원문의 표현인 '나병(癩病)'을 그대로 사용했다. 이러한 원칙은 '농아', '정신병' 등의 표현에서도 사용했다.

유전에 관한 학설의 요지를 터득하는 것은 (중략) 섣불리 심원한 학문으로서 경원시할 것이 아니라 일상생활에서 근대의 문화생활을 지향하는 인사들에게 절대적으로 중요하다. 이는 덮개로서 각 개인의 가정을 과학적으로 보호할 수 있을 뿐만 아니라, 나아가 그 혜복(惠福)을 다른 이에게 미치게 하며, 이리하여 사회 전체를 정화해 향상시키기 때문이다(이상 58~66쪽).

여기에서는 대학 연구실의 학문을 적용함에 따라 가정을 '과학적으로 보호'하고 그 혜택을 사회 전체의 '정화', '향상'으로 발전시킨다는 방향성이 제시되어 있다. 이런 생활이야말로 '근대의 문화생활'인 것이다. 이는 앞 절에서 와다 도미코나 모리모토 시즈코가 '인간공학'에 기대했던 바와 같은 것이다. 오치에 따르면 '부부학교'라는 제목 자체에 가정 내의 부부관계에 과학이 계몽이라는 형태로 개입하여 가정생활, 나아가서는 사회 전체의 합리화를 지향하는 취지가 명확히 드러나 있다. 이를 미루어볼 때 《문화생활》의 우생학은 생식의 합리화 측면에서 '가정경제학', '인간공학'의 성격을 선진적으로 표현했다고 평가할 수 있을 것이다.

4. 과학계몽과 독자의 자세

1) 《문화생활》지로 보는 과학계몽 재고

지금까지 《문화생활》지에서의 우생학 논설을 분석했다. 이 장은 그 과학계몽의 모습을 다른 각도에서 검토하고자 한다. 사실 《문화생활》지에서도 과학자들은 진지하게 과학만을 논한 것이 아니라 다채로운 면모를 보였다. 이 잡지에서는 이례적일 만큼 그런 경향을 발견할 수 있다.

과학자들은 《문화생활》지에 시가(詩歌)나 에세이를 기고했다. 예를 들어 나가이 히소무의 「차상음(車上吟)」([연] 5-5), 다나카 요시마로의 「어느 시대의 아

리시마 씨(或る時代の有島さん)」([보] 1-5), 이시카와 지요마쓰의 「미국에서 돌아와(米国から帰って)」([보] 5-4) 등이 있다. 모두 소개할 수는 없지만 나가이의 「차상음(車上吟)」을 다뤄보도록 하자.

다이쇼(大正) 14년 2월 5일 오전 2시 아버님 위독 즉시 돌아오라는 전보에 잠에서 깨어 일어나네. 노쇠한 부모를 가진 이로서는 야밤에 전보가 날아들 때마다 손이 떨리고 가슴이 뛰어.
문득 떠오르네. 영혼이 사라진다, 영혼이 사라질 때가 와버렸다고. 새벽녘의 서리를 밟고 나카노역을 나와 도쿄역으로 가는 특급열차를 타네.
500리 행정 아득해 무척이나 병든 아버지의 머리맡에서 나의 영혼은 나네 (26쪽).

아버지가 위독하다는 소식을 듣고 고향 오카야마로 향하는 열차 안에서의 심경을 읊은 것이다. 문학적으로 뛰어난 것인지는 판단하기 어렵다. 내용은 다른 것들도 마찬가지이지만 딱히 그들의 전문 분야와 접점을 가지지 않는 경우가 많다. 그러나 이 글을 도쿄제국대학 의학부 교수가 썼다는 것은 《문화생활》 지와 과학계몽의 모습을 고찰하는 데에는 의의가 크다고 생각된다.

이렇게 과학자의 틀에 국한되지 않는 대학 교수들의 활동은 잡지 앙케트에 대한 답변에서도 엿볼 수 있다. 「현대의 많은 명사들은 어떻게 생활하고 있는가」([보] 4-5)를 살펴보자. 이는 발간 5주년을 기념해 '① 식품문제, ② 의복문제, ③ 주택문제, ④ 오락, 운동, 사교문제 등에 대해 지명인사들의 교시를 청한 것'이다. 이에 오카 아사지로는 ① 식품문제에 "아침과 저녁은 빵 4분의 1인 한 근과 코코아 넣은 우유 한 홉, 그리고 그냥 있는 것, 점심은 메밀국수 하나" 등 개개의 항목에 성실하게 답변했다. 그런가 하면 이시카와 지요마쓰의 답변은 "저는 독신이므로 가정이랄 것은 거의 없으며, 또 어느 분에게 말씀을 드려도 저를 따라하실 수는 없습니다"라는 간단한 것이었다. 오카의 경우 《문화생활》 지 기자가 쓴 「동물학연구실에 오카 박사를 찾아가다」([보] 4-9)라는 기사도 있다.

최근 연구활동부터 일상생활이나 취미, 가족에 대해 '동물학 권위자'의 알려지지 않은 일면을 엿보자는 취지였다.

왜 기자들은 잡지 앙케트나 연구실 방문으로 과학자들의 별것도 아닌 의식주에 대한 소감을 요청하고 잡지상에 공개했던 것일까? 이는 그들이 '명사', '명가'이기 때문이다. 그 권위의 자원은 두말 할 것 없이 계몽가의 과학적 권위, 그리고 대학 교수의 위신에서 비롯되는 것이리라. 그 권위와 위신으로 인해 그들의 생활을 아는 것은 설령 별 볼 일 없는 일이라도 '문화적·창조적·합리적 생활의 건설'에 이바지하는 것, 문화생활의 실천으로 여겨져서 편집자나 기자의 관심을 받은 것 아닐까? 시가나 에세이 역시 이와 같은 논리로 이해할 수 있다. 그들은 '명사'이기 때문에 과학자의 틀에 머무르지 않는 문화인, 만능인으로서 시가나 에세이에서도 건필을 휘두르는 모습을 과시한 것이다.

과학자들의 이러한 활동의 배경에는 글 이면에 있는 집필자의 맨 얼굴을 보고 싶다는 독자의 요구도 있었다. 「독자 페이지」에 있는 무라타 쓰토무(村田勤)가 쓴 「강단에서 사회로」([보] 2-5)를 보면, 《문화생활》지는 '지식학자들'이 "서재를 나와" "보통의 일반 세인과 이야기를 나누는 듯, 평이한 담화 안에 깊은 연구의 결과가 나타나 날카로운 관찰을 엿볼 수 있다"고 나와 있다.

이를 통해 전문학자가 대학보급사업과 같이 학교에서 거리로 나와 일반인들과 어울리는 것을 긍정적으로 받아들이는 경향을 읽을 수 있다. 이는 계몽논설 속에 있는 과학자의 식견과 인격이 모두 연계되어 있었기 때문에 그들의 언론활동이 시가나 에세이, 잡지 앙케트에까지 확대된 것이 아닐까?

이와 같은 과학자들의 언론활동을 소위 과학자의 대중화 현상, 저널리스틱한 현상으로 파악해야 할까? 그렇다고도 할 수 있지만 판단을 유보할 필요가 있겠다. 예를 들어 보급회지 2권 10호 지면 확장의 「급고(急告)」(1924)에서는 "현재 일본 잡지계를 보면 너무나 저급하고 저속한 이른바 저널리즘을 말미암아 우리 다이쇼(大和) 민족 가정생활의 건전한 발달에 도움되는 것이 매우 적다"는 식의 저널리즘 비판이 전개되었다. 이는 고단샤(講談社) 문화를 의식한 것일지도 모른다. 고단샤의 《KING》이 발간된 것은 이 글이 나온 이듬해인

1925년이다. 이러한 발언은 《문화생활》지의 언론을 저널리즘으로로부터 상대화하고 아카데미즘을 존중하는 것으로, 과학자들의 계몽적 언론도 이 틀 안에서 이해해야 함을 보여준다. 그들의 언론활동은 과학자로서의 직분을 벗어나는 경향도 있었지만, 이는 '명사'로서 계몽활동의 일환이며 저널리즘과는 다르다고 인식했던 것으로 보인다. 여기에서 미디어로서의 《문화생활》, 그곳에서 계몽하는 과학자들의 독특한 포지션을 엿볼 수 있다.

2) 「생활문제해답」으로 보는 독자

이와 같이 계몽 과학자들은 독자와의 거리를 좁히려는 노력을 그들 나름대로는 했을 수도 있다. 그러나 독자의 관심은 이 장에서 다룰 우생학과 인접 영역의 어디에 있었을까? 과학자들의 관심과는 차이가 있지 않았을까? 이 절에서는 이에 관해 생각해보고자 한다.

보급회지에는 「생활문제해답」이라는 독자상담 코너가 있는데, 여기에 생식의학에 관한 상담도 많았다(표 3-4). 답변자는 주로 다카다 기이치로(高田義一郎)라는 의사였다. 다카다는 1886년에 태어나 1908년에 교토 의과대학, 1923년에 지바 의과대학 교수가 되지만 이듬해 퇴임했다. 이후 도쿄 아카사카에서 개업의로서 소아과, 부인과 의료에 종사하는 한편 전문지, 준전문지, 일반지에 많이 기고했으며 수필이나 탐정물 저작 활동도 했다.[12] 《문화생활》지에는 「결혼과 자손」이라는 연재물을 게재하는 등 우생학에도 깊이 관여했다.

「생활문제해답」의 질문 내용을 검토해보자. 몇몇 질문 항목을 보면 '문화생활'을 위해 가정생활에서의 '생식의 합리화'를 실천한다는 과학자들의 의도를 내면화한 독자도 적지 않았다. 근친결혼이나 나병을 통한 유전적 질환의 가능성에 대한 염려는 독자에게도 전해져 있다. '뇌졸중의 유전'에 관한 상담자에 이르러서는 "정신병자(혹은 뇌졸중)의 탁한 피가 유전된 것은 아닐까"라며 두려워해 '독신주의'를 관철하려고까지 했다. 또 '유제닉스'와 같이 유전에 대한 '정확'한 지식을 얻고자 서적 소개를 요청하는 독자도 있었다.

표 안의 질문항목과 관련해 더욱 중요한 특징은 피임에 대한 상담이 끊이지 않았다는 것이다. 1922년에는 마거릿 생어(Margaret Sanger)의 방일 이후 산아조절론에 대한 관심이 높아졌다. 모리모토 고키치(森本厚吉)도 생어가 일본을 방문한 3월 10일에 「결혼생활의 비애와 산아제한(승전)」(「연」 2-5)에서 '군국주의와 다산주의'를 박멸하고자 '산아의 수를 일가족의 능력에 적응하는 정도로 제한해 우량한 자손을 사회에 내보내는' '신맬서스주의'를 지지하고 생어를 칭송했다(43~45쪽). 이런 동향을 반영하듯 「생활문제해답」에도 피임에 대한 질문이 많았다. 다카다의 답변은 개인적인 편지를 통해 전달되었다고 한다. 당시 산아조절론에 대한 내무성의 자세는 산아조절 주장을 금지하지는 않지만, 피임방법에 관해 게재하는 것은 용인하지 않겠다는 방침이었기 때문에 이런 식의 답변이 되었을 것이다. 그러나 다카다의 기본적인 생각은 일반잡지나 신문의 광고에 게재된 산아조절의 실행방법을 강하게 부정하고, 신뢰할 수 있는 의사의 상담에 맡기자는 것이었다.

실제로 의학자의 대부분은 산아조절론에 부정적이었으며, 나가이 히소무는 그 필두에 있었다. 나가이는 「산아제한은 위험」(「비」 6-2, 1928년)에서 '현재의 신맬서스주의 내지 산아제한론자'와 양자를 동일시해 「적게 낳아 잘 기르자(少く生んでよく育てよ)」는 슬로건을 들며 '숫자상'으로도 '질적인 면'에서도 '크게 위험'하다고 비판했다(32쪽). 이는 국가인구의 감소에 따른 국력 저하에 대한 우려이다. 또 인구의 질이 저하된다는 걱정은 '바보 같은 장남(長男の甚六)*'이라는 말이 있듯이 우량아는 장남이 아닌 삼남 이후에 태어난다는, 우생학론자들 사이에서 일정한 지지를 얻은 견해에 기인한다. 다카다는 독자에게서 온 상담에 답변하고는 있었지만 사실 "아이를 우량하게 만들고자 한 지식계급인들은 그 '산아조절'을 고려하는 것에 반하여, 저열한 아이들을 무수히 무제한으로 산출"하므로 '산아제한'은 "사회 전체의 큰 틀에서 보면 사회 대다수를 저열한

---

* (옮긴이) '総領の甚六'이란 말에서 유래된 것으로, 장남은 첫째라 너무 소중히 키워서 오히려 철부지이고 어리석다는 의미이다.

표 3-4 • 보급회지에 게재된 「생활문제해답」 중 '생식의학'에 관한 것을 발췌

권호	질문자	질문 표제	질문 내용
3-1	시즈오카시 무라스기/데시오노 쿠니 오호사키	피임에 대하여	'월수입이 50엔 정도'로 '아이가 생기면 생활이 파탄'나므로 '피임을 완전히 실행할 수 있는 방법'을 가르쳐줬으면 한다. '부인이 병약하여 피임하고 싶다.'
3-2	교토 ○○	우생학과 근친결혼	사촌 형제와의 결혼에 대해 밤낮으로 고민하고 있습니다. 주위 상황으로 인해 만일 결혼하게 되면 어떠한 폐해가 발생합니까? 우생학상의 얘기를 들어보고 싶습니다.
3-2	이센	피임용 페서리	① '귀하가 가장 권장하는 임신 예방법', ② 마거릿 생어, 메리 스톱스(Marie Charlotte Carmichael Stopes)의 저서에 있는 페서리 사용을 실행했다. 이에 대한 '귀하의 의견', ③ '페서리 판매점 혹은 기타 입수 방법', ④ '오른쪽 문제의 의학적 방면에 관한 신(新)저서'.
3-2	도쿄 나카오 요레이	생식기병에 대하여	미기입
3-2	니가타 다쿠난, 기타 8명	피임 문제	미기입
3-4	도쿄 야기T생 기타 15명	피임에 대하여	○○○○나 ○○○○○ 같은 게 있는데요, 유효한지 어떤지 알려주십시오.
3-5	후쿠오카 SI생	나병에 대하여	① '나병은 전염병인가 혹은 유전병인가, 그 요법과 예방법', ② '나병 혈통의 부인'으로부터 '젖동냥' 받음으로써 감염이 될 수 있는가?
3-5	다카다 기이치로	피임 문제에 대해 문의하신 여러분에게	지난번 피임의 방법 여하와 또 이에 관한 참고서를 묻는 분들이 많았으므로 여기 한데 묶어 답변해둔다.
3-6	오이타 TK생	뇌졸중의 유전	나는 사람들로부터 유망하다고 인정받는 엔지니어지만 아버지도 삼촌도 '뇌졸중으로 쓰러져 이후 1년 만에 정신병자'로 세상을 떴다. '내 몸 안에는 정신병자(혹은 뇌졸중)의 탁한 피가 유전된 것은 아닐까'. 앞으로 양생법이나 결혼문제에 대해 어떻게 조치해야 하는지 알려주기 바란다. 나는 독신주의를 유지하려고 하지만.
3-8	다다카 에이이치	유제닉스	우생학에 관한 저서를 알고 싶다.
3-11	구마모토 HK	산아제한과 인공임신중절과의 차이	아이가 세 명 있으며 아내의 출산간격이 1년 6개월임에도 아내가 또 임신을 했다. 가능하면 '피임할 때에 확실히 무해한 인공임신중절제가 있다면 판매점과 정가에 대해 알려주기를' 바란다.

답변(원문은 모두 '입니다'형)
'여러 사유로 일일이 지면상에서 답변 드리는 것은 곤란'하여 '직접 편지로 회신'하고자 한다.
근친결혼은 '준수한 근친끼리라면 좋은 점이 두 배가 되어 한층 더 나은 아이가 생길 것'. '부득이한 사정이라면 결혼해서도 괜찮습니다'.
①'이는 사신(私信)으로 답변 드리지요'. ②'페서리'를 사용해도 결국 목적은 달성할 수 없다. ③ 10년 전에 '페서리'를 프랑스에서 수입해 교토에서 판매한 모 법학사가 있었지만 그 사람은 고인이 되었다. 현재 이 종의 판매점의 존재는 모른다. ④ 독일어 문헌 3개 소개. '당신의 질문은 지면상에 발표할 수 없으며, 편지로도 충분히 그 의미를 다 전하기 어려워 만나 뵙고 답변 드리고 싶습니다.'
'오른쪽 분의 질문은 마찬가지로 피임에 대한 진지하고 매우 적절한 질문이므로 전호에서 말씀 드린 바와 같이 개인적으로 답변하도록 하겠습니다.'
'살리실산수은'과 같은 수은제를 주성분으로 한 것은 '영구히 불임을 유발하는 경향'이 있어 '부인의 건강'을 해하기 때문에 사용하지 않는 것이 좋다. 그 밖에 좋은 방법은 '법의 제재'도 있으며 '발표의 자유를 가지지 않는 것이 유감'.
①'나병은 전염병이며 유전이라고 생각하는 것은 동거 중에 전염되기 때문입니다'. '접촉하지 않는 것이 가장 좋은 예방법'. ②'젖동냥을 했었다면 전염의 기회는 충분히 있었을 것으로 생각됩니다'.
'제군이 가장 신뢰하고 있는 성실한 의사의 문을 두드릴 것', '참고서로서 일반 사람들에게 적당한 것은 전무'. '꼭 여러 서적과 각 방면의 문헌으로 섭렵해야 함'. '통신잡지나 신문에 광고된 일반인 대상의 서적'에 나온 방법을 '올바른 실행방법'이라고 시도해보는 것은 무모하기 짝이 없다.
'유전에 대한 걱정은 지당하지만 그 때문에 일생을 독신으로 지내는 것은 결국 오래가지 않을 것이다'. '쓸데없는 걱정 없이 결혼하십시오'. 다만 뇌졸중 등의 유전은 농후하므로 유발하는 요인은 피할 것. 특히 음주나 매독에 주의하면 '그 이상의 것은 자연의 흐름에 맡겨도 될 듯합니다. 특히 당신의 경우'.
폴 포페노(Paul Popenoe), 찰스 대븐포트(Charles Davenport)(모두 미국의 저명한 우생학자)의 저서, 사이토 모사부로 《우생학》을 소개. '임신이 빨리 시작되는 것은 엄마의 젖을 충분히 먹이지 않기 때문입니다'. 통경제 중 모체에 무해한 것은 하나도 없다. '특히 주의하셔야 할 것은' '낙태이며 명백히 형법 규정에 어긋남'. '소위 산아제한은 임신을 막는 것이지 이를 낙태와 혼동해서는 안 됩니다'.

자제로 가득 채운다"고 말하며 전체적인 관점에서는 용인하기 힘든 측면이 있다고 인식했다.[13]

위와 같은 독자의 관심과 계몽가로서 과학자들의 관심에는 개인적 견지와 국가적 관점의 차이가 발견된다. 애초에 과학자들의 계몽논설을 내면화했다고 보이는 독자의 질문 내용 역시 개인의 결혼과 연애에 관련된 개인적 견지에서 비롯된 것이었다. 물론 독자 질문이라는 형식에 구속된 측면은 있을 것이다. 그렇다고 해도 우생학론자들이 계획한 국가적 생명의 전체적인 향상이라는 견해와는 동떨어져 있었다. 이러한 차이는 1930년대 일본민족위생학회의 「단종법」제정운동이나 전시 중 인구정책과의 관련을 고찰하는 데에도 중요한 논점이라고 생각된다.

5. 마치며

마지막으로 이 장의 논점을 정리하고 전망을 제시하고자 한다. 우선 이념으로 민주주의를 표방한 《문화생활》지의 우생학 저널리즘에 관한 것이다. 당초 《문화생활》지의 중심적 역할을 했던 모리모토 부부에 의한 '생활의 합리화'라는 논의에서 엿볼 수 있는 것은 제1차 세계대전 후에 국제적 지위가 향상되어 '5대국'이 되었음에도 국민생활은 그에 걸맞지 않아, 그 국민생활을 개선함으로써 열강들과 어깨를 나란히 하자는 논리이다. 이렇게 보면 '가정경제학'은 '전후경영론'의 측면을 지니며 민족주의의 한 표현 형태라고 해석할 수 있을 것이다. 그 민족주의는 유기체로서의 국민국가의 생명을 합리화해 향상시키고자 하는 우생학의 논조와도 일치한다. 이러한 《문화생활》지의 민족주의적 성격이 전면적으로 드러난 것은 미국에서 「배일(排日) 이민법(일본인 이민 금지법)」이 성립되었을 때였다. 보급회지는 1924년 9월에 「국난기념 생활충실문제」(2-9)라는 특집을 마련했다. 여기에서 모리모토 고키치는 일본인이 '열등인종'으로 취급된 것을 '국욕(國辱)'이라며 분개하고 "국민 모두가 경제적 전쟁의 준비와 실행에 최선의 노력을 기울이고, 국력 발전에 전력을 다"하고자 "우리 국가 사회를 구성하고 있는 우리 각각이 일상생활의 충실을 위해 스스로 반성의 결실을 맺을 것"을 호소했다(「국욕과 생활문제」, 1~4쪽). 동시에 유전학자 다나카 요시마로(田中義麿)는 「우생학으로 본 배일 문제」에서 일본인이 서구인에 비해 '열등인종'이라고는 할 수 없다고 지적한 후 "우리 국민의 본질을 향상시킴과 동시에 외국에서의 일본인 배척에 대한 항의의 구체적 재료를 찾고자" 우생학연구소를 설치하는 것 등을 주장했다(87~92쪽). 이러한 점에서도 《문화생활》지와 우생학에 공통되는 민족주의가 계몽의 양식이나 생활의 합리화 이념을 필요로 했다는 것을 알 수 있다.

또 《문화생활》지의 우생학과 동시대 우생학 잡지들과의 비교도 간단하게나마 해보려고 한다. 잡지 《우생학》에는 《문화생활》지에서 전재된 기사가 몇 편 발견되며, 「주해연구호(酒害硏究号)」(4-3, 1927), 「결혼과 유전」 특집호(4-9, 1927) 등 '생활'에 특화된 특집도 많이 다루었다. 또 같은 시기 《우생운동》의 창간호는 그라비아(요판) 인쇄로 「자녀의 행복, 가정의 번영」으로서 이상적인 가정생활상에서 우생학이 기여한 바를 강조했다. 또 가정생활에 대한 관심은 이 장의 서문에서 밝힌 것 이외에도 「부엌의 우생운동」(4-8, 1929) 등 많이 발견된다. 이러한 우생학 잡지의 동향에서 《문화생활》지의 우생학은 우생학의 가정생활이나 생활 '합리화'라는 영역 진출의 선구자적 역할을 했다고 평가할 수 있겠다. 그리고 《민족위생》 주간이었던 나가이 히소무의 경우 《우생운동》에 기고한 글은 없고 《우생학》(1924~1943)에 대한 기고도 《문화생활》보다 적은 상황을 보면, 《문화생활》은 나가이에게 그리고 이후 민족위생학회의 구성원이 기반으로 된 미디어로서도 중요한 위치를 점한다고 이해할 수 있다. 이 장에서는 미디어에서의 과학계몽이 과학자의 '명가', 문화인으로서의 이미지와 밀접한 연관이 있었다는 점도 지적했다. 이런 과학계몽은 단순히 과학을 사회에 보급시키는 것에 머물지 않고, 다채로운 활동을 수반하는 것이었다. 이러한 계몽가로서의 활동으로 1930년대 우생학의 법제화나 정책으로의 본격적인 진출을 꼽을 수도 있을 것이다. 그 동향은 다음 장부터 제3부에 걸쳐 다루도록 하겠다.

주(注)

1   구회지와 보급회지 잡지는 표기 혼란 때문에 전자는 '연(硏)', 후자는 '보(普)' 기호를 붙였다. 이하 동일.

2   모리모토와 문화생활연구회, 문화보급회의 활동에 관한 연구에는 주로 다음과 같은 것들이 있다. 森本厚吉伝刊行会編 『森本厚吉』(河出書房, 一九五六年), 原田勝弘 「生活改努運動の使徒森本厚吉」(「近代日本の生活研究」光生館, 一九八二年), 寺出浩司 「森本厚吉と文化普及会」 (川添登ら編 『日本の企業家と社会文化事業』東洋経済新報社, 一九八七年), 菅野聡美 「『文化生活』の思想的意味」『近代日本研究』(九号, 一九九二年), 高原二郎 「解説」, 西川裕子 「雑誌 『文化生活』と男性本位の家庭イデオロギー」(『文化生活』[文化生活研究会発行] 解説・総目次・索引』不二出版, 一九九五年, 所収), 石川寛子 「解説」(『文化生活』[文化普及会発行] 解説・総目次』不二出版, 一九九七年, 所収), 山森芳郎 『生活科学論の二〇世紀』(家政教育社, 二〇〇五年), 平出裕子 「森本厚古の『文化生活運動』——生活権の提唱と講義録発行」(『日本歴史』六九七号, 二〇〇六年).

3   森本厚吉 「文化生活研究に就いて」『文化生活研究』一巻一号, 一九二〇年六月, 一頁.

4   잡지《우생운동》과 주간(主幹)인 이케다 시게노리(池田林儀)의 사상과 행동은 藤野豊 『日本ファシズムと優生思想』(一九九八年, かもがわ出版)에 자세하게 나와 있고, 鈴木善次 『日本の優生学』(一九八三年, 三共出版), 加藤秀一 『〈恋愛結婚〉は何をもたらしたか』(ちくま新書, 二〇〇四年)에도 언급되어 있다. 이들은 1920년대 우생학의 동향을 아는 데에도 의미 있는 선행 연구이다.

5   「永井潜先生追悼特集」(『日本医事新報』一七二六号, 一九五七年五月二五日), 「永井潜先生を偲ぶ座談会」(同一七九二号, 一九五八年八月三〇日)など.

6   나가이가 여명회(黎明會)의 회원이 됐다는 것은 『黎明講演集』一巻六号(一九一九年八月) 이후의 '현재회원'에서 확인할 수 있다. 다만 「黎明講演集」에 나가이의 집필은 없다.

7   保健衛生調査会 『保健衛生調査会第一回報告書』(一九一七年五月, 保健衛生調査会), 三二~三四頁. 그 후 『保健衛生調査会第十四回報告書』(一九三〇年四月, 保健衛生調査会)에 나오는 '민족위생에 관한 특별위원회'의 설치까지 우생학은 본격적인 의제에 올라 있지 않다.

8   野間信次 「『健全』なる大日本帝国——国民優生法制定をめぐって」(『ヒストリア』 一二〇号, 一九九八年). 이 견해를 답습한 연구로 高木雅史 「一九二〇~三〇年代における優生学的能力観——永井潜および日本民族衛生学会(協会)の見解を中心に」(『名古屋大学部教育学部紀要』三八巻, 一九九二年) 등이 있다.

9   平出, 앞의 글, 六〇~六二頁.

10 永井潜, 「民族衛生より観たる結婚の改良」『婦人公論』二巻一〇号, 一九一七年, 五六頁.

11 森本厚吉, 『生活経済の新能率』経済社, 一九二〇年, 二六八~二七二頁.

12 横山浩司, 「高田義一郎 『優良児を儲ける研究』解説」(高田義一郎 『優良児を儲ける研究 日本〈子どもの権利〉叢書一七』久山社, 一九九六年).

13 高田義一郎 「産児制限の社会的影響」『優生運動』一巻一号, 一九二六年, 七〇~七二頁.

제4장

쇼와 전쟁 전기(1930년대) 우생학 미디어의 성격
잡지 《우생학》을 대상으로

1. 시작하며

이 장에서는 1924년에 간행되어 1943년에 폐간된 잡지 《우생학》에 대해, 같은 시기에 간행된 《우생운동》지와의 비교를 포함하여 우생학 잡지와 그 계몽의 양상을 고찰하겠다.

잡지 《우생학》은 《간사이 의사(関西医事)》(1929~1941)도 간행한 바 있는 고베의 의학 저널리스트이자 편집자인 고토 류키치(後藤龍吉, 1887~1973)가 1924년 1월에 간행했다. 간행 당시에는 《유제닉스》라 칭했고, 이듬해 2권 3호 이후 《우생학》으로 개칭했다. 고토는 이 잡지를 모체로 일본우생학협회(창간 시에는 일본우생학회)를 설립하고 법인화를 꾀했으나 성공하지 못했다. 그 후 《우생운동》[우생운동협회, 주간 이케다 시게노리(池田林儀, 1926~1930)], 《민족위생》(일본민족위생학회, 이사장 나가이 히소무, 1930~), 《우생》(우생결혼보급회, 회장 나가이 히소무, 1936~1939)과 같은 우생학 잡지가 나오는 가운데서도 간행을 계속했다. 1943년 4월 전시(戰時) 잡지 통폐합에 따라 《일본임상(日本臨床)》에 병합되어 폐간되었다.[1]

선행 연구로 잡지 《우생학》의 존재 자체는 잘 알려져 있다. 스즈키 젠지(鈴

잡지《우생학》16년 2호(1939년 2월)

木善次)는『일본의 우생학』에서, 고토가 일본우생학협회를 재단법인으로 발족시키려 했지만 성공하지 못한 일을 소개했다.[2] 또 오쓰보 스미코(大坪壽美子)는 1924년 미국에서「배일(排日) 이민법」이 나온 시기에 이 잡지가 간행된 것에 주목하여, 1930년에 일본민족위생학회가 창립되기까지《우생학》의 동향을「배일 이민법」을 지지한 미국 우생학자의 논설과 병치해 그 관련성을 고찰하고자 했다. 오쓰보의 연구는 고토 류키치의 사상과 행동을 스즈키보다 상세히 소개했다는 점에서 유익하다.[3] 그 밖에 이 잡지는 우생학의 국책화에 관한 동향 등을 보도했기 때문에 후지노 유타카(藤野豊), 마쓰바라 요코(松原洋子) 등의 선행 연구에서 단편적으로 사용되었다.[4]

하지만 어느 연구도 잡지 자체에 대한 연구를 테마로 삼지 않았기에 그 정보가 충분하지 않다. 그리고《우생학》지 창간부터 폐간까지의 상세한 경위 등 잡지의 전체상도 분명하지 않다. 애초에 창간호는, 대학도서관의 경우, 규슈치과대학 부속도서관에만 소장되어 있어 입수가 곤란하므로, 필자의 좁은 소견으로는 이것을 사용한 연구를 보지 못했다. 또 이 잡지는 주간인 고토 류키치 개인이 경영한 것으로, 한 호당 얇게는 30쪽 미만이다. 고토의 경력도 불확실한 부분이 많다. 발행부수도 불확실하다. (발행부수 역시) 많지는 않았다고 생각되며, 그 때문에 이 잡지의 영향도 파악하기 힘들다.[5] 이 잡지에는 그러한 여러 가지 난점이 있어 연구도 진행되지 않았던 것 같다.

이런 어려움 속에서 이 잡지에서 무엇을 발견할 수 있을까? 사이토 히카루(斎藤光)는《우생학》지의 일본우생학협회,《우생운동》지의 우생운동협회를

'우생학의 제도화 경향'으로 보면서도 "아카데믹한 형태의 제도화와 조금 위상을 달리했다"고 말했다. 그리고 두 잡지에 대해 "'전문적'인 정기간행물"이라 하면서도 '아카데믹한 전문지'는 아니라고 했다.[6] 이 평가 자체는 맞지만 단편적인 지적이고, '전문'과 아카데미즘의 양상, '제도화'와의 관계를 파고들어야 한다. 그러한 《우생학》의 양상을 자세히 조사함으로써 그 성격의 일부를 파악하고 정밀화할 수 있을 것이다. 또한 과학의 전문성과 대중성의 문턱에 놓였던 다이쇼 시대부터 쇼와 전쟁 전기까지 우생학이 보인 독특한 양상도 엿볼 수 있지 않을까?

2. 《유제닉스》지의 등장: 고토 류키치(後藤龍吉)와 그의 과학관

《우생학》[《유제닉스(Eugenics)》]지의 발행 편집 겸 인쇄인은 고토 류키치(後藤龍吉)이다. 출판지는 효고현(兵庫県) 무코군(武庫郡) 다이샤촌(大社村) 모리구[森具, 고로엔모리구(香炉園森具)]로 일본우생학회가 출판의 모체였다. 학회라고는 하나 필시 고토 개인의 것으로, 법인화가 시도된 것은 창간 이듬해인 1925년이었다. 표 4-1에서 알 수 있듯 집필의 상당 부분을 고토 본인이 차지했다. 여러 필명을 사용했기에 표 이외에도 그의 집필로 의심되는 것이 있다. 이 잡지는 고토의 개인 잡지이며, 그의 사상과 행동은 《우생학》지와 궤를 같이하고 폐간까지 그 성격에 변화는 없었다.

또 잡지에는 경영난이 따라다녔다. 편집여록 등에서 그 궁핍함을 전하고 있다. 고토는 1929년에 《간사이의사》라는 의학 저널을 출판했다. 그 잡지의 수익이 《우생학》 경영에 돌려 사용된 것 같다.[7] 잡지의 외형에 관해서는 「근고(謹告)」에 이런 말이 있다.

이 잡지는 46배판 독일식 표기라는 형식을 표방하지만, 처음 예정대로 쪽수를 두 배 정도 늘리는 것은 경영상 상당히 힘들기 때문에 잠시 국판에 64쪽 정도로

표 4-1 • 잡지 《우생학(優生学)》의 주요 집필자(6회 이상)

이름	직함	빈도	주요 집필논고	우생운동 협회와의 관계	집필 기간	《인성(人性)》	《우생학(優生学)》	《민족위생(民族衛生)》	《우생(優生)》	비고
고토 류키치 (後藤龍吉)(春秋生, 後藤龍吉生, 劣生坊劣靈生, 零慎生)	'靈慎生'란 필명을 사용할 때는 「ㅇㅇ대학교수, 의학박사」라고 표시하는 경우가 많다.	141	「표(彪)의 장생기(創生記)」(전 6회), 「성애(性愛)의 과학」(전 9회), 「열생만어(劣生漫語)」, 「결혼문제연구」(전 4회)	《우생학》(優生学) 발편집 발행 겸 겸임 인쇄인	1924.1~1943.4	0	1	0	0	春秋生(57회), 後藤生(37회), 劣生坊(26회), 後藤龍吉(11회), 劣生坊(6회), 靈慎生(3회), 零慎生(1회) 「記者」가 29회 등장하는데, 대부분은 고토일 것이다. [개소에 포함], 일본민족위생학회 오사가지부 이사
이케미 다케시 (池見猛)	도쿄제국대학 의학부 정신과 교실(주임 미야케(三宅) 교수), 가나가와 현(神奈川県) 고루후 진(国府津) 병원장 등, 의학박사, 법학사	68	민족위생충합문헌집(전 38회), 「우생결혼인가 단종인가」(전 3회)		1934.2~1943.4	0	0	11	2	일본민족위생학협회 도쿄지부 간사, 일본우생결혼보급회 주사
도가 마나토 (冬夏学人)[冬夏生]	의학박사(?), 문학사(?)	32	「통속 유전의 고찰」(전 3회), 일본식량문제(전 7회)		1924.2~1943.2	0	0	0	0	'冬夏生'(3회), 고토(後藤)일 가능성 있음
X Y Z	의학박사	20	「의사는 어떤 경우 유산술(流産術)을 행하는가?」(전 12회), 「피임 결혼금지법과 생식불능 수술 현황」(전 4회)		1925.6~1928.12	0	0	0	0	
후쿠야마 마사	돗토리(鳥取) 현립 요나고	19	「유색인종과 백색인종 피부생에		1933.7~	0	0	0	0	

성명	소속·직위	횟수	주요 저술	기간					비고
토시 마사토시(偏山匡敏)	(米子)병원, 돗토리현 위생과 기사		관련 연구(전 3회), 「색채검사의 발달과 민족성 연구」(전 16회)	1935.8					
가와가 미리야치(川上理一)	게이오(慶應) 의숙 의과대학 안과교실, 공중보건원	19	「유전학과 안과(眼遺傳)에 관하여」(전 6회), 「최근 유전하 주세」(전 2회)	1926.6~1942.10	0	8	17	7	우생운동 권조원, 일본민족위생학회 본부이사, 일본우생결혼보급회 이사
후생성(厚生省)		19	「민족우생방책」, 「국민우생법해설」, 「국민체력관리제도」	1938.6~1942.11	0	0	0	0	
하라다 다다오(原田ただ男)	오카야마(岡山), 의학사	16	「성교육 소년들에 대한 이야기」(번역사), 「성사유전의 가계조사」	1924.3~1926.7	0	0	0	0	창립발기인
미치히로 인쇼 [道廣印象, 道廣御灵, 道廣御災]		16	「전천집(筒泉集)」(전 9회), 「태양에 호소하다(太陽に訴ふ)」(전 5회)	1926.11~1930.6	0	0	0	0	
시라이 고하쿠(白井紅白)	현대 수의사(現代の獣医師) 주필, 도쿄대 농학부 중앙수의회	15	「근친혼의 진단(展觀)」(전 2회), 「우생학문진조(優生学文獻抄)」(전 5회)	1926.4~1933.6	0	0	0	0	
마야케 고이치(三宅鑛一)	도쿄제국대학 교수 의학박사	15	「교육병리학」(전 10회), 「정신병 이야기」(전 4회)	1928.12~1933.8	14	0	1	0	일본민족위생학회 본부이사
고도(薫堂生)		13	「뱀에 소리치는 사람들」(전 8회), 「하무숭(嫬無僧)일기」(전 5회)	1933.9~1935.5	0	0	0	0	
스기타 나오키(杉田直樹)	도쿄부 마쓰자와(松沢)병원 부원장, 도쿄제국대학 의학부 정신병학 조교수, 나고야(名古屋) 의과대학	13	「산아제한은 사탄의 사상」, 「정신병자의 단종시행에 대하여」, 「나의 스포츠론」	1927.1~1942.5	0	0	1	0	일본민족위생학회 본부이사, 나고야 지부 이사

이름	교수 등, 의학박사		주요 논설	기간	자격					관련 단체
후루야 에이이치(古谷栄一)	도쿄, 지바	13	「일 제국가로서의 일본」(전 4회), 「성씨(姓氏)에 의한 국체명징운동(国体明徴運動) 요령(要領)」(전 2회)	1927.12~1940.4		0	0	0	0	
히구치 시가이에(樋口米)	의학박사	12	「혈액형과 기질 문제에 관한 다른 설」(전 2회), 「불량소년의 정신 연구」(전 8회)	1931.4~1936.4		0	0	0	0	
나카타베 고키(中楠幸吉)	남만주철도회사 이무국, 의학박사	10	「재 만방인(在滿邦人)과 일본 지역인의 발육비교」(전 7회), 「일본 지역아동의 질병조사」(전 2회)	1926.6~1927.4		0	0	0	0	
오우라 다카아키(大浦孝秋)	주부기자	10	「편목(片目)과 과혈(寡血)의 유전」, 「솔 과나」	1926.2~1930.3		0	0	0	0	
고야 요시오(古屋芳雄)	가나자와 의과대학 교수, 후생성 집임기사, 의학박사	10	「후루 리쿠(北陸)지방 농촌 검해 현황」(전 4회), 「민족국가의 제 문제」(전 2회)	1929.12~1939.12		1	0	28	3	일본민족위생학회 본부 상임이사, 일본우생결혼보급회 이사
신도 도루이치(進藤一)	규슈제국대학 교수, 의학박사	10	「질병의 유전적 관점」, 「유전과 세포」(전 9회)	1925.2~1929.5	찬성인	0	0	0	0	일본민족위생학회 후루오카(編岡)지부 평의원
다나카 요시마로(田中義麿)	규슈제국대학 농학부 교수, 농학박사	9	「우생학으로 본 배일(排日) 문제」, 「우생과 인생」	1925.3~1940.8	창립발기인	0	2	2	1	우생운동 찬조원, 일본민족위생학회 후쿠오카지부 평의원, 간사
이시카와 지요마쓰(石川千代松)	도쿄제국대학 명예교수, 의학박사	9	「자연도태와 산아제한」, 「결혼과 우생학」	1927.3~1934.12	회원	1	4	1	0	우생운동 찬조원, 일본민족위생학회 본부이사

성명	소속·직위	회	집필 내용	구분	기간					비고
아베 후미오(阿部文夫)	타이완 총독부 고등농림학교	9	「우생만담(優生漫談)」(전 8회), 「인구증식의 문제」	찬성인	1940.4~1941.12	4	0	2	0	일본민족위생학 지방이사, 일본우생결혼보급회 이사
와타나베 요시조(渡邊嘉三)	의학박사	9	「유전강좌」(전 9회), 「의학자의 관점에서 본 멘스트룸」	창립발기인, 회원	1924.1~1928.9	0	0	0	0	
아사다 하지메(浅田一)	나가사키(長崎)의과대학 법의학 교수, 의학박사	8	「인체(人体)로 본 국체(国体)」(전 2회), 「결혼과 우생학」	회원	1928.4~1932.6	12	0	1	0	일본민족위생학회 본부이사
가네코 군지(金子準二)	게이오(慶応)의과대학 법정신병리학교실, 도쿄경찰청 위생기사	8	「미래의 범죄경향」, 「정신과의 사이 입장」	창립발기인	1926.2~1940.1	0	0	0	0	
미야케 기이치(三宅驥一)	도쿄제국대학 농학부 교수 의학박사	8	「인류의 우천에 대하여(전 4회), 「결혼과 상식」	창립발기인	1924.8~1929.9	0	1	1	0	우생운동 찬조원, 일본민족위생학회 본부이사
사토 슌조(佐藤俊三)	문화보금회, 도쿄정치학교 교수	8	「다이쇼 시기 우생운동」, 「바이블을 지배하는 민족우생」(전 3회)	찬성인	1925.12~1933.2	0	0	0	0	
도쿠야마 사다키지(德山定吉, 曉風)		8	「부모와 자식의 노래」, 「여름날의 노래」		1926.9~1930.12	0	0	0	0	
베르나르 맥퍼드(Bernarr Macfadden)		8	「성교육 소년을 위한 이야기」(전 8회)		1924.3~1926.7	0	0	0	0	
스즈키 나오미쓰(鈴木直光)	오사카 가이세이(回生)병원 신경과장, 의학박사	7	「성격의 분류」(전 3회), 「우둔성과 열등성」(전 2회)		1928.5~1936.11	0	0	0	0	
이학생(理学生)		7	「멘탈 테스트」(전 7회)		1924.3~1924.11	0	0	0	0	

이름	직책		기고 제목	기간						비고
다우이 소세이(田結宗誠)	오사가부 사이세이카이(済生会병원장, 의학박사	7	「단종술후의 성생활」(전 2회)	1929.6~1934.1		4	0	2	0	일본민족위생학회 오사카지부 이사
오니시 요시에(大西義衛)	가가와(香川) 현립 다이요오니시(代用大西)뇌병원장	7	「정신위생에 대하여」, 「수수께끼 자살」	1932.6~1938.5		1	0	0	0	
아오키 노부하루(青木延春)	후생성 기사, 의학박사	7	「우생단종에 대하여(전 2회), 「국민우생법 실시에 대해」(전 4회)	1939.11~1942.12		0	0	0	0	
후루카와 다케지(古川竹二)	도쿄고등사범학교 교수, 문학사	7	「혈액형으로 본 기질」(전 2회), 「혈액형에 의한 단체적 기질연구」(전 4회)	1929.9~1931.7		0	0	3	0	일본민족위생학회 평의원
요시다 간이치(吉田寛一)	나가사키(長崎) 의과대학 법의학교실, 미야카와(宮川)뇌병원장	7	「인간이 눈물에 대하여」, 「혈액형보다 인간행으로」(전 3회)	1929.6~1931.5		0	0	0	0	
노가미 도시오(野上俊夫)	교토제국대학 교수, 문학박사	6	「생식욕구의 연배」(전 4회), 「전생후 구주의 교육에 대하여」(전 2회)	1924.1~1927.2		1	0	0	0	
메구로 하지로(目黒人郎)	도쿄시 제국인상학원장(帝国人相学院長)	6	「체질과 환경에 대하여」(전 6회)	1934.6~1934.12		0	0	0	0	
도이 마사노리(土井正徳)	의학박사, 다롄(大連)	6	「유전과 환경」, 「정신의학상의로 본 자연성(自然性)」(전 4회)	1940.9~1941.2		0	0	0	0	
모리아스 나오타카(守安直孝)		6	「혈액형에 따른 심리학적 개성유형의 비판」(전 6회)	1933.5~1933.12		0	0	0	0	
후루이치 하루코(古市春子)	교토부립 아동건강상담소, 여의사	6	「유전미독(遺伝黴毒)」, 「아이 번뇌(子煩悩)」	1924.8~1925.5	창립발기인, 회원	0	0	0	0	
고마이 다쿠	교토제국대학 이학부 교수	6	「근친혼과 잡혼」, 「인류의 유전」	1927.9~	찬성인	0	0	8	0	일본민족위생학회 오사카 지부이

(駒井卓)	도쿄제국대학 교수, 이학박사					1941.10				사
운노 유키노리 (海野幸德)	유코쿠(龍谷)대학 교수	6	「연구자로서의 나의 체양과 선후(善後)」, 「우생학과 관련하여 우리 국민에게 고함」(전 2회)	창립발기인	1924.11 ~1925.11	3	0	0	0	일본민족위생학회 이사장, 일본우생결혼보급회 회장
나가이 히소무 (永井潛)	도쿄제국대학 의학부 의학박사	6	「유세니에 대하여」, 「혈족결혼과 죄근하심」	창립발기인, 회원	1924.1~ 1942.2	29	44	0	12	
야스다 다쓰오 (安田龍夫)	오사카 의과대학 병리학교실, 강사, 이학사	6	「성호르몬에 대하여」(전 3회), 「매란가우수배기」(전 2회)		1930.12 ~1933.8	0	0	0	0	
요시즈미 세이치(吉積生一)	오카야마(岡山) 의과대학 생리학 교실	6	「장수와 유전」, 「교령자의 통계적 관찰」(전 5회)		1929.5~ 1930.5	0	0	0	0	
닛토 슈이치 (日戸修一)	젠소(全生)병원, 유전병 연구원	6	「나(癩)와 유전」, 「일본인의 유전」(전 2회)		1939.7~ 1943.1	0	0	0	0	
후지타 슈이지 (藤田秀一)	한구퉁닌(漢口同仁) 의학 단장	6	「인종개량학에 대하여」, 「우생학의 실전에 대하여」		1924.3~ 1924.10	0	0	0	0	

주 1) 《우생학》 잡지의 집필 횟수와 경력은 목차의 정보를 기초로 계산하였다. 단 《독자문예》와 같이 목차로 확인할 수 없는 것은 계산하지 않았다.

주 2) 《우생(優生)》은 일본우생결혼보급회의 회지(4장 표1-2, II부 3장 표2)를 말한다.

표 4-2 ● 잡지 《우생운동(優生運動)》의 주요 집필자(6회 이상)

이름	직함	빈도	주요 집필논고	우생운동협회와의 관계	집필기간	《인성(人性)》	《우생학(優生學)》	《민족위생(民族衛生)》	《우생(優生)》	비고
이케다 하야시키(池田林儀, 林儀)	주간(主幹)	72	「우리 모두의 염원」, 「일본 우생운동협회 취지와 신조」, 「베를린에서」	주간(主幹), 도쿄생물학회연구소 연구원	1926.11 ~1930.1	0	1	0	0	일본민족우생학회 상무이사(1-1부분의 설립취의서에서만 이름을 얻을 수 있다)
시노다 고조(篠田鉱造)	전 보지안신소(前報知安信所소장)	28	「결혼조사 정원에서」, 「비밀어의 행위」(전 2회), 「본저와 제2 부인」(전 2회)	고문, 일본우생운동협회 결혼전문가 고문	1927.1~ 1930.1	0	1	0	0	
다구치 가쓰나(田口勝太, 田口生)	의학박사, 이노카시라(井の頭)병원 시라(최적수신정과)	24	「자식의 심정을 모르고」, 「건강상담소」, 「오나시 교(大西郷)의 죽음과 오시 요시오(大石良雄)의 죽음」	협회이사, 찬조원, 일본우생운동협회 결혼전문부 고문, 도쿄생물학회연구소장	1926.11 ~1928.5	0	3	0	0	우생운동협회의 무료진찰도 담당, 일본우생협회 창립발기인, 일본민족우생학회 평의원
나가타 지우베 (中田千畝)		19	「신화 전설에서 나타나는 혈족 근친혼에 대하여」, 「일본결혼변천사」(전 17회)		1927.5~ 1930.1	0	0	0	0	
하야노 미노루 (早野実)	의학박사, 하야노 (早野) 소아과 의원(백엔해전문장)	18	「백엔해의 특효요법 발진」(전 4회), 「혈액반응 이야기」(전 4회)	찬조원, 도쿄생물학회 하야연구소 연구원	1927.8~ 1929.11	0	0	0	0	
일본우생운동협회(협회본부, 협회회원, 협회지 제부 등 포함)		18	「무료진찰」, 「일본우생운동협회에 가입하세요!!」		1926.11 ~1930.1	0	0	0	0	

이름	직책	기사 제목	횟수	관계	게재 기간				비고
골턴(Golton)		「유전적 천재」(전 17회)	17		1928.5~1930.1	O	O	O	
오가모토 교타로(岡本京太郎)	의학박사, 오카모토(岡本) 진료소(내과 소아과)장	「개인이 해야할 결핵 예방과 요법」, 「우생육아법」	16	찬조원, 도쿄생물화학연구소 연구원	1926.11~1930.1	O	O	O	우생운동협회의 무료진찰도 담당
야마다 군타로(山田軍太郎)	육군 소장	「우생장(優生牆)」, 「군사영화극 스토리」	15	찬조원	1926.11~1930.1	O	O	O	
사다 요시히사(佐多芳久)	의학박사, 사다(佐多)병원(뇌척수정신과)장	「매독 음단 이성공포병(あぃこ濁亂梅毒異性恐怖病)」, 「혈압이 높은 사람의 치료와 양생법」(전 2회)	13	찬조원, 도쿄생물화학연구소 연구원	1926.11~1930.1	3	O	O	일본우생하협회 회원, 창립 발기인
이케다 케이시로(池田慶四郎)		「악인의 어머니 이야기」(전 5회), 「연좌후기」	12	《우생운동(優生運動)》편집에 관여	1928.2~1930.1	O	O	O	
시라타키 기이루노스케(白瀧幾之助)		「생후 두 달 된 유아(사진)」, 「5월의 붓오리(사진)」	11	찬조원	1926.12~1927.1	O	O	O	
기자(記者, 一記者)		「결핵예방진료회 참관기」, 「가스미 가우라(霞ヶ浦)에 제패린 (ツェッペリン伯号)을 환영하는 보이는 기록」	11		1928.12~1929.10	O	O	O	
와가쓰마 센자부로(我妻享三郎, 我妻眞民)		「백호대(白虎隊) 18병사진(전 3회), 「노구치 히데요(野口英世)집(전 2회)	10	《우생운동(優生運動)》편집에 관여	1928.7~1930.1	O	O	O	
야마시타 히로아키(山下博章)	니혼(日本)대학 교수	「정조(情操) 이야기」(전 2회), 「며느리 덕률(本嫁の法律)」(전 2회)	10		1926.11~1928.7	O	O	O	
다니와 후토시	닥터 메지티네,	「지성인의 마음가짐」(전 3회), 「돌	10		1926.11	O	O	O	

다음은 회전된(가로 방향) 표의 내용입니다.

이름 (合名木)	직책 (항문병원장 의학박사(Doctor medicine), 고(合) 항문병원장)	계	게 고통받는 질병 수당법(手當法)	소속	비고	기간 (~1929.3)				
다나카 사쿠조 (田中作三)		10	「결혼 시 주의해야 할 유전병과 기형」, 「유전병강좌: 베우자선택」(전 9회)			1927.6~1929.1	0	1	0	0
미부치 다다히코 (三淵忠彦)	미쓰이(三井)신탁법률고문	9	「민법상 일상생활 이야기」	찬조원		1928.3~1926.6	0	0	0	0
오다 요이치 (織田良一)	의학사, 의학박사	9	「임신 전후의 마음가짐」(전 4회), 「자식이 없는 부인을 위해」	도쿄생물화학연구소 연구원		1926.11~1929.2	0	0	0	0
오사와 이치로 (大沢一六)	변호사, 법학사	9	「임양에 관한 우생적 사상」	연구원		1926.11~1929.2	0	1	0	0
다치바나 이즈미 (橘和泉)		8	「임신된 야마다 나가마사(山田長政)」(전 4회)			1927.5~1928.6	0	0	0	0
가와카미 리이치 (川上理一)		8	「우생운동과 유전학」, 「인류의 진화를 창조하라」	찬조원	일본민족위생학회 본부이사, 동 회지 편집간사, 일본 우생결혼금회 이사	1927.1~1930.1	0	19	17	7
소에지마 안타로 (副島安太郎, 副島, 洋生)	의학사	8	「유아양육법」(전 5회), 「가정간호학 강의: 의사를 기다릴 때까지」(전 3회)			1927.11~1928.8	0	0	0	0
나리타 시게오 (成田重郎)		7	「과라(巴里) 이야기」, 「단발머리의 나혼·무스메는 어디로 갔나?」			1926.11~1928.5	0	1	0	0
니시다 쓰기마로 (西田次麿)	의학박사, 나시다 (西田)병원(내과,	7	「음질에 대해」(전 4회), 「빨리 내장 외과에 가야 늦는 내과의 병기 개념」			1926.11~1927.6	0	0	0	0

	외과, 산부인과								
이시카와 기요타 (石川潔大)	육군 소장	7	「우생운동과 금연금주」, 「철저한 국민심신훈련」		1927.3~1928.11	○	○	○	
가와무라 아야코 (川村文子)		7	「자연을 사랑한 페스탈로치」, 「다른 트 시스템」 등	찬조원	1927.2~1930.1	○	○	○	
오자키 유키오 (尾崎行雄)		7	「인간의 조제남용을 배격하라」, 「건강증진과 의식주의 개량」		1927.2~1929.4	○	○	○	
오구리 무부쓰 (小栗虫仏)		7	「임신조절반대의 오해」, 「배우자선택법」		1927.12~1928.6	○	○	○	
마리안 베버 (Marianne Weber)		6	「여성발달사」 (전 6회)		1929.2~1929.10	○	○	○	
아베 아키라 (阿部彰)		6	「나의 죽임(わたしのをがい)」, 「타나이 도쿄 시민의 마음에서」		1926.11~1929.9	○	○	○	
미와타 모토마치(三輪田) 고등여학교교장 (三輪田元道)		6	「새내기 결혼기관」, 「여학생이 선택한 이상적인 남편」	찬조원	1927.2~1929.5	1	2	○	일본민족위생학회 평의원
가와이 겐 (川上潮) 의학박사		6	「역리(疫痢)의 병리(2회)」, 「종점(終点)의 인데르포젠」	찬조원, 도쿄생물화 하연구소 연구원	1926.12~1930.1	○	○	○	

제작할까 합니다만 어떻습니까. 형식에 대해 주의할 점을 충고 바랍니다(1924, 1~5, 5~8쪽).

잡지는 권당 30전이었다. 1924년 제1권은 46배판 독일식 표기에 30여 쪽이었다. 그러나 위와 같은 사정도 있어서인지 1권 11호부터 국판에 50여 쪽이 되었다. 저렴한 국판으로 만들었음에도 1925년 2권 11호부터 30쪽 정도까지 줄었다. 4권부터 9권에 걸쳐 40쪽에서 50쪽에 달하는 경우도 있으나 평균 30여 쪽에 머문다. 11권 8호 이후에는 30쪽 미만인 호도 볼 수 있었다. 잡지의 외형을 보아도 경영난, 그리고 영세 경영이었음은 확실하다.

고토의 출생과 성장 과정은 불확실한 부분이 많다. 다만 3권 8호 이후 6회 연재된 고토의 「표(彪)의 창생기」에 그 성장 과정의 일부가 제시되었다. 표(彪)란 1926년 1월 8일에 탄생한 고토의 장남이다.[8] 장남의 탄생에 즈음하여 자기 집안의 혈통을 서술한 것으로, 고토 본인의 이력에 대한 기술은 의외로 적다. 다만 그에 따르면 조부는 오이타현(大分県) 기타아마베군(北海部郡) 아오에촌(青江村) 사람으로 고토 본인도 그곳 출신인 것 같다(1926, 3-8, 23쪽). 아버지는 도편수*였는데, 현립 중학교 건설 당시 사업의 도급업자가 현에서 나온 공사비를 착복하여 다른 도급사업의 결손을 메우는 데 유용했던 일이 원인이 되어, "형제들의 생계나, 우리 많은 자식들의 양육도 여의치 않기 일쑤였던 가계는 완전히 파괴되고", "집과 땅, 화전 등을 모조리 저당잡혀 변상"해야 했다고 한다. "그 후 아버지의 생활은 실로 참담한 것"이었던 모양으로, 필시 고토 본인도 불우한 청년 시절을 보냈으리라. 중학교 졸업시험 때는 20세였다. 졸업 후, 한때 임시직 교사가 되어 사가노세키 소학교에서 봉직했다고 한다(1926, 3-10, 29쪽). 아버지는 형의 후두 결핵이 옮아 병상에 쓰러져 사망하고, 그로부터 3년 후 남동생도 30세에 아버지로부터 전염된 것으로 보이는 결핵으로 사망했다. 그간의 경위는 불확실하지만, 아버지가 위독할 때 고토는 군에 복무해 위생부

---

* (옮긴이) 집을 지을 때 책임을 지고 일을 지휘하는 우두머리 목수.

원으로서 오이타 위수병원의 한 부대에 속해 있었다고 한다.[9] 아버지의 죽음은 고토의 인생관, 과학관에 큰 영향을 준 것 같다. 고토는 이렇게 말한다.

결핵 같은 건 전적으로 일종의 사회병이며, 가난병이고. 천수를 다하길 바라고 원하는 본능, 신과 함께 살기를 소망하는 신앙, 이것들의 혼연일체는 오로지 사회 조직을 개량하고 후천적 교양 애호(愛護)를 완비해서는 불가능하다. 과학의 힘, 그것도 현대 과학처럼 자기를 잊고 자기를 내버린 과학으로는 인류의 멸망을 한순간이라도 빨리 야기할 뿐임을 알아야 한다. 그래서 나는 남몰래 생각하기 시작했다 이 어수선한 본능과 미신적인 신앙, 그리고 자신을 벗어난 과학을 하나로 합칠 수 있는 것은 무엇일까, 그것은 실로 인간 자신에게 되돌아간 과학이 아니면 안 된다. 유전 소질과 선천성 영능(靈能)과, 이것을 택하고 이것을 결합해 참된 과학과 본능, 그리고 신앙을 하나로 합치고, 신의 창조에 참여해 무한 진화에 힘쓰는 이 윤리적 창조진화(創造進化), 나는 이제야 겨우 인생이 무엇인지를 이해하기 시작한 것이다(이상 1926, 3~11, 27~28쪽).

정리하면 다음과 같이 말할 수 있으리라. 고토는 의료 소양이 약간은 있으나 중학교를 졸업했을 뿐 생물학 등의 전문 교육은 받지 않았다. 고토는 아버지와 남동생을 결핵으로 잃었을 때 '사회병'의 존재를 인식하고 환경을 개선하는 것만으로는 불가능하다고 생각하여, 선천적인 유전 형질에 입각한 우생학으로 개선할 것을 촉구했다. 그 우생학은 '참된 과학과 본능, 그리고 신앙을 하나로' 합친 '윤리적 창조 진화(倫理的 創造進化)'라는 표현에 나타나듯, 메이지 후기부터 다이쇼 시대에 걸쳐 활발히 읽힌 에른스트 헤켈(Ernst Haeckel)의 일원론이나 앙리 베르그송(Henri Bergson)의 생철학을 상기시키는 세계관에 의거한 것이었다.

실험이나 연구와는 다른 차원에서 과학과 세계관을 결부시켜 과학의 힘으로 사회 개선을 꾀한다는 생각은 《유제닉스》의 '창간 취지'와 일치한다. '자선 사업이나 구료(救療) 시설 내지는 노사 협조, 물가조절책 등'의 '사회 정책'만으로는 불충분하며, '후천적 육영(育營)이 도저히 따라갈 수 없는 체격의 본질적 불량, 정신의 선천적 불량 등'의 '교정 개조'를 '가장 중요한 사회 정책의 본지(本旨)'라 했다. 그리고 일본우생학회는 '생물학적 또는 심리학적으로 형질 유전의 법칙을 연구하여, 우등한 종족과 열등한 종족의 탄생과 성쇠를 천명하고 인종 개량의 의의를 확립'하는 것을 목적으로 꼽았다. 그 목적을 달성하기 위해 '공적 공동 기관잡지 《유제닉스》를 발간하고, 인종 개량에 관한 각 조사회를 발표하며, 혹은 결혼의 필수조건으로 결혼진단서의 상호 교부를 장려해 결혼을 합리적으로 선택하는 데 정확한 실증에 의한 기준을 제시한다'고 했다 (1924, 1-1, 7쪽).

고토의 과학관은 잡지의 편집 방침에 어떻게 반영되었을까? 우선은 창간호에서 고토가 '○○대학 교수 영분(靈糞)'이라는 필명으로 쓴 「영분(靈憤)록」*을 보자.

이 각박한 새벽 같은 세상에 책상머리에서 이상(理想)입네 우생학입네 하는 현실과 동떨어진 평론 잡지를, 유독 성급한 일본인에게 읽힐 뿐 아니라 사회 시설의 근본으로 삼으려 든다는, 본 적도 없는 계획, 물질 만능에 빠진 오사카 한복판에서 진지하게 꾸몄다는 소리를 들으니 한동안은 벌어진 입이 다물어질 리 없다.

덧붙여 고토는 《유제닉스》를 '한가로운 순학구적인 '테마'로 받아들였다. 하지만 한편으로 그는 '난관에 봉착한' '정계', '학계', '윤리(morality)', '문명', '세계'를 '과학'으로 변혁할 것을 촉구하려 한다고도 말했다. 즉, 그는 세계나 문명이 봉착한 난관을 타개하는 '평론 잡지'의 '과학'이야말로 '순학구적'이라고 보았다. 이러한 과학관이 과학 저널리즘의 과학 평론에서 자주 보였음은 제1장에서도 제시한 대로이다.

게다가 같은 쪽의 「급고(急告)!!!」에서 '○○○○대학의 이름도 밝히고 의학

---

* (옮긴이) 糞은 분뇨, 憤은 분노라는 뜻으로서 같은 발음, 다른 한자를 사용한 언어유희.

박사 간판도 내걸면 판매가 번창되어 매우 좋겠지만……'이라고도 말했다(이상, 1924, 1-1, 8쪽). 이 잡지의 논설은 일찍부터 과학자의 학문적 권위에 의거하는 경향이 있어, 집필자로는 의학박사나 대학 교수가 많다. 단, 게재 내용은 전문 논문이 아닌 평론이나 강연 등으로서 과학 저널리즘이 다루는 소재와 공통된다. 고토는 그것을 '간판'이나 '판매 번창'의 수단이라며 반쯤 자조적으로 받아들였다.

이상에 입각하면 《우생학》지는 일반지나 신문 등의 저널리즘에 뿌리내린 통속 과학(popular science) 계통으로 평가할 수 있다. 단, 미리 말하자면 이 잡지의 집필자에는 의학자가 많다. 그렇다면 잡지의 대중성과 주창자의 전문성은 어떻게 교차할까? 다음 장에서는 집필자와 독자의 동향으로부터 이 점을 소상히 밝히고자 한다.

3. 잡지의 집필자와 독자: 《우생학》지 주요 인물과 성격

1920년대에 존재한 우생학 잡지는 《유제닉스》(《우생학》)와 전 호치신문(報知新聞) 저널리스트 이케다 시게노리가 만든 《우생운동》이다. 두 잡지에 대해 후지노 유타카(藤野豊)는 "고토의 운동보다 이케다의 운동이 훨씬 적극적"이고, '고토의 운동'은 "출판 활동에 중점을 두었으며 직접 민중에게 우생사상을 말하거나 민중을 조직화하는 일이 없었다"고 말했다.[10] 말이 지나친 감이 있지만, 확실히 《우생운동》이 반더포겔*에서 영향을 받은 '아시노카이(足の会)' 등의 단련 활동을 펼치고, 지면에도 화려한 종이 인쇄를 많이 사용하며 '우생즈케(優生漬)'** 등의 광고를 싣는 등 《우생학》지에 비해 통속적인 인상을 준다. 그러

---

* (옮긴이) 반더포겔(Wandervogel)은 '철새'라는 뜻의 청년들의 집단 도보운동 또는 그 집단을 말한다. 1901년 독일 학생들이 도보 여행 단체를 조직해 '반더포겔'이라 부른 것이 시작이다. 이들은 자연과 조국에 대한 사랑을 외쳤으며, 청년들의 몸과 마음을 단련시키고자 했다.

나 그런 만큼 《우생학》을 어떤 계층이 담당했는지 파악할 필요가 있다. 그 작업은 단순히 우생운동을 '민중'에게 보급했다 정도의 모호한 1920년대 이후 우생학의 이미지를 바꾸어 풍부하게 만들 것이다.

《우생학》지는 어떤 계층이 담당하고 구입했을까. 광고를 참고할 수 있다. 창간호와 그다음 호의 광고를 참조하면 모두 의약품이다. 게다가 가정 상비약뿐 아니라 개업의의 처방이 필요해 보이는 약품도 포함된다. 제조원은 교토, 오사카의 의약품 회사이다.[11] 후에는 마쓰자와(松沢) 병원(도쿄)이나 사카이(堺) 뇌병원 등 정신병원 광고 등도 볼 수 있다. 국판으로 이행됨에 따라 약간 감소한 감은 있으나 대략적인 경향은 20년간 거의 일관성이 있다. 우선 잡지 간행지지의 중심에는 간사이 주변 의료 관계자나 의료에 관심 있는 사람들이 있던 것으로 생각된다. 사실상 창간호에는 일본의사회 부회장이자 고베시(神戸市) 의사인 야마모토 지로헤이(山本治郎平)의 「선구자가 될 유제닉스의 사명」이 게재되었다. 이 글은 "뭐! 드디어 유제닉스를 한다니 그거 좋지, 대찬성이고말고"라는 문구로 시작하여 '알코올 중독, 성병, 미치광이, 치매, 범죄성 등'에 관해 "형질 유전학을 활용하는, 유제닉스"로의 해결과 그 의의를 강조한 것으로 '창간 취지'와도 일치했다(3~4쪽).

집필자의 양상을 통해 무엇을 알 수 있을까? 필자는 창간호를 포함해 잡지의 모든 목차를 수집하여 그것을 데이터베이스화했고, 이를 통해 집필자의 집필 횟수, 직함, 학위 등을 알 수 있었다. 그러한 관점에서 고찰해나가고자 한다.

표 4-3은 집필자의 소속 기관이 판명된 자료를 필자가 가능한 범위 내에서 보완하여 수치화한 것이다. 이에 따르면 대학 관계자가 다수를 차지한다. 그 대부분을 의학부나 그 관계자가 차지한다. 단, 표 4-4 안에서 대학 관련 집필자의 학내 지위를 보면 교수가 가장 많지만 미상도 많다. 이 사람들 중에는 가령 '이케미 다케시(池見猛), 도쿄제국대학 의학부 나가이[히소무] 교수 지도'처럼 대학에 있으면서 ○○ 교수의 지도를 받은 집필자도 있다. 의학부 관계자라고는

** (옮긴이) 절임 식품의 상품명.

표 4-3 • 《우생학》지 집필자의 소속 기관

소속기관·단체	등장 횟수	특기사항
대학	288	도쿄제국대학(70건), 교토제국대학(41건), 규슈제국대학(24건), 나가사키 의과대학(21건)
의전, 약전	14	
그 외 학교	36	사범학교(10건), 고등여학교(4건)
병원·요양소	95	소재지는 전국적으로 분포
후생성	23	후생성 연구소 공중위생원(6건)을 포함
내무성	11	사회국(6건)
경시청	13	
그 외 중앙성청	9	문부성 체육연구소(4건), 사법성(4건), 농림성(1건)
소년원	5	
연구회, 협회	20	민족과학협회(10건)
연구기관	24	전염병연구소(6건), 오사카시 위생시험소(3건), 노동과학연구소(2건)
현직원	17	돗토리현 위생과(17건)
시직원	3	오사카시 보험부(2건)
아동상담소	7	
신문·잡지 관계	13	《현대 수의사》(4건), 《주부 친구》(4건)
그 외	46	중의원·귀족원의원, 기업의 선의·의무국원, 부·현(府·県)의 의사회 등
소속불명	908	
합계	1,532	

주: 집필자의 경력은 목차와 본문을 참고해 가능한 범위에서 보완한 것을 사용했다. **표 4-2**도 동일.

해도 지위가 높은 사람들만 집필한 건 아니라는 점에도 주목하고자 한다.

동시에 병원이나 요양소에서 근무하는 의사의 집필도 볼 수 있다. 게다가 내무성, 나중에는 후생성 기관(技官)의 집필도 있다. 그에 더해 현이나 시의 보험위생에 관련된 직원의 집필도 있다. 이 적지 않은 사람들이 학위 보유자고, 표 4-5에서도 판명되듯 대부분이 의학박사이다.[12] 그러한 집필자나 독자의 양상은 잡보란에 오사카부 의사대회나 간사이 의사대회의 동향을(우생학과 무관한 경우라도) 게재하는 일이 많은 잡지의 양상에도 반영되어 있다. 이처럼 의료 관

표 4-4 • 대학에 소속된 《우생학》지 집필자의 학내에서의 지위

집필자	등장 횟수
총 장	1
학 부 장	5
교 수	157
조 교 수	9
강 사	13
명예교수	7
공 란	96
합 계	288

계자가 중심이지만, 한편으로 소년원 등의 사법 관계자, 잡지 《주부의 벗》 집필자, 게다가 고토 본인이나 가인(歌人)* 등을 포함한 직함이나 학위가 없는 집필자(표 4-3, 표 4-5)도 포함되어 있다.

이 잡지에서 일반 독자의 목소리를 모으는 「독자 의견」란은 7권 10호와 11호(1930)에서만 볼 수 있는데, 그 내용이 흥미롭다. 7권 10호는 잡지 성격에 대한 독자 평가, 같은 권 11호는 여류 가단(歌壇) 설치에 대한 세 여성의 소감이다.

여류 가단에 대한 소감에는, 전혀 '단가(短歌)** 잡지가 아닌 당신네 잡지'가 "과학을 생각하는 제목으로 직접 이런 와카를 음미한다는 것에 특별한 흥미를 느낀다"고 되어 있다.[13] 이는 가정 주부층 등 역시 전문적인 입장에서가 아니더라도 가단을 통해 《우생학》지에 참여했음을 시사한다.

또한 독자 평가에서는 이 잡지에 대한 관심의 일부가 엿보인다. 이 잡지가 '에로 잡지'와 같은 '나쁜 길', '내용의 백화점화'에 빠지지 않길 바란다는 충고가 있었다. 엽기 취미나 호색 취미를 조장하는 에로그로(エログロ),*** 혹은 거대 자본을 배경으로 대중 소설과 만담(落語) 등의 잡다한 오락을 조직화한 고단샤 문화(講談社文化)**** 에 대한 반발은 1930년 전후에 드물지 않았다. 그를 배경으로

---

*　(옮긴이) 일본 전통시 와카의 작가.

**　(옮긴이) 와카의 일종.

***　(옮긴이) 에로틱(erotic)하고 그로테스크(grotesque)하다는 일본 표현.

****　(옮긴이) 고단샤(講談社)는 1909년 노마 세이지(野間淸治)가 창간한 회사로, 다양한 출판물로 청소년에게 큰 영향을 미쳤다. '사설 교육부'라는 평을 받을 정도였다. 심신 단련을 기본으로하는 교육관, 강담(講談)적인 도덕관이 중심이 되어 이를 '고단샤 문화'라 부르기도 한다. 구(舊)중간 계층에 호소력이 있었고 동시에 국가주의 이데올로기를 강화하는 역할을 하기도 했다.

표 4-5 • 《우생학》지 집필자의 학위

학위	등장 횟수
의학박사	463
의 학 사	50
이학박사	36
이 학 사	5
법학박사	12
법 학 사	50
문학박사	12
문 학 사	24
농학박사	12
농 학 사	3
경제학박사	2
철학박사	1
상 학 사	1
박 사	7
학 사	1
그 외(해외 학위 등)	19
학위 유무 불명	881
합 계	1,579

표 4-6 • 《우생운동》지 집필자의 학위

학위	등장 횟수
의학박사	125
의 학 사	23
Doctor medicinae	10
Doctor	1
문학박사	18
법학박사	10
법 학 사	13
이학박사	6
경제학박사	5
공학박사	2
농 학 사	2
농학박사	9
공 백	1,199
합 계	1,423

《우생학》지에 '민족해방전의 일익'을 담당하는 '엄정한 의미'에서의 '전문 잡지'가 되라고 요구하는 의견도 있었다. 한편, 온 가족이 읽을 수 있고 '도움'이 되는 이 잡지의 편집을 긍정적으로 평가하는 감상도 있었다(21쪽).[14]

위에 언급한 내용은 《우생학》지의 대중성이 1920년대 후반 이후의 저널리즘에서 특이한 위치를 차지한다는 사실을 보여준다. 이 잡지는 의학자, 생물학자가 집필자의 중심에서 과학 평론이나 해설 기사를 다뤘으나, 가단의 존재가 보여주듯 전문가 이외에도 참여 가능한 언론 공간까지 포섭하고 있었다. 한편으로, 독자 감상 내용은 1920년대 후반 이후의 고단샤 문화나 에로그로로 상징되는 저널리즘의 세속화에 불만을 가진 것이었다. 요컨대 《우생학》지 언론은 전문성에 경도되지는 않으나 저널리즘의 세속화에 적당히 역행하는, 학술적인 생경함을 환영하는 사람들이 원했던 것으로 생각된다.

4. 재단법인화 운동과 다른 우생학 단체와의 관계

앞에서 말한 집필자의 양상은, 1925년 4월부터 시작되어 이듬해 2월까지 그 동향을 엿볼 수 있는, 《우생학》지를 모체로 한 일본우생학회의 법인 운동과는 어떤 연관이 있을까? 또한 다른 우생학 단체와의 관계는 어떠한 것일까? 이 장에서는 이 점을 검토하고자 한다.

일본우생학회에 관해서는 자금난 탓에 재단법인화에 실패한 사실이 알려져 있다. 또 운동 경과는 이미 오쓰보가 관련 사항을 이 잡지 기사의 거의 전부를 인용하여 소개했다. 따라서 일일이 그 동향을 소개할 필요는 없으니 잡지 지지 층으로 보이는 사람들의 동향을 중심으로 보고자 한다. 애초에 무엇을 목표했 는가는 「정관(定款)」에서 엿볼 수 있다.

목적: 우생학적 연구와 그 사업의 수행을 목적으로 한다

사업:

① 인류의 육체적·정신적·선천적 특성 개선에 이바지하기 위한 연구, 조사, 발견

② 우생학적 서류의 출판, 발행, 배포

③ 우생학적 상담부 설립

④ 일본 민족의 특성에 관한 우생학적 기록표 제작, 그 보관과 행사(行使)

⑤ 기타 필요하다고 인정되는 일체의 우생학적 사업(1925, 2-6, 28쪽)

창간호 「급고(急告)!!!」에는 '발간 전 500여 명의 공감자'를 얻었다(8쪽)고 되 어 있으나, 구체적인 내용은 불확실하다.[15] 다만, 이 잡지에는 1924년 간사이 의사대회 창립사(史)를 집필했다는 기술이 있다(1925, 2-5, 30쪽). 1924년 5월 가 나자와시에서 개최된 간사이 의사대회에서는 《유제닉스》지 500부를 배포하 고, 1925년 5월에는 간사이 의사대회에서 《우생학》지 1000부를 배포했다고 한다. 이 모임은 간사이 부(府)·현(縣)의 의사회로 구성된 조직이었다.[16] 상세 한 것은 분명치 않으나, 고토에게는 간사이 의사회와의 연결고리가 있어 그곳

을 기반으로 한 법인화를 목표했다고 이해할 수 있다. 또한 1925년 6월에는 이 모임의 창립 발기인, 가입자에게 서명을 구했다(「법인 운동의 경과 보고」 2-6, 29~30쪽). 그에 더해 1925년 10월 2권 10호에서는 재단법인 설립 자금을 마련하기 위한 기부를 촉구했다. 특별 기부 25엔에 일반 기부 5엔으로, 우선 30만엔 기금마련을 목표로 하고 최종적으로는 200만~300만 엔의 자금을 모으길 원했으나(28쪽) 결국 재단법인화에는 성공하지 못했고, 이후 편집여록에서 군데군데 재정난을 푸념하는 기술이 보이는 것으로 보아 30만 엔을 축적하는 데조차 성공하지 못한 듯하다. 다만, 법인화 움직임은 대학 사람들이나 학생들 사이에서 일정 기대는 모았던 듯하고, 아키타(秋田) 농업학교의 사토 류타로(佐藤隆太郎)가 규슈제국대학 농학부의 가토 시게모토(加藤茂苞)와 다나카 요시마로(田中義麿)를 방문했을 때 "바로 우생학회 얘기가 나와 [다나카] 선생님 곁에 지난 잡지를 꺼내고 동료들에게도 보이며 크게 기염을 토"한 일을 고토에게 전했다(「근계(謹啓)」, 1926, 3-2, 25쪽).

1926년 3권 이후 재단법인화와 관련된 기술이 거의 보이지 않게 되는 것은 이케다 시게노리의 《우생운동》이 우생운동협회를 설립한 일과도 무관하지는 않은 것 같다. 고토는 편집 후기에서 "나보다 쓸모 있고 유능하고 우수한 이케다 씨가 유력한 후원자를 잔뜩 얻어, 도쿄에서 새로이 우생운동을 일으키신 것에 반해, '네놈에게는 헛수고가 될 거'라며 여러모로 걱정해주시는 분들"이 있다고 말한 것으로 보아 일본우생학협회의 존속을 의심한 눈치이다. 그리고 "다만 이케다 씨가 우생운동을 하시는 것에는 대찬성이므로, 표어도 회칙안도 그리고 3년 전부터 독려하고 지지해주신 회원 명부도, 전부 도움이 되신다면야 싶어 제공"한 모양이다(1926, 3-2, 34쪽).

하지만 1928년 5권 3호에서 고토는 「열생만어(劣生漫語)」를 통해 "《우생운동》이라는 이름을 내걸고 기실은 저열한 바보들에게 아부 아첨하고, 저속한 아녀자 잡지의 부록 같은 것을 강매하며"라는 등 《우생운동》지를 매도했다(41쪽). 예를 들어 표 4-2도 부분적으로 시사하듯, 《우생운동》은 우생학 계몽에 그치지 않고 강담(講談)*이나 통속적인 읽을거리까지 게재했다. 흥미롭게도 《우생

그림 4-1 • 《우생운동》지의 쪽수 추이

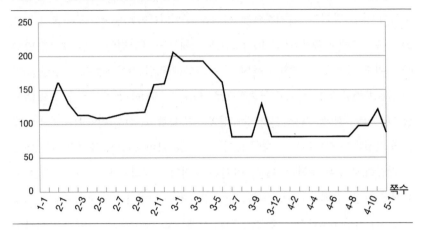

운동》지에는 그런 기사를 다수 게재한 《킹》의 발간자 고단샤 사장 노마 세이지(野間淸治)[17]가 우생운동 찬조원에 이름을 올려 「술꾼의 심리」(3-2) 등 4회에 걸쳐 글을 기고했다. 이 잡지의 광고에는 고단샤 출판물에 대한 광고도 있었다. 《우생운동》지는 고단샤 문화의 애호가를 독자층의 하나로 상정했을 가능성이 높다. 더욱이 의학자 논설의 경우에도 《우생학》의 계몽 논설에 비하면 보다 통속적인 읽을거리를 게재했다. 고토는 《우생운동》을 저널리즘의 속류화와 동일시하고 자신과의 차별화를 꾀하는 형태로 비판했다.

그에 대한 《우생운동》 측의 반응은 없어 고토 혼자 설친 감이 있다.[18] 그러나 우생학 잡지 간에 불화가 있었다는 사실은 종전에 주목받지 않았던 만큼 흥미롭다.[19] 이윽고 《우생운동》도 경영난에 빠졌다. 매월 3000엔 이상의 지출을 요했던 모양이다. 그에 더해 **그림 4-1**도 나타나듯 쪽수도 감소하여, 1928년 7월까지 120~180쪽이었던 것이 이후에는 80쪽까지 떨어졌다. 인쇄소 이전이나 이케다 시게노리 주간의 질병으로 편집이 지연되었기에 '지연을 만회하여 발행일을 앞당기기 위한' 조치라고 했다.[20] 하지만 지연을 만회하지 못하고,

---

* (옮긴이) 전쟁, 정치 담론 중심의 일본 전통 예능.

1928년 10·11월호는 합병호가 되었다.[21] 결국 1930년 1월 5권 1호로 이 잡지는 간행이 중단된다.

1930년에 나가이 히소무를 이사장으로 하는 민족위생학회가 설립되자 고토도 간사이 방면 지방 이사로 이름을 올렸다. 이후 이 단체의 중심 일원인 과학자나 기술 관료가 「단종법」 제정 운동을 맡는다. 그 일부는 《우생학》지 집필자이기도 했다. 또한 이 잡지는 후생성 설립 이후 그곳의 정책 해설을 게재하는 일이 많아졌다(표 4-1). 단, 일본민족위생학회나 후생성이 《우생학》지와 서로 불가분의 관계였는가는 검토할 여지가 있다.

5. 《우생학》지의 언론과 활동: 산아조절 문제를 중심으로

앞에서는 잡지 간행의 배경이나 주요 관계자에 대해 전반적으로 논했으나, 이 장에서는 《우생학》지에서 어떤 논의가 이루어졌는지 논하겠다. 대략적인 것은 이 잡지의 특집호(표 4-8)를 참고할 수 있다. 이 잡지는 1927년 3월에 알코올 중독 문제[22]를, 7월에 범죄 문제를 거론했다. 또한 1930년대 후반 「단종법」 논쟁에서도 정신병 유전에 대한 시비는 활발히 논의되었는데, 《우생학》지의 논의는 정신병 유전을 인정했다. 일련의 논의는 우생학의 사회 정책으로의 진출을 지향하는 '창간 취지'가 지면에 반영된 것으로 볼 수 있다. 전부를 다룰 수는 없으니 잡지의 정치적 입장과 그 변천을 단적으로 보여주는 산아조절 문제에 대한 관여로 논점을 좁혀 논의를 진행하겠다.

1922년 마거릿 생어(Margaret Sanger) 부인의 일본 방문을 계기로 일본에서도 산아조절 운동이 유행했다. 이는 생활고에 시달리는 자가 많은 아이를 양육하는 것에 대한 부담을 경감시키고자 피임기구 사용을 통해 자녀수를 줄이는 운동이었다. 산아조절 문제에 대한 《우생학》지의 관여를 중점적으로 다루는 것은 《우생학》지의 성격을 분석해내는 데 도움이 될 것이다. 그 근거는 첫째, 고토는 창간호부터 산아조절 운동을 비판했고, 1928년에는 '산아제한비판'호

표 4-8 •《우생학》지 특집호 일람

권	호	연	월일	특집명	주요 내용	쪽수
04	03	1927	0301	주해(酒害) 연구	가타야마 구니카(片山国嘉), 「국민의 자각을 바란다」; 「주조업자의 의견」; 「주해조사표」	57
04	07	1927	0701	유전과 범죄	고토(後藤生), 「범죄의 다양한 상(相)」; 기자, 「범죄가족 주크(Juke)의 혈통」; 후루하타 다네모토(古畑種基), 「범죄성은 근절해야 할 것」	44
04	08	1927	0801	성격 이상	고토, 「정신병과 성격이상」; 야마모토 유카(山本友香), 「정신병자와 그 가정」; 「아쿠타가와의 죽음」	52
04	09	1927	0901	결혼과 유전	「민법상 혼인」; 고마이 다쿠(駒井卓), 「근친혼과 잡혼」; 엘런 키(Ellen Karolina Sofia Key), 「연애의 선택」	28
04	10	1927	1001	고금의 우생	기자, 「현재의 명사(名士)」; 가네코 나오이치(金子直一), 「골턴 이후의 우생학」; 롬브로소(Cesare Lombroso), 「천재인가 미치광이인가」	36
04	11	1927	1101	미와 건강	슌주(春秋生), 「인간미의 진화」; XYZ, 「인체미의 전형」; 무라타 도시키, 「미와 전쟁」	32
05	01	1928	0101	산아제한 비판	다나카 요시마로(田中義麿), 「생어 부인과의 응수(應酬)」; 가가와 도요히코(賀川豊彦), 「전쟁방지 실업방지」; 야마모토 센지(山本宣治), 「우리의 주장」	68
05	02	1928	0201	시조(始祖) 예찬	「시조 예찬」; XYZ, 「미국에서의 결혼금지법과 생식불능수술 현황」; 슌주, 「본능과 과학과 이상」	48
05	03	1928	0301	민족위상 연구	고토, 「각국의 우생학 운동」; 「노르웨이의 결혼법」	44
08	05	1931	0501	혈액형 연구에 관한 특집	후루하타 다네모토, 「혈액형에 관한 연구」; 「혈액형 연구 특집호: 혈액형연구 모임」	36
09	05	1932	0501	100호 기념준비	다니모토 도메리(谷本富), 「혼혈아 연구의 보충」; 모로오카 다모쓰(諸岡存), 「알코올 중독 환자 고찰」; 오타 소토마타(大田外正), 「혈액형과 기질 문제에 관하여」	36
09	06	1932	0601	100호 기념	다카쿠라 시노부(高倉忍), 「히틀러 운동과 청년」; 이사카와 지요마쓰(石川千代松)·구로다 게이지(黒田啓次)·아사다 하지메(浅田一)·모로오카 다카코(諸岡たか子), 「결혼과 우생학」; 고토 류키치, 「백호에 부처」	56

를 엮었다. 그러나 둘째, 고토의 산아조절 비판 논리는 일반 우생학론자와 다르다. 그것으로부터 고토와《우생학》지의 자세를 볼 수 있을 것이다. 셋째, 대

리부(代理部)나 피임 상담에서는 현실 속의 생식에 개입하려는 일본우생학협회의 실천이 엿보이기 때문이다.

잡지 창간 당시 고토의 기본적인 자세는 산아조절론 반대였다. 창간호의 「산아제한론의 결함과 인종개량학에 대한 입장」에서는 숫자 감소를 목적으로 한 산아제한을 '동물적'이라 비난하며, 그 방법 역시 '과학적인 근거'가 없다고 했다. 그러나 고토의 국가적 인구론과 계급관은 산아조절을 반대하는 일반 우생학론자의 입장과 달라 특징적이다. 고토는 이렇게 말했다.

국가의 입장에서 고찰하자면, 쓸데없이 무위도식하는 상급 생활자만 해마다 출산율을 감소시키는 것이 아니라, 국가의 가장 중요한 생산을 담당하는 하급 생활자까지 산아를 제한하겠다고 하면 국운의 앞날이 위기에 처할 것임은 실로 불 보듯 뻔하다.

나가이 히소무(永井潜)나 고야 요시오(古屋芳雄) 등 일반적인 우생학론자는 하층 계급의 형질은 '열등'하므로 인구를 제한해야 한다고 생각했으나, 실제 산아조절은 형질이 '양질'인 중류나 상류 계급에서만 이루어지고 있다고 간주하여 산아조절 운동을 비판했다. 그에 반해 고토는 계급 차별적인 시각 없이 하층 계급의 감소를 우려했다. 하층 생활자의 생활고는 '사회보험법 또는 적당한 시설'로 구제하라고 고토는 역설했다. 그리고 산아조절론이 아닌 '인종개량학'에 입각한 '우수 산아 장려론'의 달성이야말로 이 잡지의 발간 의의라고 주장했다. 하층 사회의 인구증가를 주창하는 고토가 나가이보다 산아조절론에 대한 비판 논리는 명료했다.[23]

제6장에서 서술하듯 산아조절 운동 내부에서도 대립이 있었는데, 야마모토 센지(山本宣治)*는 하층 계급에 피임이 필요하다고 주장한 아베 이소(安部磯雄)

---

* (옮긴이) 야마모토 센지(山本宣治, 1889~1929): 일본의 생물학자, 정치가. 도쿄제국대학 이학부 동물학과 졸업, 교토제국대학 대학원에서 염색체 관련 연구. 1922년 3월 일본을 방문했던 마거릿 생어를 만난 후 열정적인 산아제한 연구자가 되었다. 1928년 중의원 당선 공

의 신맬서스주의에 비판적이었다.[24] 그럼에도 고토는 산조 운동(産調運動)* 내의 견해 차이는 무시하고 우생학의 입장에서 공격했다. 5권 1호 산아조절 비판호는 아베 이소, 가가와 도요히코(賀川豊彦), 가와카미 하지메(河上肇), 야마모토 센지(山本宣治)의 글을 게재하고 비판 문구를 덧붙였다. 한편, 이시카와 지요마쓰(石川千代松)나 나가이에 의한 산아조절 비판도 게재되었고, 고토 본인의 '산아제한에 대한 역사적 종합적 고찰'로 호의적인 평가를 받았다.

그렇지만 1927년에 설치된 협회 대리부(代理部)는 4권 7호부터 이듬해 5권 8호까지 피임 스폰지, 페서리(pessary), 자궁 세척기, 콘돔 광고를 게재했다. 그리고 5권 9호부터 6권 12호까지 "임신 되는 날과 안 되는 날을 즉시 알 수 있다", '수태력' 광고도 게재되었다. 이 수태력은 오기노 규사쿠(荻野久作)의 『'자궁벽의 주기적 변화』, 즉 배란 시기의 연구 결과』를 반영했다. 1928년 5권 9호에도 '수태력' 광고와 함께 「여성이 수태할 수 있는 날은 매달 겨우 8일간: 수태력의 응용은 이상적인 출산 조절법」이라는 글이 게재되었다. 피임기구의 제조원은 알 수 없으나, '수태력'은 교토시 미부마쓰바라촌(松原壬生町)의 히시이치(菱一) 약국(일본신약주식회사 경영)이란 기업이 제조했다. '산아제한비판호'에도 피임기구 광고는 게재된 것이다.

이 점은 산아조절론자에게도 이해 불가로 여겨졌다. 다카오 아키오(高尾亮雄)는 고토가 「열생만어」에서 일본산아제한협회를 비판한 것에 항의하며 "잡지상으로 보면 당신네도 '임신 조절' 상담부가 있던데" 그렇다면 "같은 길의 선배입니다"라고 말했다.[25] 이 상담부의 동향에 대해 《우생학》지는 상세히 전하지 않는다. 고토는 '산아제한 상담부'로 들어오는 상담은 "한 달에 두세 명 정도"로, '연구 자료'가 못 된다고 말했을 뿐 다카오의 비판에 제대로 응답하지는 않았다(「나의 소위 「열생만어」에 관하여」 1930, 7-7, 10쪽). 다만 고토의 의도는 지면에 게재된 상담 「피임 처치는 범죄가 되는가」에서 엿볼 수 있다.

산당 활동을 하다가 우익에 의해 살해되었다.

* (옮긴이) '산아조절 운동'의 줄임말.

질문: 의학적으로 보아 임신 분만이 모체에 위험하지 않은 경우, 의사가 피임 편을 사용케 하거나 또는 피임을 목적으로 건강한 여성의 나팔관 일부를 절제할 경우 처벌되어야 하는가(도사(土佐)시 애독자).

답변: 회임한 여성을 낙태시킬 의도로 편 등을 사용해 그 목적을 달성했을 때는 낙태죄(여성의 요청 없이 또는 승낙 없이 낙태시킨 경우나 그 미수죄도 처벌된다)가 되지만, 임신하지 않은 여성의 요청으로 의사가 피임 목적으로 편을 사용하거나 나팔관 일부를 절제하는 것은 막을 수 없다(1929, 6-7, 35쪽).

낙태는 죄악이지만, 의사의 피임 편 사용이나 수술은 문제가 없다는 내용이다. 이는 1930년 내무성령(令)「유해 피임기구 단속규칙」과 동일한 견해이다. 고토는 이렇게도 말했다. '산아 선전'이나 상담은 "일개 개인이나 일개 사적 단체의 상식에 위임"할 것이 아니라 "모름지기 국가의 통제 감독하에, 적어도 사회학자 한 명, 의학자 한 명, 관리(官吏) 한 명, 이렇게 세 명의 합의제에 의한 상담소"를 마련해야 한다. 피임의 적합 여부에 관한 '기준표'는 "우리 우생학도 내부 논의를 통해 초안을 작성해야 한다"는 것이다(「나의 소위 「열생만어」에 관하여」 9~10쪽). 앞의 질문 상담에 입각해보면, 고토는 피임 행위를 우생학 이념을 가진 의사나 우생학도만 담당해야 하고, 우생학도인 자신의 피임 행위 실천은 허용되어야 한다고 생각했던 것으로 보인다.

그렇지만 1932년의 9권 8호에서 이 잡지는 '산아제한 특집'란을 마련하여 산아제한 찬성으로 돌아섰다. 「단종법」 제정을 목표로 하는 민족위생학회가 설립 취지로 산아조절 비판의 기치를 선명히 하고, 한편으론 좌익적인 상담소가 철거되는 등 산아조절 운동에 대한 압박이 거세진 시기가 이때이다.

같은 호의 가미치카 이치코(神近市子), 니즈마 이쓰코(新妻伊都子), 미토 히사코(水戸久子, 일본산아제한협회 오사카 우생상담소 주임 여의사)에 의한 「여성이 본 산아제한」을 주목해보자. "산아제한에 대한 시비는 이미 그 논의를 떠나 선전과 실제 영역에까지 밀어닥쳤다. 본지 우생학도 우생학적으로 본 산아제한에 대해 어떤 형태로든 공헌이 시급해졌다"는 인식에서, 세 여성에게 ① 산아제한

찬반, ② '거세'와 '산아제한'이 '동일시'되는 것에 어떻게 대처할 것인가, ③ '우생학적 지식 결여'에 빠진 여성을 어떻게 구제하고 위로할 것인가라는 세 가지 질문을 했다. ①에는 세 명 모두 경제적 불안을 경감하는 것에 찬성했다. ②에는 세 명 모두 거세와 산아조절은 다르다며 산아조절 교육을 촉구했다. 단, 미토는 특히 '낳아봤자 충분한 보육과 교육이 불가능'한 '불건전'한 아이의 출산은 삼가라고 우생학적 견지에서 주장했다. ③에는 여성에게 산아조절 교육을 실시해야 한다고 강조했다(25~26쪽). 이어 「후기」에서는 그 기획 의도를 다음과 같이 설명했다.

산아제한에 대한 목소리로 한바탕 떠들썩해진 요즘, 물론 그 직접적인 동기로는 인구 과잉, 국민 경제의 핍박 등등을 꼽을 수 있지만, 요컨대 이 문제는 이미 문제로서 시비를 다툴 시기를 지난 것 같다. (중략) 우리가 제일 큰 소리로 외치고 싶은 바는 빈민 계급에 어떻게 산아제한 지식을 주입할 것이며, 우생학적 견지에서 산아제한이 얼마나 필요한가 하는 것이다(40쪽).

여기서 고토의 줏대 없음을 지적해봤자 생산적이지 않다. 고토는 하층 계급의 보호와 신장을 지지하는 자세를 견지했다. 하층 계급의 생활고를 해결할 수단이 산아조절뿐이라고 판단되자 산아조절 지지로 기울었는지도 모른다. 그후에도 이 잡지는 '그 몸으로 임신하면 안 되는 분들 / 유전적으로 정신적·육체적 이유가 있는 분들 / 과학적으로 진지하게 임신 조절 상담에 응하겠습니다'라는 광고를 게재했다. 문의 주소는 일본우생학협회이다(1940·17-2 등). 이 광고는《우생학》이 폐간되는 1943년 4월까지 간헐적으로 게재되었다.

이러한 산아조절을 둘러싼 자세 변화는 국가정책이나 그 계획을 제시하는 역할을 한 일본민족위생학회[협회]의 방침과는 선을 긋는 것이다. 회지《민족위생》은 1931년 창간호에서 '신맬서스주의, 생어(Sanger)주의'의 만연을 비판하고, 우생학적 견지에 의한 '올바른 산아제한'의 필요성을 강조하며 산조 운동을 공격했다(97쪽). 한편 고토는 우생학적 견지에 의한 산아조절을 주장했으나, 산조 운동가의 논설을 《우생학》지에 게재하는 등 공동보조를 취하는 움직임을 보였다. 고토는 일본민족위생학회의 간사이 방면 지방 이사였지만 학회 전체의 방침과는 이질적이었다. 우생정책을 추진한 세력도 한 덩어리는 아니었음을 엿볼 수 있다.

게다가 후생성 예방국 우생과장인 도코나미 도쿠지(床次德二)는 「국민우생법」 (1940)에 대해 '산아제한'을 '처벌하기는 원치 않으나, 어떠한 방법으로 이루어지든 바람직하지 않다'고 말했다.[26] 처벌이 없었기 때문인지 고토의 임신 조절 상담은 1943년까지 이어졌지만 후생성 기준에 따른 것은 아니었던 것으로 보인다. 그에 더해 폐간 시의 1943년 20권 4호 「우생학적 두세 개의 문제!」에서 고토는 '「단종법」'을 '어떤 면에서는 응급 수선책의 영역'을 넘지 못하고 '일개 실험 과정의 중요 자료'에 지나지 않는다고 평가했다. 게다가 이 글은 '대동아 전쟁'*에서 '수억에 이르는 막대한 이익'을 거둔 자가 속출하는 한편, '거국적으로 솔직한 자를 바보로 만드는 사회 인류의 앞날은 분명 바닥 없는 늪의 쇠락'이라는 등의 문구가 '전쟁하에 놓인 경제 사회의 파행 상황을 과장해 공연히 현 시국을 저주하는' 것으로 간주되어 출판경찰로부터 삭제 처분을 받았다.[27]

이 잡지는 「단종법」 제정 운동을 추진하고, 매호 후생성 관계자의 정책 해설을 게재했기에 '사실상 후생성 홍보지'로도 일컬어진다.[28] 하지만 일련의 동향으로부터 《우생학》지가 국책과 불가분의 관계였던 것이 아니며, 이단으로 해석되는 움직임마저 보였음을 알 수 있다.

6. 마치며

일본민족위생학회[협회]는 1931년부터 《민족위생》을 연 6회 간행했다. 그러나 1934년 4권부터 연 4회 정도에 머물렀고, 1935년 11월(5-1·2)부터 1936년 9

---

* (옮긴이) 태평양 전쟁에 대한 일본 정부의 호칭.

월(5-3·4) 사이, 1938년(6-5·6)부터 1939년(7-1) 사이에는 발간이 10개월 정도 중단되었다. 경영난에 의한 것인 것으로 보인다. 7권 1호 이후는 실험유전학이나 혈통의 수량적 분석, 공중위생 등을 다루는 전문지로서의 성격을 강화했다. 또 이 협회는 부속 단체로 우생결혼보급회를 발족해 1936년부터 《우생》지를 간행했다. 하지만 1939년에 월 1회 발행이 힘들어졌다며 4권 5호로 휴간했다. 1940년 3월에는 우생학론자가 염원해온 「국민우생법」이 성립되었다. 5개월 후 고토는 17권 8호 「편집여적(編輯餘滴)」에서 '햇수로 17년의 노력'을 보상받아 "밑바닥에 깔리든 밑거름이 되든 선도자의 역할도 끝났으나, 아직 폐간 명령은 내려지지 않았다"고 말해, 잡지가 사명을 다했다며 폐간을 의식한 구석을 보인다. 그럼에도 《우생학》지는 근근히나마 계속 간행되었다. 전시(戰時)의 잡지 통폐합으로 《일본임상》과의 합병 결정이 발표된 때는 1943년 3월이었다. 그리고 4월 20권 4호를 끝으로 폐간되었다.

이상의 분석을 통해 제시하고자 하는 논점을 정리하면 다음과 같다.

첫째로 《우생학》지와 같은 우생학 미디어가 띠는 과학적 성격에 관해서이다. 전제로서 우생학적인 이야기는 출발점부터 저널리즘이나 일반지에 적합했음을 파악해야 하며, 그 언론 공간의 독자성을 고려해야 충분히 이해할 수 있다.

그 독자성은 《우생학》지에 어떻게 나타났을까? 우선 이 잡지와 의학자, 의학계 사이의 깊은 관계가 이 장의 분석으로 뚜렷해졌다. 그것은 《우생학》지 언론이 의학자나 아카데미즘의 좁은 영역에 머물거나 우생학 대중화에 소극적이었음을 나타내는 것이 아니다. 주간인 고토 류키치가 가진 과학관의 근저에 있는 것은 일원론이나 생철학을 방불케 하는 과학적 신앙이며, 사회 정책을 실천하려는 의지였다. 그리고 《우생학》지는 정보 발신자로서 의학자들만의 협소한 서클뿐 아니라 다른 전공 분야의 사람들도 포섭하고, 독자층으로는 가정주부까지 포섭할 수 있었다. 그 내용을 봤을 때 전문 논문이라 말하기는 힘들고, 계몽적인 내용의 해설 기사나 평론문, 혹은 강연록이었다. 이는 저널리즘 전체를 통해 보면 '과학 잡지나 전문 문헌처럼 딱딱하고 반듯하고 진지한 것'으로 여겨졌는지, 《우생학》지 폐간을 맞아 고토는 "고상한 척하는 이면에 에로 틱을 숨긴 영국식 여성지나, 말초신경을 자극하는 멍청한 미국식 그로테스크 물 등이 날뛰던 시대"에는 "유행하지 못했다"며 한탄했다(20-4, 1쪽). 그러나 이 잡지는 20년간 장수를 누렸다. 이처럼 언론을 존속시켰다는 점에서 과도한 전 문성, 저널리즘의 속류화 모두와 거리를 두는 통속 과학(popular science)에 대 해 필자와 독자 양쪽의 수요를 상정할 수 있다. 그것은 저널리즘에서 《우생학》 지가 지니는 독자성 역시 의미하는 것일 것이다.

둘째로 《우생학》지와 국책 사이의 거리감에 관해서이다. 일본우생학회의 재단법인화는 실패로 끝났다. 하지만 《우생학》지의 주요 집필자에는 민족위 생학회의 주요 일원이나 후생성의 기술관료 등 우생학 국책화의 주요 관계자 가 포함되었다. 요컨대 이 잡지는 그러한 인재를 배출하는 지반으로 볼 수도 있다. 이 사항은 표 4-2에 나타나듯, 《우생운동》지의 주요 집필자 중에서 가와 카미 리이치(川上理一) 외에 일본민족위생학회나 우생정책에 관여하는 자가 근 소했음을 고려하면 특히 주목해야 한다. 그와 함께 《우생학》지는 기본적으로 우생학의 국가정책화를 지지하고 그 동향을 낱낱이 보도하는 등 우생학의 제 도화에 기여했다. 한편 산아조절론에 찬동하고 전쟁 중에도 그 자세를 견지한 점, 폐간 시 우생정책을 비판한 데다가 출판경찰에게 제재당한 점 등으로 미루 어보아 《우생학》이라는 잡지 미디어를 국책이나 민족위생협회와 무조건 동일 시할 수는 없으며, 이 잡지가 가진 미디어로서의 독자성도 발견할 수 있다.

마지막으로 《우생학》지 폐간 후 고토 류키치의 발자취를 대략 살펴보겠다. 종전을 전후한 고토의 동향은 자세히 알 수 없다. 다만 1951년 4월부터 고토는 간사이의계(關西醫界)사를 설립해 《간사이의계》라는 잡지를 간행했다. 발행처 는 오사카시 기타구(北區). 두꺼울 때도 8쪽에 못 미치는 소규모 잡지였으나 한 달에 3회 간행했다. 현재로서는 33호(1952년 5월 5일)까지 간행을 확인할 수 있 다. 머리말 「심경을 말하다」에서는 오로지 후생성의 의약 분업 정책을 비판했 고,[29] 이후의 잡지에도 그에 관한 기사가 많다. 우생학 관련 기사는 많지 않으 나, 33호의 「유제닉스인가! 유세닉스인가!」*에서는 자신의 《우생학》지 간행을 미력하나마 「우생보호법」의 '의용[先蛹]*'이라 자기평가하고, '인종 개량'과 '국민 생활의 사회적 보장' 모두의 필요성을 역설하며, '인구 과잉의 배출구를 침략 전쟁으로 몰고 갔던' 원인도 후자의 결여에서 찾았다.[30] 1972년 무렵 고토는 뇌졸중으로로 우(右)반신 불수가 되었으나 유족에 의하면 그렇지 않은 듯 행동했고, 멋도 낼 겸 지팡이를 짚었다고 한다. 1972년에는 『공해 일본 민족의 위기: 일개 서민이 쓴 수상록에서』를 사적으로 간행했다. 공해론이라기보다 정치·외교까지 종횡무진으로 평론한 수상집 같은 느낌이 있다. 고토는 1973년 6월 7일에 세상을 떠났다.

주(注)

1   《우생학》지의 출전은 번잡함을 피하기 위해 본문 중에 제목, 연대, 권호(1-1과 같이 간략히 표기), 쪽수를 나타낸다. 다른 잡지도 기사명이나 쪽수를 기재할 필요가 없는 경우는, 본문 중 권호만을 기술했다. 《일본임상(日本臨床)》에 합병의 대상이 된 것은, 《일본임상》을 포함하여 《오사카 의사 신지(大阪医事新誌)》(오사카 의사신지사), 《현대의 의학》(현대의학사), 《실험치료》(다케다(武田) 약품공업), 《임강(臨講)》(임강사), 《임상의보(臨床医報)》(일본 임상의학자), 《임상과 약물》(임상과 약물사) 6개 잡지였다.

2   鈴木善次, 『日本の優生学』三共出版, 一九八三年, 一〇四~一〇八頁.

3   Sumiko Otsubo Sitcawich, *Eugenics in imperial Japan: some ironies of modernity; 1883~1945*, Ph. D. Disertation, The Ohio State University, 1998.

4   藤野豊, 『日本ファシズムと優生思想』(かもがわ出版, 一九九八年), 五六~六二頁; 松原洋子, 「民族優生保護法案と日本の優生法の系譜」, 『科学史研究』 II期 三六卷, 一九九七年, 二〇一頁. 또한 『『優生学』解説·総目次·索引』(不二出版, 二〇一五年)는 후지출판(不二出版)에서 2013년에 복각 간행을 시작하여 2015년에 완료되었다. 『『優生学』解説·総目次·索引』(不二出版, 二〇一五年)은 中馬充子, 「解説 後藤龍吉と『優生学』」을 포함하였다. 필자는 이 해설을 통해 유족과 원고에 대해 알게 되어, 그 유족으로부터 원고 『公害日本民族の危機 ── 一庶民の書いた随想録より』 사본을 제공받았다. 또한 고토(龍吉)의 손녀의 바람에 따라, 따님인 지즈코(千鶴子)의 몇 가지 질문에 E메일(2015년 8월 4일자)로 대답했다. 이 장에서 언급하는 유족의 지견은 이것에 의한다.

5   고토(後藤)는 4권 3호에서 주해연구호(酒害研究号)를 만들었을 때, 주해조사표(酒害調査表)

---

*   (옮긴이) Euthenics(우경학)을 말함.
*   (옮긴이) 번데기 상태.

를 붙였다. 4권 5호의 편집 후기에서는 "잡지에 붙인 것이 2000매"라고 말했다. 2000부 정도의 발행은 있었다고 보인다.

6 齋藤光,「〈二〇年代·日本·優生学〉の一局面」『現代思想』二一巻七号, 一九九三年.

7 6권 8호(1929년) 고토 류키치(後藤龍吉)의 「暑中御見舞」에는 "나는 올해 창간한 간사이 의사 잡지(関西医事雑誌)에서 수익을 만들어 이 잡지를 책으로 만들고 싶다"고 나와 있다(17쪽).

8 다른 자녀와 관련해서는 맏딸, 둘째 딸이 함께 다카라즈카(宝塚) 가극단에 입단했다는 점이 흥미롭다. 맏딸인 사야코(小夜子)는 1940년에 입단해(30기) 후카야마 사쿠라(御山櫻)라고 불렸고, 1952년부터 1953년까지 성조(星組) 조장을 맡았다. 둘째 딸 지즈코(千鶴子)는 1947년에 입단해(34기) 미사키 아리사(岬ありさ)라고 불렸고 1967년부터 1975년까지 월조(月組) 부조장을 지냈다. 유족에 의하면, 류키치(龍吉)의 아내가 다카라즈카 팬이었다고 하지만, 류키치도 자녀의 활동을 응원했다고 한다. 이 정보는 『宝塚歌劇100年史 虹の橋 渡りつづけて(人物編)』(阪急コミュニケーションズ, 二〇一四年)에서 보완했다.

9 後藤龍吉, 『医政論叢』(関西医事社, 一九三六年, 二三頁)에도 이에 대한 언급이 있다.

10 藤野, 앞의 책, 八一頁.

11 창간호는 규슈치과대학 부속도서관 소장품을 사용했으나 뒤표지가 절단됐고, 본문 마지막 쪽과 뒤표지 사이의 광고도 절단되었을 가능성이 높아 한 건밖에 확인할 수 없었다.

12 표 4-2에 나타난 것처럼, 《우생운동》지도 《우생학》지 정도는 아니지만, 의학박사나 의학사의 집필비가 높다. 게다가 이 잡지는 건강상담소를 소개하였고, "복리편(福利篇)"이라고 하는 의학란을 마련했다. 이 잡지에서 의학자와 의학논설에 대한 연구로는 竹山重光,「身体·家庭·社会の浄化 ── 優生運動」の医者たち」(木岡伸夫·鈴木貞美編, 『技術と身体』ミネルヴァ書房, 二〇〇六年)가 있다.

13 인용은 井出道子(奈良)의 것이다.

14 감상을 보낸 사람은 오카베 마사오(岡部正夫, 나가사키), 다조에 신코(田添信子, 오사카), 무라야마 스스무(村山晋, 니가타), 다나카 스스무(田中進, 도쿄), 노무라 이치로(野村一郎, 마쓰모토)의 다섯 명이다.

15 "연구에 전력을 바쳐(12) 야마토 민족의 개량 그 이론과 실상을 설득하는 《우생학》"(《요미우리신문》 1997년 9월 25일, 4면)에는, "현재 회원 500여 명에 지나지 않지만 여전히 매월 수십 명씩 증가"라고 되어 있어 여기에 찬성하는 사람 약 500명이 그대로 회원이 되었을 가능성이 높다.

16 1권 8호의 「医界片々」는, 「関西医師大会々則」이 게재되고 있다(3·1 쪽).

17 노마 세이지(野間清治)나 고단샤 문화(講談社文化)에 대해서는 주로 佐藤卓己, 『キングの時代 ── 国民大衆雑誌の公共性』(岩波書店, 二〇〇二年)을 참조하였다.

18 《우생운동》지 3권 2호(1992년)의 "턱을 괴고(頬杖ついて)"(편집자의 글)에서 "친구의 명망이나 성공을 부러워해선 안 된다"는 문구(57쪽)를 빌려 비난했다.

19 단, [표 4-1, 4-2]를 참조한 범위에서도 《우생학》과 《우생운동》 집필자의 중복을 볼 수 있다. 편집자 간에 알력이 있어도 집필자의 동향까지는 좌우하지 않았을 것이다.

20 優生運動社「七月号頁数半減につき」『優生運動』三巻七号, 一九二八年七月, 三七頁.

21 「編輯後記」『優生運動』三巻一一号, 一二八頁. 10월호와의 합병호이기 때문에 이 호의 쪽수는 평균 약 80쪽보다 많다.

22 다만 유족에 의하면 전후의 고토(後藤)는 담배, 약간의 저녁 반주를 한 것이라고 한다.

23 이러한 고토의 자세는 1900년대 사회주의로의 경도에서 찾을 수 있을지도 모른다. 전게 제목

「공해일본민족(公害日本民族)의 위기」에는 "60여 년 전이나 되지만, 규슈 벽촌의 중학교 1·2 학년 무렵, 누가 보내준 것인지 《평민신문(平民新聞)》(1903년 간행)를 매호 받아본 적이 있다. 교토대 교수 마마 우에하지메(川上肇) 씨의 글은, 전문적이어서 이해하기 어려웠지만, 마마 고가와(境枯川)나 아라하타 간손(荒畑寒村), 고토 아키미주(幸徳秋水)의 단편 등은 매우 간소하고 명쾌하고, 재미있게 읽었다. 이젠 돌아가신 큰 형이 "그런 책을 읽기는 아직 이르다. 중학교 졸업하고, 자립생활도 할 수 있는 기술이라도 갖추어, 가정이라고 꾸릴 수 있게 된 다음에라도 늦지는 않을 것이다. 그래야 사물을 알고, 옳고 그름을 식별할 수 있는 자격을 갖춘 것이라고 할 수 있다"고 말한 편지를 받아, 지금도 고맙게 생각하고 있다"라고 적고 있다(32쪽).

24 「生物学と産児制限」『山本宣治全集第三巻』汐文社, 一九七九年, 六七四~六七五頁.

25 高尾亮雄, 「学術雑誌『優生学』の主筆後藤龍吉氏に呈す」『子供の世紀』八巻五号, 一九三〇年, 四〇~四一頁.

26 床次德二, 「国民優生法に就いて」『民族衛生』九巻一号, 一九四一年, 六三頁.

27 「内地出版物の取締状況」, 『出版警察報』一四六号, 一九四三年, 一二六頁, 国立国会図書館所蔵の『優生学』最終号には 삭제 흔적이 있지만 다른 도서관에서는 삭제되지 않은 것도 있다.

28 小熊英二, 『単一民族神話の起源』新曜社, 一九九五年, 二五二頁.

29 「頭言 心境を語る」『関西医界』一号, 一九五一年四月, 一頁.

30 확인할 수 있었던 범위에서 우생학에 관한 기사는 다음 세 가지가 있다. 「受胎調節普及運動」(二五号, 一九五二年一月一五日, 四頁), 「優生保護法一部改正 経済的理由でも妊娠中絶可能」(三三号, 一九五二年五月五日, 四頁), 「ユーゼニクスか! ユーセニクスか!」(三三号, 一九五二年五月五日, 八頁).

제5장

1930~1940년대《민족위생》지의 성립과 변모

과학계몽과 학술특화의 사이

1. 시작하며

이 장에서는 1930년 설립된 일본민족위생학회(1935년부터 협회, 이하 민족위
생학회, 학회, 협회로 줄여 표기하는 경우 있음)가 전쟁 전 어떻게 성립했고 전개되
었는지를 추적해보고자 한다.

이 단체는 1940년 「국민우생법」으로 이어지는 「단종법」안 등 우생학의 국
가정책화에 적극적으로 힘썼다고 알려져 있다. 나가이 히소무가 이 단체의 이
사장을 맡았는데, 그 이전 우생학 계몽에 적극적이었던 많은 사람들을 회원으
로 끌어들였기에 그때껏 존재한 우생학 단체로서는 최대 규모였다. 따라서 제
2부 우생학 계몽과 제3부 우생학 법제화 사이의 연관성을 명시하는 데서도 이
단체의 활동을 분석하는 일은 빼놓을 수 없다.

이미 선행 연구에서 일본민족위생학회의 계몽 활동, 국가정책화 노력에 관
한 내용은 회지《민족위생》등을 토대로 소개된 부분이 많다. 계몽 활동에 대
해서는 '일본 민족 우생전람회' 개최, 니혼바시(日本橋) 백화점에 우생결혼상담
소 개설, 영화〈결혼 십자로(結婚十字街)〉에 대한 제작 협력, 각지에서의 강연회
개최, 라디오 방송 등 다양한 사업을 펼쳤다. 더욱이 「단종법」 제정 운동을 전

그림 5-1 • 전쟁 전 《민족위생》지의 항목별 분포

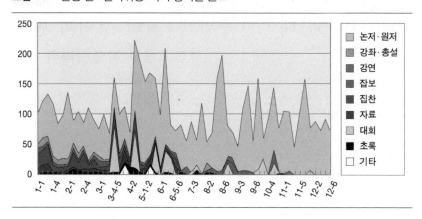

개하고, 1936년에는 '민족위생진흥 건의'를 하는 등 정치 활동도 벌였다.[1]

선행 연구가 주로 대상으로 삼아온 이 모임의 1930년대 전반의 계몽 활동과 정치 활동은 《민족위생》지 잡보란에 보도되었다. 그러나 **그림 5-1**에서 나타나 듯 잡보(雜報)가 지면에서 차지하는 비율은 그다지 높지 않다(그 숫자의 추이가 의미하는 바는 뒤에 서술하겠다). 지면 전체를 살펴보지 않으면 이 모임이나 잡지의 성격을 전체적으로 이해할 수 없다. 그 당시 특히 주목해야 할 점은 중일전쟁기 민족위생협회의 계몽 활동이 1940년 「국민우생법」 제정을 앞두고 둔화되었다는 것이다. 《민족위생》지는 1931년부터 연 6회 간행되었다. 그러나 1934년 4권부터 연 4회 정도에 그쳤고, 1935년 11월(5-1·2)부터 1936년 9월 (5-3·4) 사이와1938년(6-5·6)부터 1939년(7-1) 사이에는 발간이 10개월 정도 중단되었다. 그리고 7권 1호 이후에는 실험유전학이나 혈통의 수량적 분석, 공중위생 등을 다루는 학술지의 성격을 강화했다. 또 이 협회는 부속 단체로 우생결혼보급회를 발족해 1936년부터 《우생》지를 간행했다. 그러나 1939년에 월 1회 발행이 힘들어져 4권 5호를 끝으로 휴간에 들어갔다.

이 잡지의 성격 전환에 대해서는 1964년 1월에 쓰인 《민족위생》지 30권의 「달성에 임하는 추억」이 참고가 된다. 간사 야나기사와 후미요시(柳沢文徳, 도

영화 〈결혼 십자로(結婚十字街)〉의 스틸 숏(still shot) 중 나가이 히소무
자료: 《민족위생(民族衛生)》 3권 3호(1934년 2월).

쿄의과치과대학)의 「일본민족위생학회 잡지 《민족위생》의 동향」(30-1, 1964년 1
월)은 1930년 창간부터 1964년까지 잡지의 성격 변천을 I~IV기로 나누어 이렇
게 정리했다.

> I기: 창간(1930) ~ Vol. 6(1938) : 계몽, 학술(편집간사는 4쪽 임원을 참조[이시하
> 라 후사오(石原房雄), 가와카미 리이치(川上理一), 요시다 유키노부(吉田章信),
> 요시마스 슈후(吉益脩夫), 사토 다다시(佐藤正), 사토 요시미(佐藤美実), 이타
> 쿠라 다케시(板倉武)].
>
> II기: (금차 대전기)* Vol. 7(1939) ~ Vol. 12(1944) : 학술(가와카미 리이치, 후쿠다
> 구니조(福田邦三), 요시마스 슈후).
>
> III기: (종전 혼란기) Vol. 13(1946) ~ Vol. 23(1957) : 학술(Vol. 16 표지의 영문 표
> 제 밑에 The Official Organ on the Japanese Association of Race Hygiene 라

---

* (옮긴이) 태평양 전쟁을 말한다.

는 문구가 들어가는데 23권까지 기입되어 있음. 22권 2, 3호부터 표지에 Founded by H. NAGAI Edited by K. FUKUDA라고 기입되어 있음).

IV기: (현재) Vol. 24(1958) ~ 현재 : 학술(편집간사는 후쿠다(福田), 후루사와(古沢), 이시카와(石河), 가쓰누마(勝沼), 노키(乘木), 쓰바키(椿), 야나기사와(柳沢), 니시카와(西川)는 도중부터 참여)(6쪽).[2]

I기와 II기의 경계는 나가이의 타이베이제국대학[*] 부임과 지면의 대폭 개정, II기와 III기의 경계는 제2차 세계대전 종결, III기와 IV기의 경계는 협회의 일부 개조에 의해 협회 운영에서 학회가 독립한 것이 기준이 된다. 이 장에서 다룰 것은 I기와 II기에 관해서이다. III기 이후는 협회가 조직으로서 우생학 계몽이나 정책화에 거의 관여하지 않게 되었으므로 기본적으로는 다루지 않는다.

야나기사와(柳沢)는 I기와 II기의 성격을 규정짓는 것은 계몽과 학술의 병존에서 오로지 학술만 다루는 잡지로의 전환이라고 본다. 그 원인을 우생학 계몽에 적극적이었던 나가이의 타이베이행에서 찾는 견해도 있다.[3] 하지만 그것에서만 이유를 찾기는 힘들지 않을까? 나가이가 부재중이더라도 그 계몽 노선을 지속시킨다는 시나리오도 가능했기 때문이다. 그러나 현실은 그렇게 되지 않았다. 이 부분이야말로 검토해야 할 과제가 있을 것이다. 이 장에서는 1939년에 일어난 변화의 싹이 발족 시 잡지나 조직의 양상와 전개에 내포되어 있었을 것이라는 추측을 제시하고자 한다. 동시에 1939년에 《민족위생》지에서 분리된 '계몽' 요소는 어떻게 전개되어나갔는가 하는 문제도 생각하고자 한다.

---

[*] (옮긴이) 1928년 일본이 설립. 현 국립 대만대학.

2. 전쟁 전 《민족위생》지의 지면구조: 학술과 계몽이 뒤섞인 상태

1) 학회, 잡지 성격, 집필자의 동향

이 절에서는 《민족위생》지의 지면 구조나 집필자 동향을 바탕으로 잡지의 성격과 전개를 명확히 하겠다. 선행 연구에서 민족위생학회는 '연구 단체라기보다 계몽 단체'라고 평가되곤 했다. 그러나 이 잡지는 창간 시부터 학술적인 성격도 농후했다. 오히려 연구 단체적 성격과 계몽 단체적 성격이 뒤섞인 상태야말로 창간부터 1939년까지의 학회와 《민족위생》지를 특징짓는다고 할 수 있다.

그 성격은 이미 「일본민족위생학회 설립 취의서(趣意書)」에 잘 나타나 있다. 이 문서는 "바야흐로 신맬서스주의와 생어(Sanger)주의가 세상을 풍미하고, 여러 문명국 민족의 생물학적 세력을 끊임없이 좀먹고 있습니다"로 시작하는, 전반부의 산아조절 운동 비판만을 거론하는 경우가 많다. 그렇지만 《민족위생》지의 방향성을 생각하는 데는 '취의서'의 전반부보다 다음에 인용하는 후반부 문구가 더 중요하다.

그러나 민족위생학의 일은 이런 우생학적 운동 방면에만 한정되지 않습니다. 일본인의 체질 유전에 대한 근본적인 조사(생물측정학적 방면), 이 또한 매우 중요합니다. 우리 학회는 이 방면에 관한 연구·조사·보고를 발표하는 기관이 되고, 회지에는 그 원저를 실을 것입니다. 또한 이와 관련이 있는 학회 각 방면의 업적을 소개하고 참고자료로서 인구 통계, 사회 통계 등도 실어, 이것을 일람하면 국내외 우생운동의 동향과 일본인 체질에 관한 여러 연구 조사를 한눈에 알 수 있는, 권위 있고 평이한 데다 편의적인 잡지로 만들고자 합니다. 더욱이 이 민족위생학의 임무란 일본 현실에 입각한 실제적인 조사를 중시하는 것이므로, 일본 각 지방에서 이루어진 가계학적 혹은 체질학적 조사 보고류를 널리 수집하여 검토하고자 하는 희망을 갖고 있습니다. 따라서 설령 전문 학술적인 깊은 교양은 없

을지라도, 가능할 만한 연구 영역을 우리 학회는 널리 제공할 수 있다고 믿습니다.[4]

전자인 학술적 측면은 생물측정학적 방면으로, 체질 유전을 조사 연구하고 보고를 수집하며 원저를 게재하는 일이다. 후자인 계몽적 측면은 국내외 우생 운동의 동향이나 '전문 학술적'인 깊은 교양이 없어도 가능한 체질 조사 연구를, 학문적 권위를 가지면서도 평이하고 편의적인 형태로 전달하는 일이다. 취의서에는 그러한 요소가 모자이크상으로 제시되어 있다.

그 성격은 《민족위생》지의 지면 구성에도 반영되었다. 이 잡지는 논저·원저, 강좌, 총설, 강연, 잡보(雜報), 잡찬(雜纂), 자료, 초록으로 구성되어 있다. 논저·원저는 주로 학술 논문을 다루었고, 수식이나 데이터를 이용한 전문성 높은 논문이 많다. 다만, 간행 시에는 계몽적 내용인 것도 약간 포함되었다. 대회는 연 1회 개최되는 학술대회에서의 대회 보고 내용을 요약한 것이다. 다루는 내용은 대부분 학술적인 것이다. 강좌, 총설은 연구 논문과는 달리 학회 동향이나 평론이다. 강연은 대회에서의 강연 등이다. 잡보는 민족위생학회(협회)의 사업이나 국내외의 우생학 운동, 우생정책의 동향을 전하는 것이다. 잡찬은 평론이나 우생학 운동의 선인 전기(傳記), 이 모임의 사업 보고를 말한다. 잡보, 잡찬은 기존의 우생학 잡지가 많이 다룬 소재와 통하는 부분이 많아 선행 연구는 오로지 이 정보들을 참조하고 있다. 자료는 문헌집, 최근 법령의 내용, 통계 등 약간 잡보에 가까운 성격을 띤다. 그 때문인지 이 란이 없는 호도 적지 않다. 초록은 국내외의 연구 논문을 요약 소개한 것이다. 이것도 지면에서 차지하는 분량은 적은데, 이 란을 맡은 사람은 주로 회지 편집의 실무를 담당한 사람들이었던 것으로 보인다.

굳이 단순화하자면 논저·원저·총설·자료·초록은 학술적 측면을, 강좌·강연·잡찬·잡보는 계몽적 측면을 반영하고 있었다. 이렇게 두 측면이 뒤섞인 상태가 이 잡지를 특징짓는다.

또한, 학술 단체로서의 지향성과 계몽 단체로서의 지향성이 혼재한다는 특징은 집필자의 동향에서도 엿볼 수 있다. 표 5-1은 《민족위생》지의 주요 집필자 일람으로 초록이나 학술 강연도 포함된 것이다. 크게 나누어 ① 《우생학》, 《우생운동》 등의 집필에 관여하고 학회 창립 전부터 우생학 계몽에 적극적이었지만, 1939년 잡지 학술화에 따라 지면에서 모습을 감춘 인물, ② ①과 마찬가지로 우생학 계몽이나 우생정책에 관여한 정황이 보이나, 1939년 후에도 집필자로 남은 인물, ③ 우생학 계몽이나 운동에 관여하지 않고, 오직 학술적인 원저나 연구 보고에 전념한 인물로 분류할 수 있다.

①의 전형으로는 이사장이었던 나가이 히소무와 본부이사인 사이토 모사부로(斎藤茂三郎), 고마이 다쿠(駒井卓)를 꼽을 수 있다.

나가이에 대해서는 선행 연구에서도 그 발언과 행동이 잘 알려져 있지만 최소한의 설명은 해두겠다. 앞 장에서도 제시했듯이 도쿄제국대학 의학부 생리학교실의 교수로 재직하는 한편, 보건위생조사회, 인구식량문제조사회 등의 위원을 맡아 1910년대부터 우생학의 국책화를 꾀했다. 게다가 제3장에서도 다룬 《문화생활》지를 비롯한 여러 일반지를 통해 적극적으로 우생학 계몽 활동을 펼쳤다. 더욱이 앞 장에서 제시했듯 고토 류키지가 조직을 도모한 일본우생학협회의 창립 발기인, 동호인 명단에 이름을 올렸다. 민족위생학회를 조직했을 때는 도쿄제국대학 의학부장이었다. 1938년 타이베이제국대학에 의학부장으로 취임하여 일본을 떠나기 전까지 《민족위생》지 편집을 거의 혼자서 도맡았다. 그것은 1932년 11월 2권 3호 「편집을 마치고」 중 "나가이 이사장은 9월 이래 홋카이도제국대학과 경성제국대학 강연과 오이타(大分)지부 발회식, 오사카 아사히회관 강연회 때문에 동분서주로 바빠서 여러 가지로 지휘를 구할 기회가 적었기에, 이번 호의 발행이 지연된 점을 회원 여러분께 사과드립니다"라는 구절에서도 엿보인다(107쪽). 나가이의 지시가 없으면 잡지도 낼 수 없는 상황으로 볼 때, (고토의 《우생학》지나 이케다 시게노리의 《우생운동》지에 비하면 사무를 도와줄 사람은 현격히 많았던 듯하지만) 나가이의 단독(one man) 운영에 의거했음을 엿볼 수 있다.

사이토 모사부로(도쿄여자고등사범학교 강사)는 등장 횟수로는 나가이를

표 5-1 • 잡지 《민족위생(民族衛生)》의 전쟁 전 주요 집필자(6회 이상)

이름	직함	빈도	내역(內譯)	주요 집필논고	민족위생학회(협회)에서의 역할	집필 기간	비고	《우생학(優生學)》	《우생운동(優生運動)》	《우생(優生)》
사이토 모사부로(齋藤茂三郎)	도쿄고등여자사범학교 강사, 문학사	46	총록(25), 잡찬(11), 논저(4), 권두(4), 대회(2)	「도덕적 이상으로서의 우생학」(잡찬), 「단종의 동기와 목적」(잡찬), 「메니드 다위」(잡찬)	본부상임이사	1931.3~1938.5	대일본우생회 특별회원	0	0	3
나가이 히소무(永井潛)	도쿄제국대학 의학부 교수, 의학박사	44	잡찬(13), 권두(8), 대회(8), 총록(8), 논저(4), 자료(2), 강좌(1)	「민족위생의 사명」(논저), 「그리고, 벨벨 전기」(잡찬), 「단종법 반대의 반대」(논저)	이사장, 동경 지부장	1931.3~1937.11	우생협회창립발기인·회원	6	0	12
고야 요시오(古屋芳雄)	가나자와(金沢) 의과대학 교수, 주생성, 의학박사	28	대회(13), 강좌(7), 논저(4), 잡찬(2), 강연(1), 권두(1)	「우생잡기장」(잡찬), 「인류유전학 강좌」(강좌), 「복신소질(複身素質)의 유전」(논저)	본부 상임이사	1931.3~1942.4		10	0	3
요시마스 슈후(吉益脩夫)	도쿄제국대학 의학부 강사, 의학사	19	논저(7), 총록(6), 잡찬(4), 대회(2)	「포도쓰가-식 접종제도」(논저), 「우생학적 단종의 정신병학적 적응(논저), 「도쿄 소학교 아동 개별 지능 검사 성적」(논저)	평의원, 회지 편집간사	1933.1~1940.8		4	0	6
가와카미 리이지(川上理一)	게이오의숙대학의학부 조교수, 공중위생원 위생통계부 후생성 하연구소, 의학박사	17	대회(9), 자료(3), 논저(2), 총록(2), 권두(1)	「우리나라 여러 유전병 문헌조록집」(자료), 「슈타이겔의 근시안원인론」(논저), 「근시의 우생조사」(논저)	본부이사, 회지편집간사	1931.3~1942.4	주임 구사마 요시오(草間良男) 교수/우생운동 찬조원, 일본우생결혼보급회 이사	19	8	7
미즈시마 하…	도쿄제국대학 의학부	16	대회(9), 논저(7)	「우리나라 출생률에 미치는 사회생」	평의원	1931.6~	와타비키(縮引)	4	0	0

성명	직위·소속		학회활동 구분	주요 저작	비고	기간			
미즈시마 오사무(水島治夫)	조교수, 규슈제국대학 의학부 교수, 의학박사			물하적 인자들의 영향(논저), 「인구증식과 동기」(논저), 「제 만주(관)동국민의 등록관내 조선인의 생명표」(논저)	(도모미쓰) 교수	1942.11	0	0	0
나치노 기미코(立野君子)	도쿄여자의학교 도쿄제국대학	13	준록(7), 대회(3), 원저(2), 자료(1)	「선천성 이두공(耳瘻孔)에 관한 조사」(자료), 「일본여자 흉곽측정에 관한 연구」(원저)	주임, 후쿠다 구니조(福田邦三) 교수 주임 요시오카 히로토(吉岡博人)교수	1941.5~1944.9	0	0	0
요시다 유키노부(吉田章信)	문부성체육연구소 기사 의학박사	13	대회(5), 준록(4) 논저(3), 자료(1)	「일본조정(漕丁)연구」(논저), 「일본인 체질 특히 체력 표준에 관한 연구(논저), 「체육운동과 민족위생의 관계에 대하여」(준록)	본부이사 최치련집간사	1931.3~1942.11	1	1	0
요시오카 히로토(吉岡博人)	도쿄제국대학 의학부 위생학교실 도쿄여자의학교 생리학·위생학교실, 의학박사	13	논저, 원저(4)조 록(4), 대회(4), 자료(1)	「우리나라 장티푸스(賜チフス)이환률에 미치는 제 요소의 위생통계학적 고찰」(논저), 「우리나라 적리(赤痢, 여러 包함)이환율과 제 요소의 위생계학적 고찰」(논저)	도쿄지부통상회원(通常會員)	1933.1~1943.5	0	0	0
엔도 신조(遠藤眞三)	홋카이도제국대학 의학부 위생학교실	13	준록(7), 논저(4), 대회(2)	「아이누 민족의 소경(消頸)과 그 인구구성에 대하여」(논저), 「가라후토(樺太)에서 아이누민족의 인구구성에 대하여」(논저)	일본학술진흥회 제8장 위원회(위원장 나가이 히소무 교수)	1935.7~1941.12	0	0	0
다치카와 요시(立川淸)	게이오의숙대학 예방의학교실 공중위생원 위생통계부, 후생성연구소	12	대회(8), 준록(3), 논저(1)	「성비(性比)의 유전문제에 대하여」(대회), 「임신과 부인의 나이(논저), 「장두(長頭)유전」(대회)		1936.4~1942.4	0	0	0

이름	소속		구분	논문 제목	도쿄지부 간사	기간	지도			
이케미 다케시(池見猛)	도쿄제국대학 의학부 정신병학교실, 나고야제국대학 의학부 정신과	12	대회(6), 논저(4), 자료(1), 잡찬(1)	「성격특징의 일반인에서의 다과(多寡)와 유전적 연구」(논저), 「우생결혼상담소 1개년 보고」(잡찬), 「성격의 유전학적 연구」(논저)		1933.1~1941.5	도쿄제국대학 의학부장 나가이(永井) 교수 주임지도, 도쿄제국대학 미야케(三宅) 박사 정신병학 지도 수산학습소(水産講習所) 교수 데라오(寺尾) 박사 통계학지도	68	0	2
마쓰오카 가이헤이(松岡海平)	홋카이도제국대학 위생학교실	11	초록(10), 대회(1)	「장정(壯丁)의 체격(후쿠다 구니조(福田邦三), 과학(科學) 6(1936 410(초록), 「세계에 관한 Rohrer지표의 의미」(후쿠다 구니조, 과학 6 [1936] 510)(초록)		1935.7~1939.12		0	0	0
구보 히데미(久保秀史)	게이오의숙대학 의학부 예방의학교실 공중위생학 위생통계학 후생성 연구소 민족위생과	11	원저(5), 대회(5), 초록(1)	「우리나라 부인의 연령별 보정 수태율 및 보정 생산 수태율에 대하여」(대회), 「홍역(麻疹) 유행의 통계학적 연구」(원저), 「유아 사망의 성비(性比)」(원저)		1938.5~1943.9		0	0	0
이시카와(石川)		10	초록(10)	「환경(자연)의 영향: 도쿄에서의 사망과 계절(石田龍太郎者)」(초록), 「여공의 위와(胃窩)제도에 관한 지견(伊藤實者)」(초록)		1940.8~1941.8	이시카와 야스시(石川康)대학 의학부 생리학교실이나 시가와 지추쿠(石川知) ...	0	0	0

성명	논문수	종류	제목	기간	비고	編)(후생연구소) 중 하나로 생각됨			
무라카미 우지히로(村上氏廣) 나고야제국대학 의학부 가쓰누마(勝沼)내과교실	9	논저, 원저(5, 대회(4)	「신경성 근위축증의 유진」(논저), 「증배를 달리하는 진행성 위축증의 일 가계 및 의의에 관하여」(논저)	1940.11~1943.9	지도 가쓰누마 세이조(勝沼精藏) 교수	0	0	0	0
가와나미 마사카즈(川浪政一) 규슈제국대학 의학부 민족식민위생학교실	9	원저(7), 대회(2)	「복슈 모 탄광 종업원과 가족의 미독(黴毒) 만연상황과 그 민족위생학적 의의」(원저), 「복슈 모 탄광 종업원 미독(黴毒)의 만연과 출생과의 관계」(대회)	1942.11~1944.3	주임 미즈시마 하루오(水島治夫) 교수	0	0	0	0
이시자키 아리노부(石﨑有信) 가나자와의과대학 위생학교실	9	대회(7), 논저(1), 잡찬(1)	「복합소질의 유전에 대하여」(논저)	1934.6~1936.12		0	0	0	0
이와가키 히로시(岩垣宏) 나고야대학 치과교정학교실	9	초록(8), 대회(1)	「액취(腋臭)의 일 가계(家系)」(대회), 「임신에 따른 충치발생의 예방에 대하여」(초록)	1938.5~1939.3		0	0	0	0
후쿠다 구니조(福田邦三) 도쿄제국대학 의학부 생리학교실 교수	9	초록(6), 강연(2), 대회(1)	「체질, 체격, 체위」(강연), 「인류 유전학의 2~3가지 기초개념」(강연)	1940.8~1943.3		0	0	0	0
사토 요시미(佐藤美實) 의학박사	9	초록(6), 논저(1), 잡찬(1), 대회(1)	「조지 퀴비에(Georges Cuvier)의 백년제(百年祭)」(잡찬), 「자동차 승무원성의 사회부인과학연구」(논저)	1932.11~1937.7	회지편집간사	0	0	0	0
오가와 스 공중위생원 위생통계	8	대회(5), 논저·원	「소두(小頭)의 유전에 대하여」(논	1939.12	부장 가와가미 리	1	0	0	0

성명	소속	편수	구분	기사 제목	직책	활동기간	이지(川上理一) 교수	수		
노스케(尾崎安之助)	부, 후생과학연구소 국민우생부					~1942.11			0	1
이시하라 후사오(石原房雄)	도쿄위생시험소, 의학박사	8	좌담(3), 대회(2), 논지(2), 권두(1)	「미국의 생육과 일본민족 장정(壮丁)기의 체격」(논지), 「일중혼혈아(日華混血児)의 의학적 조사」(논지)	회지편집간사	1932.1~1941.8		0	0	0
고마이 다쿠(駒井卓)	교토제국대학 교수, 의학박사	8	강좌(7), 강연(1)	「우생학(강좌), 「인류유전의 전망」(강연)	오사카 지부 이사, 중신회원	1931.3~1939.6	우생협회 찬성인	6	0	0
우지무라 히로유키(内村祐之)	홋카이도제국대학 의학부 정신병학교실, 도쿄제국대학 의학부 정신병학교실, 도쿄부립마쓰자와병원(松沢)병원, 의학박사	7	대회(4), 논지·원저(3)	「하타가 고토리(日高橋取) 아이누의 혈청 매독반응 조사 성적, 부니지코(附日高) 아이누의 혈청형(논지), 「아이누 아동의 지능검사(원저)	평의원	1934.12~1942.8		0	0	1
가와히토 사다오(川人定男)	만주의과대학 위생학교실, 의학박사	7	대회(6), 논지(1)	「우리나라의 구미 제국의 출생률, 사망률, 인구자연증가율의 비교고찰(논지), 「사망률의 정정인수(訂正因数)에 대하여(대회)		1934.2~1939.12	미우라 윤이치(三浦一)	4	0	0
다카하시 쓰토무(高橋物)	야마가타(山形) 현 위생기사, 의학박사	7	논지(4), 대회(3)	「체육과 학교위생에 대한 기본적 연구(논지), 「아가타타현 생동아동의 체질(대회)		1931.6~1934.6		0	0	0
마루야마 히로시(丸山博)	오사카제국대학 의학부 위생학교실, 오사카부 위생과	7	대회(7)	「영아사망의 기본적 절음 나타내는 지수치 α에 관하여(대회), 「일본 유아사망률의 통계적 구조(대회)		1936.12~1944.3		0	0	0
나시노 무쓰오(西野睦夫)	내무성 사회국 인구문제연구소	7	대회(6), 잡찬(1)	「망적여공의 월경수의 취지 후 변화에 대하여(대회), 「만주의 제민	평의원	1933.1~1942.4		1	1	0

이름		발표 형태	죽인 인구구성에 대하여」(대회)	비고	기간			
사토 다다시(佐藤正) 간이보험국(簡易保險局) 과장, 의학박사	7	자료(5), 강두(1), 초록(1)	「사회위생에 따른 최근 숫자」(자료), 「최근 사회위생문제」(1) 의료문제와 농촌구제」(자료)	회지 편집 간사, 본부이사	1931.6~1933.12	1	1	0
다니구치 요시노리(谷口芳德) 도쿄제국대학 의학부 위생학교실, 의학사	6	대회(4), 논저(2)	「6대 조시(도쿄, 오사카, 교토, 나고야, 요코하마, 고베) 주민의 생명표, 제1회(昭和元年 - 五年)」(논저), 「우리나라 결핵분포에 의한 뗑관 역병 단독의 지리적 분포」(대회)		1939.5~1941.5	0	0	0
무라카미 겐조(村上賢三) 가나자와 의과대학 위생학교실	6	대회(6)	「농·어·산촌 여성의 출산건에 대하여」(대회), 「우리나라 제급별 사... 최도태에 비추어 우리나라 인구문제를 장래에 대해 논하다」(대회)		1934.6~1936.12	0	0	0
마쓰바야시 겐조(松林鎌三) 문부성 체육연구소, 히로시마 의학사	6	대회(4), 논저(2)	「수태와 제정과의 관계」(논저), 「여자신체발육에 대한 연구」(논저)	「히로시마 지부 평의원」 나가이 교수 지도	1931.3~1942.4	0	0	0
다카구치 하스아키(高口保明) 가나자와 대학 위생학교실	6	대회(4), 자료(2)	「소아 유전병에 관한 최근 문헌」(자료), 「농·어·산촌 가족의 출산된 조사」(대회)		1933.9~1935.7	0	0	0
곤도 다다오(近藤忠雄) 厚生科학연구소	6	강화(3), 대회	「통계방법개설(統計方法槪說)」(강화), 「선천성이상의 유형과 유전」(대회)		1942.4~1942.11	0	0	0

능가한다. 사이토는『우생학: 인류의 유전과 사회의 진화』(후로카쿠쇼보, 1916),
『유전과 인성』(심리학연구회, 1918년) 등의 저서가 있고, 1910년대부터 심리학
의 관점에서 우생학을 도입하는 데 적극적이었다. 1917년 결성된 대일본우생
회에는 이사로 이름을 올렸다.[5] 학회 본부의 상무이사, 도쿄 지부의 이사를 맡
았다. 집필 내용은 「단종의 동기와 목적」, 「레너드 다윈(Leonard Darwin)」 등
의 초록, 잡찬이 중심이다. 논저도 집필했는데, 볼디레프의 「연애와 가정」의
역자로 등장한 것이다. 또한 우생결혼보급회의 《우생》 집필에도 3회 참여한
적이 있고, 1930년대에도 우생학 계몽으로 일관했다.

도쿄제국대학 이학부 교수인 고마이 다쿠는 1910년대부터 멘델 유전학의
도입에 관여했다. 고토 류키치의 일본우생학협회에서는 찬성인에 이름을 올
렸다. 《민족위생》지에는 「유전학」(연재) 등 '강좌'물만 집필했기에 ①로 분류
했다. 하지만 학회에는 "우선 첫 번째로 착실한 연구를 매듭짓는 데 노력해야
할 것이다, 그리고 일본의 우생학이 어느 정도 윤곽이 잡히면 보급 선전도 해
야 한다"며 연구 활동을 우선시하기를 바랐다.[6]

②의 전형으로 고야 요시오(古屋芳雄), 가와카미 리이치(川上理一), 요시마스
슈후(吉益脩夫), 요시다 유키노부(吉田章信), 이케미 다케시(池見猛)를 꼽을 수
있다.

고야 요시오는 지바 의과대 조교수, 가나자와 의과대 교수를 역임했다.
1920년대에 시라카바파(白樺派)* 작가로 활동한 후 생물측정학과 유전통계학
연구에 전념했다. 그때 "나는 민족 위생을 하겠다. (중략) 이 길에는 나가이 (히
소무) 선생님이 있지만, 그분은 시종 계몽가였던 사람이다. 나는 좀 더 소박한
기초 이론부터 시작하고 싶다"고 결의했기 때문이다.[7] 《민족위생》에서의 집필
내용은 「우리나라의 양성 출생 비율에 관한 사회생물학적 연구」, 「일본인과
'아이누' 민족에서의 양성 출생률 연구」 등 통계 데이터를 구사한 생물측정학
관련 원저를 쓰거나 대회에서 연구 발표를 하는 한편, 「인류 유전병 강좌」 등

---

* (옮긴이) 잡지 《시라카바》를 중심으로 일어난 문예사조의 하나.

약간 내용은 딱딱하지만 《우생학》지에도 게재된 듯한 내용의 강좌도 담당했다. 또한 《우생》지에는 「민족의 적」(3-3), 「「단종법」 시비」(3-5)와 같은 계몽적 내용의 기사도 있다. 1939년 후생성 칙임 기사(技師)로서 「국민우생법」, 「국민체력법」 입안에 관여한 것으로도 알려져 있다.

가와카미 리이치도 평의원 중 한 명으로 수리생물학 전문이고, 안과를 선택해 눈의 색각을 연구했다. 그러나 그는 게이오기주쿠대학(慶応義塾大學) 의학부 안과에서 예방의학으로 전공을 바꾸어 구사마 요시오(草間良男) 교수 밑에서 위생학 조교수를 맡았다. 가와카미는 지바의전 학생 시절, 나가이가 생리학 강의에서 우생학을 언급했을 때도 "물론 찬성이었으나, 그것은 논의할 여지도 없는 것이고 학문으로서 연구할 정도도 못 된다고 생각"하고 있었다. "그렇지만 나도 강의를 하게 되자 자신도 모르는 사이에 우생학의 정당함을 인정하고 주장하게 되었다"고 한다.[8] 《민족위생》지에서는 「레버 시신경 위축증(Leber Hereditary Optic Neuropathy) 유전에 관한 기타지마(이사오)(北島 [勳] 氏)의 법칙과 그 증명법에 대하여」(1-2)처럼 안과와 예방의학이 결합된 전문 논문이나 대회 보고로 등장한 경우가 대부분이다. 하지만 우생결혼보급회에서의 집필 횟수가 7회로 고야보다도 기여 정도가 높다. 민족위생협의회, 학술진흥회의 우생학유전연구 제26소위원회, 민족위생연구회 모두에 참여했고, 훗날 공중위생원 교수가 되었다.

요시마스 슈후는 학회 평의원, 회지 편집간사 등을 맡았다. 범죄심리학, 사법정신의학 전문으로, 그 식견을 우생학, 인류유전학과 결부시켜 연구했다. 학회의 「단종법」안 작성에도 관여했다. 1936년에 도쿄제국대학 의학부 뇌연구실[미야케 고이치(三宅鑛一) 소장] 제3부에서 연구 지도를 맡으며 강사에서 조교수가 되었다. 『우생학의 이론과 실제』(난코도, 1940) 등의 저서가 있다.[9] 《민족위생》지에서는 「우생학적 단종의 정신병학적 적응」(3-4·5), 「결혼상담과 결혼상담소 기구에 대해」(4-2) 등 「단종법」 문제나 해외의 결혼상담소 사정 등에 관한 '논저'(연구 논문과 약간 다른 사례)를 쓰는 한편, 「도쿄시 소학교 아동에게 실시한 개별적 지능검사의 성적」(8-2) 등 학술적 조사 성과도 발표했다. 또《우생》에서 계몽적 기사를 집필한 횟수도 많다.

요시다 유키노부는 군의학교 출신으로 체육위생학을 연구했으며 체육 측정의 선구자였다. 전쟁 전에는 문부성 위생관과 체육연구소 기사(技師)를 역임했다. 학회에는 본부이사, 회지 편집간사로 관여했다. '초록(抄録)' 담당 사실을 확인할 수 있는 것은 그 때문으로 생각된다. 「일본인의 체질, 특히 체력의 표준에 관한 연구」(2-4) 등 체질, 체력 연구에 대한 연구 발표가 주를 이루고, 「단종법」 제정이나 우생결혼 보급에 적극적으로 관여한 흔적은 없다.

또한 이케미 다케시는 도쿄 의전을 나온 후 도쿄제국대학이나 나고야제국대학에서 성격 유전에 관한 연구에 종사하여 박사학위를 취득하고, 동시에 협회 사무나 우생학 계몽도 적극적으로 도맡은 인물이었다. 《우생학》지 등장 횟수도 주간인 고토 다음으로 많았다. 훗날 1941년에 우가키 가즈시게(宇垣一成)를 총재로 추대하여 민족과학협회, 이듬해에는 그 연구소를 설립했으나 충분히 활동하지 못했고, 전쟁 후에도 우생정책에 영향을 끼치는 일은 없었다.[10]

③의 전형으로 미즈시마 하루오(水島治夫), 다테노 기미코(立野君子), 요시오카 히로토(吉岡博人), 엔도 신조(遠藤眞三), 다치카와 기요시(立川淸), 마쓰오카 우미헤이(松岡海平), 구보 히데부미(久保秀史), 후쿠다 구니조(福田邦三)의 이름을 꼽을 수 있다. 적어도 표 안에서는 이들 그룹이 다수파였음을 알 수 있다. 특별히 다루어야 할 인물만 언급하겠다.

미즈시마 하루오는 경성제국대학 의학부 위생학강좌의 조교수였으나, 1940년 규슈제국대학 교수가 되어 같은 해 개설된 민족위생학 식민위생학 강좌를 담당했다. 인구통계학 분야를 전문으로 했으며 일생의 과업은 생명표 연구였다.[11] 《민족위생》지에도 「6대 도시(도쿄, 오사카, 교토, 나고야, 요코하마, 고베) 주민의 생명표」(8-1, 8-3) 등의 논저가 있다. 《우생학》지에도 생명표 관련 논설을 기고했으나, 「단종법」 제정 운동에 적극적으로 관여한 정황은 없다.

요시오카 히로토는 도쿄여자의학교(현 도쿄여자의과대학)*의 창립자인 요시

---

* (옮긴이) 1900년 도쿄여자의학교 창립 → 1912년 도쿄여자의학전문학교로 승격 → 1950년

오카 아라타(吉岡荒太)와 요시오카 야요이(吉岡弥生)의 장남으로서 도쿄제국대학 의학부 조수(助手),* 도쿄여자의학전문학교 교수를 역임한 후 1965년에 도쿄여자의과대학 학장이 되었다. 일본의 위생통계학에서 선구적인 업적을 거둔 것으로 여겨진다.[12] 다테노 기미코 등 《민족위생》지의 집필자 중에서 도쿄여자의학교 관계자를 간간이 볼 수 있는 것은 요시오카의 영향인 듯하다.

후쿠다 구니조는 1938년 나가이 히소무의 후임으로 나고야제국대학 의학부에서 도쿄제국대학 의학부로 옮겨 와 생리학강좌 교수로 취임했다. 그에 따라 협회 운영을 떠맡았다. '초록'에 관여한 정황에서 후쿠다도 잡지 편집의 실무를 맡았음을 엿볼 수 있다. 후술하는 바와 같이 1939년에 《민족위생》지의 학술잡지화를 추진한 인물이었다.

나머지는 무명인도 많아 일일이 파고들지는 않겠으나, 현저히 나타나는 경향을 꼽겠다. 우선 미즈시마, 구보, 이시자키 아리노부(石崎有信), 오자키 야스노스케(尾崎安之助), 가와히토 사다오(川人定男), 마루야마 히로시(丸山博), 니시노 무쓰오(西野睦夫) 등 '대회'에 관여한 사람이 많다는 것이다. 그중에는 가와나미(川浪), 이시자키(石崎)처럼 미즈시마나 고야의 제2저자(second author)로 등장한 인물도 있다. 이들은 학위 취득 도중인 의학생으로 볼 수 있다. 학회(협회)를 오로지 학술 발표의 장으로 이용했다고 이해할 수 있을 것이다. 더욱이 다테노(立野), 이시카와(石川)처럼 '초록'에 많이 등장한 인물에게서는 편집자로 관여한 사실도 엿볼 수 있다. 연구 발표의 장을 제공받는 한편 사무를 도와야 했던 의학생도 있었을 가능성이 엿보인다.

이상을 보면 《민족위생》지의 주요 집필자 중 우생학 계몽에 특화된 인물은 많지 않고, 그 대다수가 학술적인 논설이나 연구를 발표했음을 알 수 있다. 다만 나가이나 사이토(斎藤) 등이 모임의 중심에서 학회나 회지의 계몽적·정치적 성격에 짙은 영향을 준 것은 확실한 것으로 보인다. 그런 가운데, 학술에도 계

도쿄여자의과대학 설립.
* (옮긴이) 조교에 해당함.

몽에도 관여한 제2유형을 띠는 저자의 존재는 흥미롭다. 고야, 가와카미 등은 간부지만, 둘 다 나가이의 계몽 활동을 어느 정도 경시하면서 착실한 학문적 연구를 지향했다. 다만 한편으로 「단종법」 제정 운동이나 우생결혼 보급 활동 등 나가이와 궤를 같이하는 행동도 뚜렷하게 나타났다. 그들은 계몽과 학술 사이에서 갈리는 복잡한 성격을 지녔다고 할 수 있다. 그런 가운데 《민족위생》 지에서 제3유형의 주요 집필자가 다수였음을 고려하면, 1939년 협회와 회지의 학술 쪽으로 경사진 경향[회로(回路)]은 이미 모임 발족 당시부터 열려 있었다고 할 수 있다.

2) 학술적 측면의 상대적 우위: 연구소 구상을 중심으로

이와 같이 일본민족위생학회가 학술적 측면과 계몽적 측면 모두를 우선시하기는 했지만, 상대적으로는 창립 단계부터 학술적 측면을 더 우선시하려 했음을 집필자의 동태는 잘 보여준다. 그러한 측면은 다른 논거에서도 확인 가능하다.

그림 5-1에서 각 란의 비율을 보면, 선행 연구가 지적했듯이 창간 당시에는 자료, 잡보, 잡찬의 합계가 지면에서 차지한 비율이 절반 가까이에 이른다. 하지만 그 비율은 1권 4호부터 3분의 1 정도까지 떨어져 4권 2호에서는 거의 전무한 상태가 되고, 5·6권에서 약간 회복되지만 7권 1호 이후에는 거의 자취를 감춘다. 반면 7권 1호 이전에도 지면은 대부분 논설, 원저가 차지했다. 이 란들에서도 7권 1호 이전에는 정책론이나 민족 위생의 이념을 역설한 계몽적인 논설도 볼 수 있었으나 대개는 학술 논문이었다. 그런 의미에서 《민족위생》지는 학술 잡지의 성격이 농후했다고 평가할 수 있다.

집필자의 소속 표 5-2이나 학위 표 5-3을 보면 의학 쪽에 편향되어 있음을 알 수 있다. 전쟁 전 집필자 대다수는 대학 의학부 관계자로, 확인된 자료의 60%를 차지한다. 후생성 관계자가 그다음으로 많다. 집필자의 학위도 의학박사, 의학사가 대다수를 차지하고, 그 밖의 전문가도 포함되어 있지만 많지 않다. 참고로

표 5-2 • 집필자의 소속

소속기관, 단체	등장 횟수	특기사항
대학의학부, 의과대학	500	도쿄제국대학(128), 가나자와 의과대학(92), 게이오기주쿠대학(89), 홋카이도제국대학(51)
의학전문학교	29	도쿄여자의학전문학교(23)
대학(의학부 이외 및 기재 없음)	39	
중등교육기관	62	요코하마고등공업학교
병원	27	
성청	85	후생성 관계(52, 후생성 연구소 포함), 문부성 체육연구소(15)
연구기관(공적·사적 모두)	69	공중위생원(28), 인구문제연구소(19), 후생과학연구소(9)
도·도·부·현 공무원	6	
시 공무원	13	
식민지 공무원	4	
국회의원	2	아라카와 고로, 시모무라 히로시
그 외	12	생명보험회사, 변호사, 애육회 등
합계	848	

문학사나 문학박사는 심리학 관련 전문가[사이토 모사부로(斎藤茂三郎)]였다.

그와 관련된 이 잡지의 특색으로 학위를 취득하지 않은 의학생의 대회 보고가 두드러지는 점을 꼽을 수 있다. 도쿄제국대학 의학부 생리학교실, 가나자와(金沢) 의과대 생리학교실의 의학생이나 의국원이다. 고야 요시오 등과 그룹을 이뤄 보고나 집필을 한 인물도 있어 나가이나 고야의 문하생이거나 연고가 있는 학생으로 보인다. 그들 대부분에게서는 학회의 계몽 활동에 관여한 흔적을 볼 수 없다. 《민족위생》지나 학회 대회를 연구 발표와 업적 만들기의 장으로 이용한 것으로 추측된다. 참고로 1934년 4월 2일에 열린 민족위생학회 제3회 학술대회는 일본 의학회 제12분과회로 취급된다(1934년 6월 3권 4·5호에 「제9회 일본의학회 제12분과회 일본민족위생학회 제3회 학술대회 강연초록」으로 게재). 학회의 아카데믹한 측면에 권위가 실렸다고 이해할 수 있다.

또한, 학회(협회)에서 학술이 계몽에 대한 상대적 우위를 나타내는 상징적

표 5-3 • 집필자의 학위

학위	등장 횟수
의학박사	201
의 학 사	61
문 학 사	58
이학박사	7
문학박사	5
농학박사	2
법학박사	1
박 사	1
Master of Science in gymnastics	1
무 기 입	689

사례로 학회 창립의 동기가 되기도 했던 민족위생연구소 설치 구상이 있다. 나가이는 1952년 강연에서, 서구의 예를 따라 '학회 설립'이나 '규율 제정'이 실시되기를 '간절히 희망'하던 참에, 1929년 보스턴에서 개최된 제13회 만국생리학회에 일본 대표자 중 한 명으로 출석함과 동시에 서구 각국을 시찰하라는 명을 받는다. 이에 "각국의 우생학 문제를 조사하고, 특히 웁살라의 세계 최초 국립 민족위생연구소를 방문하여 비로소 우리나라에 이런 류의 연구기관이 필요하다는 것을 통감했고, 귀국 후 동료와 도모해" 학회를 설립하기에 이르렀다고 말했다.[13] 이 회상을 통해 추측해보면 학회 설립의 중심(기점, 基点)에는 일단 연구소 설치가 있었다고 할 수 있다.

연구소 구상에 대해서는 회지 편집자인 무라카미(村上生)도 1932년 11월 2권 3호의 '잡보'에서 언급했는데, "본 학회도 여러분의 도움을 구해 기초가 튼튼한 민족위생연구소를 설립하고, 널리 인재를 모으며 연구에 정진함과 동시에 그 부속 기관으로, 아니, 연구소보다 선행해서라도 신속히 거리로 나가서 상담소를 개설하여, 합리적인 배우자 선택으로, 올바른 산아 문제 지도로, 혹은 유전병 제거로 고민하는 대중의 인자한 어머니가 되어 그 고통을 없애겠노라"고 역설했다(107쪽).

1933년 12월 3권 2호의 「학회 잡기」에서도 무라카미는, 학회가 우생결혼상담소를 열고 결혼위생전람회를 연 일과, 11월 11일 결혼위생강조의 날에 전단지 50만 장을 배포하고 포스터 5000장을 내건 일, 한편으로는 라디오 방송, 영화 제작, 민족위생총서 간행을 실시한 일, 「단종법」안을 의회에 제출할 준비를 갖춘 일을 전했다. 주목할 점은 무라카미가 이어서 "우리가 괜히 외면적인 운동으로만 치닫는 게 아닙니다. 물론 신속하게 민족위생연구소를 일으키고, 인재를 모아 기본적인 연구 조사를 진행함으로써 학문으로서의 흥미를 지향해야겠지만, 아직 경제적인 기초가 확립되지 않아 어쩔 수가 없습니다"라고 말한 것이다(100쪽).

요컨대 무라카미의 의식 속에서 우생결혼상담소나 결혼위생전람회는 '외면적 운동'이고, 학회의 본지는 '민족위생연구소'에 있었음을 알 수 있다. 하지만 경제적인 이유로 연구소 설립은 불가능했기에 학회는 우선 결혼상담소부터 개설했던 것이다. 물론 연구소를 설립한다는 구상은 존속했다. 이어서 무라카미는 "조직을 증대, 강화시키는 일본민족위생협회 설립"의 "구체적 행동"에 돌입하여 "학계는 물론이거니와 특히 관계, 정계 유력자의 도움을 희망"한다고 썼다(3-2, 100쪽).

1935년 7월 10일 일본민족위생학회는 재단법인 일본민족위생협회로 내무대신에게 설립 인가를 받았다. 그에 따라 나가이 하나에(永井花江, 나가이 히소무의 부인)를 회장으로, 부인 계몽을 위한 일본우생결혼보급회가 같은 해 설립되었다. 이듬해인 1936년에 협회는 '민족위생진흥 건의(5권 3·4호의 「부록」으로 게재)'를 제시했다. '① 일본 민족위생연구기관의 설립, ② 「단종법」 제정, ③ 결혼상담소 설치, ④ 민족위생학(우생학) 사상의 보급 철저, ⑤ 각종 사회 정책의 민족위생학적 통제'를 '민족위생학적 사회 정책'의 중점으로 채택할 것을 주장한 것이다. 이는 선행 연구에서 「단종법」을 중심으로 한 협회의 중요한 정치 행동으로 거론된 경우가 많은데, 그 평가는 옳다고 생각한다. 다만 첫 번째 항목으로 역시 '일본 민족위생연구기관의 설립'을 꼽은 것의 의미는 간과되는 경우가 많다. 그 해설에서도 "민족 개선의 기초가 되는 학문의 연구기관을 설립하는 일은 첫 번째로 착수해야 하는 가장 중요한 사항"이라고 되어 있다. 게다가 해설에서는, 영국 런던대학에 '국민우생학 골턴(Galton) 연구실', 나가이가 방문했던 스웨덴의 국립 웁살라 '민족생물학연구소', 독일 베를린의 오이겐 피셔(Eugen Fischer)가 주최한 '인류학, 인간유전학과 우생학연구소'와 뮌헨의 에른스트 루딘(Ernst Rüdin)이 주최한 '독일정신병학연구소'가 있고, 미국에는 찰스 대븐포트(Charles Davenport)가 주최한 '우생학기록국'과 에즈라 고스니(Ezra Gosney)가 설립한 '인류개선재단'이 있음을 예로 들었다. 그에 반해 "우리나라에는 아직 민족생물학 연구소가 전혀 존재하지 않는 상태"라며 연구기관 설립을 "가장 시급한 일"이라 했다(7~8쪽).

이와 같이 연구소 설치는 줄곧 민족위생학회(협회)의 중요한 관심사였다. 그 배경에는 이 연구소들을 중심으로 서구에서는 인류유전학 연구가 진행되고 있는 가운데, 그런 동향에 뒤쳐지고 싶지 않다는 초조함이 있었던 것으로 보인다. 결국 이런 구상은 성공하지 못했지만, 이는 1939년 《민족위생》지의 성격 전환을 고찰하는 데 중요한 복선(伏線)이 될 것이다.

3) 우생학 계몽의 일반 미디어에 대한 영향력

다만 그렇더라도 계몽적 측면 또한 아무래도 포기할 수 없었던 것이, 적어도 1935년 8월 재단법인화 전까지 학회의 특색이었다.

왜일까? 물론 나가이 히소무 등이 1910년부터 우생학 계몽과 「단종법」 제정 운동을 지속해온 경위가 있다. 이에 더해 중요한 것이 1930년대의 특색으로서 협회의 통속적인 과학계몽이 이제까지의 우생학 운동보다도 큰 반향을 불러온 점을 꼽을 수 있다. 통속 강연회나 상담소는 신문 등에서 보도되었고, 그 동원력은 우생학협회나 우생운동협회를 능가했다.

예를 들어, 학회가 1933년 6월 20일부터 시로키야(白木屋)*에 개설한 우생결혼상담소에 대해, 상담의였던 가요 노부노리(加用信憲)는 1964년 3월 「우생결혼상담소의 추억」(30권 2호)에서 이렇게 회상했다. "학회가 일본 최초의 결혼상담소를 백화점 안에 개설한다는 뉴스가 순식간에 저널리스트들의 흥미를 끌자 여러 신문이며 잡지 기자가 우르르 몰려와 나는 완전히 어리둥절해지고 말았습니다. 그리고 내 이야기가 각종 신문이나 잡지에서 크게 다뤄졌는데, 그중

---

* (옮긴이) 과거 도쿄 니혼바시에 있던 백화점.

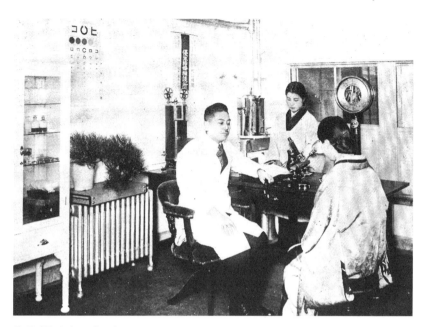

우생결혼상담소 진료실

자료: 《민족위생(民族衛生)》 3권 2호(1933년 12월).

에서도 부인잡지(마마)는 굉장히 열띤 기세였습니다." 실제로 개설해보니 상담객이 "첫날에는 10여 명" 왔는데, "신문이나 잡지의 일시적인 광고 효과도 날이 갈수록 떨어졌는지, 2개월쯤 지나자 급격히 찾는 사람이 감소해 10명이 5명이 되고 5명이 0에 가까워졌"다고 했다(32쪽). 이 회상은 1935년 7월 4권 3·4호에 게재된 이케미 다케시(池見猛)의 「우생결혼상담소 1년에 대한 보고」에 '1년간 취급 건수'는 "6월 7명, 7월 10명, 8월 7명, 9월 7명, 10월 15명, 11월 23명, 12월 9명, 1월 9명, 2월 15명, 3월 5명, 4월 3명, 5월 6명"이라 쓰여 있는 것을 보아도 사실이었음을 알 수 있다(117쪽). 상담소의 실태는 초라했다. 그러나 상담소의 존재가 적지 않은 신문이나 잡지 기자를 끌어들여 언론에 보도되었다는 사실 그 자체만으로도 학회가 가지는 일반 미디어에 대한 영향력을 알 수 있지 않을까?

1935년 12월 7일 협회의 부속 단체인 우생결혼보급회가 발족했다. 나가이 하나에를 회장으로 하는 여성들만의 단체였다. 이 단체에 대해서는 다음 절에

우생결혼상담소 입구

자료: 《민족위생(民族衛生)》 3권 2호(1933년 12월).

서 자세히 쓰겠지만, 예를 들어 12월 8일자 《요미우리신문》(석간)에는 "인텔리 여성 1000여 명이 모였다"라고 나와 있다(3면)(참고로 학회 발회식에는 800명). 나가이는 1952년 강연에서 발회식에 대해 "구단시타(九段下) 군인회관의 대강당에서 거행했을 때처럼 발 디딜 틈도 없이 청중으로 가득 차 보조 의자를 꺼내도 자리가 부족했기에, 경관의 주의에 따라 하는 수 없이 늦은 사람들의 입장을 막아야 했을 정도였다"고 회상했다.[14] 협회의 계몽 이벤트는 비상한 관중동원 능력을 자랑했다.

그와 관련하여 학회(협회)는 '결혼위생강조 모임'을 1933년부터 매년 11월 11일(단, 제3회는 12월 7일)에 개최했다.[15] 이는 결혼진단서 교환을 비롯한 우생 결혼 계몽을 펼치기 위한 것으로서, 특히 제2회 집회의 모습을 살펴보자(1934년 12월 4권 1호, 84쪽). 인사는 나가이가 하고, 강연으로는 가가와 도요히코(賀川豊彦)가 '우생운동을 기초로 한 사회 개조', 야마다 와카(山田わか)가 '민족의 생

명선과 결혼'을 제목으로 연설했다. 가가와의 강연은 학회에서 1935년 3월 28일에 '민족위생총서 (4)'로 발행되었다. 가가와는 "일본 민족으로서 더욱 좋은 민족을 이루고 더욱 좋은 사회를 만들며 더욱 좋은 문화·문명을 이룩하기 위해서는 민족위생이 꼭 필요하고, 이를 위해서는 우생학적 지식의 보급이 근본적으로 필요하다고 믿는다. 나는 나가이 선생님 등이 이따금 귀중한 시간을 할애하시어 소위 상아탑에서 나와 민중에게 호소해주시는 것에 마음속 깊이 경의를 표하는 사람이다"라고 했다(13쪽). 이 말에는 학자가 거리로 나와 계몽 활동을 벌이는 것에 대한 긍정적인 이미지가 표현되어 있다. 그에 더해 주목하고 싶은 것은 여흥으로서 ① 관현악 우가진 살롱 오케스트라(우가진 미쓰오(宇賀神味津男) 지휘), ② 만담, 도쿠가와 무세이(德川夢聲), ③ 독창과 무용, 마쿠타(幕田) 외 다수, ④ 발성영화, 〈결혼 십자로〉(도쿄의학사진협회 제공)라고 되어 있다는 점이다. 우생학 계몽의 강연회 여흥에 예능인을 동원한 예는 드물다. 1920년대의 우생학 계몽은 저널리즘의 세속화와 거리를 두는 경향을 보였으나, 1930년대 학회의 우생학 계몽에서는 양자 간의 거리가 좁혀졌다고 할 수 있다.

우생학 계몽의 세속화, 대량 관객이나 미디어의 동원, 학자의 가두주의(街頭主義)*에 대한 지지. 이것들의 결합은 협회에 전에 없던 정치적 영향력의 원천이 되지 않았을까? 그렇기 때문에 학회는 본래 학술 단체이기를 지향하면서도 우생학 계몽에도 적극적이었다. 설립 당시 이렇게 학술과 계몽이 뒤섞인 노선을 추진한 사람은 나가이였다. 하지만 1935년 8월 협회가 재단법인화되었을 무렵부터 차츰 양자가 엄격히 구별되는 경향이 나타나게 된다.

3. 1939년의 성격 전환과 그 요인

노마 신지(野間伸次)는 "연구 단체라기보다 계몽 단체의 성격을 강하게 띠었

---

* （옮긴이） '사회참여'라는 맥락적 의미.

그림 5-2 • 전쟁 전 《민족위생》의 연차별 발행 횟수

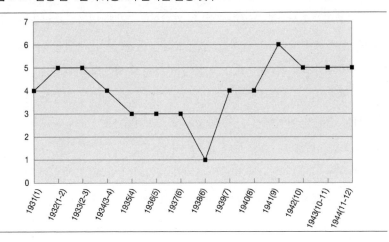

던 학회는 당초부터 염원해온 재단법인화를 1935년(쇼와 10년)에 실현한다"고 했다.[16] 다카키 마사후미(高木雅史)도 이 변화에 따라 "계몽운동 단체로서의 성격이 강화되었다"고 했다.[17] 확실히 1936년 9월 '민족위생진흥 건의'와 같이 현저히 정치적인 행동도 볼 수 있다.

그러나 그 후 《민족위생》지 지면에서는 협회가 (계몽과는) 반대되는 경향을 강화한 것이 나타난다. 원래 잡지는 연 6회 간행이 원칙이었다. 그림 5-2에서도 분명히 알 수 있듯 1932년부터 1933년까지는 5회 간행되었다. 하지만 1935년부터 1937년에 걸쳐 3회로 줄고, 1938년에는 6권 5·6호로 1회밖에 간행되지 않았으며, 다음 호인 7권 1호가 발행되기까지 10개월이나 간격이 벌어졌다. 1939년 간행된 7권은 쪽수도 적고 연 4회밖에 간행되지 않았다. 더욱이 1910년대 이래 우생학 계몽과 계보를 같이해온 잡찬란은 재단이 법인화된 1935년 4권 이후 그 분량이 대폭 줄었다(그림 5-1). 그것은 《민족위생》지의 계몽적 측면 감소로 이해할 수 있다.

1935년부터 그러한 경향이 나타난 요인은 민족위생학회가 같은 해 8월 재단법인화로 협회가 된 후, 1935년 12월 부속 단체인 우생결혼보급회가 발족해 《우생》지라는 새로운 잡지를 간행한 것과 관련이 있어 보인다.

그 영향이란 《민족위생》지와 《우생》지의 역할 분담을 꾀하지 않았을까 하는 것이다. 이 점에 대해 두 잡지의 편집자가 확실히 밝힌 것은 아니다. 그러나 《우생》지가 발행된 1936년 3월 이후 두 잡지를 비교해보면 아래 기술한 바와 같이 《우생》지에 게재된 정보가 《민족위생》지에는 기본적으로 게재되어 있지 않다.

예를 들어, 《우생》지는 잡보란에 해당하는 「우생 소식(優生だより)」이라는 란에 「나가이 씨의 우생문제방송」(1-1), 「요시마스 슈후 씨의 단종문제방송」(1-1), 「와세다대학에서의 우생 강연회」(2-12), 「나가이 회장의 베이징행」(2-6·7) 등 협회 주요 일원의 동향을 기재했다. 게다가 우생결혼상담소 동향으로 「우생결혼 상담란」(1-2)이나 「일본우생결혼보급회 강연회에 대한 기사」(1-10)를 소개했다.

또한 《우생》지는 협회가 관여한 「단종법」 제출이나 우생정책 동향도 보도했다. 「「단종법」안 제출」(1-2)을 비롯해 「「단종법」에 대한 영향」(2-1), 「「단종법」과 신문」(2-2), 「일본학술진흥회의 우생 건의」(「보건사회성의 우생학적 기구 설치에 관한 건의」)(2-6·7), 「민족우생보호법」안의 의회 제출」(2-6·7), 「「단종법」 제정에 대한 기운(機運)」(2-12), 「단종 문제와 여론」(3-1·2), 「「단종법」 논의」(3-4), 「후생성의 단종협의회」(3-5), 「「우생결혼법」 제정으로」(3-5), 「민족위생 연구회 탄생」(후생성 우생과가 설치)(3-10), 「단종 제도 실시 준비」(단종 제도 예산으로 2만 엔, 정신병 유전 계통 조사)(3-11), 「「단종법」안을 둘러싼 미담」(야기 이쓰로, 무라마쓰 히사요시의 동향)(3-12), 「민족우생법안의 운명」(이 법안이 귀족원에서 묵살될 것으로 예측)(4-1) 등 정책적인 움직임을 순차적으로 소개했다.

협회의 《민족위생》 쪽은, 「일본민족위생협회 학술대회」(1-6), 「민족위생진흥 건의」(1-7)를 다룬 것은 공통되지만 기본적으로 《우생》이 보도한 협회나 관계자의 「단종법」에 관련된 정치 활동 정보는 다루지 않았다. 단, 협회는 1939년 3월에 7권 1호를 발간하면서 「일본민족위생협회 사업 동향」(1939년 3월 7권 1호 부록)으로 1935년도부터 1937년도까지의 동향을 보도했다. 거기서는 11월 11일 '일본우생결혼보급회 창립 기념과 결혼위생 강조에 관한 강연회' 개최,

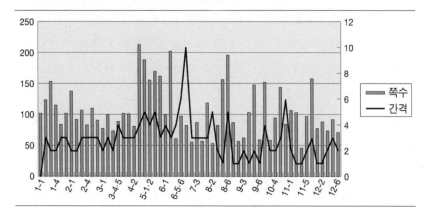

그림 5-3 • 전쟁 전 《민족위생》지의 간행 상황(쪽수와 간격의 추이)

1937년 학술진흥회 국민우생부에서 '우생에 관한 부국 설치의 필요성을 본 협회가 후생성 당국에 건의함과 동시에, 학술진흥회 국민체위['위'는 '력'의 오기] 조사회 우생부 위원장인 나가이 이사장'이 '이 우생부회의 이름으로 같은 건의'를 한 점, 1938년 1월 '야기 이쓰로(八木逸郎) 중의원 의원의 찬조를 얻어, 본 협회에서 입안된 「단종법」안을 그의 손으로 「민족우생보호법」안의 이름하에 제71 제국의회에 제출하나, 불행히도 회기가 짧은 탓에 심의 미결'된 점 등을 보도했다. 하지만 이는 한쪽의 요약일 뿐으로, 《민족위생》지에서 정책 방면에 대한 보도가 경시된 것의 반영으로 보인다.

이를 전후해 협회 이사장으로서 우생학 계몽과 「단종법」 제정을 위해 정치운동을 추진해왔던 나가이 히소무가 타이베이제국대학 의학부장으로 부임했다. 이 일은 《민족위생》지와 협회의 양상을 결정적으로 변화시켰다.

그 성격 전환이란 어떤 것일까? 첫째는 잡지의 형식이고, 둘째는 '민족위생'이라는 개념의 재규정이다. 1938년 5월 6권 5·6호가 간행된 후, 10개월의 공백(그림 5-3 참조)을 거쳐 간행된 1939년 3월 7권 1호의 지면은 크게 변화되어 있었다. 사실상 이 호의 「회고(會告)」는 "오랫동안 잡지 발행이 끊긴" 것을 인정하면서 "이번 호부터 평의회 결의를 거쳐 잡지 형식을 보시는 바와 같이 변경하고, 발행 횟수도 1권 4호로 완결 짓게 되었습니다"라고 했다(「회고」《민족위생》 7권 1호, 1939년 3월).

여기에는 어떤 사정이 작용했을까? 퇴임한 나가이의 뒤를 이어 나고야제국대학 의학부에서 도쿄제국대학 의학부 생리학교실의 교수가 되고, 그에 따라 1937년부터 협회 운영을 책임진 후쿠다 구니조(福田邦三)의 1958년 6월 「학회 기관지로서의 《민족위생》」(24-1)의 내용이 결정적으로 중요하다. 훗날의 회상이지만, 잡지의 간행 상황이나 지면 변화를 고려하면 그것이 실태였음을 수긍할 수 있다. 후쿠다는 "내가 나가이 선생님의 생리학강좌 후임이 되었다는 연고와, 달리 맡을 자가 없었다는 사정"이 있었고, "이 학회나 협회를 설립하는 데는 참여하지 않았지만, 나가이 선생님의 이러한 계획에는 진심으로 경의를 갖고 있었"기에 모임 운영을 맡게 되었다고 했다. 이어서 후쿠다는 모임의 실태와 《민족위생》지의 학술 잡지화에 대해 이렇게 말했다.

재단법인 사업을 대학 안에서 하기에는 여러 가지 점에서 무리가 있고, 나로서는 학문적 기초 다지기에 역점을 두는 것이 모임을 위해서나 일본을 위해서나 가장 중요하다고 생각했다. 그래서 협회 기구 안에 학술부와 사업부를 두고 일본민족위생협회 학술부의 별칭을 일본민족위생학회라 부르기로 결정했다. 잡지 《민족위생》도 학회 내용물로 편집했다. 이 방침에 불만을 품는 사람도 많았다. 그 사람들은 좀 더 친근한 느낌의 계발적인 기사를 실어야 한다는 의견을 갖고 있었다. 이에는 나도 전적으로 찬성이었으나, 나 혼자 취재를 하고 원고를 쓰고 삽화를 그리고 지면을 구성하는 등 잡지업자의 일을 하는 건 아무래도 불가능했다. 협회의 궁핍한 재정 속에서 대학 교수가 손 놓고 앉아만 있지 않으려면 학회 잡지 형식으로 편집하는 수밖에 없었다. 편집위원으로 가와카미 리이치, 요시마스 슈후(吉益脩夫) 두 이사께서 나와 교대제로 일해주신 시기도 있었으나, 나중에는 나 혼자 원고를 받고 모으며 현재에 이르렀다(이상 1쪽).

학술부와 사업부의 내용은 1938년 8월 6일에 등기 완료된 「재단법인 일본

민족위생협회의 기부 행위」(7권 1호 부록)에 기록되어 있다. 그에 따르면 학술부의 역할은 "① 일본 민족 소질의 조사 연구, ② 민족 소질 전진에 관한 여러 조건, 특히 영양 체육 등에 관한 조사 연구, ③ 민족위생에 관한 법률 제정과 개정에 관한 조사 연구, ④ 학술 잡지 《민족위생》 발간, ⑤ 국제우생연맹 참가, ⑥ 로마자 연보 발간, ⑦ 연구 업적 발표, ⑧ 연구회, 강연회, 담화회의 수시 개최, ⑨ 기타 본 모임의 목적을 달성하는 데 필요한 사업"이었다. 한편 사업부의 역할은 "① 본 모임의 회관 건설과 그 유지, ② 우생결혼상담소 경영, ③ 민족위생에 관한 법률 제정과 개정에 관한 진정 또는 건의, ④ 사회 구제 사업과의 연계, ⑤ 민족위생학 지식의 보급과 선전, ⑥ 통속적인 민족위생학 잡지와 인쇄물 발행, ⑦ 전국에 협회 지부 설치"였다.

1938년 8월 6일 《민족위생》은 6권 5·6호 이래 장기 휴간 중이었으므로, 1939년 3월 7권 1호의 지면 변화는 이 기부 행위에 의거해 수행되었다고 보아야 한다. '우생결혼상담소 경영'이나 '민족위생학 지식의 보급과 선전'은 사업부로 넘어갔으나, 실질적으로는 포기에 가까웠다. 전자는 우생결혼보급회가 《우생》을 1939년 11월 4권 4호(표지에는 5호인데 오기일까?)로 발행을 중단하면서 자연히 소멸되었다. 게다가 후자의 지식 보급, 선전도 1939년 11월 3일부터 12월 3일까지의 일본 민족 우생전람회 개최 외에 활동이 없었기 때문이다. 그것도 일본학술진흥회, 일본정신위생협회, 일본 적십자사와의 합동 개최였다(7-3, 1939년 9월, 87쪽). 단독으로 열지 않은 이유로 뒤에서 언급하는 것처럼 재정적 문제가 존재했을 가능성도 있다.

그에 따라 집필진에도 변화가 나타났다. 제일 두드러진 점은 전쟁 전 《민족위생》지에 가장 많이 등장했던 사이토 모사부로(斎藤茂三郎)가 6권 5·6호를 끝으로 등장하지 않게 된 것이다. 《민족위생》지는 학술 잡지의 성격을 강화했다. 본디 소수파였던 계몽에 전념한 집필자가 빠졌으니, 많지 않은 에너지로 전환할 수 있었을 것이다.

이런 노선에 대한 불만은 많았다. 그러나 「단종법」 제정을 위한 정치 운동이나 우생결혼 보급 활동을 계속하는 것은 협회의 재정 사정 때문에라도 힘들었음을 후쿠다의 발언 외에서도 엿볼 수 있다. 이시하라 후사오(石原房雄)는 1964년 1월에 회상「민족위생 창립시의 추억」(30-1)에서 '사회에 선전하기에 는 비용이 불어난 것도 큰 고민이었다. 특히 본 모임의 취지에 찬성하여 도움 을 주신 곳으로 하라다적선회(原田積善会)*가 있다. 해마다 2000엔을 보내주셨 고, 또한 본 협회를 법인 조직으로 등기하기 위해 소요된 기금 1만 엔도 이곳의 호의에 의한 것이었다'고 말했다(2쪽). 하지만 가요 노부노리가 1964년 3월「우 생결혼상담소의 추억」(30-2)에서 "학회는 만들어졌건만, 자금은 전국에 퍼져 있는 극소수의 회원이 부담하는 회비 약간 말고는 몇몇 독지가에 의한 소액의 기부금이 전부인 빈약한 규모"(1쪽)라고 회상했듯 독지가의 기부금만으로는 충분치 않았을 것이다.

　1939년 6월에는 형식상 매달 발행되었던 우생결혼보급회의 《우생》도 장기 휴간되었다. 1939년 11월 4권 4(5)호의「휴간에 대한 사과」에는 "지난 [1939년] 6월, 본지 제4권 제4호['3'의 오기일 수도 있음]가 발행된 후 여러 가지 사정으로 오늘까지 휴간하기에" 이르렀다고 쓰여 있다. 게다가 "이제까지 경영상 상당한 희생을 치러왔는데 지금 상태에서는 도저히 예전처럼 계속 매달 1회 발행하기 가 힘들어졌으므로, 앞으로는 1년에 4회 발행(다만 약간 지면수를 늘려)하기로 방침을 바꿨습니다"라고 나와 있다. 더욱이 이때까지의 활동에 대해 "본지를 창간했을 무렵에는 우생 문제니 민족위생이니 하면 그저 쓸데없이 신기한 것 을 뽐내는 학자의 몽상이라도 되는 양 경시"받았지만 "사변에 의해 민족 의식 이 고취되면서 별안간 국민의 관심도 높아져 민족우생 사상이 이처럼 국내를 풍미하기에 이르렀으니, 그런 의미에서 우리의 운동은 반쯤 그 목적을 달성했 다"라고도 쓰여 있다. 필자는 이 글에서 본 모임에는 아직 "우생결혼을 실행하 는 문제가 남아 있습니다"라고도 했다. 그러나 그 이후로는 《우생》지의 간행 을 볼 수 없어 사실상 휴간 인사가 되었다.

　「국민우생법」이 성립된 때는 1940년 3월로, 그 후「우생결혼법」을 어떻게

---

* ⟨옮긴이⟩ 1920년 재계인사 하라다 지로(原田二郞)가 창설한 사회복지재단.

제정할지가 문제시되었다. 이 글은 그 사태를 예견한 것처럼도 보인다. 하지만 재정 사정이 장애물이 되어 우생결혼보급회는 활동을 지속할 수 없었다. 이 모임은 「국민우생법」 성립을 앞두고 힘이 고갈되었다. 이미 1938년 후생성 예방국에 우생과가 설치되어, 「단종법」 제정에 대한 구체적인 내용이 민족위생협의회, 학술진흥회의 우생학유전연구 제26회 소위원회, 민족위생연구회에서 협의되었다. 일본민족위생협회는 「민족우생보호법」안의 원안을 작성하고, 이들 모임의 위원을 배출하는 원천이 되었다. 하지만 이는 모임의 주요 일원이 위원으로서 영향력을 발휘하면 그뿐, 모임의 계몽 활동을 존속시키는 일과는 별개의 문제로 이미 그것이 꼭 필요하지 않게 되었음을 의미할지도 몰랐다.

4. 마치며

도쿄제국대학 의학부를 퇴임한 후 타이베이제국대학에 의학부장으로 취임한 나가이. 그 후 1939년 9월 9일 《의사공론(醫事公論)》의 「인물평론 (36) 나가이 히소무론(論)」에 그의 역경이 보도되었다. 흥미로운 내용이므로 이에 따라 설명하겠다. 애초에 나가이의 타이베이제국대학 입성에는 '명료하지 않은 데'가 있다는 소문이 돌았다. 나가이가 고바야시 세이조(小林躋造) 총독과 후쿠야마 세이시칸(福山誠之館) 중학교 시절 같은 반 친구였다는 사실이 배경에 있다는 것이었다. "가장 분개한 사람은 총장인 미타(三田)(사다노리, 定則)였다. 그도 그럴 것이 나가이의 타이베이 입성에 대해 미타는 전혀 협상에 관여하지 못한 완전한 낙하산 인사였기" 때문이다. 그 후 "나가이의 타이베이 입성은 처음부터 총장을 노린 야망에서 출발한 것이란 사정이 점차 명백해지자" 미타와 교직원단은 "나가이 배척의 기치를 뚜렷이 했기에, 대학에서 그의 입장은 차츰 곤란에 빠져 결국 먼저 의학부장 자리를 물러나는 장면이 연출되었다"고 한다. 그 후 나가이는 1939년에 베이징의학원 교수가 되었으나, 여기서도 "상상 이상의 적을 만들어 그의 행정 수완은 철저히 악평을 받고 말았다". 평론은 "명색이

학회 장로로서 공을 세우고 명성을 얻었던 도쿄대학 명예교수 나가이에게 요 몇 년은 흉년의 연속이었다"며 "선량한 그가 어째서 이토록 악평을 얻고 있는 가" 하면 "남들보다 갑절은 우유부단하고 도대체가 행정가로서는 빵점인 성격 의 소유자인 반면, 천성이 나대거나 설치기를 좋아하는 탓에 자신에게 주어진 재능을 돌아보지 않고, 하여간에 가장 서툰 무대에 야심을 품으니 뜻밖의 비극 적인 역할을 연기하는 결과를 초래하는 게 아닌가" 하고 혹평했다. 더욱이 우 생학 활동에 대해서도 이러한 언급을 했다.

> 그는 주지하는 바와 같이 우생학 방면에서는 자타가 공인하는 선각자이다. 그 가 현역에서 스스로 물러난 후 평생 이 운동을 추진하거나 「단종법」을 학문적으 로 추구하는 데 전념했다면, 현재 후생성 내 「단종법」 담론 최고고문으로서 미야 케 고이치(三宅鑛一)보다 대접받고 있었을 테고, 이 문제에 관해서는 우리나라 최고의 권위자로 존중받았을 것이다. 요컨대 "옥(玉)을 아무리 닦아도 본래 빛이 없는 것은 빛나지 않는다" 어쩐다 하는 그의 독특한 미문조(美文調)를 만지작거 리고 있었더라면 차라리 좋았을 것이다.[18]

나가이가 타이완, 베이징에서의 학내 행정에 실패한 데다가, 국내의 우생정 책 논의에서도 지도력을 발휘할 기회를 잃었음을 엿볼 수 있다. 패전 후 나가 이는 귀국하여 1946년 12월 《민족위생》지(13-2·3) 첫머리에서 패전과 철수를 맞이해 '평화 일본, 문화 일본의 건설'을 위해 '민족위생학의 사명'과 '협회의 임 무'가 중대함을 강조했다(25~26쪽). 그렇다고는 하나 전후 「우생보호법」 운용 의 주도권은 다니구치 야사부로(谷口弥三郎)와 일본모성보호의사협회로 옮겨 가고 말았다. 나가이는 1948년 일본민족위생협회 편찬으로 '민족위생총서'를 간행하기 시작했다. 나가이의 『민족의 운명』을 첫 번째로 하여 가와카미 리이 치, 요시다 유키노부(吉田章信), 요시마스 슈후(吉益脩夫) 등 협회의 주요 일원이 집필을 담당해 27권이 간행될 예정이었다. 그러나 제5권인 야스즈미 곤파치로 (安澄権八郎)의 『일본 민족의 탄생과 성장 배경』에서 총서가 멈췄다. 게다가 《민족위생》지는 후쿠다의 학술지 노선을 견지한 채 나가이의 계몽과 학술 병용 노선으로 돌아가지 않았다.

후쿠다 구니조는 앞서 인용한 1958년 「학술 기관지로서의 《민족위생》」에서 "일본민족위생학회는 맨 처음 나가이 선생님의 연고 관계적 색채가 강했지만, 현재는 연고 관계와는 아무런 관계도 없이 완전히 학문과 이상에서만 뜻을 함께하는 회원들의 단체"가 되었다고 말했다. 그에 관해 후쿠다는 1958년 협회에서 '일본민족위생학회'를 분리시켜 《민족위생》지를 그 학회의 기관지로 재배치하는 개편을 시행했다. 그에 따라 '민족위생'이라는 말의 해석도 다음과 같이 재인식할 것을 협회 이사회에 제안했다.

내가 모임의 뒷바라지를 떠맡기 전에 잡지 《민족위생》에 실렸던 논문이나 연차 학회의 회원 발표를 살펴보니 거기에는 인류유전학이나 우생학뿐 아니라 인류생물학(human biology)에 관한 여러 편이 포함되어 있었다. 그래서 나는 '민족위생'이라는 말을 다시 정의해 일본 민족의 특수한 사정에 초점을 맞춘 위생(Volksgesundheitslehre)이라는 의미로 이해할 것을 이사회에 제안해 승인받았다. 그 이래로 잡지 《민족위생》은 인류유전학, 인류생물학, 인류생태학(human ecology)과 그에 더해 일본 민족의 복지를 위한 응용 관련 작업(日本民族の福祉の為めの応用に関する労作)을 싣기로 정하고, 회지에 이 취지가 철저히 반영되도록 힘썼다. 인종위생과의 오해를 피하기 위해서는 '민족 보건'이란 말을 쓰는 게 좋을지도 모르지만, 회지 이름은 가능하면 바꾸지 않는 편이 좋다고 생각하므로 예전부터 쓰던 이름을 그대로 두기로 했다(2쪽).

1958년의 회상이지만, 모임의 뒷바라지를 떠맡은 시점에서 이미 '인류생물학'에 관한 논저가 다수 포함되어 있었다고 후쿠다가 말했듯 그 요소는 학회 창립 시부터 존재했으며, 후쿠다가 모임 운영을 맡은 1939년의 단계에는 대략 형성된 상태였음이 이 장의 분석에서도 나타났다. 현재도 변함없이 민족위생학회는 창립 시의 이름을 계승하고 있다. 그러한 합의가 이미 약 50년 전에 이루어졌기 때문이다. 따라서 예전 우생학을 상기시킨다는 세간의 비난은 이 학회에 의미가 없을 것이다.

주(注)

1 鈴木善次, 『日本の優生學』三共出版, 一九八三年(IV章); 野間伸次, 「『健全』なる大日本帝国 ── 国民優生法制定をめぐって」『ヒストリア』一二〇号, 一九八八年; 高木雅史, 「一九二〇~三〇年代における優生学的能力観 ── 永井潜および日本民族衛生学会(協会)の見解を中心に」『名古屋大学教育学部紀要(教育学科)』三八卷, 一九九一年; 小熊英二, 『単一民族神話の起源』新曜社, 一九九五年(一三章); 藤野豊, 『日本ファシズムと優生思想』かもがわ出版, 一九九八年(四章); 加藤秀一, 『〈恋愛結婚〉は何をもたらしたか』ちくま新書, 二〇〇四年(五章); 大瀬戸美紀, 「日本の障害者観の形成過程に関する研究 ── 雑誌『民族衛生』にみる戦時厚生事業期の優生学思想と研究の分析を過して」『日米高齢者保健福祉学会誌』一号, 二〇〇五年, 同「優生学研究の組織化と各国の優生学研究の動向 ── 雑誌『民族衛生』にみる一九一〇~一九三〇年代前半の欧米諸国情報を中心として」『日米高齢者保健福祉学会誌』二号, 二〇〇七年, 여기에 「단종법」 논의에 중점을 두는 연구는 포함하지 않았다.
2 《민족위생》지, 《우생》지는 빈도 수를 산출하기 위해 이하 본문 중 제목, 저자, 권호, 연월, 쪽수를 기록하였다.
3 예를 들면 平田勝政, 『日本における優生学の障害者教育・福祉への影響とその克服過程に関する研究』平成一四~一六年度科学研究費補助金・基盤研究(C)(2)研究成果報告書, 二二頁.
4 필자가 참조한 것은 『民族衛生』(一卷一号, 一九三一年三月)에 첨부되어 있다.
5 「会員名簿」『大日本優生会々報』三号, 一九一九年七月, 四一頁.
6 鈴木善次, 『日本の優生学』一六九~一七一頁, 본문 중 괄호 부분은 1930년의 창립시에 코마이(駒井)가 민족위생학회에 보낸 서한의 내용.
7 古屋芳雄, 『老学究の手帖から』社団法人日本家族計劃協会, 一九七〇年, 二六頁.
8 鈴木善次, 『日本の優生学』一七六~一七八頁, 본문 중 괄호부분은 가와카미(川上) 본인이 스즈키에게 보낸 사신의 내용. 이에 「人物評論(84) 川上理論」(『医事公論』一四六七号, 一九四〇年九月七日, 三九頁)의 정보를 일부 보충한 것이다.
9 「次代を担ふ人々(9)吉益脩夫氏」『医事公論』一四九二号 (一九四一年三月一日, 三八頁)에 의하면, 요시마스(吉益)가 "조만간 후생과학연구소에 들어가게 되었다"고 되어 있다.
10 池見猛・池見啓子編, 『七転び八起』(民族科学研究所, 一九八八年)など参照.
11 미즈시마(水島)의 학문의 전체적 동향은, 졸고 「九州帝大医学部における民族衛生学・植民衛生学講座── 戦前・戦後の水島治夫の学問から」『九州史学』一六七号, 二〇一四年)를 참조하기 바란다. 경성제국대학 시대 미즈시마의 동향은 愼蒼健, 『植民地衛生学に包摂されない朝鮮人』(『帝国の視覚/死角 ──〈昭和期〉の知とメディア』青弓社, 二〇一〇年)에도 자세히 실려 있다.
12 三上昭美, 『東京女子医科大学小史 ── 六十五年の歩み』東京女子医科大学, 一九六六年, 二五

五~二五六頁.

13 永井潜, 「探訪11 優生学への回顧」 『遺伝』 六巻一一号, 一九五二年一一月, 四二頁.

14 앞서 언급한 永井, 「探訪11 優生学への回顧」, 四三頁.

15 앞서 언급한 藤野, 『日本ファシズムと優生思想』, 一六二~一六三頁도 참조.

16 앞서 언급한 野間, 「『健全』なる大日本帝国」, 四六~四七頁.

17 앞서 언급한 高木, 「一九二〇~三〇年代における優生学的能力観」, 一六四頁.

18 A·B生, 「人物評論(36)永井潜論」 『医事公論』 一四一五号, 一九三九年九月九日, 四三頁. 또한 中馬充子, 「永井潜再考 ── 優生学啓蒙活動の真相を探る」; 鐘月琴, 「日本の占領地政策下における優生学」(모두 山崎喜代子編 「生命の倫理3 ── 優生政策の系譜」 九州大学出版会, 二〇一三年)는 타이완, 중국에서 나가이의 동향을 볼 수 있어 유익하지만, 이 사료에서 나가이가 학교 내에서 보여준 정치적 입장을 비판하는 관점도 있으면 좋지 않을까?

제3부

우생학의 정책화와 과학계몽
전쟁 중에서 전쟁 후로

P·Q 「인물평론(48) 다니구치 야사부로(谷口弥三郎)론」
(《의사공론(医事公論)》 1427호, 1939년 12월 2일, 33쪽)에 게재된
다니구치 야사부로의 초상화

제6장

전간기 일본의 우생학론자와 산아조절

논쟁의 발생부터 「국민우생법」까지

1. 시작하며

이 장에서는 전간기(戰間期)*의 우생학론자와 산아조절(이하 산조로 표기함)의 관계를 재조명하고 정리하여 전쟁 중의 「국민우생법」 정책과의 관련성을 밝혀본다.

1922년 3월, 산아조절 운동의 대표적 인물이던 마거릿 생어(Margaret Sanger)의 일본 방문은 '다이쇼의 흑선(黑船)**'이라고 불릴 만큼 커다란 사회적 반향을 일으켰다. 그 후 각 미디어에서는 산아조절 가부를 둘러싼 논의가 전개되었다. 산조(産調) 운동가는 신문·잡지 등의 언론을 통해 산아조절의 우생학적 효과를 선전했다. 그 영향으로 산아조절은 늘 우생학 문제와 함께 거론되었다.

그러나 주류 우생학론자는 산아조절 비판을 되풀이했다. 그 비판논리는 정책 논의에도 반영되어 우생학은 산아조절 운동을 배척하는 형태로 정책화되어

---

* ⟨옮긴이⟩ 제1차 세계대전 종결에서 제2차 세계대전 발발까지, 즉 기본적으로는 1919년에서 1939년까지의 시대.

** ⟨옮긴이⟩ '흑선(黑船)'은 통상적으로 구미 함대를 일컫는 말이다. 산아조절을 주장하는 마거릿 생어의 방문이 다이쇼 시기 함대의 내항과 같이 큰 물의를 일으킨 사건이라는 표현.

갔다.

제3장에서는 우생학론자가 미디어를 중심으로 벌였던 계몽운동에 초점을 맞추고 1930년대 우생학의 법제화와 정책으로의 본격적인 진출을 자리매김하는 전망을 제시했다. 제6장에서는 우생학론자의 산아조절 운동에 대한 대응을 통하여 우생학 계몽과 우생학 정책을 관련지어보려고 한다.

우생학과 산아조절의 관계에 관한 선행 연구는 상당히 많다. 생식권 운동에서는 우생학은 반드시 극복해야 할 화근으로 여겼다. 또한 생식권 관점에서는 산조 운동가가 우생사상을 가지고 있다는 점도 강력히 비판했다. 그렇기 때문에 1990년 이후에 그러한 관점으로 산아조절과 우생학의 밀접성과 불가분성을 지적한 연구가 많이 나왔다.[1] 그러나 일본민족위생학회를 설립한 나가이 히소무나 고야 요시오 등의 우생학론자가 산아조절 운동 반대의 최선봉에 서 있었다는 사실은 간과하고 있다.

실제로 1970~1980년대의 연구는 양자를 이질적인 존재로 다루고 있다. 예를 들어 산조 운동의 당사자이기도 했던 오타 덴레이(太田典礼)는 '일본의 우생학'은 '국가주의'적이고 '우익적 경향'이 있으며 '산아조절 운동의 좌익적' 경향과는 '완전히 대조적'이라고 주장했는데,[2] 그와 유사한 견해가 답습되고 있기도 하다.[3] 그러나 그 견해는 역으로 우생학과 산아조절의 동질성이라는 중대한 논점을 간과하고 말았다.

즉 선행 연구에서는 같은 시기 생식의 정치를 둘러싼 여러 주체들의 대항과 동질성의 본질에 관해 정확히 파악하는 일에 소홀했다고 볼 수 있다. 최근의 피임사 연구를 가장 잘 정리했다고 할 수 있는 하기노 미호(荻野美穂)의 『가족계획'의 길』은 "산아조절 추진파와 반대파 사이에 그다지 큰 발상의 차이는 없었다"고 지적한다.[4] 그런데도 추진파는 일부에서는 탄압의 대상이 되고, 반대파는 국가정책에 깊이 관여하고 있다. 그 원인이 명확하게 밝혀졌다고 하기는 어렵다. 그것을 명확하게 하려면 우생학론자와 산아조절론자의 동질성과 이질성의 내막을 자세하게 밝히고, 산아조절론에 반대했던 우생학론자가 우생학의 국가정책화를 추진했던 동인(動因)을 재검토해야 한다.

그 검토와 더불어 전쟁 전 우생학 국책화의 도달점이 되었던 「국민우생법」 (1940년 제정)의 평가도 바뀌어야 한다. 기존 정설은 다음과 같다. 1931년에 제정된 내무성령 「유해 피임기구 단속규칙」은 낙태죄와 함께 산아조절 운동에 대한 강력한 탄압수단이 되었고, 1940년의 「국민우생법」에서 피임은 '금지와 억압'의 대상이 되었으며, 1941년의 '인구정책 확립 요강'에서는 인적 자원 확보를 위한 인구증식이 주창되었다. 그중에서 이 법은 생식권을 억압한 '낳자, 늘리자' 개념을 설파하는 국가체제의 상징이었다.

그렇지만 최근의 선행 연구를 보면 「국민우생법」이나 '인구정책 확립 요강' 아래서도 출산을 하는 입장의 당사자들로부터는 '낳자, 늘리자'라는 인구 중강 이념에 대한 저항이 만만치 않았으며 상당히 노골적인 비판이 부인 잡지 등에서 전개되었던 것을 알 수 있다.[5] 이에 대해서 하기노는 1920년대에서 1930년대를 통과하는 중에 생식을 둘러싼 사람들의 의식에 조용한 변화가 일어났다고 지적한다. 그렇다면 그런 식으로 노골적인 비판도 가능했던 피임 제도의 본질 자체를 검토해야 하는 것이 아닐까? 그런데 그런 제도의 내실(內實)을 실증적으로 기술한 연구는 지금까지 거의 존재하지 않는다.

예외적인 연구로 이시자카 쇼코(石崎昇子)의 논문이 있다. 이시자카는 인구증가책의 방해 요소로 피임 자체가 탄압의 대상이 되었던 것은 1940년 「국민우생법」이 제정되던 해와 그 이듬해 '인구정책 확립 요강' 이후 전시(戰時)하에서의 극히 짧은 기간뿐이었다고 주장한다. 그러나 그것은 「유해 피임기구 단속규칙」이나 「국민우생법」의 성립 과정의 실증분석 정책 당사자의 구상을 충분히 파악하지 못한 채 펼친 주장으로, 본론에서 밝히겠지만 실증적 관점에서 수정해야 할 점이 많다. 이에 더하여 「국민우생법」의 본질에 관해 이시자키는, 이 법은 "피임 행위 그 자체가 법적으로 금지되어 벌칙의 대상이 되었다"고 종래의 평가를 답습하고 있으나[6] 필자는 이 법의 성질 자체를 재평가할 필요가 있다고 생각한다. 결론을 먼저 말하자면 「국민우생법」은 피임 행위를 전부 부정한 것이 아니며, 그러한 성격은 우생정책을 추진했던 우생학론자의 산아조절관에 이미 잉태되어 있던 것이라고 생각할 수 있다.

따라서 이 장의 작업과 구성은 다음과 같다. ① 산아조절론과 우생학론자의 관계를 재조명한다. ② 우생조치 정책화에 나타나는 특징을 산아조절에 대한 탄압의 양상에 비추어 밝힌다. ③ '산아조절 방지법'으로서의 「국민우생법」의 성격을 재검토한다.

2. 우생학론자와 산아조절론자의 동질성과 이질성

이 단락에서는 국가정책의 분석에 앞서 잡지 등에 실렸던 구상 수준의 논의를 분석한다. 여러 주장 중에 되풀이되는 논리는 국가정책의 논의에도 깊이 반영되었기 때문이다.

우생학론자와 산아조절 운동가는 주장의 역점이 우생학에 있는가 아니면 산아조절 운동에 있는가라는 점에서 입장이 확실히 구분된다. 다만 양자는 동질성이 많다. (다음) 1)항에서 보는 바와 같이 산아조절 운동가에게 우생사상이 발견된다. 한편 우생학론자들 중에서도 산조 운동 단체에 참여하거나 산조 운동 잡지에 집필을 한 사람도 많다. (또한 다음) 2)항에서 보는 바와 같이 우생학론자의 주류는 산조 운동에 반대했다. 그러면서도 그들의 주장은 산조 운동의 주장과 상당 부분 겹치고 있다는 점에 주목해야 한다.

산조 운동을 반대하는 우생학론자는 산조 운동가의 주장과 자신의 주장의 유사성을 외면하고 산아조절론 일체를 싸잡아서 신맬서스주의라는 낙인을 찍었다. 신맬서스주의는 피임을 통해 인구를 감소시키고 식량문제나 빈곤의 해결을 도모하자는 생각인데, 우생학론자는 이것이 국력을 위기에 이르게 하는 위험 사상이라며 공격했다. 이것은 자신들과 산아조절론자들과의 차별화를 꾀하는 전략으로 해석되며 정치적으로 성공을 거두었다. 이 단락에서는 그 논쟁의 본질을 밝혀보겠다.

1) 산아조절 운동에서의 우생학론자

지금까지 별로 중요시되지 않았지만 우생학론자로 통칭되는 사람들 중에도 '산아조절'을 주장한 사람이 있다. 마쓰무라 쇼넨(호쿠대학 농대 교수, 곤충학),[*] 이케다 시게노리(池田林儀, 《호치신문》학예부장, 일본우생운동협회 주간), 운노 유키노리(海野幸德, 류코쿠대학 교원, 『일본 인종 개조론』저자), 사와다 준지로(澤田順次郎, 성(性) 과학자, 『민종(民種) 개선 모범부부』저자), 다나카 고가이(성 과학자),[**] 이치카와 겐조(市川源三, 부립 제1고 여교장), 이노우에 데쓰지로(井上哲次郎, 철학자) 등을 들 수 있다. 그중에는 산아조절론 서클에 이름을 올린 사람도 있다. 1910년부터 우생학에 관한 왕성한 저작활동을 한 운노 유키노리(海野幸德)는 야마모토 센지(山本宣治)의 『산아조절평론』에 평의원으로 이름을 올렸다. 잡지 《우생운동》주간인 이케다 시게노리도 1930년에 일본산아조절연맹에 가입했다.[7]

그들은 자신들의 우생학적 주장을 산아조절론풍으로 바꾸어 설파했다. 마쓰무라 쇼넨의 『생물학적으로 본 산아조절론』에서는 '하층사회'를 '백치거나, 저능아거나, 불구자'의 소굴이라고 해석한 것이 발견되고, 이렇게 '국가의 부담이 되는 존재'를 '열악자(劣悪者)'로 분류하며 이들의 생식을 방지할 필요가 있다고 주장했다. 한편 '우질자(優質者)'의 다산은 '환영'해야 한다고 했다.[8]

위의 인물들 중에는 당시 위험한 사상으로 여겨지던 신맬서스주의를 당당하게 주장하는 사람도 있었다. 이치카와 겐조[***]는 '부국강병'이라는 입장에서 산아조절 반대론에 반론을 제시했다. 제품을 충분히 생산하기 위하여 '많이 낳

---

[*]　(옮긴이) 마쓰무라 쇼넨(松村松年, 1872~1960): 곤충학자, 이학·농학박사, 일본곤충학회 회장 역임. 독일 베를린대학과 부다페스트 유학 경력이 있음.

[**]　(옮긴이) 다나카 고가이(田中香涯, 1874~1944): 오사카 의과대학 졸업. 병리학 교수.

[***]　(옮긴이) 이치카와 겐조(市川源三, 1874~1940): 교육자, 여성교육의 선구자. 도쿄 부립 제1고등여학교[현 도쿄 도립 하쿠오(白鴎)고등학교] 설립 운영, 1919년 일본우생회 조직 운영.

게' 해서 '많은 생산자'를 산출시키자는 생각을 '자본가가 할 만한 말'이라고 비판하고, '인구가 적다'는 것은 국가 발전에 유해하다는 주장에 대해 "군국주의를 주장하면 타국의 공격을 받는다"고 비판하며 '신맬서스주의'를 옹호했다.[9] 또한 『우생학과 인생』(1923)의 저자 다나카 고가이(田中香涯)도 일본인 이민이 미국에서 배척당하는 등 "이주식민의 자유를 허용하지 않는" 국제 정세하에서는 "국가의 장래를 생각해서 인구의 급증을 조절해야 하며 그러기 위해서는 생식력을 제한"할 수밖에 없다고 주장했다.[10] 이 논고에는 검열을 피해 공란으로 둔 곳이 많다. 바로 피임방법 등을 다룬 장이다. 그 입장은 신맬서스주의를 주창하고 우생조치의 도입에 적극적이었던 아베 이소(安部磯雄)와 거의 흡사하다. 그런 맥락으로 살펴보면 우생학론자와 산아조절론자의 수많은 동질성이 발견된다.

그렇게 인적 교류나 사상에서 동질성을 보이면서도 논의의 축은 어디까지나 우생학에 있었다. 운노는 "산아제한은 국민의 인구문제를 위협한다"며 인종적 자살을 초래할 것이라는 견해를 제시하면서도 무계획적인 출산을 제한하고 '합리적 인구수'에서 중단시켜 '국민 질(質)의 도태'를 구해낼 수 있는 "조절론은 물론 좋다"고 말했다. 그리고 "조절론을 어느 정도 수용하고 여기에 대대적인 수정을 가해 인종과 국민의 행복과 진보를 촉진하는 도구"로 삼자고 주장했다.[11]

또한 '산아조절'을 주장한 우생학론자 중에는 뒤에 거론하게 될 산아조절 비판을 전개한 논객과 마찬가지로 신맬서스주의를 부정하는 사람도 있었다. 이케다 시게노리는 우생상담소를 설치하면서 "산아제한은 민족자살"이란 산조비판을 비난해서는 안 되며 자신은 "종래의 신맬서스주의류의 산아제한에 절대 반대"하며 "우생학적 산아제한을 고양"시키겠다고 밝혔다. 이케다는 "산아제한도 그 설비를 정비하고 조직을 완비해서 운용 허가를 얻게 하면 사회문화 향상을 촉진하고 국가 민족발달에 이바지하게 될 것이다"라고 주장했으나,[12] 운영허가를 얻는다는 것이 우생 목적의 산아조절이라는 것은 명백한 것으로 보인다. 그러한 사상 아래 이케다는 산아조절단체에 가입하여 이시모토 시즈에(石本静枝), 마지마 유타카(馬島儞) 등의 운동가들과 교류했다. 운노와 이케다의 발언에서 알 수 있는 것은 계속 산아조절을 지지하는 태도를 취하면서 그 주축을 우생학적 주장에 맞추려는 의도이다.

신맬서스주의를 긍정하는 사람과 부정하는 사람 모두가 우생학적 주장을 산아제한론풍으로 바꾸어서 주장한 이유는 무엇일까? 먼저 우생학론자는 빈곤층이나 유전질환을 가진 자의 피임에 찬성했기 때문이다. 이케다의 우생상담소의 구상은 1927년 12월에 잡지 《우생운동》에 게재되었다. 그 활동내용은 '결혼신허조사(結婚身許調査)', '결혼건강상담', '사회위생 설비의 연구지도' 외에도 '피임약 또는 피임도구의 교부'나 피임법 지도, '낙태수술', '제산(制産)수술'(출산제한에 관한 수술), '인공임신'을 '전문의가 적당한 방법을 강구'하는 것이었다.[13] 우생학론자와 산아조절 운동가는 목적이나 역점은 달라도 피임 행위의 보급이라는 점에서는 일치하고 있었다.

그러면 산아조절 운동가는 우생학을 어떻게 바라보았으며, 산아조절을 주장한 우생학론자와는 어떤 관계를 가졌을까?

우선 산아조절 운동가가 우생학을 적극적으로 수용했다는 것을 확인하고 싶다. 예를 들어 이시모토 시즈에는 산아제한의 목적으로 인구증가와 '질'의 개량을 들었다. 그리고 '악질(惡質)'의 유전'은 산아제한을 통하여 '후세 인류의 개량'이 가능하다고 주장했다.[14] 야마모토 센지(山本宣治)도 대가족에서 '발군의 천재'가 나오기 쉽다는 것을 산아조절 비판의 이유로 제시하는 견해에 대해, 여러 종류의 '유전적 형질'을 갖는 '변질자(變質者)'는 '대가족 같은 환경'에서 '변질성'이 나타난다고 주장했다.[15]

또한 산아조절 운동가는 우생학과 그 논객을 자신들의 학문적인 권위를 세우는 데 이용했다. 앞서 거론한 마쓰무라(松村)의 『생물학에서 본 산아조절론』은 일본산아조절연구회 총서로 출판되었다. 그 서문에는 이시모토 시즈에의 추천사가 있는데 여기에서 "생리학 입장에서 본 박사의 산아조절론은 산아제한 문제에 생물학적 근거"를 제시했고 "추상적인 산아제한론에 학문적 가치를 주었다"고 기술했다.[16] 곤충연구의 대가이며 우생학이나 진화론 전반에 관해 많은 계몽 기사를 집필했던 마쓰무라의 학문적 권위를 이용하려는 산아조절 운동가의 의도가 명백하다 할 수 있겠다. 마거릿 생어의 일본 방문을 앞두고 퍼졌던 "미국에서 애 잡아먹는 마귀할멈이 온다"는 소문[17]이 상징하듯 산아조절은 과학과 인연이 먼 인습적인 세계관으로까지 폄하되기도 했다. 또한 많은 의사가 산아조절론에 냉담했다.[18] 산아조절론자들로서는 산아조절론을 과학답게 하기 위해 이미 잡지나 신문의 과학기사에서 정평이 나 있는 우생학자를 끌어들이는 전략이 필요했다.

다른 한편으로 산아조절론자는 우생학에 대하여 비판적인 견해를 취하기도 했다. 이시모토 시즈에는 잡지 《사회사업연구》에 게재한 '산아제한 좌담회'에서 이런 발언을 했다.

이시모토(시즈에): 글쎄요. 원래부터 찬성하는 사람이 있으니까 그런 사람들을 모아서 사회사업협회 같은 데서 중심이 되어 잘 이끌어보시면 어떻습니까? 명의야 우생이든 뭐든 상관없으니까.

우생학은 산아조절을 사회에 보급시킬 명분과 이유를 만들어내는 정도로 취급했다. 이시모토는 산조 운동을 '우생학 입장에서만' 실시한다면 '무산계급'에서 불만이 나오지 않겠느냐는 발언도 했다.[19] '무산계급'을 '열악자(劣惡者)'로 취급하는 우생학에 대한 의구심을 드러낸 발언으로 보인다. 그래도 명분이 필요했다. 산아조절에 대한 경계심은 항상 있어왔고 출판물 중에도 피임법을 다룬 발언은 지워버린 부분이 많이 발생했다. 내무성은 배포물의 단속이나 연설회에 대해 간섭했다. 따라서 정부를 비롯하여 산아조절론을 경계하는 사람들의 의구심을 잠재우는 장치로서 우생학이 필요했다.

양자의 입장은 다음의 '산아제한 좌담회'의 대화에서도 엿보이듯이 상당한 시각차가 드러난다.

이케다(시게노리): 나는 이번에 의회에 6대 도시 상담소 개설 비용으로 150만 엔을 요구하는 청원을 냈습니다. (중략)

나마에(다카유키): 산아조절 상담소 말씀이십니까?

이케다: 우생상담소입니다.

세가와(마사요): 우생상담소 좋네요.

하라(다이이치): 그 간판이라면 괜찮겠네요.[20]

이케다의 우생상담소는 우생학을 주축으로 하고 있다. 그러나 산조 운동가는 이에 대해 우생학은 간판일 뿐이고, 피임 상담을 실시하는 구빈(救貧) 목적의 산아조절 상담소라고 여기고 있다. 이런 시각의 차이는 양자의 관계가 동상이몽에 지나지 않았다는 것을 단적으로 보여주는 좋은 예라 하겠다. 그런 상황에서도 두 단체 간의 협력 관계가 유지되는 동안 우생학론자와 산조 운동가의 주장의 차이점은 표면으로 드러나지 않았다. 이시모토와 마지마의 주도권 경쟁이나 아베의 신맬서스주의적인 주장이 다른 운동가들의 비판을 받는다든가 산조 운동가 사이의 다양한 대립 국면이 표면화되었던 것을 생각하면 이는 매우 기묘한 현상이라 할 것이다. 다음 장에서 다루겠지만 산아조절에 비판적인 우생학론자는 산조 비판을 통해서 우생학과 산아조절의 불분명한 차이를 표면화시키는 전략을 구사했던 것이다.

2) 우생학론자의 산아조절 반대 논리

산아조절론에 반대했던 우생학론자는 대부분 1930년에 설립된 일본민족위생학회의 주요 일원이었으며 일본 우생학론의 주도권을 잡고 있었다. 나가이 히소무(도쿄 의과대학 교수)는 "산아제한론자는 새로운 우생학을 아군으로 끌어들여 그 신흥 학설로써 자기들의 입장을 옹호하려는 의도를 가지고 있다"며 적의(敵意)를 드러낸 적도 있다.[21] 오치 신이쓰(越智真逸, 교토 의과대학 교수 의학박사)도 "산아제한 따위는 우생학의 주장에서 극히 일부분"에 지나지 않는데 마치 "전부라도 되는 양 잘못 이해한 말도 안 되는 주장"이 유포되고 있다며 '유감'을 표했다.[22]

이들 산조 비판에서는 "우리는 우생학을 기조로 한 진정한 산아제한을 고취시켜 선전하고 격려함과 동시에 심하게 왜곡되어 있는 산아제한, 마땅히 경계해야 할 신맬서스주의를 배척하고 공격하여 타파하고자 한다"[23]는 등의 발언이 되풀이되었다. 우생학론자는 산아조절의 어떤 점을 반대한 것일까?

대표적 논거는 두 가지이다. 하나는 인구가 감소하면 제1차 세계대전 후의 인종 경쟁에서 불리한 결과를 초래한다는 견해였다. 데루오카 기토(暉峻義等, 노동과학연구소장)는 '산아조절연맹 취의서'나 아베 이소(安部磯雄)의 설을 들어 "산아조절론의 대표자는 모두 신맬서스주의를 기초로 하고 있으며 여기에 우생학적 견해를 부가하려는 입장"이라며 산아조절 운동을 신맬서스주의와 동일시했다. 그리고 인구가 감소하면 "인구증가를 달성한 민족에게 압박"당할 것이라는 견해를 갖고 신맬서스주의에 반대했다.[24] 이러한 견해는 대부분의 반대자에게서 발견된다. 대부분의 반대자는 '우수한' 자녀는 셋째 이후에 태어나는 경향이 있다는 것을 지적했다.

산아조절 비판의 두 번째 근거는 산아조절의 주목적이 빈곤자의 산아조절인데 실제는 유전적으로 '우수한', '지식인 계급', '중산계급'에서 산아조절이 이루어진다는 견해였다. 고야 요시오(古屋芳雄)는 중산계급의 피임은 '풍족하지 못한 사회조직'에서도 '남부럽지 않은 삶을 누리고 싶다'는 경제적인 욕구 그리고 '신세대의 부인'이 '자녀를 위한 희생'을 기피하는 것, 성의 '향락적 요구'에 의한 것이라고 지적했다. 한편 고야는 산아조절론을 실시해야 할 계급을 '소위 열약(劣弱) 계급, 즉 무능력자나 술주정꾼, 정신병자나 정신박약자나 만성적으로 게으른 자'로 보았다. 고야는 '그들'은 '교육이나 책임'이라는 관념이 없고 '비교적 쉽게 아이를 낳는다'고 했다. 그 '계급'은 '다섯이고 여섯이고' 낳아놓으면 그중 몇은 '자신들의 미래를 안락하게' 해줄 것이라고 굳게 믿고 있는 탓에 '신맬서스주의자'가 피임을 권유해도 '쓸데없는 참견'으로 여기고 거부의 자세를 취한다고 지적했다.[25]

이러한 발상은 산아조절 운동 측에 서 있는 우생학론자와 공통된 것이다. 또한 이 견해는 1922년 생어의 일본 방문 시 산아조절 방법 개시를 금지한 유치

고야 요시오

자료: 《의사공론(医事公論)》
1410호(1939년 8월 5일), 40쪽.

고헤이(湯地幸平) 경보국장 담화에서도 되풀이된다. 유치는 그 이유를 "산아제한은 '빈곤한 가정'에서는 나쁘지 않으나 사실상 '상류 가정의 부인이 외모를 유지하기 위한 수단으로 이용되는 폐단'이 서구사회에서 발견되는 상황을 경계할 필요가 있다"고 설명했다.[26]

내무기사였던 우지하라 스케조[*]는 1914년 『민족위생학』 등의 저술활동을 통하여 우생학 도입에 힘을 기울였고 직접 편집한 《공중위생》지(《대일본사립위생회》지)에서도 적극적으로 우생학과 인구론을 설파했다. 우지하라는 동 잡지에서 산아제한, 즉 '피임'의 '선전보급'은 출생률과 인구증가가 답보 상태에 빠진 '프랑스의 전철'을 밟게 될 것이라 지적했다. 동시에 산아조절의 선전은 '다수의 자녀를 건전하게 양육'할 여력이 있는 '중류 이상의 유한계급자'가 받아들일 뿐이고, 그들은 '방종한 생활의 향락'의 목적으로 '약품이나 기구'를 구

---

* (옮긴이) 우지하라 스케조(氏原佐蔵, 1884~1931). 공중위생학자.

입한다고 지적했다. 그러면서도 미국의 「단종법」 실시는 '국가적 의의'가 있다고 평가했다.[27] 내무성 내에서도 산아조절에 반대해서 우생학을 제창한 나가이 히소무 등과 뜻을 같이하는 인물들이 있었다.

다만 산아조절 반대 우생학론자의 논리도 산아조절 운동가와 공통점이 많았다. 이를 ① 계급관, ② 낙태 긍정, ③ 피임 긍정이라는 측면에서 살펴보겠다.

첫 번째는 양쪽 진영 모두 하층계급의 피임에 찬성하는 입장과 반대하는 입장이 혼재해 있었다.

나가이 히소무나 고야 요시오는 하층계급을 '열약 계급'으로 차별했고, 그 인구를 제한하는 데 찬성했다. 이것은 하층계급에 피임을 시행하게 한다는 점에서 이시모토 시즈에나 아베 이소 등의 산아조절 운동가와 공통적으로 가지고 있던 생각이었다. 다만 나가이나 고야는 실제로 피임을 하는 것은 하층계급이 아니라 중상류 계급이므로 산아제한은 불가하다는 입장이었다.

한편 산아조절 운동가 야마모토 센지나 마지마 유타카는 신맬서스주의에 부정적이었다. 야마모토는 산아조절론자들끼리도 '인구문제에 대한 견해'는 일치하지 않고 다양하게 존재한다고 지적하고 "피임에 의한 핵가족의 실현"이 "직접 인구 제한에 효과가 있다"고 하는 '신맬서스주의자'와 그 '실효성'을 의심하고, "혹은 없다고 확신"하면서 "가정생활 개선과 우생학적 입장에서만 산아조절을 주장하는 자" 두 부류로 나뉜다고 주장했다. 야마모토는 전자의 대표로 '아베 이소'를 들었고 "필자는 후자 부류"라고 했다. 야마모토는 무산계급자만 인구 제한을 실시한다는 발상은 무산자를 열등분자 취급하는 것으로 '부르주아적'인 생각이라 여겼다.[28]

실은 산아조절 반대파에도 야마모토나 마지마와 비슷한 발상을 공유하는 인물이 있었다. 《우생학》 주간 고토 류키치나 데루오카 기토(暉峻義等)가 바로 그런 사람이다. 고토는 상류계급의 인구감소는 어찌되었든 가장 많은 인구로 생산의 기간(基幹)이 되는 '하급생활자'의 인구감소는 '국운의 전도(前途)'에 위험요인이 된다고 했다.[29] 고토는 '빈곤한 사람에게 산아제한을 설득하느니 빈곤의 원인을 연구해서 그것을 제거하고 방지'하자고 주장했다.[30] 또한 데루오카는 "무산계급의 행복과 안녕 그리고 건강을 위해서 산아조절은 그들의 자기 방어 중 한 가지 수단"이라며 극빈자의 산아조절을 허용했다. 그러나 데루오카의 주장의 근본은 "'우량종 다산'의 원칙이 수립되어 실행 가능한 사회생활 조건"의 '완성'에 그 "무산계급의 향상진보가 있다"고 주장했던 것이다. 그런 이유로 "계급운동으로서의 산아조절론은 매우 소극적이며 일시적 변통에 지나지 않고 운동의 본질과 동떨어진 것"이라고 비판했다.

말할 것도 없이 데루오카의 계급관은 은사 나가이나 학생시절부터 교류해온 고야와는 전혀 다른 것이었다.[31] 산아조절 운동에서는 계급관의 상이점이 겉으로 드러나고 운동 내부에서 대립이 빈번히 일어났다. 한편 산아조절 반대파 중에서도 다른 계급관이 드러나고 있었지만, 그 갈등은 표면화되지 않았다. 그들은 신맬서스주의 비판으로 결속되어 있었다. 그중에서 데루오카와 같이 노동자계급에 대한 강한 공감을 가진 논객이 신맬서스주의에 대해 강력한 비판자가 되는 것이었다. 이것은 산조 반대파 우생학론자를 일괄해서 '우익'으로 볼 수 없다는 의미이기도 하다.

두 번째인 낙태에 대하여. 낙태는 산아조절 운동가 사이에서도 견해가 갈렸다. 마지마 유타카는 낙태죄로 검거되는 한편, 이시모토 시즈에처럼 낙태와 산아조절의 구별을 고집하는 운동가도 있었다. 일반적으로 산아조절은 낙태를 조장한다는 비판이 유력했다. 그런데 산아조절 반대파인 우생학론자도 피치 못할 경우의 낙태는 용인해야 한다는 견해를 가지고 있었다. 1932년 3월 31일 《도쿄 아사히신문》은 "K 양의 '도둑에게 임신당했다'라는 질문 내용"에 대해 "지식인의 대표적 의견을 듣는다"란을 만들었다. 호즈미 시게토(穗積重遠)의 "법률 입장에서 낙태는 단연코 용서되지 않는다"는 견해 표명에 이어 나가이 히소무는 "현재의 법률에 결함이 있음을 통감"하고, "조속히 법률을 개정"해서 "이런 사람을 구제해야 한다"고 피력했다. 겸하여 "극악무도한 사람을 단종시키는 법률을 조속히 만들어야" 한다는 주장도 했다. 아사히신문의 전무, 부사장을 역임하고 인구식량문제조사회의 위원도 지낸 시모무라 가이난(下村海南) (히로시, 宏)은 인구문제에 대해 적극적인 발언을 하는 논객으로 산아조절에 대해 매우 비판적이었다. 그 시모무라도 "법적으로는 처벌이 내려도 결국 집행유예로 끝난다"는 점을 들어 '낙태'를 권장하며 또한 '형법 개정'을 촉구했다.[32]

세 번째 피임에 대한 견해는 다음 장 이후의 논의와도 밀접한 관계가 있다. 당시는 피임 자체에 혐오감을 갖는 사람도 있었다. 그러나 산아조절 반대파 우생학론자도 우생학 목적의 피임은 허용했다. 예를 들어 시모무라는 『아사히 상식 강좌 제1권: 인구문제 강좌』에서 "산아제한과 인종개량이 뒤죽박죽이 된 일본"에서는 "자기 목구멍에 풀칠도 못 하는 계급, 불치병으로 의미 없는 삶을 이어가는 무리"보다 "지식인 계급에서 피임을 많이 한다"는 것을 '풍자'하며 피임의 '남용'이라고 비판했다.[33] 그러나 시모무라는 "피임이라는 것도 이미 너무 많이 알려져 있다. 억지로 덮을 수 있는 문제가 아니다"라고 하며 '악질 유전'을 비롯하여 "영아사망률 저하, 국민건강 향상, 모체의 보건 최저생활 유지 등 여러 가지 점"에서 피임을 허용하라고 주장했다.[34]

이러한 자세는 출판통제당국의 견해와 상충되는 것이었다. 오치 신이쓰(越智真逸)가 저술한 『부부독본 제2권: Birth control(산아제한)의 바른 지식』은 일반적인 산아조절을 '이기적인 목적'이라고 비판하며 '저능아, 정신병자 범죄자들을 감소'시키는 일만을 산아조절의 정당한 목적으로 인정했다. 이것은 산조 반대파 우생학론자의 전형적인 주장이었다. 그런데 이 책에 소개되었던 피임법에 대한 자세한 해설은 대부분 삭제되었다.[35] 오치와 마찬가지로 일반적인 산아조절에는 비판적 입장을 취하면서도 잡지 등의 피임 상담에 응했던 의사 다카다 요시카즈(高田義一郎)는 출판통제 당국의 피임을 "금지는 하지 않지만 방법을 공시하는 것은 절대 허가하지 않는다"는 방침을 비난했다. 다카다는 "방법의 좋고 나쁨을 당국의 손으로 판별해서 정해진 범위만 허용하는 법을 공표"하고 '좋지 않은 방법'이나 '광고'를 엄격하게 금지하면 된다고 주장했다. 그러나 당국의 방침은 사실상 '절대 반대'라며 탄식했다.[36]

이상 우생학론자와 산아조절 운동가의 공통점과 상이점을 검토했다. 최근 연구의 대세는 이 양자 관계의 동질성을 강조하는 경향이 있다. 그러나 우리는 이만큼의 동질성이 있는데도 어째서 산아조절 비판이 우생학론자에 의해 전개되었는가, 비판을 전개한 측의 주장은 어떻게 국가정책에 반영되었는가에 대해 의문을 가져야 한다.

해답의 실마리로서 나가이 히소무가 일본의사회 의정조사회 석상에서 했던 강연을 검토해보자. 이것은 1927년 2월 일본의사회 제5차 총회 때 '민족위생 시설에 관한 의견 여하'라는 자문이 제출되자 내무대신이 그 방침의 검토를 위하여 이듬해 나가이, 스기타 나오키(杉田直樹), 오노 세이치로(小野淸一郎)를 초빙하여 소견을 들었던 것이다. 나가이는 "결혼에 관해서는 한 개인에게 방임할 것이 아니라 국가로서 일정한 규정을 만들 것", "소극적인 우생학적 견지로부터 격리법의 설비"를 주장했다. 나가이는 우생학의 국가정책화 맥락에서 '피임 방법을 선용'할 것을 주장하고 "질(質)을 잊어버린 숫자만의 출산관리(Birth control)를 배척하고 우생학적으로 국민을 지도하는 것은 위정자로서 또한 일반 지식인으로서의 중대한 임무"라고 설파했다. 다시 말해 나가이에게는 피임을 우생학적으로 개조하여 국가 관리하에 정책화하는 것이 중요했다.

또 하나 중요한 점은 누가 이 일을 담당하느냐 하는 점이었다. 나가이는 "인간도 생물인 이상, 실제로 남편 역할도 하고 있는 생물학자 혹은 의학자가 직접 이 중대한 문제를 진지하게 연구하여 자신의 의견을 피력하는 일"은 "국가에 대한 중대한 책임이며 권리"라고 주장했다.[37] 이는 즉 피임의 국가관리에 관해서는 생물학자, 의학자의 의견을 중시해야 한다는 주장이다. 산아조절 운동가의 민간 피임 촉진 활동은 그들의 입장에서는 국가와 과학계와의 연대 관계 밖에서 이루어지는 행위이므로 허용할 수 없었다. 그래서 그들에게는 '신맬서스주의'라는 이름표를 붙여버렸다.

관련된 논의의 장에서 적과 아군의 구분은 상대의 주장에 대한 충분한 검토가 이루어지지 않은 자의적인 부분이 있었다. 그래도 이런 종류의 논의는 산아조절 운동가를 피임을 둘러싼 정치의 장에서 배제해버리는 힘을 발휘했다. 그런 장소가 다음 장에서 다룰 인구식량문제조사회, 보건위생조사회이다.

3. 1930년 전쟁 후 피임을 둘러싼 정치

이 장은 아래 1)항에서 먼저, 인구식량문제조사회에서 우생학과 산아조절론을 이질적인 것으로 보는 논리가 공유되어 우생학론자가 산아조절론을 배격하는 형식으로 우생 조치의 국가정책화 기반을 쌓았다는 점에 대한 것을 밝히고자 한다. 2)항에서는, 「유해 피임기구 단속규칙」이 피임 자체를 금지한 것은 아니지만, 내무성 전체에서는 산아조절에 대한 반감이 뿌리 깊어 규칙을 통한 단속의 기대가 강했다는 것을 밝힌다. 한편, 1930년대 성병 예방기구로서 내무성도 장려했던 콘돔이 실제로는 피임기구로 보급되었고 내무관료 중에서도 일부 그 상황을 긍정하는 사람이 있었다는 것을 보이고자 한다.

1) 인구식량문제조사회

1927년 7월 20일에 칙령으로 내각에 인구식량문제조사회가 설치되었다. 당시 내각은 다나카 기이치(田中義一) 내각으로, 1930년 3월 말에 폐지될 때까지 6개의 답신과 2개의 부대결의를 했다.[38] 거기서 우생학과 산아조절론에 관련이 중요한 답신인 '인구 통제에 관한 다양한 정책'이 나왔다. 그 부분의 내용은 다음과 같다.

> ⑦ 결혼, 출산, 피임에 관한 의료 상담에 대응하기 위해 적당한 시설을 세울 것.
> ⑧ 피임 수단으로 이용되는 기구 의약품 등의 배포 판매 광고 등에 관한 부정행위 단속을 철저히 할 것.
> ⑨ 우생학적 견지에서 실시하는 제 시설에 관한 조사연구를 철저히 할 것.[39]

우생정책의 실시는 '우생학적 견지에서 실시하는 제 시설에 관한 조사연구를 철저히 할 것'이라는 추상적인 형태로 향후 과제가 되었다. 이 답신이 나오기까지의 경위는 이미 히로시마 세이지(廣嶋淸志), 후지노 유타카(藤野豊)가 연구를 진행하였다.[40] 히로시마는 이 조사회가 인구 감소론을 인정하지 않는 형태로서의 '산아제한'을 승인하고 있다는 점을 지적했다. 후지노는 이 답신의 성립 과정을 우생학에 관련된 논의를 중심으로 국립 공문서관 소장의 의사록을 중심으로 추적 조사했다. 그리고 이 조사회에서는 일반적인 '산아조절'이라는 단어가 기피되었다는 것, 인구문제와의 관계에서 우생정책의 필요성이 인정되었지만 그 구체적인 방법은 향후 과제가 되었다는 것을 지적했다.

여기에서는 선행 연구에서 더욱 파고들어 필자가 강조하고 싶은 두 가지 점을 이야기하고자 한다.

우선 지적할 수 있는 하나는 우생학과 산아제한의 용어 혼동은 허용되지 않고 명확하게 구별되었다는 것이다. 1927년 9월 21일의 간사회의에서 조사 항목을 결정할 때 조사 항목의 제8항에 '산아제한에 관한 조사'가 들어 있다. 참가자 모두 피임 행위 자체의 논쟁은 피하기 어렵다는 인식하에 '산아제한'이라는 용어를 기피했고, '다양한 논의가 있었으나 결국', '우생운동에 관한 조사'라고 명칭이 변경되었다.[41] 같은 해 10월 12일 제1회 인구부회에서는 '우생운동에 관한 조사'라는 항목에 대해 시모무라 히로시(下村宏) 위원이 "우생운동과 상반되어 오해를 부르기 쉽겠으나 요즘 산아제한 이야기가 상당히 크게 나오고 있다"는 점을 들어 '우생운동'과는 별도로 '산아제한운동에 관한 조사' 실시를 요구했다. 이 시모무라의 요구에 대해 하토야마 이치로(鳩山一郎) 간사장은 우생운동과 산아제한의 상이점은 이해하지만 '부적자(不適者)'는 자녀를 낳지 못하게 하는 '소극적 우생운동 영역'에 피임도 포함되어 있기 때문에 '산아조절'이라는 언어를 피해서 '우생운동'이라 바꾸었다고 설명했다. 이 회답에 대해 시모무라는 재차 양자를 나누어 조사할 것을 요구했다. 시모무라는 "우생운동과 산아제한은 상이한 것이므로 역시 이것을 별도의 항목으로 싣자"는 취지의 발언을 했는데 실은 "산아제한을 빼면 더 좋다는 마음이었다"[42]라고 했다. 시모무라의 발언은 1절 2)항에서 보았듯이 산아조절과의 혼동을 꺼리는 우생학론자들과 보조를 맞추어 양자의 차별화를 꾀한 것으로 이해할 수 있다. 시모무라의 요청에 하토야마도 동의했고, 1927년 10월 18일 제3회 특별위원회의 인구학자 나가이 도오루(永井亨)의 개인적인 제안 '인구문제에 관한 조사항목'에서도 산아제한의 영향과 '유전의 사회적 통제에 관한 조사'[43]는 별도 항목으로 다루어졌다. 이듬해인 1928년 2월 24일 제12회 특별위원회에서도 양자를 별도 항목으로 다루는 방침은 변함이 없었다.

두 번째는 나가이 히소무 등이 제1장 2절에서 주장했던 것처럼 '진정한 산아제한'만 승인되고, 의사에 의한 피임의 국가적 관리가 강조되었다는 점이다. 나가이는 시모무라의 추천으로 '인구식량문제조사회의 특별위원이 되었다.[44] 1928년 7월 13일 인구부 특별위원회에서는 나가이 히소무가 "양(量)만을 생각하고 질(質)을 잊어버린 산아제한은 위험하다"며 신맬서스주의를 비판하기도 했다.

"국가정책으로는, '나쁜 사람을 제거한다'는 소극적인 태도가 아니라 꼭 해야 한다"라고 우생학적 견지의 '산아제한'을 제창했다. 또한 후쿠다 도쿠조(福田德三) 위원이 주목할 만한 발언을 했다.

① 산부인과 전문의 또는 여의사, 산아제한에 관해 특별한 사람에게 허용하는 것은 괜찮다고 생각한다.
② 실정에 맞는 법제를 만들어 약품 등에 관한 단속을 해야 한다.

이러한 논의의 공통점은 '산아조절' 자체는 부정하지 않는다. 그러나 그 일을 담당하는 사람은 일반 산아조절 운동가가 아니라 '산부인과 등의 전문의 혹은 여의사'일 것, 그리고 그 방침은 우생학에 근거할 것 등이 위원들의 공통된 인식이었다는 점이다.

우생학적 조치의 즉각적인 정책화는 인구식량문제조사회에서 저지당했다. 그러나 여기에서는 산아조절에 관한 논의가 고양된 맥락에서, 의사에 의한 피임을 국가에서 관리하는 방침이 나왔다는 것, 그리고 그것은 우생학에 근거한 방침이어야 한다는 것이 강조되었다는 점에 주목해야 한다. 이것은 1930년 4월 「인구식량문제조사회 인구부 답신 설명」을 보면 더욱 확실해진다. '인구통제에 관한 여러 가지 정책' 답신의 설명은 이렇다. "여기서 인구통제라는 것은 소위 산아제한과 달리 반드시 인구수의 제한을 의미하는 것이 아니며 사망률의 감소, 평균수명의 연장 등의 적극적인 의미도 포함하고 있고, 또한 단순히 인구 문제뿐만 아니라 우생학적 견지에서 하는 인구의 질적 향상도 의도한다."[45] 이 조사회에서 우생학론자는 산아조절론을 배척하는 형식으로 국가정책화의 기반을 쌓았다고 평가할 수 있을 것이다.

2)「유해 피임기구 단속규칙」과 피임에 관한 내무관료의 구상

인구식량문제조사회의 답신은 가이드라인적인 성격이 강했다. 구체적인 정책은 다음 기회로 미뤄졌다. 그 직후의 정책적 동향으로 주목할 만한 것은「유해 피임기구 단속규칙」에 관한 논의이다. 이 규칙은 내무성 보건위생조사회에서 '민족위생에 관한 특별위원회'의 심의에 근거하여 성립되었다. 보건위생조사회는 1916년 내무성 내에 설치되어 1930년에 제14회를 기록한 3월 총회에서 '민족위생에 관한 특별위원회' 설치가 결정되었다. 서구에서의 '민족위생에 관한 시설'의 설치, 내무대신이 추진했던 '민족위생 개선 의견'에 대한 일본의 사회 답신, 인구문제나 산아조절에 대한 관심 고조 등을 의식하고 있었다. 이 규칙은 거기에서의 논의를 바탕으로 성립되었다.[46]

이 규칙 자체는 선행 연구로도 많이 알려져 있는데, 규칙 위반을 구실로 정부가 진료소를 강제로 폐쇄한다든가 마지마 유타카(馬島儞)나 이시모토 시즈에* 등의 대표적 운동가를 검거하는 등 산아조절 운동 탄압의 수단이 되었다는 통설적 견해가 있다. 한편 이시자카 쇼코(石崎昇子)는 정부는 산아조절 상담 자체를 탄압하지 않았고, 이 규칙의 대상도 유해 기구에 한정된다는 견해를 나타냈다.[47] 그러나 이 규칙이 성립된 경위나 내무관료에 의한 단속 구상이 검토 없이 제시되어 있다. 따라서 이 장에서는 이 점을 검토한다. 이 규칙은 '민족위생에

---

* (옮긴이) 이시모토 시즈에(石本静枝, 1897~2001): 여성 정치가. 가토 시즈에(加藤シヅエ)로 개명했다. 57쪽 각주('가토 시즈에') 참조.

관한 특별위원회'에서 성립되었다. 또한 산아조절 비판의 최선봉에 섰던 나가이 히소무는 이 위원회의 위원이며 제1장 2)항에 등장했던 우지하라 스케조도 내무성 간사 자격으로 출석했다. 그러므로 이 분석은 우생학적 조치의 정책화와 산아조절 운동과의 거리감을 계측하는 데에도 유익할 것이다.

1930년 6월 24일 제15회 위원회 제1회 '민족위생에 관한 특별위원회'에서는 주로 산아조절이 문제가 되었다.[48] 그때 이와세 유이치(磐瀬雄一) 위원이 "피임편을 사용하다 심각한 질환에 걸린 외래 부인 환자가 있다는 예를 그 핀을 보이며 설명하며 그런 종류의 기구의 유해성을 설파"하였고, 미타 사다노리[*] 위원이 "산아제한 방법을 실제로 적용하는 것은 오히려 중상류 계급에 속한 사람들이고, 빈민은 오히려 전혀 이를 실행에 옮기지 않으므로 산아제한이 이 세상의 가난을 막고 구제하는 하나의 좋은 수단이 될 것이라고 믿는" 것은 "말도 안 되는 소리"라고 했다. 그리고 "피임용 기구에 관한 현행 법규하에서 단속을 하느냐 마느냐" 하는 점에 대해 간사들 사이에서 검토를 하기로 결정했다. 7월 8일 제2회 때는 기구 약품 모두 현행 법규에서는 단속이 불가능하다는 것이 확인되었다. 기구는 "치안경찰 법안 제16조에 의거, 길거리와 많은 사람들이 자유롭게 다닐 수 있는 곳에서 풍속을 해한다고 판단되는 경우", '허위 과장광고' 방면에서는 단속이 가능하나 기본적으로 기구 자체의 '단속규정'은 없고, "약품은 시중에 판매되는 약일 경우 면허제도라는 것이 있으니까 면허를 내주면서 점검이 가능하기는 하나, 신약의 경우 위생상 위험이 없는 한 방임행위"가 되는 현상이 확인되었다.

10월 20일 제3회 위원회에서 단속규칙 초안을 마무리하는 협의가 있었고 '피임용 기구 단속안'이 나왔다. 그 규칙의 근거가 된 것은 1900년 법률 제15호 「음식물 기타 물품 단속에 관한 법률 제1조」, "판매용 음식물 또는 판매용으로 제공되거나 영업상 사용되는 식기와 조리 기구와 기타물품에 위생상 위해의

---

[*]　(옮긴이) 미타 사다노리(三田定則, 1876~1950): 법의학자, 혈청학자. 퇴직 후 타이베이대학 의학부장, 총장을 역임했다(1937~1941).

염려가 있는 것은 법령에 의거 행정청이 그 제조, 채취, 판매, 수여 혹은 사용을 금지하고 또 그 영업을 금지 혹은 정지시킬 수 있다"라고 되어 있었다. 그중에 '기타물품'에 해당하는 '피임용 기구는 그로 인한 위생상의 위해의 염려로 단속의 대상이 된다'는 것이 이 규칙의 취지였다. 당시 오노 로쿠이치로(大野綠一郎) 위원의 '기타 물품'에 피임기구까지 포함되느냐는 질문에 대해서 이토 다케히코(伊藤武彦) 간사는 '이미 완구, 유연백분에 적용하고 있는 터라 포함된다'고 대답했다. 나가이 위원은 '법률 제15호 벌칙 규칙과 본 규칙의 벌칙의 사이'의 거리에 대해 의문을 표했지만, 이토 간사는 '법률 제15호의 3조는 폐기 처분을 위반한 자에 대한 벌칙이나 본 규칙 제4조의 벌칙은 법률 제15호에 근거하여 공표된 명령을 위반'한 자에 대한 벌칙이라고 말했다. 또 오노 위원은 '왜 제조를 넣지 않았느냐'고 질문했는데 우지하라 간사가 '의사로서 이러한 물품을 필요로 하게 되는 경우도 있으므로 제조는 본 규칙에 넣을 수 없다'고 대답했다. 또한 약품은 이것과는 별개로 조사와 단속을 실시하고 광고는 위생문제가 아니라 보안문제로 다루는 것으로 확인되었다. 이 안이 최종적으로 1930년 12월 27일 공표의 내무성령 제40호 「유해 피임기구 단속규칙」이 되었다.

이상에서 지적할 수 있는 것은, 첫째로 이 규칙은 피임 전반이 아니라 유해 피임기구 단속이라는 것이다. 법률 제15호의 다소 무리한 확대 해석에 의해 이 규칙이 작성된 경위에서 그 성격을 알 수 있다. 둘째로 의사가 피임조치를 하는 것은 문제가 없다고 보았다는 점이다. 이것은 우지하라 간사의 답변에서도 아래의 이 규칙 제1조의 조문에서도 확실히 드러난다.

제1조 다음 물품은 그것을 판매, 수여 또는 판매 목적으로 진열하거나 저장할 수
　　　없다. 단 제2호와 제3호의 물품 중 의료용 기구로서 의사가 필요로 하는 경우
　　　에 한해서 예외를 허용한다.
　　　① 피임 핀
　　　② 자궁 주입기구 그 외 자궁 내 삽입기구
　　　③ 그 외 위생상 위해의 소지가 있는 피임용 기구로 내무대신이 지정한 것

그러나 참가위원에게 산아조절 운동의 단속에 대한 지속적인 의지가 있었다는 점도 간과할 수 없다. 제1회 특별위원회에서 산아조절은 하층계급에서보다 중상류 계급에서 성행했다는 발언이 있었다. 또한 제3회 위원회에서도 이와세 유이치 위원이 "피임에 관한 상담소를 단속할 수는 없는가?"라는 발언을 했다. 이에 대해 아카기 도모하루(赤木朝治) 위생국장은 "피임에 관한 근본방침과 상담소에 관한 조치 등의 문제는 추후 심의를 실시하는 것으로 하고, 이번에는 우선 첫 단계로서 본 규칙에 관한 사항만을 다루어줄 것을 요청하는 바이다"라고 답했다. 여기에서 이 규칙은 산아조절 운동 단속 제1단계로 인식되었다. 그 후 산아조절 운동 단속에 관해 내무관료 사이에서도 견해가 갈렸다. 여기에서는 우생학 계몽이나 「단종법」의 성립에 관여했던 우지하라 스케조와 다카노 로쿠로*의 견해를 들어보겠다.

우지하라는 "산아조절 자체의 가부와 필요·불필요"에 관해서는 "다방면에 걸쳐서 신중하게 고려할 필요가 있는 것은 사실이나, 매우 시급한 문제로 인식해야 할 필요성"에 대해서는 "산아조절, 월경 상담 등의 광고"에 현혹되어 "특히 자궁에 상해를 입고 복막염을 일으키는" 등의 폐해로부터 부녀자를 보호하는 일이 보건위생조사회의 인식이라고 전했다. 또한 이 규칙의 효과에 대해서는 "위의 금지는 피임 목적에 한정된 것인데, 개업의는 물론 일반시민 몇 명이 구속"되었고, "특히 산아조절상담소 또는 월경상담소 등의 이름을 빌려 이것을 취급하던 곳도 엄중히 단속해야 한다"는 인식을 가지고 있었고, 이 규칙이 산아조절 운동에 대해 전반적인 효과를 발휘할 수 있기를 기대했다. 단 이 규칙은 "제시된 특정기구에 한정되어 있고", "그 밖의 기구 약품 등에 관한 언급"이 없으므로 이들의 단속은 "새로운 조례의 공포가 있어야 할 것이다"라고 전망했다.[49]

산아조절 운동에 반대했던 우생학 잡지도 우지하라와 동일한 견해를 나타냈다. 1930년 발족한 일본민족위생학회가 발간한 잡지 《민족위생》 창간호는

다카노 로쿠로

자료: 《의사공론(医事公論)》 1422호(1939년 9월 28일), 36쪽.

"지금은 신맬서스주의, 생어주의가 세계를 휩쓸며 제 문명국 민족의 생물학 세계를 끊임없이 좀먹어 들어가고 있습니다"라는 문장으로 시작해서 '올바른 산아조절'을 장려한 설립취지서를 들었는데, 동시에 성령(省令)의 취지와 내용도 한 쪽 반에 걸쳐 게재했다.[50] 잡지 《우생학》은 이 규칙이 공표된 이유를 "종래의 피임조절소 혹은 산아조절소 등에서", "해당 물품의 판매·배포 외에 실지 지도를 빙자하여 공공연하게 낙태행위"가 있었지만, "대다수의 경우 증거 불충분으로 낙태죄로 검거하기 곤란"했기 때문이라고 설명했다. 그러나 "이를 통해 소기의 목적이 달성되었는지는 매우 우려되는 상황"이라는 코멘트를 덧붙였다. 이 소개문의 제목은 '철저하지 못한 피임 방지령'이다.[51] 산아조절에 반대하는 우생학론자들 사이에서는 「단종법」으로 상징되는 우생학적 조치의 정책화가 기도되는 가운데 이 규칙은 산아조절 운동 자체를 단속하기 위한 의도로 해석되어 산조 운동에 타격이 가해질 것을 기대했다.

그러나 다카노 로쿠로의 이 규칙 단속에 관한 인식은 전혀 달랐다. 다카노는 나중에 후생성 예방국장으로서 「국민우생법」 성립에 진력을 다한 인물이다. 다카노는 '부인살롱' 좌담회에서 "산아조절은 국민의 자유의지에 맡겨", "필요한 범위에서 이용될 수 있도록 하는 것이 바람직하다", "정말 좋은 방법이라면 굳이 개입해서 금지시킬 필요는 없다"는 발언을 했다.

다카노에 의하면 내무성의 태도는 "어쨌든 출산 조절(birth control)이라는 것은 지나치게 간섭을 해서는 안 되"는 것으로 "경시청의 태도도 출산 조절 도구를 판매 자체를 금지하는 것이 아니라 유해 위험물질의 판매를 단속하고, 진열하면 몰수하는 것"이라 했다. 또한 다음 발언도 주목할 만하다.

콘돔 말씀인데요. 그것 또한 성병 예방을 위해 장려하고 있습니다. 현재로서는 아마도 이것이 가장 좋은 피임법이 아닐까 합니다. 세정도 그렇습니다. 현재 세정도 약품이나 콘돔과 더불어 가장 우수한 성병 예방법으로 장려하고 있다고 규칙에도 분명하게 나와 있습니다. 그것이 완전한 피임법이 아닌지는 모르겠지만, 실제로 많이 장려되는 상황입니다. 따라서 성병 예방 차원에서 여러분도 다른 운동 방면에서 그대로 응용한다면 내무성이 장려한 것과 동일한 결과가 되지 않겠습니까? [52]

다카노가 말하는 '규칙'이라고 하는 것은 야마다 준지로(山田準次郎) 예방국장의 이름으로 1928년 6월 13일 출판된 '「성병 예방법」 시행에 관한 건 의명통첩(依命通牒)'에서 "업소 종사자는 반드시 여러 개의 '콘돔'을 휴대해야 하며, 그것을 상대방에게 제공하고 사용하도록 권고해야 한다"는 등의 조항을 가리킨다.[53] 이미 1909년에는 일본 국산 최초의 콘돔 '하트 미인'이 판매되었지만 부분적으로밖에 홍보되지 않았다. 그런데 1928년 「성병 예방법」 실시와 더불어 성병 예방을 위해 콘돔 사용을 내무성이 장려한 후부터는 콘돔 수요가 급속히 증가했다.[54]

그러나 콘돔은 그 의도와는 달리 오히려 일반적인 피임방법으로 보급되었다. 잡지 《체성(艶性)》에 실린 「콘돔 넌센스」라는 글에 의하면 "신슈 시골의 보따리장수의 짐 속에도 콘돔이 들어 있어", "처녀들이 얼굴 하나 붉히는 일 없이 태연한 표정으로 부인용품을 주문"하고, 보따리장수는 "1엔 50전 정도로 팔고" 있는데 그래도 '사는 사람'이 상당히 많다고 전했다. 필자는 "주요 목적은 성병 예방보다는 오히려 임신 예방인 것 같다는 것이 솔직한 이야기다"라고 말했다.[55] 《체성》은 일본성병예방협회가 발간한 잡지로 산아조절을 반대하는 의사의 논설이 많이 실렸다. 그 매체에 관련된 글들이 실렸다는 것은 콘돔 이용이 표면적인 목적은 성병 예방이지만 실제적으로는 피임 목적으로 사용하는 것이 공공연한 비밀이라는 것을 보여준다.

이와 같이 실제 상황에서 보면 다카노의 말대로 내무성이 성병 예방과 함께 피임까지 장려하는 것으로 보이는 현상이 있었다. 그렇지만 다카노의 말처럼 실제로 내무성이 전체적으로 산아조절 운동에 관대한 태도를 보였다고는 생각되지 않는다.

내무성 경보국(警保局)이 1931년 작성한 「산아제한상담소 단속에 관한 개요」에는 "산아제한상담소 단속에 관해서는 특별한 중앙법규와 지방법령이 없으므로, 현재로서는 약품 판매 등의 관계 법령 또는 무면허 의사·약사 행위로 이것이 단속을 위한 형법 낙태에 관한 죄 또는 약사법 위반 등에 해당하는 경우는 방임행위가 된다"고 기술되어 있는데,[56] 이러한 문맥에서 산아제한을 단속할 필요를 느끼면서도 법규가 없어 국한된 범위에서밖에 할 수 없었던 답답함을 엿볼 수 있다.

더욱이 1931년경부터 도쿄시의 야스이 세이이치로(安井誠一郎)나 오사카의 가와카미 간이치(川上貫一) 등 산아조절을 실행하는 공무원도 등장했다. 그러나 내무기사의 집필이 많은 대일본사립위생회의 《공중위생》지는 '촌철'란에서 도쿄시가 '영세민 구제상의 사회정책'으로 산아제한을 이용하겠다는 생각을 내놓은 데 대해 우생학적인 의미가 없다고 비판했다. 이 무기명 기사에는 '정신저능자에 대한 우생학적 의미로 산아제한', '멸종법'에는 찬성하지만 '단순히 빈민이라는 이유로 산아제한'을 하라는 주장에는 설득력이 없다.[57] 그 후 야스이는 '도쿄시 사회국장 때 아베 이소 선생이나 마지마(유타카) 등과 함께 산아제한을 촉진하다가 내무대신 아다치 겐조(安達謙蔵)에게 미움을 사 내무관료 출세 코스에서 밀려났고, 할 수 없이 고향 선배 우가키 가즈시게(宇垣一成)가 조선총독으로 부임할 때 측근 비서로 따라가는 신세가 되었다.[58] 이 일화는 내무성이 행정적으로 산아조절을 장려하기에는 곤란한 분위기였다는 것을 말해준다.

다시 말해서 내무성에서는 산아조절을 단속해야 마땅할 위험한 사상으로 보는 견해가 강했고, 경보국도 법에 저촉되는 것은 단속하지만 그 이상의 대책을 내놓지 못하고 피임기구가 확산되는 상황을 방임할 수밖에 없는 실정이었다. 그러한 실정을 긍정한 다카노(高野)가 있다고 해서 조금도 이상할 것은 없었다. 이런 상황은 「국민우생법」이 제정된 1940년이 되어도 달라지지 않았다. 같은 해 오사카 가정용품 회사 카탈로그에는 콘돔을 비롯해 페서리, 스펀지, 예방약, 크림제, 자궁세정 기구 등이 판매된 상황이 드러난다.[59] 그렇다면 피임을 금지했다고 평가되는 「국민우생법」은 이 상황에 정말 변화를 가져온 것일까? 그 점에 대해서는 다음 장에서 검토하기로 한다.

4. 「국민우생법」 제15, 16조의 성립 과정과 그 영향

이 장에서는 「국민우생법」과 그에 이르는 일련의 「단종법」안을 검토하고, 1920년대 이래 신맬서스주의 비판과 동일한 논리를 공유했다는 것을 살펴보려 한다. 그러나 1940년 「국민우생법」은 산아조절의 '금지'를 설명하면서도, 개인이 행하는 피임을 부정하지 않았다는 것을 보여준다.

우생학적 조치의 정책화가 본격화된 것은 1930년대 후반으로, 1938년에 후생성이 설치될 때 예방국에 우생과가 생겼다. 또한 「단종법」안이 나오고 1933년에 나치 「단종법」이 제정된 이듬해인 1934년 제65회 제국의회에 「민족우생보호법」안이 중의원 의원인 아라카와 고로(荒川五郎, 입헌민정당)에 의해 제출되었다. 이를 시작으로 제67·70·73·74회 제국의회에서도 「단종법」안이 제출되었으나 통과되지 못했고, 제75회 제국의회에서 정부 제출법안이 「국민우생법」으로 성립되었다.

「국민우생법」은 전쟁 전 일본 우생정책의 한 도착점으로 여겨지고, 1941년 1월 내각회의에서 결정된 '인구정책 확립 요강'과 더불어 산아제한이나 피임, 인공임신중절을 '금지'했다고 일반적으로 평가된다. 확실히 1940년 4월에 발표된 후생성 예방국의 「「국민우생법」에 관하여」에서도 "한 민족, 한 국가의 인구를 감소시키는 가장 큰 원인"은 "경제적 이유보다는 향락주의 또는 그 외 각종 이유에 의해 행해지는 인위적인 산아제한에 있다"고 여겨지며, 그 때문에 동법 제15, 16조가 제정되었다고 했다.[60] 그 조문은 다음과 같다.

제15조 정당한 이유 없이 생식을 불능케 하는 수술 또는 방사선 조사는 할 수 없다.
제16조 제13조의 규정(후생대신과 지방장관의 명령으로 지정된 의사가 지정된 장소에서 우생수술)에 의한 경우를 제외하고, 의사가 생식 불능 수술 혹은 방사선 조사 또는 인공임신중절을 행하고자 할 때는 사전에 그 필요 여부에 대해 다른 의사의 의견을 청취함과 동시에 정해진 명령에 따라 사전에 행정관청에 신고서를 제출해야 한다. 다만 시급을 요하는 사항은 예외로 한다. 사전에 신고서를 제출하고, 행정관청이 필요하다고 인정한 경우 다시 한 번 지정된 의사의 의견을 들어야 한다.
제1항 단, 앞서와 같이 신고서를 제출하지 않고 생식을 불능으로 만드는 수술 혹은 방사선 조사 또는 인공임신중절을 실시한 경우는 사후에 정해진 명령에 따라 행정관청에 신고하여야 한다.[61]

선행 연구는 「국민우생법」을 "인민의 생식자유 주장과 대체적으로 상충되는 인구 국가통제 사상"을 실현하고, "피임, 낙태 등의 인위적인 산아제한의 금지" 정책을 드러낸 것이라고 정의한 것이 많다.[62] 그러나 이 법의 조문 자체에는 후생성이 해설한 '산아제한' 단속이라는 단어는 없다. 이 조문과 해설의 부자연스럽게 현격한 거리는 어디에서 기인한 것일까? 실은 이 역사적 검토의 불충분함이야말로 선행 연구가 제시한 '산아조절'이나 '피임'의 '금지' 내용이나 범위의 이해를 지극히 애매한 위치에 머물게 했다.[63] 이 장에서는 전 장까지의 피임을 둘러싼 동향의 실태를 포함해 제15, 16조가 성립된 경위와 배경을 밝히고자 한다. 우선 「국민우생법」이 성립된 배경으로서 아라카와 고로, 야기 이쓰로(八木逸郎, 입헌민정당)이 제국의회에 5회에 걸쳐 제출한 「단종법」안에 대하여 언급하고자 한다.

1934년 제65회 제국의회에서 아라카와 고로는 「민족우생보호법」안을 제출했다. 아라카와의 안(案)이 산아조절 지지파에 의한 입법이라는 견해가 있다. 이것은 아라카와가 민족위생학회에서 '참고자료'를 얻은 바 없다고 증언한 것을 근거로 한다. 그러나 그런 이유로 아라카와의 안이 산아조절파에 의한 것으로 결론 내리는 것은 성급한 일이다.[64] 차차 상세한 설명을 하겠지만 아라카와는 "나는 산아제한론을 주장하려고 하는 것이 아니다"라고 하며 '인구 과잉, 식량 부족' 해결의 수단으로서의 산아제한이나 가난한 사람들이 아이가 많다는 이유로 산아를 살해하는 행위를 비난했다. 그리하여 산아제한이 아무런 죄책감 없이 비밀리에 성행하는 것은 '우려할 만한 중대사'라며 "혈통을 바로잡고 우수성을 조장하여 더욱더 위대하고 강건한 일본 민족을 확장해나가야 한다"는 주장을 했다.[65] 이것은 전형적인 산아조절 비판으로 민족위생학회에서 자료를 얻은 것이 아니라 할지라도 아라카와는 분명한 산조 비판의 입장에 서 있었다는 것을 알 수 있다.

1936년 12월 12일 《요미우리신문》 조간에 일본민족위생협회가 작성한 「단종법」안이 나가이 히소무의 사진과 함께 실렸다.[66] 1937년 3월 제70회 제국의회에서 아라카와와 야기 이쓰로가 제안한 법안, 1938년 1월 제73회 제국의회, 1939년 2월 제74회 제국의회에서 야기가 제안한 법안은 민족위생협회안과 함께 작성되었다. 그 취지 설명에서는 인구 의미가 강조되었다.[67] 요컨대 전쟁 전의 「단종법」안은 모두 인구증식을 기조로 한 것으로 산아조절에 비판적이었다.

야기 이쓰로는 제74회 제국의회까지는 「단종법」안을 제출했으나 동 의회의 귀족원에서 심의가 보류되었다. 이미 후생성이 「단종법」안을 작성 중이었기 때문인 것으로 보인다. 그 후생성 안(案)이란 1939년 10월 발표한 '민족우생 제도안 요강'을 말한다. 이 요강은 1939년 10월 30일 제1회 국민체력심의회에서 심의되어 제2회는 조사 사항보고를 가졌고, 11월 30일에 재개, 제3회는 12월 4일에 개회, 전문위원의 보고를 참고로 심의 특별위원회안 '우생제도안 요강'으로 가결되었다. 아래는 수정 전과 수정 후의 조문이다([ ]는 삽입, 가로선은 삭제)

제5 [4] ~~생식을 불능하게 하기 위한 수술~~ 또는 방사선조사는 해서도 안 되고 받아서도 안 된다. 다만 본제도[혹은 기타 법령]의 규정으로 단종을 실시할 경우 또는 의사가 생명이나 건강상의 중대한 위험을 방지하기 위해 본인의 동의를 얻은 경우에는 예외적으로 실시할 수 있다. (중략)

제21 [19] 의사가 생명이나 건강상의 중대한 위험을 방지하기 위해 본인의 동의를 얻어 ~~생식을 불능하게 하기 위한 수술~~ 혹은 방사선 조사를 할 때 혹은 ~~안공유산(인공조산을 포함)~~[임신중절]할 때는 정해진 명령에 따라 사전에 행정관청에 신고토록 할 것. 단 특별히 시급을 요하는 경우는 처치 후 신고토록 할 것. 행정관청이 필요하다고 인정하는 경우는 지정한 의사의 입회하에 진단할 것.[68]

이 안을 작성한 후생성 예방국 우생과에 설치된 민족위생연구소는 제5조를 제정한 의도를 이렇게 설명했다.

단종이 본 요강[민족우생 제도안 요강]에 의해 실시될 때 본 요강이 규정한 이외의 단종은 일절 엄금할 것으로 정했다(요강 제5). 물론 의사가 행하는 의료 행위로서의 단종은 형법 제35조에 소위 정당한 업무로서 적법행위라는 것은 변하지 않았다. 현행 형법은 낙태에 관한 상세한 규정을 만들고 그에 대한 처벌도 엄중하게 했으나, 단종에 관해서는 규정이 없었기 때문에 단종이 적법인지 위법인지에 대해서도 형법 상해죄의 규정과 위법성에 관한 해석 문제에 맡겨져 있었다. (중략) 본 문제에 관한 법률 상태는 불명료와 불확정 상태였는데, 본 규정에 의해 그것이 명료해졌다.[69]

형법 제35조의 "법령 또는 정당한 업무로 한 행위는 처벌하지 않는다"는 조문에 대해 1938년 3월 24일 중의원위원회에서의 야기의 안(案)을 심의 중에 사법성 참여관 후지타 와카미(藤田若水)는 단종이 "의료 행위의 범위에 드는 것이라는 해석이라면 후생성만의 해석으로 두면 좋을 것. 사법성은 의료 행위에 포함하지 않으며 그것은 보건상의 행위가 아니다" 등의 발언을 했다. 이에 대해 후생정책 차관 구도 데쓰오(工藤鉄男)가 반론을 했고, 논의가 분규 사태로 이어졌다.[70] 조문은 단종이 의사의 의료 행위라는 것을 제시하기 위해 개설되었다. 흥미로운 점은 해설문이 다음과 같이 이어진다는 점이다.

> 혹은 이 제도가 일반국민에게 단종을 홍보하는 것이 되고 피임 사상을 보급시켜 인구 대책상 바람직하지 못한 영향이 있을 것이란 우려도 있는 것 같으나, 이 규정을 만듦으로써 여러 가지 폐해를 방지할 수 있을 뿐 아니라, 단종에 대해 명료하게 이 제도에 규정한 결과 그동안 남용되던 단종을 엄금할 수 있게 되어 오히려 인구증가상의 화근을 끊게 될 것이다.[71]

이와 같이 「국민우생법」 제15조의 기초가 되는 이 조문은 본래 「단종법」이 형법 제35조에 저촉되지 않도록 하기 위해 만들어졌다. 그러나 이 조문에는 피임 방지의 의미가 더해져 이것이 조문의 의의로 강조되게 되었다.

후생성의 원안 '생식을 불능하게 하기 위한 수술'이라는 말에서는 국민체력심의회에서 '하기 위한'이란 문구가 삭제되었다. 그 의도는 '생식을 불능하게 하는 것을 직접적인 목적으로 하지는 않지만, 결과적으로 생식을 불능하게 하는 수술'이 실시되고 있고, 그 '금지 또는 단속 규정'을 두기 위한 것이라고 한다.[72] 즉 우생 단종이 아니라 피임이나 젊음 유지를 목적으로 한 단종의 근절을 도모한 것이라 할 수 있다. 그리고 이런 설명은 「국민우생법」이 제국의회에 제출될 때도 반복되었다.

그러나 그 조문만으로는 콘돔에 의한 개인 피임을 포함한 산아조절 방지를 의미하지는 않는다는 것이 동 시대인의 눈에도 명확했다. 사실 「국민우생법」

을 심의하는 제75회 제국의회 중의원위원회에서 에하라 사부로(江原三郎, 입헌정우회 나카지마파(派))는 제15조에 대해 "인구증식 혹은 산아제한 목적인가 하는 비판은 이 조문만으로 알 수 없다", "좀 더 적확한 조문을 만들 필요가 있다"는 견해를 표했다.[73]

또한 이 위원회에서는 산아조절 단속을 둘러싼 정부의 대응도 비판받았다. 다나카 요다쓰(田中養達, 시국동지회)는 "정당한 이유 없이 생식을 불능하게 하는 수술 그 외"에는 18조에서 "1년 이하의 징역 또는 1000엔 이하의 벌금"이라는 "가혹한 처벌"이 내려지는 한편, 피임 목적으로 콘돔이 시중에서 팔리는 모순을 지적했다. 그리하여 "콘돔과 산아제한은 동일한 것"으로 단속이 없는 상황을 인정한 다카노 로쿠로의 답변을 피임의 '묵인(黙認)'이 아니라 '공인(公認)'이라며 비판했다. 동시에 "현재 인구를 증식시키자, 낳자, 늘리자고 말하면서 한편으로는 낳지 못하게 하는 기구의 판매가 공공연하게 이루어지고 있는" 사태를 "대단한 모순"이라고 지적했다. 그래서 성병 예방이라는 명목의 콘돔 판매의 묵인은 반드시 '악용'될 것이라며 그 위험성을 주장하고 엄중한 단속을 요구했다.[74] 소와 기이치(曽和義弌, 입헌정우회 나카지마파)도 "현재 인구가 감소"하는 원인은 "'인텔리' 계급의 피임 행위 성행"이라며 마찬가지로 단속을 요구했다.[75]

이와 같이 제15, 16조와 피임의 관계에 대해 많은 비판이 나왔는데도 조문은 변경되지 않았고, 산아조절 방지나 인구증가의 의의를 강조하는 설명에도 변화가 없었다. 도코나미 도쿠지(床次徳二)는 이 조문의 의의를 「국민우생법」 성립 후에 다음과 같이 설명했다.

우선 국가로서는 소위 산아제한을 부당한 것으로 본다는 점을 명확히 했습니다. (중략) 물론 국가 입장에서 산아제한은 어떤 방법으로 실시되더라도 바람직하지 못한 일입니다. 그러나 그 외의 다른 방법에 의한 것에 대해서는 법률의 벌칙을 가지고 임하지 않는 것뿐입니다. 콘돔을 사용하거나 약제를 사용하는 등의 방법에 의한 산아제한에 대해서는 교육으로 대처할 생각이며, 벌칙을 적용하지

도코나미 도쿠지

자료: 《医事公論》 1527호(1941년 11월 1
일), 4쪽.

는 않을 것입니다. 특히 폐해가 막대한
외과수술은 방사선 등에 의한 산아제한
만 엄벌에 처하고 있습니다.[76]

　도코나미의 발언대로 피임불가 교육
만 하고 처벌은 하지 않는다면 이 법은
산아조절 금지로서의 기능을 할 수 없
을 것이다. 실제로 도코나미 본인이 다
른 좌담회에서 다음과 같이 피임 단속
에 별도의 조치가 필요하다는 것을 인
정하고 있다.

안도(安藤)(画一, 가쿠이치): 실제로는 단속까지 해야죠. 피임 방법에 관한 여러
　글들과 기구.

도코나미: 이번에 개정하려고 했던 「성병 예방법」에서도 피임에 이용될 우려가
　있는 기구나 예방약 따위를 상당 부분 제한할 예정이었지만 이번에는 제출되
　지 못했습니다. 결국 대체 방법으로 그런 것들의 판매 등을 제한할 필요가 있
　지 않을까, 또 한쪽으로는 산아제한 배격 사상의 홍보도 해야겠다고 생각 중입
　니다(중략).

오바타(小畑)(이세, 惟清): 기구의 판매 또는 광고를 금지시킬 수는 없습니까?

도코나미: 최근에는 자재(資材)가 부족해서 상당한 제한이 있을 것 같은데요…
　(웃음).[77]

　도코나미의 발언대로 후생성 우생과는 「성병 예방법」 개정을 1940년 9월 28
일 국민체력심의회에 자문했다. 그 내용은 '치료기구, 성병에 관한 매약 예방기
구'의 판매나 광고를 금지하는 것이었다. 제78회 제국의회에 제출하고자 했으나
실패했다.[78]

「성병 예방법」을 개정하지 못한 이유가 명확하지는 않은데, 이미 콘돔이 성병 예방기구의 지위를 차지하고 있었기 때문에 불가능했던 것으로 여겨진다. 동시에 도코나미는 약제 이외의 산아제한 방지에는 '교육'으로 대처하겠다고 말했다. 당시의 '교육'으로는 1930년대부터 1940년대까지의 우생결혼의 설파를 들 수 있다. 우생결혼은 이케다 시게노리 결혼상담소 구상에서도 나타났지만, 일본민족위생협회가 1935년에 시로키야(白木屋) 백화점에다 열었던 것이 유명하다. 그 후 1940년에는 후생성에 의한 우생결혼상담소가 미쓰코시(三越) 백화점에 개설되었다. 이어서 1939년 후생성에서 개최한 '우생결혼좌담회'의 인적 자원 확보 논의에 기초하여 독일의 「결혼보건법」을 본떠 '낳자, 늘리자' 이념을 소리 높여 주장하고, 심신과 유전 모두 '건강'한 사람과 '조속히 결혼'할 것을 주장한 '결혼 10훈'*을 내놓았다. 나아가 1940년에 「국민우생법」은 중의원에서 나온 수정의견을 기초로 제17조로서 "우생수술을 받은 자가 혼인하고자 할 때는 상대방의 요구가 있을 경우 우생수술을 받았다는 것을 통지해야 한다"는 조문을 추가했다. 1941년에 '인구정책 확립 요강'이 나오기에 이르렀고, 그 전후에 우생결혼이나 결혼 10훈이 빈번하게 언론에 소개되었다.

이러한 우생결혼의 설파를 적극적으로 담당했던 것이 후생성의 우생결혼상담소장이었던 야스이 후카시(安井洋)였다. 일본민족위생협회 부속의 우생결혼보급회의 회지 《우생》의 편집을 담당하고, 1943년 성립한 후생성의 외곽단체였던 결혼보국 간담회 상무이사도 역임했다. 실제로 야스이가 설파한 우생결혼에는 일부 피임을 용인하는 부분이 있다. 1941년 3월의 '인구정책 확립 요강'은 '인위적 산아제한을 금지'하는 것이었는데, 같은 해 11월에 발간된 저서 『우생결혼의 실제』에는 다음과 같은 구절이 있다.

---

* (옮긴이) '결혼 10훈'의 내용은 다음과 같다. ① 평생의 반려로서 믿을 만한 사람을 선택합시다. ② 심신이 건강한 사람을 선택합시다. ③ 나쁜 유전이 없는 사람을 선택합시다. ④ 서로 건강증명서를 주고받읍시다. ⑤ 근친 결혼은 되도록 피합시다. ⑥ 되도록 빨리 결혼합시다. ⑦ 미신과 인습에 휘둘리지 맙시다. ⑧ 부모, 윗사람의 의견을 존중합시다. ⑨ 예식은 검소하게, 신고는 당일에. ⑩ 낳고, 기르자, 국가를 위해!

이 사람들['유전병자의 자녀 또는 형제자매']에 대해서는 자기 문제이든 상대방 문제이든 관계없이 그 위험성을 충분히 이해하고 본인을 지킬 결심을 하는 사람도 있고, 피임법을 강구하여 아이를 낳지 않는다든가 그 수를 제한하는 조건으로 결혼하는 사람도 있습니다. 또한 그 문제가 상대방에게 있는 경우에는 그 문제를 기피해서 결혼 자체를 중지하는 경우도 있으나, 그것은 상담자의 자유에 맡길 수밖에 없는 문제입니다.

야스이는 가벼운 장애라면 자녀의 출산도 허용했다.[79] 다만 인용한 사료와 같이 유전병을 가진 사람에게는 피임을 권했다. 이것은 「국민우생법」 제15, 16조가 개인의 피임 여지를 허용하는 상황을 전제로 하지 않는다면 불가능한 발언이다. 나가이 히소무 등이 산아조절 운동의 배격을 주장하면서도 피임을 전면 부정하지 않고 의사의 관리하에 국가적 관리를 구상했던 것을 상기하면, 도코나미가 말하는 '교육'이나 야스이의 우생결혼은 나가이 등의 '진정한 산아제한' 구상의 연속과 다름없는 것이었다.

그러나 1930년경에는 시중에 피임법이 완전히 알려지고, 자재부족에 허덕이면서도 콘돔 등의 피임기구가 여전히 만들어지던 가운데 유전병 보유자만이 자발적 피임을 했다는 상황을 가정할 수 있을까? 사실 야스이는 1943년의 저서에서 '근년 들어 점차 만혼이나 산아제한의 폐해에 빠져 들어간다'는 것을 '개인주의적·자유주의적 사상의 영향'으로 보았고, '국가본위·민족본위·가족본위 사상에 철저'하도록 강조했다. 관련된 비판은 전쟁 중의 다른 우생학론자에게도 발견되는데, 그것 자체가 1943년 시점에서도 시중에서 산아제한이 행해졌다는 것을 우생학론자들도 인정할 수밖에 없었다는 증거일 것이다.

이상을 요약하자면, 1920년대부터 전쟁 중을 거쳐 우생학론자와 그들이 작성에 관여한 제도는 인공임신중절 규제를 제외하고 개인의 피임을 금지하지 못했다. 이 법에 이르는 일련의 「단종법」안은 인구증가와 산조 운동의 배제를 주창했다는 점에서 나가이 히소무 등 민족위생협회의 구상과 공통된다. 「국민우생법」도 산아조절 배격을 법률의 취지로 들었다. 그러나 조문에 산아조절을 금지하는 내용은 들어 있지 않았다. 이 법을 입안한 후생성 관료는 개인이 행하는 피임은 우생결혼의 이념을 교육함으로써 선도할 수 있을 것으로 생각했다. 이러한 개인의 피임 존재 자체는 부정하지 않는 점 역시 1920년대부터 나가이 등이 '진정한 산아조절'을 주장하며 산조 운동을 공격한 논의와 공통된다. 그렇다고는 하나 「국민우생법」하에서 우생결혼을 교육한다 해도 이 법이 피임의 존재를 허용할 여지를 남겼고, 콘돔 사용을 허용하는 「성병 예방법」도 있어 피임기구가 확산되고 있었던 이상, 우생과 인구증가의 이념에 적합하지 않은 피임을 제도적으로 금지하는 수단은 없었던 셈이다. 결국 '낳자, 늘리자' 이념이 제창된 전쟁 중에도 인공임신중절 규제를 제외하고는 대부분의 피임은 국민의 자유의지에 맡겨져 있었다는 것을 알 수 있다.

5. 마치며

우생학론자와 산아조절론자의 주장이 많은 부분에서 동질성이 있었는데도 산아조절 추진파는 일부에서 탄압을 받고 반대파는 국가정책에 깊이 관여했던 요인은 무엇이었을까라는 모두(冒頭)의 질문에 답변하겠다.

산아조절을 반대하는 우생학론자는 언론을 통한 계몽으로 산아조절에 대해 일괄적으로 신맬서스주의라는 낙인을 찍고 비판함으로써 우생학과의 차별화 전략을 취했다. 이것은 의학자에 의한 피임의 국가적 관리를 의도한 것이었다. 원래 생어의 일본 방문 이래 산아조절 운동은 내무성으로부터 피임 방법의 개시(開示)를 금지 당하는 등 경계의 대상이었다. 더욱이 나가이 히소무나 시모무라 히로시 등의 우생학론자는 우생학과 산아조절을 이질화하여 후자를 배척하는 논리를 인구식량문제조사회 등 국정의 장으로 가지고 들어갔고, 내무기사인 우지하라 스케조도 여기에 호응하는 논의를 전개했다. 이리하여 우생론자는 산아조절론자를 배척하고, 우생학적 조치의 정책화 토대를 구축해나갔다. 그리고 1930년의 「유해 피임기구 단속규칙」은 피임기구 전반을 단속하지는 않았지만 내무성 내에는 산아조절에 대한 경계나 단속 요구가 강했으므로 중일 전쟁기에 산아조절 운동가는 침묵하기에 이르렀다.[80]

그러나 우생학적 조치의 정책화는 산조 운동과 동질성, 즉 피임의 자유의지를 인정하는 여지를 남긴 채 실시되었다. 나가이 히소무 등의 「단종법」제정 운동을 거쳐 성립된 「국민우생법」은 피임을 금지하는 조문을 넣지 않았고, 개인이 행하는 피임의 존재 자체를 부정하지 않았다. 인구증식을 주창한 '인구정책 확립 요강'조차 법적 구속력이 없는 표면적인 것에 머물렀다고 평가할 수밖에 없다. '낳자, 늘리자'라는 인구증식 이념이 제창된 가운데 자재 부족에 허덕이면서도 콘돔 등 피임기구 판매는 이어졌다. 그것도 10년 이상 전부터 피임 방법은 (이미) 확산되고 있었다. 결과적으로 전쟁 중에도 개인이 피임을 할 여지는 제도적으로도 많이 남아 있었다. 그리하여 우생학론자는 1920년대부터 인구증식이나 우생 논리에 적합하지 않은 피임을 지속적으로 비판했는데, 전쟁 중에도 그 비판이 들어맞는 상황은 변함이 없었다. 대부분의 피임은 법적으로도 방치된 채 전쟁 후를 맞이했다.

이상의 점에서 다음과 같은 지적이 가능하다. 1920년대의 산아조절론 유행을 둘러싸고 피임을 국가의 통제하에 두려는 정책논의가 언론에서 다루어지고, 국정에도 반영되어 「국민우생법」인구정책 확립 요강이 책정되었다. 그러나 정책의 실효성은 책정한 사람들 사이에서조차 그 진정성이 의심되었다. 사실 일관되게 충분한 제도적 기능을 하지 못했던 것으로 생각된다. 오히려 전시하에서조차 산아조절을 개인의 자유의지에 맡기는 여지를 남겼다는 것은 제도의 본 모습이 선단(先端)적으로 드러난 것이다.

주(注)

1   양측의 관계를 언급한 연구는 산아 조절을 중심으로 한 것이 더 많다. 藤目ゆき, 『性の歷史學』
    不二出版, 一九九八年; 石井幸夫, 「産児調節運動の言説について」『ソシオロジスト』三卷一
    号, 二〇〇一年; 石崎昇子, 「生殖の自由と, 産児調節運動 —— 平塚らいでうと山本宣治」『歷

史評論』五〇三号, 一九九二年; 畠中暁子,「『廓清』における産児制限論の展開」『キリスト教社会問題研究』五〇号, 二〇〇一年; 林葉子,「廃娼論と産児制限論の融合 —— 安部磯雄の優生思想について」『女性学』一三号, 二〇〇五年, など多数. 한편, 우생학을 중심으로 분석한 연구로는 藤野豊,『日本ファシズムと優生思想』かもがわ出版, 一九九八年. 類似の研究に, 加藤博史『福祉的人間観の社会史』晃洋書房, 一九九六年, 高木雅史「戦前日本における優生思想の展開と能力観・教育観 —— 産児制限および人口政策との関係を中心に」『名古屋大学教育学部紀要』四〇巻一号, 一九九三年가 있다. 덧붙여, 여기에 포함시킨 연구는 양자의 관계에서 언급된 것에 한정하여, 산아조절 일반, 우생학 일반을 다룬 연구의 일람은 아니다.

2   太田典礼,『日本産児調節百年史』人間の科学社, 一九七六年, 六〇頁.

3   예를 들어 鈴木善次,『日本の優生学』三共出版, 一九八三年, 加藤秀一,『〈恋愛結婚〉は何をもたらしたか』ちくま新書, 二〇〇四年.

4   荻野美穂,『「家族計画」への道』岩波書店, 二〇〇八年, 八一頁. 유사한 지적은 山本起世子,「生殖をめぐる政治と家族変動」『園田學園女子大学論文集』(四五号, 二〇一一年)에서 볼 수 있다. 단, 이 논문은 다른 연구를 답습, 집약한 개설적인 기술이 많다.

5   中村幸,「人口政策の諸相 —— 結婚報国をめぐって」近代女性文化史研究会『戦争と女性雑誌』ドメス出版, 二〇〇一年, 荻野, 앞의 책, 一三五~一四〇, 三〇二頁.

6   石崎昇子,「近代日本の産児関節と国家政策」『総合女性史研究』一五号, 一九九八年, 二六~二八頁.

7   여기에 든 인물의 상당수는, 1930년대 이후는, 산아 조절에 관해서 명시적인 의견 표명을 보인 행적을 찾기 어렵다. 이시모토 시주에(池田林儀)는 42년 저서『지도자민족의 우생학적 유신(指導者民族の優生学的維新)』(日本出版社)에서 민족에게 있어 유해한 경우를 들여다보고 산아조절을 철두철미 비난할 수 없다고 했다(314쪽). 또한 운노 유키노리와 같이 전쟁 시기에 "인구감소"를 긍정하는 견해에 대해 우려하는 견해로 전향한 사람도 있다(「社会行政の新標準としての優生政策」『朝鮮社会事業』一八巻一号, 一九四〇年一月, 一三頁). 예외적으로 본부 이사가 된 이치카와 겐조(市川源三)가 있지만, 《민족위생》지 상에서 인구의 양에 대한 인식을 엿볼 수 없다. 정책 입안에 직접 관여한 것은 전무하다.

8   松村松年,「生物学上より観る産児調節論(下)」日本産児調節研究会, 一九二三年, 四四~四五頁.

9   市川源三,「新マルサス主義(避妊論)」『婦女新聞』一〇四〇号, 一九二〇年四月二五日, 六頁.

10 田中香涯,「産児制限の国家的意義」『性』五巻五号, 一九二二年四月, 六~八頁.

11 「産児調節はか非か(二) —— 諸名家から本誌に与へられた答」(海野幸徳回答)『性と社会』一二号, 一九二六年二月, 三八頁.

12 池田林儀,「国立優生相談所設置の急務」『優生運動』二巻一二号, 一九二七年一二月, 二三頁.

13 池田林儀, 앞의 글. 25~29쪽, 이 논문은 우생상담소 설치를 국가적으로 전개할 것을 주장했다. 상담소 조직에 대한 세부적인 설명이 했지만, 활동의 실체를 보여주는 사료는 발견하지 못하였다. 이는 구상에 지나지 않는 것이었다고 본다.

14 石本静枝,『産児制限論を諸方面から観察して』日本産児調節研究会, 一九二二年, 七~八頁.

15 佐々木敏ら編,『山本, 宣治会集第三巻』汐文社, 一九七九年, 六六八頁.

16 松村松年,「生物学上より観たる産児調節論(上)」はしがき, 日本産児調節研究会, 一九二三年, 二~三頁.

17 田中義麿,「サンガー夫人との応酬」『優生学』五巻一号, 一九二八年一月, 五頁

18 平田伸子,「大正期の医学誌からみた産児調節」『九州大学医療技術短期大学部紀要』二八号, 二〇〇一年.

19 「『産児制限と社会事業』座談会」『社会事業』一二巻四号, 一九二八年七月, 一〇六頁, 이 좌담회의 참가자는 이시모토 시즈에(石本静枝, 산조 운동가, 부인운동가), 니이즈마 이토코(新妻伊都子, 산조 운동가, 부인운동가), 이시모토 시주에(池田林儀, 『優生運動』주간), 이쿠에 다카유키(生江孝之, 니혼여자대학 교수, 사회사업가), 마도노 우라현(馬島僴, 혼조 노동자진료소 소장, 산조 운동가), 세가와 마사요(増田抱村, 인구식량문제조사회 촉탁), 세가와 마사요(瀬川昌世, 세가와 병원장), 하라마 사카즈(原秦一, 중앙사회사업협회 총무부장)이었다.

20 앞서 언급한 「『産児制限と社会事業』座談会」, 一〇八頁.

21 永井潜, 『反逆の息子』文化生活研究会, 一九二五年, 一三一~一三二頁.

22 「優生運動で差当り何をして欲しいか」(越智真逸回答)『優生運動』五巻一号, 一九三〇年, 五七頁.

23 永井, 앞의 책, 『反逆の息子』一四六頁.

24 暉峻義等, 『社会衛生学』吐鳳堂, 一九二六年, 三二八~三二九頁.

25 古屋芳雄,「産児制限論批判」『社会事業』一〇巻四号, 一九二六年, 五~九頁.

26 「実は貴族院に腕まれたサ婦人」『東京朝日新聞』一九二二年三月一〇日, 五頁.

27 氏原佐蔵,「人口問題と産児制限及優生論」『公衆衛生』四五巻一一号, 一九二七年一一月, 三二~三三頁.

28 「生物学と産児制限」『山本宣治全集第三巻』, 六七四~六七五頁.

29 春秋生, 『ユーゼニックス』一巻一号, 一九二四年一月, 一六~一七頁, 春秋生은 주간 고토 류키치의 필명임.

30 後藤生,「素人の俗論は断じて不可 優生学的見地に立つ 産児制限の理論と実際」『優生学』五巻一号, 一九二八年一月, 五七頁.

31 고토는 1887년생이고 데루오카(暉峻)는 1890년생이다. 이러한 계급관을 지닌 배경에는 '사회의 발견(社会の発見)'이라 일컬어지는 제1차 세계대전 이후 본격적으로 언론활동을 행한 세대적인 특색도 있을 것이다. 특히 데루오카는 1918년의 혼조(本所) 후카가와의 빈민 조사를 통해 사회문제에 눈을 뜬 경력의 소유자였다. 데루오카의 경력은 暉峻義等博士追憶出版刊行会編, 『暉峻義等博士と労働科学』(暉峻義等博士追憶出版刊行会, 一九六七年) 참조.

32 「或る婦人の身に起った不幸な事件への批判」『東京朝日新聞』一六四九六号, 一九三二年三月三一日, 一〇面.

33 下村宏,「朝日常識講座 第一巻人口問題講話」朝日新聞社, 一九二八年, 一八二頁.

34 下村, 앞의 책, 二四六頁.

35 越智真逸, 『夫婦読本第二巻 バースコントロール(産児制限)の正しき知識』文化生活研究会, 一九二六年, 二〇~二一頁.

36 高岡義一郎,「産児制限に対する当局の態度」『優生運動』二巻二号, 一九二七年二月, 二八頁.

37 永井潜,「優生学に就て」『民族衛生問題に関する講演集』(日本医師会医政調査会[一九二八年刊行か 所収], 四〇頁.

38 답신은 「(1) 내외 이주방책, (2) 노동 수급조절에 관한 방책, (3) 내지 이외 여러 지역에서의 인구대책, (4) 인구 통제에 관한 여러 방책, (5) 생산력 증진에 관한 답신, (6) 분배와 소비에 관한 방책 답신"이며, 부대결의가 「人口問題に関する常設調査機関設置に関する件」「社会省設置に関スル件」이었다.

39 「各種調査会委員会文書・人口食糧問題調査会書類・十七第一回人口部会議 事速記録」(国立公文書館所蔵,2A-036-00委00551100).

40 廣島清志,「現代人口政策史小論」『人口問題研究』一五四号, 一九八〇年, 五〇~六〇頁, 藤野豊, 앞의 책, 一二一~一三一頁.

41 「各種調査会委員会文書・人口食糧問題調査会書類・九幹事会議事録, (国立公文書館所蔵, 本館-2A-036-00 委 00543100). 발언자는 간사장인 하토야마 이치로(鳩山一郎, 내각서기관장), 마치무라 신이지로(松村眞一郎, 농림성 농무국장), 모리아 히데오(守屋榮夫, 사회국 부장).

42 「各種調査会委員会文書・人口食糧問題調査会書類・十七第一回人口部会議事速記録」(国立公文書館所蔵, 本館-2A-036-00委00551100).

43 이하,「各種調査会委員会文書・人口食糧問題調査会書類・六人口部特別委員会議事録」(国立公文書館所蔵, 本館-2A-036-00 委00540100).

44 시모무라(下村)는 인구식량문제조사회의 발족에 앞서 1927년 7월 9일, 우생학, 산아 조절에 조예가 깊은 전문위원을 포함시켜줄 것을 하토야마(鳩山) 간사장에게 요청했다(「各種調査会委員会文書・人口食糧問題調査会書類・十建議陳情書等綴」 国立公文書館所蔵, 本館-2A-036-00委00544100)内「人口食糧問題調査会委員任命ニ關スル意見(下村宏). 그래서 나가이 히소무가 27년 12월 13일에 조사회 임시위원으로 임명되었다(「人口食糧問題調査会要覧」人口食糧問題調査会, 三一年, 二六頁). 이 경위를 시모무라(下村)는 1939년에 이렇게 회상했다.
"이 쇼와 첫 다나카(田中) 내각 때에 생긴 인구문제 조사회에 의사가 한 명도 들어 있지 않았다. 그래서 제가 세 사람을 추천한 겁니다. 나가이 히소무만 집어넣으려 했지만, 나가이 군은 산아제한론이라, 어쩌다 내가 싫어서 그런 게 아니라, 나가이 군은 악질자를 낳지 않겠다는 것뿐이고 오히려 인구증가론 쪽이라고 변명하여, 나가이 히소무 군만이 포함되었지요. 그 당시 내무성에서도 상당히 좋아했는데 (왜 그랬는지는) 현재도 역시 모를 일입니다"(「人口問題と断種法座談会」『科学知識』一九巻 九号, 一九三九年 九月, 一八一~一八二頁).

45 「人口食糧問題調査会人口部答申説明」人口食糧問題調査会, 一九三〇年, 一一八頁.

46 『保健衛生調査会第十四回報告書』, 一九三〇年, 一一頁.

47 앞서 언급한 石崎,「近代日本の産児調節と国家政策」, 二六~二七頁.

48 이하『保健衛生調査会第十五回報告書』, 一九三一年, 三三~四四頁. 第一回는 中央会談所で開催. 출석자는 기타지마 다이치(北島多一), 이와세 유이치(磐瀬雄一), 나가이 히소무(永井潜), 오노 로쿠이치로(大野緑一郎), 나가요 마타오(長與又郎), 미타 사다노리(三田定則), 오카무라 다쓰히코(岡村龍彦), 아카기 아사지(赤木朝治), 쿠리야마 시게요시(栗山重吉) 各 위원, 이와즈미 료우지(岩住良治), 이토 다케히코(伊藤武彦), 시라마쓰 기쿠요(白松喜久代), 다카노 로쿠로(高野六郎), 우지하라 사조(氏原佐蔵), 各 간사, 미나미사키 유우시치(南崎雄七), 가시다 고로(樫田五郎), 나이토 가즈유키(内藤和行) 各 기사.

49 氏原佐蔵「有害避妊用器具取締に就て」『東京医事新誌』二七〇八号, 一九三一年一月一七日, 四五頁.

50 『民族衛生』一巻一号, 一九三一年三月, 八七~八入頁.

51 「不徹底な避妊防止令」『優生学』七巻一二号, 一九三〇年一二月, 二三頁. 다만『優生学』誌는 1932년부터 산아조절 지지로 변했다(앞의 책, 졸고,「昭和戦前期における優生学メディアの性格」一四~一五頁).

52 「産児調節と堕胎公認座談会」「婦人サロン」四巻九号, 一九三二年九月, 一〇七~一〇八頁, 고노(高野)는 당시 내무성 예방과장. 추가로 다른 좌담회의 출석자는 이시모토 시즈에(石本静

枝, 산조부인동맹), 가와사키 나쓰(河崎なつ, 문화학원), 나카카와 미키코(中川幹子), 니이즈마 이토코(新妻伊都子, 산조부인동맹), 호아시 미유키(帆足みゆき), 야먀코토 스기코(山本杉子, 여자 의사), 오모리 고타(大森洪太, 대심원 판사), 사회는 데가미 슈지(立上秀二)이며, 문장 중의 '너희'는 산조 운동가를 가리키는 것으로 보면 좋을 것이다.

53 「花柳病予防法の実施」『医政』三巻一一号, 一九二八年七月, 二八頁.

54 콘돔의 제조나 판매 실태는, 佐野眞一「ニッポン発情狂時代──性の王国」(ちくま文庫, 二〇〇〇年(初出は一九八一年))에 상세히 나와 있다. 단 이 책에는 콘돔을 피임 도구로서보다 성병 예방도구로서 의의를 너무 강조하는 경향이 있다.

55 双山楼主人,「サック・ナンセンス」『體性』一五巻四号, 一九三〇年一〇月, 三四~三五頁.

56 「産児調節相談所取締ニ関スル概要」「警保局長決裁書類・昭和六年(上)」(国立公文書館所蔵, 本館-4E-015-02 平9警察 00215100).

57 「低能細民と産児制限」『公衆衛生』四八巻一巻, 一九三〇年一月, 三三~三四頁. 또한 오하라 사구로(氏原佐郎)는 같은 호 강연 기사인 "산아제한에 대하여"에서 '사루시(さる市)'의 책임자들이 산아제한을 '사회구제책'으로 행한 것을 "중류(中流) 이상 사람들의 출산 감소와 하층 사회의 다산"을 근거로 비판했다(21~23쪽). 이름을 밝히지 않은 이 기사는 이 잡지 편집자인 오하라(氏原)가 집필했을 가능성이 높다.

58 馬島僴自伝,『激動を生きた男』日本家族計画協会, 一九七一年, 木村毅による序文.

59 「昭和十五年度ホーム商会取扱品目録」(『性と生殖の人権問題資料集成 第七巻』不二出版, 二〇〇一年所収). 이 자료집은 オカダ器械店内国部「豪華版産制コンドームカタログ」, 永正堂薬品本店のコンドームや避妊薬を扱う「取扱品値段表」(모두 1940년)에 수록된 것임. 덧붙여 내무성, 후생성이 피임 관련 정책을 시행하는 데 제조업자의 의향을 근거로 했다는 점은 찾아낼 수 없다. 내무부는 언론에서 피임 방법을 제시하지 않고 광고규제를 하는 경우에는 문제가 되는 것을 막는 것이 고작이었다고 본다. 원래 피임도구 제조업자는 모두 개인업에 가까운 영세한 곳으로 제조업자가 내무성, 후생성에 영향력을 행사할 여지는 없었을 것이다.

60 厚生省予防局,「国民優生法に就て」『内務厚生時報』五巻四号, 一九四〇年四月, 二八~二九頁.

61 『公文類聚・第六十四編・昭和十五年・第百十八巻・衛生・人類衛生・獣畜衛生』(国立公文書館所蔵-2A-012-00・類02400100).

62 특별히 대표적인 것으로는 藤目ゆき, 앞의 책, 三四九~三五一頁.

63 전시하 출산장려주의를 논한 연구는 많지만, 「국민우생법」이나 인구정책 확립 요강에 의한 "피임・낙태 등의 인위적 산아제한 금지 방폐"에 대한 언급이 있더라도, 그 '피임' 및 '금지방알(禁止防遏)'의 내용이나 범위를 구체적으로 밝히는 자세가 전혀 결여되어 있다고 하지 않을 수 없다. 관건의 범위에서는, ティアナ ノーグレン,『中絶と避妊の政治学』(青木書店, 二〇〇八年)이 전시하의 출산 장려책에서 콘돔 금지를 면제된 점에 예외적으로 주목했지만(51~59쪽), 간단한 언급에 머무르고, 법이나 제도의 내용을 실증적으로 검토하고 있지 않다.

64 松原洋子,「民族優生保護法案と日本の優生法の系譜」(『科学史研究』二期三六巻, 一九九七年)や, 同〈文化国家〉の優生法」『現代思想』(二五巻四号, 一九九八年).

65 「第六十五回帝国議会健康保険法中改正法律案外一件委員会議録(速記) 第八回」, 三~五頁.

66 「悪血の泉を断って護る民族の花園 研究三年, 各国の長をとつた"断種法"愈よ国会へ」『読売新聞』一九三五年一二月一二日, 三面.

67 70차 의회 중의원에 제출된 「민족우생보호법」안은 미결되었지만, 「이유서」는 후생성 「국민우생에 관한 법률안의 제국의회에서의 심의 경과」(1940년, 42쪽)로 확인 가능하다. 「第七十

三帝国議会衆議院民族優生保護法案委員会議録 四頁, 「第七十四帝国議会衆議院議事速記録 第八号」, 一二八頁.

68 「民族優生制度案要綱」と国民体力審議会第三回会議議事録』 国民体力審議会, 一九三七年一 二月二七日(国立国会図書館憲政資料室所蔵「野村益三文書」四二), 23, 27쪽을 대조하여 작성 함. 또한 요강명(要綱名)의 '민족'이라는 문자가 삭제된 것은 '민족'이라는 용어가 "현재로서는 아직 익숙하지 않은 감이 있다", '오해'를 피하기 위해서였다(18쪽).

69 民族衛生研究会, 「民族優生制度案要綱に就て」 民族衛生資料第一二号, 一九三九年一一月, 二 七~二八頁.

70 「第七十三回帝国議会衆議院民族優生保護法案検討委員会議録(速記)第三回, 九~一〇頁, 이 문제는 「단종법」 제출 직전까지 이어졌다. 제15조(제출 시는 16조)의 "고의로 생식을 방해하 는 수술 또는 방사선 조사는 이를 행하는 것을 허락하지 않는다"라는 조문에는, "단 생명 또는 건강에 대한 중대한 위험을 방지하기 위한 의사의 행위는 여기에 해당되지 않는다"는 단서가 붙어 있다. 사법성은 이것에 대해 "(이것은) 명확히 형법의 범위에 속한다. 따라서 이것을 우 생법에 넣는 것은 안 된다. 같은 조 제1항도 따라서 우생법에 넣는 것은 곤란하다"고 주장했 기 때문에, 「단종법」 제출 그 자체가 의심되는 상황이 되었다. 후생성은 "독일에서는 이 규정 이 절대로 필요하다고 해서 「단종법」에 도입하고, 그러기 위해 형법을 개정했다. 일본도 이 것이 아니면 안 된다. "만약 우생법에 넣는 것이 어려우면 형법을 개정하라"고 주장했다고 한 다. 그래서 사법성은 제15조를 인정하고 후생성도 단서는 취하한 것이라고 한다. 「優生法案 提出まで」『医事公論』一四四二号, 一九四〇年 三月 一六日, 四六頁). (국민우생법 제15, 16 조는 제출시에는 16, 17조가 되었으나 중의원 통과 후에 14조가 삭제되어 한 조 앞당겨졌다. 이하 표기는 성립 시의 것으로 통일했다).

71 앞서 언급한 民族衛生研究会「民族優生制度案要綱に就て」, 二八頁.

72 『国民体力審議会第三回会議議事録』, 一九頁.

73 『第七十五帝国議会衆議院国民優生法案委員会議録(速記)第三回』, 一九四〇年三月一五日, 二 六頁.

74 『第七十五帝国議会衆議院国民優生法案委員会議録(速記)第二回』, 一九四〇年三月一四日, 一 五~一六頁.

75 『第七十五帝国議会衆議院国民優生法案委員会議録(速記)第五回』, 一九四〇年三月一七日, 一 〇五頁.

76 床次徳二, 「国民優生法に就いて」『民族衛生』九巻一号, 一九四一年五月, 六三頁.

77 「優生法第十五, 十六条を語る座談会」『医事公論』一四九六号, 一九四一年三月二九日, 五八 頁.

78 「花柳病予防法を大改正」『日本医事新報』九四三号, 一九四〇年一〇月五日, 四九頁.

79 安井洋『優生結婚の實際』金原書店, 一九四一年, 五七~五八頁.

80 오타(太田)는, 앞의 책에서, 중일전쟁에 의한 전시 체제화에 수반하여 "낳고 기르는 시대(生め よ殖やせよ)"가 도래하고, '좌익 운동', '산조 운동'의 탄압이 격화되어, "신문, 잡지, 서적 등 일 체의 출판물에 대해서 산아조절 기사, 논문을 실으면 발매를 금지한다고 경고"하여 "산조 관 계자는 한 사람도 남김 없이 집필금지를 당했다"고 말하고 있다(352쪽).

제7장 ···

「국민우생법」 성립의 재검토

법안 논의와 과학계몽 사이

1. 시작하며

　이 장에서는 1940년에 제정된 「국민우생법」과 그 주변의 논의에 관한 틀을
재검토한다. 이 법도 미국이나 독일, 북유럽 등 여러 나라에서 제정된 「단종법」
과 동일하게 우생사상을 토대로 한 '악질 유전성 질환의 소질을 가진 자'의 출
생 방지가 목적인 법률이었다. 일본에서는 나치 「단종법」이 제정된 1933년 다
음 해인 1934년 제65의회에 「민족우생보호법」안이 중의원 의원 아라카와 고
로(荒川五郎)에 의해 제출된 것을 시작으로 제67·70·73·74의회에도 제출되었
으나 통과하지 못하다가 제75의회에서 정부 제출법안으로서 통과되었다.

　1910년대부터 잡지나 조사회 등에서 전개되었던 우생학의 주장이 최종 목
표로 삼았던 것은 「단종법」 제정이었다. 「국민우생법」 제정은 전쟁 전 우생운
동의 중요한 귀결이라 할 수 있다. 그렇기 때문에 이 법에 관한 선행 연구는 상
당히 많다. 그중에서도 후지노 유타카(藤野豊), 마쓰바라 요코(松原洋子)의 연구
가 대표적이다. 사료나 사실의 발굴에 막대한 공헌을 한 것은 후지노이다. 그
러나 후지노의 연구는 오로지 우생학의 '비과학'성을 비판했을 뿐, 「단종법」에
이르는 일련의 논의에 관해서는 그렇게 풍부한 자료를 갖추고서도 '일본 파시

즘'의 구현이란 평이한 설명으로 마무리되고 말았다.[1] 그러나 서장에서 제시한 대로 우생학을 철저히 추구하고 나치즘으로 환원해 그 '비과학성'을 비판하는 것에는 전쟁 후에도 「단종법」이 존속했다는 것과 산전 진단이나 양수검사에 의한 선택적 인공임신중절, 나아가 장래 유전자 개조의 가능성 등 현재에 드러나는 문제가 간과되어 있다. 이 점은 이미 요네모토 쇼헤이(米本昌平) 등의 많은 연구자가 주장하는 바이다.[2] 필자도 그런 주장에 공감하고 있다. 그리고 당시에는 우생학이 정상적인 '과학'으로 여겨졌다는 것을 전제로 그 역사적 전개를 해석하는 데 중점을 두려 한다.

마쓰바라 요코의 연구도 이 동향을 중요시해서 「단종법」 이해에 관해 후지노보다는 정밀하게 논의하고 있다. 마쓰바라의 논의가 공헌한 바는 1948년에 제정되어 1996년까지 존속한 「우생보호법」이 '나치 「단종법」'을 본뜬 전쟁 전의 「국민우생법」'의 우생사상을 계승했다는 통설을 역사적으로 부정하고, '우생법의 계보'라는 모델을 제시했다는 점이라 할 수 있다. 서장에서도 소개했지만 다시 마쓰바라 설의 개요를 제시하겠다. 「민족우생보호법」안은 1934년부터 1938년에 걸쳐 총 다섯 번 제출되었는데, 제65·67의회에 제출한 것을 제1안이라 하고 제70·73·74의회에 제출한 것을 제2안이라 한다면, 양자는 내용이 전혀 다른 법안으로서, 후자는 명확하게 「단종법」을 계승하고 있으나 전자는 나치 「단종법」이 관여한 흔적을 발견할 수 없다. 그 주요 근거로서 중의원 의원 아라카와 고로가 제출한 제1안에서는 단종 이외의 혼인금지법의 규정이 있는 데 반해 일본민족위생학회(1935년 9월부터 협회, 이하 민족위생학회 또는 민족위생협회로 표기하기도 함)가 작성에 깊이 관여한 제2안에서는 순수한 「단종법」이었다는 것, 그리고 제1안에서는 흉악범을 단종 대상, 중독증이나 결핵, 매독, 임질 환자도 법규제의 대상이 되었던 반면('확장우생주의') 제2안에서는 '유전될 우려가 현저한 자'로 대상이 한정되었다는 것('유전병 한정주의')을 들 수 있다.[3]

그러나 당시의 사료를 검토해보니 이런 계보화는 상당히 스테레오 타입화된 것으로 타당성이 결여된 것으로 보인다. 오히려 필자는 우생학이 가진 복잡한 역사적 전개 과정을 계보화하지 말고, 별도의 방법으로 파악할 필요가 있다고 생각한다. 이 장은 「국민우생법」 입안 과정을 상세히 밝히는 것을 목적으로 하지는 않는다. 그런 종류의 연구는 이미 많이 나와 있는데, 문제는 그 과정에서 무엇을 도출해내고 어떻게 전개해나가는가 하는 것이다. 그러한 가운데 입법 관계자의 정책구상에 대한 의미 부여는 오늘날에도 큰 해석의 여지가 있으리라 생각한다. 그것을 통하여 이 법 성립에 관한 논의의 틀을 재검토하고자 한다.

2. 아라카와 안의 재검토

입헌민정당의 중의원 의원 아라카와 고로(1885~1944)는 제65·67의회에 「민족우생보호법」안을 제출했다. 아라카와는 히로시마현 출신으로 1904년 초선 이래 10차례나 당선되었고, 헌정회 때는 정무 조사회장을 역임했다. 그 당시 당선 9회째로 민정당의 장로적인 인물이었다.[4] 다음에 제시하는 아라카와가 제안한 안(案)은 제2조의 단종 대상이 매우 넓은 것이 특징이라 할 수 있다.

① 살인, 강도 기타 흉악한 범죄자 중 그 악질을 유전시킬 것으로 인정되는 자.
② 정신병증, 유전성 뇌척수병, 조발성 치매 등에서 그 증상에 의해 악질이 유전될 것으로 인정되는 자.
③ 여러 중독증, '히스테리', 유전성 불구, 결핵, 나병 등의 중증자와 그 외 우생학상 비정상아를 낳을 우려가 있는 자.

또한 제4조에는 "제2조의 규정에 해당하는 자로 본 법에 의거 「단종법」 시술을 받은 자 또는 매독, 임질이 완치되지 않은 자는 혼인할 수 없다"는 규정이 있다.[5] 아라카와는 일본민족위생학회에 소속되어 회지 《민족위생》에도 집필을 했다. 그러나 아라카와가 이 법안을 작성할 때 학회에서 작성 중이던 법안을 참조할 수 없었다는 발언이 의사록에도 있다.[6] 사실 이 법안은 민족위생학회가 관여한 것으로 알려진 제70·73·74의회의 법안에 비해 유전병 이외의 요

소가 많다. 1941년에 아오키 노부하루 (靑木延春)는『우생결혼과 우생 단종』이라는 저서에서 아라카와 안(案)에 대해 단종 대상에 '유전병 외에 전염병은 물론 여러 가지 질병'이 들어가 있고, '단종 이외에 인공임신중절과 결혼금지와 혼인허가증 규정'이 있는 것을 "상당히 진보적이면서 비과학적이다"라고 평했다.[7] 마쓰바라(松原)는 이런 요소를 '확장우생주의'라 보고 동시에 1920~1921년에 걸쳐 히라쓰카 라이초(平塚らいてう)가 이끄는 신부인협회(新婦人協會)가 전개한 「성병자 결혼제한법(花柳病者結婚制限法)」의 의회청원운동의 소개의원으로 이름을 올린 것을 근거로 하여 산아제한 운동과 동일 계보의 '비(非)나치계' 법안으로 규정했다.[8]

아라카와 고로

자료:『니혼 대학교(日本大學) 법학과 졸업기념 사진첩』, 1925년 3월 실림, 니혼 대학 홍보과 소장.

그러나 제65의회 중의원의 의사록 하나만 보아도 그러한 주장은 허용하기 어렵다는 것을 알 수 있다. 여기서 "나는 산아제한을 하려고는 생각하지 않는다"고 한 아라카와의 기본 입장은 산아증가에 있으며, 그는 인구감소가 국력 저하를 불러온다는 등의 이유로 산아조절을 비판했다. 이것은 전형적인 산아조절 운동 반대자의 논리이다. 그래서 당시 비밀리에 자행된 산아조절을 비판하며 "혈통을 바로잡고 우수성을 조장하여 점점 더 웅대·강건한 일본의 민족성을 확장"할 것을 강조했다.[9]

이런 사실에서도 아라카와 안을 산아조절과 동일 계열의 법안으로 규정하는 것은 불가능할 것이다. 또한 아라카와 안을 '비나치계'로 보는 평가도 검증하고자 한다. 제67의회의 의사록에 있는 것처럼 아라카와 안은 미국·스위스·

러시아·폴란드·캐나다·독일 등 각국 법률안을 의식해서 만든 것으로, 특별히 나치 「단종법」을 높게 평가했다. 그 근거는 히틀러가 "그 법을 활용하여 세계 제일의 우수민족이 되겠다고 공공연하게 말하고 있다"는 것으로 민족 우수화에 대한 동경이라는 막연한 것이었지만, 그렇다고 나치 「단종법」의 내용에 비판적이었던 흔적은 발견되지 않는다. 한편 내무성은 아라카와 안에 대해 각국의 「단종법」 동향을 근거로 나치의 법도 포함시켜 현 상태에서 '유전의 범위 정도'를 확립하는 것은 곤란하며 「단종법」의 도입 자체가 곤란하다는 견해를 보였다.[10] 이 단계에서 내무성은 나치 「단종법」 자체에 의문을 드러냈고, 제67 의회에서는 「단종법」 도입 여부 자체가 대립축이 되었다.

그러면 아라카와의 확장우생주의라는 유전 이해를 어떻게 해석할 것인가? 마쓰바라는 1920년부터 1921년 동안 「성병자 결혼제한법」의 의회 청원 운동에 대한 사전문의를 제출한 적이 있다.[11] 그러나 그것보다는 아라카와가 「민족우생보호법」안을 제출한 전년도인 1933년 2월 27일에 총리, 육군, 해군 세 대신에게 답변을 요구하며 제출한 질문 제23호, 「일본 민족의 힘을 쇠퇴시키는 3 대 폐해에 관한 질문취의서」를 주목하는 것이 좋다. 「민족우생보호법」안의 찬성자에 이름을 올렸던 의원의 반수 가까이가 이 취의서의 찬성자에 이름을 올린 점도 주목할 가치가 있다. 그 취지는 만주사변 이래 대외 관계가 악화되었음에도 '일본 민족의 본바탕을 나날이 피폐시키는 사태'를 우려하고 그 요인으로서 '먼저, 입학준비를 위해 어린아이들의 미숙한 심신에 압박을 주는 것', '둘째, 과중한 공부로 인한 일반 학생의 정력 탈진', '셋째, 영양 부족으로 인한 국민 전체의 신체 기능을 쇠퇴'를 들었다. 특히 셋째에 관한 사항으로 각기병의 원인으로 백미식을 들어 현미식을 장려하고, 그것이 어려울 때에는 망고를 하루 걸러 대용하라고 말했다. 아라카와는 참고문헌에 민족위생학회 이사장 나가이 히소무의 '민족위생'도 열거했다.[12] 또한 이 학회의 회지인 《민족위생》에서도 현미식을 강조하고 있다.[13]

다시 말해서 아라카와는 우생학에 머물지 않고 교육, 위생 전반을 의식한 '민족의 소질(素質)' 개선을 구상하고 있었다. 이것은 아라카와의 경력과 밀접한 관계가 있다. 아라카와는 모교 니혼대학의 사무장 겸 교무주임, 부속중학교 교장, 이사, 니혼의학전문학교의 고문과 평의원, 히로시마가정여학교 교장, 전국사학협회 이사장 등을 역임하는 등 교육가로 살아온 사람이었다. 그리고 아라카와 안의 제안 이유를 설명할 때 "나는 오랫동안 양육봉사에 몸 바쳐 우리나라의 국운의 번창, 민족의 향상에 진력하고, 보강 공작으로서 영양문제, 특히 현미식의 보급을 선전하고, 학생·아동 가정과 유양(涵養)의 정리 개선을 위해 소년보호법'에 관여했으나 '근본적인 개혁'을 하기 위해 이 법안을 제출했다"고 말했다. 즉 아라카와는 교육이나 위생을 '민족의 향상'이라는 목적을 위해 통합하고 유전 형질부터의 개선을 촉구하는 차원에서 이 안건을 해석했다. 이 안건이 포괄적인 사회정책으로서의 성격을 띠는 것도 아라카와의 경력과 사상에서 유래한 것이다.[14]

이러한 발상은 아라카와 혼자만의 생각은 아니었다. 당시 교육계와 우생학은 상당히 강력하게 결합되어 있었고, 아라카와의 질문 참고문헌에 나가이 히소무의 《민족위생》이 들어 있는 점에서도 알 수 있듯이 당시의 민족위생학(우생학)과 아라카와의 유전에 대한 이해에는 큰 차이가 없다. 민족위생학회 이사장이었던 나가이 히소무는 "결핵, 성병, 정신병과 그와 관계 깊은 저능자, 범죄자 같은 자들이 국민에게 해악을 끼치고 사회생활에 막대한 위협이 되고 있다"고 주장하며 이들은 "안팎의 개선, 즉 우생학적이고 우경학적인 정책"에 의거하지 않고는 "철저한 해결"에 이를 수 없다고 주장했다.[15] 이처럼 '유전'과 '환경'을 혼합시킨 애매한 유전 개념에 의거해 전염병 예방이나 범죄 예방까지 염두에 둔 우생학의 주장은 우생학론자에게 일반적으로 발견되는 현상이다.

이러한 유전 이해는 정책 관계문서의 구상에도 반영되었다. 나가이는 1927년에 설치된 인구식량문제조사회 인구부(人口部)의 특별위원이었는데, 1928년 12월 7일의 인구부 답신 기안 소위원회에서 '우생문제에 대한 답신안'을 제출했다. 나가이는 '병독(病毒) 이외(성병, 알코올 중독 등)에 의한 유전질의 침해'를 '합리적 피임 내지 인공임신중절, 절종(絶種)적 수술을 필요에 따라 허용하는 법규 제정'의 가능성도 열어놓고 조사할 것을 주장했다. 이러한 나가이의 안

(案)에는 단종 이외에 인공임신중절과 결혼 금지와 혼인허가증 규정이 있어 아라카와의 안과 매우 유사하다.[16] 나가이 안에 대한 인구부 답변에서는 '우생학적 견지에서 관련 시설에 관한 조사 연구를 할 것'이라는 형태로밖에 반영되지 않았다. 그러나 위와 같은 나가이의 여러 주장도 확장우생주의를 비롯한 아라카와 안과의 유사점은 명백하다. 즉 '아라카와 안 = '확장우생주의' = '비나치계'', '민족위생학회 = '유전병 한정주의' = '나치계''로 대치시키는 도식은 타당하지 않다.

그러면 나가이의 구상이나 아라카와 안의 성격을 어떻게 해석해야 할까? 원래 '유전'과 '환경'을 혼합시킨 애매한 유전 개념에 기초하여 전염병 예방이나 범죄 예방까지 노렸던 우생학의 주장은 일찍이 1900년도부터 발견된다. 이러한 주장은 잡지언론의 계몽에서도 되풀이되어 이미 정형화되어 있었다. 1920년대부터 이는 지속적인 잡지언론을 통한 우생학 계몽 전반에 걸쳐 드러난다.[17] 1920년대부터의 《우생학》(1924~1943), 《우생운동》(1926~1930)과 같은 우생학 잡지의 활동은 제4장에서 제시한 대로이다. 이들 잡지에서도 확장우생주의적 유전 이해가 일반적이었다. 예를 들어 《우생학》은 1927년 4권 3호를 '알코올 피해 연구호'로, 4권 7호를 '유전과 범죄호'로 특집을 냈다. 중일전쟁 때까지 존속한 이 잡지는 「단종법」 제정을 지지했다. 《우생운동》에 이르러서는 '다리회(足の会)' 등 단련집회(鍛錬集会)를 열고 내과·외과·치과·정신과·이비인후과에 관한 기사까지 게재하는 등, 유전 개량뿐만 아니라 심신의 능력 향상 전반을 지향하는 성격이 더욱 농후해졌다.

이상과 같이, 아라카와 안은 나가이 등의 우생학론자가 언론을 통해 주장했던 유전 이해를 즉각적으로 「단종법」안에 반영시킨 것이라 이해할 수 있다. 그리고 교육·위생 전반을 염두에 둔 '민족의 소질' 개선은 우생학이 포괄적인 사회정책으로서의 의의를 강조하기 위해 꼭 필요한 주장이었다. 그럼에도 아라카와 안 이후 제70·73·74회 의회에 제출된 민족위생협회 관여 안은 전염병이나 범죄 예방 대책이라는 요소가 삭제된 것으로 보인다. 다음 장에서는 그 질문에 대답하기 위한 기초적인 작업으로서 민족위생협회 내의 나치 「단종법」

에 대한 인식을 검토하고, 동시에 확장우생주의적 유전 이해가 어떻게 전개되어 나갔는지 고찰하고자 한다.

3. 일본민족위생협회의 「단종법」안과 우생결혼보급회의 유전 이해

야기 이쓰로 대표의원(八木逸郎, 입헌민정당)이 1937년 3월에 제70회 제국의회에 「민족우생보호법」안을 제출한 경위에 관해서는 이미 마쓰바라(松原)와 후지노(藤野)의 연구에 나타나 있는데, 개략은 민족위생협회원으로서 법안 작성에 관여했던 요시마스 슈후(吉益脩夫, 도쿄대학 의학부 강사)의 회상에 의거해 언급한다. 민족위생학회는 1934년 1월경부터 「단종법」 초안 기초를 위해 나가이 히소무 연구실에서 모임을 갖고, 몇 차례 회의를 거쳐 겨우 임시 초안을 작성했다고 한다. 그런 가운데 「단종법」 성립은 정부안이 아니면 성립이 어렵다는 이유에서 1934년 5월에 야기 이쓰로(八木逸郎)의 알선으로 오지마 신타로(大島辰次郎) 위생국장 등과 민족위생학회 간사 사이에 간담회가 열렸다. 그러나 국장의 교체 등의 이유로 정부안으로서 제출할 기회를 잃었던 듯하다. 그 후 이 협회는 "설령 통과를 못 하는 한이 있더라도 의회 제출을 통해 사회적 관심을 높이고 싶다"라는 이유로 야기 이쓰로, 아라카와 고로(荒川五郎)와 의논 후 민족위생협회에서 기초(起草)한 초안을 다소 수정해 제70회 제국의회에 제출했으나 의제로 채택되지는 못했다. 야기는 1938년 제73의회에도 이 법안을 제출하고 중의원을 통과했으나, 귀족원에서는 심의 미결에 그쳤다.[18]

민족위생협회의 《민족위생》이나 자매단체인 우생결혼보급회의 회지 《우생》에는 민족위생협회안 작성의 경위와 정보가 없다. 그러나 1936년 12월 12일의 《요미우리신문》에 1936년 12월 24일 소집하는 제70회 제국의회에 제출한 내용이 게재되었다. 이 협회안의 '최종위원회'는 12월 2일에 학사회관에서 열렸고 위원은 나가이 히소무, 미야케 고이치(三宅鑛一, 전 도쿄대학 의학부 교수), 요시마스 슈후, 가요 노부노리(加用信憲, 사립 히로오비(廣尾) 병원장), 야기 이쓰

요시마스 슈후

자료: 《의사공론(医事公論)》, 1492호
(1941년 3월 1일), 38쪽.

로(八木逸郎), 아라카와 고로, 마사키 아키라(도쿄항소원 검사),[*] 사이토 데루지(斉藤輝治, 요코하마 고등공업학교[高工] 교수)였다. 특징은 '단종 판정을 재판에 의하지 않은 위원회 판정에 맡긴다'는 점과 '비강제적이었다'는 점이었다. 그리고 단종 대상을 제1조에 제시했다.

제1조 본 법은 정신박약자, 간질 환자, 정신괴리자(이른바 조발성 치매), 조울증 환자, 심한 정도의 병적 인격자(알코올 중독, 히스테리증 환자, 흉악한 범죄자 포함), 소경, 농아자, 또는 심한 신체적 기형자로서 이들 열등한 소질을 유전시킬 우려가 현저한 자에 대한 단종 실시를 목적으로 한다.[19]

이것을 아라카와의 안과 비교하면 '각종 중독증', '결핵, 간질 등의 중증자'가 제외되고 흉악범은 '병적 인격자'로 대체되었다. 또한 아라카와 안 제4조의 '매독, 임질 환자 중 완치되지 않은 자'의 결혼 불허가 등의 규정은 없다. 그리고 단종 대상이 되는 병명을 열거하고 범죄자, 결핵이나 간질 환자 등을 단종 대상으로 삼지 않은 법의 성격은 제70·73·74의회에 제출된 야기 안이나 「국민우생법」에서도 답습되었다.

1938년 1월 후생성이 설립되고, 예방국에 우생과가 생겼다. 그렇지만 야기 안을 심의한 같은 해 3월 23일의 제73의회 중의원위원회에서 후생 차관 구도 데쓰오(工藤鉄男)는 「단종법」의 시기상조론을 주장했다. 시미즈 도메사부로(清水留三郎, 입헌민정당)가 우생과 설치에 대해 의문을 제시했다. 구도는 「단종법」

---

[*] (옮긴이) 마사키 아키라(正木亮, 1892~1971): 일본 법학자, 쇼와 시대(전쟁 전~후) 감옥학·형사정책의 실천적 법학자. 전후 일본 사형제도 폐지 운동의 중심적인 역할을 했다.

등의 '우생적 방면'을 '조사할 필요'가 있지만, 현재는 '준비시대'에 지나지 않는다고 대답했다.[20] 이것이 후생성 전체의 입장인지의 여부는 이듬해 2월 14일의 제74의회의 중의원위원회에서 야기 이쓰로 자신이 의문을 표했다. 야기는 후생차관 시절의 히로세 히사타다(廣瀨久忠) 후생대신이 '비공식'적으로 성립 희망을 보였고, 마쓰바라 히사토(松原久人) 우생과장이나 같은 과 기사(技士)도 야기의 '그룹'에 들어와 연구했다고 말했다.[21] 후생성 안에서도 「단종법」 추진에는 온도 차가 있었을 것이다.

후생성에서 「단종법」의 본격적인 조사가 실시된 것은 1938년 4월 21일 민족위생협의회가 설치될 무렵이었다. 그리고 일본학술진흥회에는 우생학적 유전연구 제26소위원회가 설치된 외에 일본정신신경학회에서도 정신신경 유전에 관한 학술 조사를 실시하게 되었다. 1938년 11월에는 후생성 내에 민족위생연구회가 설치되어 '민족위생자료' 13호분을 1939년 12월까지 간행했다. 그리고 1940년 3월 8일에 「국민우생법」안이 정부로 제출되었다. 마쓰바라는 민족위생협회 작성안 이래 「단종법」 안에 '유전병 한정주의'를 발견하고, 이를 '나치 「단종법」의 일본판'이라고 규정했다.[22]

다만 종래의 연구에서는 나치 「단종법」의 어떤 점을 차용했는지 명료하지 않아, 이 장에서는 이 안이 작성된 배경으로서 《민족위생》지나 민족위생협회 주요 일원의 나치 「단종법」에 대한 인식부터 살펴보겠다.

우선 민족위생학회가 꼭 나치의 민족정신이나 인종주의에 공감한 것은 아니며, 「단종법」에 반영시키지 않았다는 것을 지적하고 싶다. 《민족위생》지는, 나치 「단종법」에 대하여 "결실 있는 과학적 경험이 적용되고 모든 공상적 과정이나 과격한 민족주의자의 도를 넘는 대담한 요구 등은 일절 배척했다. 그리하여 의심스러운 경우를 신법(新法)에서는 모조리 삭제했다"는 내용을 잡지에 게재했다.[23] 이 잡지는 나치 우생정책에서 인종주의도 발견하였다. 나치 「단종법」은 "유대인, 흑인, 몽골인, 기타 혈액이 독일 민족에 더해지는 것을 극력 방지할 생각이었는지 건강 여부에 관계없이 본인들의 동의만 있다면 합법적으로 단종할 수 있다는 조항을 포함"하였다. 그러나 여기에 대해서도 "독일이라는 국가가 새삼스럽게 유대인 배척을 하는 것은 점잖지 못한 짓이다. 일본인도 실제로는 심각한 배척을 당하고 있다"며 비판적이었다.[24]

민족위생학회의 주요 일원이 나치 「단종법」에서 배운 것은 주로 「단종법」의 형식이었을 것이다. 앞서 본 요시마스 슈후는 나치 「단종법」과 노르웨이의 「단종법」 초안을 비교하여 후자가 단종에서 한 발 더 나아가 '성욕을 없애는 목적의 수술, 즉 거세를 포함'한다는 것을 예로 들어, 이상성욕 때문에 성범죄를 저지른 자에게 성욕을 없애는 치료 목적의 거세를 시킬 수 있다는 조항에 대해 이것은 별도의 법률로 다루어야 한다고 비판했다. 또한 미국의 일부 주에서 시행되던 형벌적 단종에도 비판적이었다. 한편 요시마스는 나치의 것이 '순수한 「단종법」'이라며 찬성했다.

또한 노르웨이 법안은 단종의 적용 범위가 넓고 특히 제3조에서 '장래 자기의 노동으로 자신과 자손의 부양이 불가능하다고 판단할 근거 있을 때'에 후견인의 신청에 의해 단종수술을 실시한다는 '사회경제적인 의미'가 있는 규정을 '여러 가지 폐해'가 있으므로 나치 「단종법」의 '유전병 자손 방지법'의 이름으로 상징되는 '우생학적 적용에만 한정하는 것이 좋다'고 했다.[25]

다만 요시마스(吉益)는 나치의 「단종법」이 단종 대상 유전병으로 '① 선천성 정신박약, ② 정신괴리증, ③ 조울증, ④ 유전성 간질, ⑤ 헌팅턴 무도병, ⑥ 유전성 소경, ⑦ 유전성 귀머거리, ⑧ 중증 유전성 기형과 중증 알코올 중독자'를 열거한 것에 대해 비판적이었다. 오히려 '이처럼 세세하게 분류하지 말고 그냥 정신병, 정신능력 발달에 결함이 있는 자, 중대한 신체적 결함 등의 말로 운용의 여유'를 둔 노르웨이 초안에 공감했다. 그 근거는 개개의 병명을 열거하면 단종 범위를 '명확하게 한정'하기가 어렵고, '여기에서 누락된 유전성 질환이 생길' 가능성을 들었다.[26]

요시마스는 유전병의 열거에 비판적이었는데, 1938년 4월 후생성부 안에 「단종법」안을 검토하는 민족위생협의회가 설치되었다. 당시 후생성은 단종 대상의 범위를 정할 때 "비교적 완비된 신입법례인 독일 「단종법」은 일정 수의 질환을 열거하고, 여기에 개괄주의를 가미해 적용 대상으로 했다"는 것을 참고하여 "열거주의는 법률 적용상 의문이 생길 만한 것을 줄여 적당하다고 여겨진다"는 자세를 취했다고 보도했다.[27] 마사키 아키라도 동일한 견해를 표했다. 1939년 10월에 후생성이 작성한 '민족우생 제도안 요강'이 신문에 공표되었고, 마사키는 "나가이 히소무 박사, 요시마스 학사와 함께 입안한 「단종법」안과 대동소이"하다며 환영했다. 이 안의 단종 대상은 "① 유전성 정신병, ② 유전성 정신박약, ③ 중증의 악질 신체질환, ④ 중증 유전성 기형"이었다. 이 '열거주의'에 관해 마사키는 현재 "「단종법」과 「거세법」을 혼동해서 단종이 인류의 생식뿐만 아니라 성욕까지 박탈하는 잔인한 법이라고 공격"하는 사람이 있는데, "현실적으로 이러한 공포심을 갖는 사람들이 있는 실정이므로 법치국가적 입법으로 열거주의"를 채택하고, "중증 악질 유전성질환"의 판정은 "의사의 판단에 맡기는 것이 가장 타당하다"고 말했다.

또한 마사키는 후생성이 작성한 '민족우생 제도안'이 '나병 환자의 단종을 허용'한 것에 대해 '요즘 과학에서 나병은 유전하지 않는 것으로 단정'되지만, 출산 시 나병이 감염될 가능성을 들어 '유전학자'에게는 '불순한 입법'이겠으나 '우수한 민족의 영광을 기대하는 이 법률의 영원한 목적을 위해' 나병 환자의 단종을 '허용'하자고 주장했다.[28] 결국 나병 환자의 단종은 후생성이 「국민우생법」을 의회에 제출하기 약 3개월 전인 1939년 12월에 개최된 국민체력 심의회에서 우생법에 나병 환자의 단종을 포함시키지 않고, 「나병 예방법」의 개정을 통해 대처하는 것으로 했다.[29]

민족위생협회의 주요 일원은 나치 「단종법」 전체를 있는 그대로 수용한 것은 아니다. 다만 나치 「단종법」이 세계의 「단종법」 중 비교적 완비된 것으로 평가하여, 일본 「단종법」 논의에서 중요한 참조 축으로 삼았다. 그중에서도 특히 단종의 대상을 유전병으로 한정하고 대상을 열거한 것이 중시되었다. 이것은 "현재의 유전적 지식은 충분치 못하다, 「단종법」은 거세와 동일하다"며 공격하는 「단종법」 비판에 대해 「단종법」이 '학리(學理)'를 바탕으로 신중함에 기초하고 있다는 것을 보여주기 위해, 편법으로 그런 양식을 사용했다고 해도 좋을 것이다.

단종의 대상을 유전병으로 한정한 입법은 원래 유전병 한정주의자가 만들었다고 보아야 할까? 여기서는 주로 민족위생협회의 자매 단체로서 1935년 12월 7일에 발족한 우생결혼보급회의 회지 《우생》의 논의를 참조하겠다. 이 단체의 목적은 '일본민족위생협회의 사업을 보좌하고 결혼위생사상의 보급과 함양을 도모하는 것'이었다('회칙적요'). 나가이 히소무가 회장이었고, 부회장은 나가이의 아내 하나에(花江)와 여의사인 다케우치 시게요*였다. 또 도쿄대학 총장 나가요 마타오(長与又郞)의 아내 다마코(玉子), 하토야마 이치로**의 아내 유키코(薫子), 여의사 요시오카 야요이(吉岡弥生) 등이 고문을 맡았다. 발표식을 겸한 군인회관의 기념강연에는 약 1000명의 '인텔리 부인'이 모였다고 보도된 바 있다.[30] 이 잡지의 지면구성은 1호당 논설 몇 편과 각종 소식으로 된 간단한 것이었는데 이 회의 강연이나 우생정책 논의의 경위를 전하고 있어 유익하다.[31]

이 잡지의 논설을 통해 1930년대 후반에도 민족위생협회의 중심 인물의 확장우생주의적인 성향에는 변화가 없었음을 알 수 있다. 나가이 히소무는 변함없이 결핵과 '유전적 체질'의 관련을 강조하고, 그 대책으로 "결핵 병상을 늘리거나 보건소를 설치해서 환경 개선"을 하는 것은 '임시변통'이라고 단정하고, '근본 정책'으로서 "민족의 체질을 개선하기 위한 우생학, 즉 민족위생학 지침"에 따라야 한다고 주장했다.[32]

또한 민족위생협의회, 학술진흥회의 우생학적 유전연구 제26소위원회, 민족위생연구회 모두에 참가한 인물로 게이오대학 의학부 교수(후에 공중위생원 교수)인 가와카미 리이치(川上理一)가 있다. 그는 '저능아나 상습범'은 유전성이

---

* (옮긴이) 다케우치 시게요(竹内茂代, 1881~1975): 일본의 여의사, 도쿄제국대학 의학박사. 「일본 여자의 체질에 관한 연구」(1933)를 집필했다. 1946년 중의원 총선거에 출마하여 여성 최초로 당선되었다. 일본 자유당 총무, 부인부장, 정계 은퇴 후 교육부에 촉탁되어, 후생성 체력심의회 전문위원, 결핵 예방 도쿄여성위원회 부위원장, 일본 여의사회 부회장, 외에 오쓰마(大妻)전문학교 강사 등을 역임했다.
** (옮긴이) 하토야마 이치로(鳩山一郞, 1883~1959): 일본의 정치인, 변호사. 제52·53·54대 내각 총리대신.

므로 교육을 포기하라고 권했다.[33] 고지마 사부로(小島三郎)라는 의학박사는 '하층계급에 정신박약자가 많은 것'을 '나태, 방종, 음주, 유랑성, 불량자, 범죄자'의 유전성과 연결했다. 또한 고지마는 결핵이나 나병도 소질의 유전성이 있다고 보고 이들도 「단종법」제정에 넣어야 한다고 주장했다.[34] 너무 잡다하지만 관련된 논의는 20세기 초 일본에 우생학이 도입된 이래, 끊임없이 논의되어 왔고 서구사회에서도 성행한 논의였다.

그리고 이 《우생》지에 소개된 제73의회에 제출한 야기의 법안을 보면 '「단종법」은 정식 박약자, 조발성 치매, 조울증, 알코올 중독자와 히스테리증, 흉악한 범죄자 등 변질자, 간질 환자, 맹인, 농아자 등의 유전병자를 대상으로 단종수술을 실시해 나쁜 피의 유전을 방지하고 민족의 혈액 정화를 도모한다'고 되어 있다.[35]

이 잡지의 논조를 살펴보면 이 단계에서는 '중증의 병적 인격자'에 알코올 중독자나 흉악한 범죄자를 포함시켜 단종의 대상을 유전병에 한정하는 배려도 없었고, 확장우생주의적 유전 이해를 재고하겠다는 의사도 희박했던 게 아닌가 싶다.

《우생》의 논의를 살펴본 범위에서는 민족위생협회 관계자는 여전히 확장우생주의적 유전 이해를 가지고 있다. 이는 인구식량문제조사회의 나가이 안이나 「단종법」의 아라카와 안과 동일한 유전에 대한 이해이며 또한 우생학이 도입된 이래 신문 잡지나 계몽서 등에서 빈번하게 설파되었다. 이러한 방법이 주로 부인 계몽을 목적으로 한 《우생》에서도 답습되었다.

그러나 이 확장우생주의적 목표와 단종 대상을 유전병에 한정하는 법안을 지지해온 사고방식과의 관련성을 어떻게 해석해야 할까? 실제로는 그들의 언동이 모순되어 있다고 평가할 수밖에 없는 측면이 있다. 아오키 노부하루는 『우생결혼과 우생 단종』에서 아라카와 안보다 나중의 「단종법」안에 "살인, 강도, 기타 흉악한 범죄자, 각종 중독증, 결핵, 나병 등이 단종 대상에서 제외된 이유를 범죄나 알코올 중독의 '유전성'이 인정되지 않았고 '결핵, 나병 등은 전염병이지 유전되는 것이 아니기 때문"이라고 설명했다.[36] 그런데 이 책의 제4

아오키 노부하루

자료: 《의사공론(医事公論)》, 1485호
(1941년 1월 11일), 58쪽.

장에서는 "국민의 신체적·정신적 건강이 악화되고, 문화적 능력이 쇠약해져서 범죄, 자살, 불임 등이 증가하고 매독, 알코올 중독 등이 만연하는 경향", 즉 '민족의 변질'을 전면에 내세워 "우생 단종은 그 의미로 볼 때 최우선적으로 검토해야 할 가치가 있다"고 주장했다.[37]

실은 이 모순이야말로 검토해야 할 과제이다. 즉 우생학 도입 이래 일반 대중에게 계몽 보급을 할 때 사용해온 확장우생주의와 유전학 지식에 비추어 범죄, 알코올 중독, 결핵이나 나병도 유전성을 인정하지 않는 「단종법」의 구상이 어떻게 동일한 시기에 동일한 논자 안에서 병존하고, 또 그 관계는 어떻게 전개되었는가 하는 문제이다.

4. 단종 대상의 확대해석 가능성과 「우생결혼법」의 구상

필자는 이 물음에 대한 해답으로 세 가지를 들고자 한다. ① 반대론자를 설득하는 논리에 '유전병 한정주의'가 동원되었다는 점, ② 「단종법」에 확대해석의 가능성이 있었다는 점, ③ 대상이 한정된 「단종법」을 보완하기 위해 우생결혼정책의 도입이 시도되었다는 점이다.

첫 번째 점에 대해, 민족위생학회의 일원은 기본적으로 확장우생주의를 신봉했지만 「단종법」 반대론자를 설득하기 위한 논리로서 「단종법」안의 대상을 유전병에 한정한 것으로 보인다. 「단종법」 제정 가부에는 격렬한 논의가 있었다. 야기 안(案)의 단종 대상은 소극적으로 한정되었음에도 정신과 의사들은 여전히 언론이나 협의회 등에서 시기상조론을 주장했다. 예를 들어 우에마쓰 시치쿠로(植松七九郎, 게이오대학 의학부 교수)는 "인류 유전학은 완성 단계에 들기에는 아직 멀었고, 특히 정신병의 유전학에 관해서는 아무것도 확실히 밝혀진 것이 없다"고 말했다.[38] 이런 상황 속에서 민족위생협회 주요 일원이 본래 희망했던 확장우생주의가 후생성 「단종법」 검토안에 들어갈 여지가 축소된 것도 사실이다.

후생성은 1938년 4월에 제1회 민족위생협의회를 열었다. 다카노 로쿠로(高野六郎) 예방국장은 인사말로 "본 협의회는 공식 위원회"가 아니며, "당국으로서는 별도로 정한 의견이 있는 것도 아니고 완전 백지"이므로 자유롭게 의견을 개진해달라고 했다. 협의회를 위해 후생성이 기안을 낸 '연구사항'은 '① 법안의 명칭', '② 법안의 목적', '③ 대상', '④ 단종수술', '⑤ 단종수술 실행의 형식', '⑥ 판정기관', '⑦ 단종수술 시행자', '⑧ 수술비용의 부담', '⑨ 법 제정 후의 영향과 대책'이었다. 그중 3번은 "단종 대상으로 생각할 수 있는 것은 유전적 정신병자, 정신박약자, 병적 인격자, 범죄자, 알코올과 기타 중독자, 맹인, 농아자, 육체적 결함자가 있는데, 이중 단종의 적용 범위를 어디까지 해야 하는가"라는 것이었다.

제1회 협의회에서는 "찬반 양론으로 갈려 결정에 이르지 못했다".[39] 다만 1938년 4월 5일 《의사공론》은 "'이번에는 극단적으로 가는 것을 경계하고 지극히 소극적인 법률을 제정한 다음, 차차 학문적 검토를 해나가는 방향으로 하자. 연구의 완성을 기다렸다가는 100년이 지나도 헛일이다'라고 주장하는 고야 요시오(古屋芳雄) 위원, 가와카미 리이치(川上理一) 위원 등의 의견으로 대세가 기울었다"고 보도했다.[40] 그리고 "6월 18일 드디어 제2회 협의회를 개최했는데, 이번에는 출석자 만장일치 찬성으로 법의 제정이 가결"되어 「단종법」은 본격적인 제정 준비에 들어가게 되었다고 전했다. 그 내용은 "목적으로 사회 정책 내지 형사 정책을 가미하지 않고 순수한 민족위생 입장에서 제정을 찬성한 사람 12명, 대상의 종류에 유전적 신체와 정신이상을 포함시키는 것을 찬성한 사람 10명, 대상 범위에서는 유전이 확실한 것만 포함시키자는 사람이 12명, 미발병 단종의 가부에 대해서는 가(可) 7명, 불가(不可) 2명, 대상 규정의 방법에서는 법문에 병명 열거주의 찬성 8명"이었다.[41] 이 협의회 논의의 내용을 남긴 문서는 발견되지 않아서 사료의 어구가 의미하는 내용의 상세한 사항은 알 수 없으나, 단종 대상을 유전병에 한정하려는 경향이 있었다는 사실은 부정할 수 없다.

그러나 "이번에는 극단적으로 가는 것을 경계하고, 지극히 소극적인 법률을 제정한 다음, 차차 학문적 검토를 해나가는 방향으로 하자"라는 문언(文言)은 매우 시사적이다. 당시는 학문적으로 별로 발달하지 못한 유전학에 기초한 단종은 불가능하다는 반대도 있었다. 「단종법」의 성립을 서두르던 이들은 반대론을 누르기 위해 단종 목적이나 대상을 국한한 법률을 작성한 측면이 있다고 할 수 있다. 그러나 가와카미같이 민족위생학 일원으로 「단종법」을 추진하는 입장에 있었던 사람이 확장우생주의를 포기하지 않았다는 것은 이미 살펴본 대로이다. 독일 나치하에서도 민족위생학자에게는 범죄나 이혼까지도 소질이나 유전에 속한 것이라고 주장하는 경향이 있었고, 여전히 확장우생주의를 신봉하는 사람이 있었다.[42] 그리고 「단종법」 대상의 규정이 좁다는 것을 비판하고, '유전학적' 근거로 단종 실시 허용 조건이 확대될 것을 기대하는 사람도 있었다.[43] 그렇다면 고야 등의 발언은 유전의 가능성이 있으나 법안에는 포함시키지 않았던 것을 「단종법」 제정 후에 연구를 통해 증명하고, 그런 다음에 단종 대상을 확대해나가면 된다는 주장이라고 해석할 수 있다.

또한 1938년 11월에 후생성 우생과는 상설 연구조직으로서 민족위생연구회를 설치하고, 「단종법」을 비롯한 우생정책 책정을 실시했다. 그 연구 성과는 『민족위생자료』라는 소책자로 정리되어 1938년 11월 20일부터 1940년 3월 28일까지 총 13호가 나왔다. 제1호 「「우생 단종법」이란 무엇인가」에는 "'성욕 이상자', '상습 범죄자', '알코올 중독', '매독 환자' 등을 대상에 포함시켰는데, 「단종법」 본래의 목적에서 본다면 유전성 정신이상과 신체 이상에 한정하고 그중에서도 특히 정신이상에 중점을 두는 것이 타당하다"라는 표현이 있다.[44] 이것은 민족위생협의회의 논의 내용을 담은 것으로 보인다.

또한 제6호에는 「민족위생연구좌담회 속기록」이 게재되었다. 사회대중당 당수 아베 이소(安部磯雄)의 나병 단종 합법화 주장에 대해 출석자가 의견을 주고발는 형식이었다. 마사키 아키라(正木亮, 대심원 검사)는 이 의견을 지지했지만, 가쓰마타 미노루(勝俣稔) 예방과장이나 마쓰바라 히사토(松原久人) 우생과장은 반대했다. 마쓰바라 요코(松原洋子)는 이것을 제1호의 내용도 포함해서 민족위생협회계 「단종법」의 '유전병' 한정 노선이 거의 결정되었다고 평가했다.[45] 그러나 마쓰바라 우생과장은 "우리가 생각하고 있는 것은 정신병 중에서 유전성이나 성욕 이상자, 상습 범죄자, 알코올 중독"이 "주요 단종 대상"이라고 말했다. 또한 야기 이쓰로(八木逸郎)는 "나병을 단종"하면 「단종법」의 입법이 곤란"해지므로 단종 대상에서 분리시켜 "현재의 나병 요양소와 같은 수준의 처치"를 하거나, "성(省)의 명령"으로 나병을 단종시키는 것은 불가능하냐고 물었다. 또한 야기는 나병을 단종했을 경우 "결국 결핵도 넣어야 하는가 등등"의 문제가 생기기 때문에 "'등'이라는 애매한 말을 넣어 유전이라 할 수 있는 것이 나오면 추가하는" 방법도 강구했다. 연구회의 참가자도 나병까지는 넣지 않고, "성욕 이상자, 상습 범죄자, 알코올 중독" 등 '신체이상', '정신이상'에 한정하지 않은 단종 대상의 확대를 염두에 두었다고 보인다. 이렇게 보면 민족위생연구회의 논의도 단순히 '유전병 한정주의'라는 성격으로 분류할 수는 없다.[46] 또한 다음 발언도 주목할 만하다.

전염병은 단종시켜야 한다든가 법을 제정한다든가 형태를 넣는다는 것으로는 논의가 너무 복잡해져서, 「단종법」 제정이 매우 늦어지거나 입법 자체가 무산되는 것은 아닐까요? 만약 나중에 연구를 해서 추가 법률이나 단행 법률로 가능하니까 지금은 후생성이 만들어주기를 바라는 것은 역시 전염병은 넣지 않는 편이 좋지 않을까 생각합니다.[47]

이 발언에서는 「단종법」에 대한 끈질긴 반발을 생각했을 때, 자신들의 희망 사항을 모두 법안에 넣으면 입법이 늦어질 것이라는 초조함이 드러난다. 나중에 연구를 해서 추가 법률 등의 형태로 단종 대상의 확대를 꾀한다는 「단종법」 입안자의 의도를 알 수 있다. 이러한 관련 입법 기술은 1990년대 이후의 지구

환경보전 관련 조약에서 기후 변동 등의 조항을 넣은 의정서를 만들고, 구체적인 룰을 추가적으로 결정하는 방식 등에서도 공통된 것으로 현재의 우리에게도 익숙한 방식이다.

두 번째는 아무리 조문에서 단종 대상을 유전병으로 한정하더라도, 확대해석의 여지가 존재한다는 것을 들 수 있다. 즉 '중증의 병적 인격자' 등을 확대해석하면 확장우생주의가 포함될 여지가 얼마든지 있다. 실제 일본이 모범으로 삼았던 나치의 우생정책이 그랬다. 포이케르트(Detlev Peukert)는 "나치는 당장 1933년에 유전병으로 인정되는 자를 사회로부터 격리하고 단종한다는 '소극적인' 제안에 대한 동의를 한 것에 지나지 않았으나 '정신 분열증이나 중증의 알코올 중독' 등 '유전병의 의심이 있다고는 하나 과학적으로 증명되지 않은 자까지 이 범주로 분류해서 본인의 승낙 없이도 단종을 실시할 수 있게 되었다"고 했다. 또한 재판소의 판결에서도 "많은 경우 정신병에 대한 의심이나 특이한 생활태도에 대한 불신감, 정치적으로 다른 의견에 대한 박해가 뒤죽박죽 되어 있었다"고 말했다.[48]

일본의 경우는 어떨까? 1940년 9월의 법학협회에서 발행된 『제75 제국의회 신법률 해설』의 오노 세이치로(小野清一郎, 도쿄대학 법학부 교수)의 「국민우생법」 해설에는 "이 법은 오로지 우생을 목적으로 한 것으로서 직접 형사정책을 목적으로 하고 있지 않다. 그러나 살인·방화·상해 등의 범인, 또는 상습 절도·사기 범인 중에는 병적 성격자 혹은 정신박약자가 많다는 것은 범죄생물학적으로 현저한 사실이므로, 이 법의 실시는 간접적으로 형사 정책적 효과를 갖는 것은 의심할 수 없는 사실"이라고 했다. 일본 「국민우생법」에도 나치 「단종법」(이 특질은 다른 나라도 들어맞지만)과 마찬가지로 형사 목적까지 대상이 확대될 여지가 있었다.[49]

세 번째, 그래도 「단종법」 조문의 단종 대상을 유전병, 특히 정신병에 한정하는 경향은 민족위생학회 안이 작성된 이후 정착되었다. 민족위생(「단종법」)협의회에서도 그 방침은 확고히 유지되었다. 그러나 민족위생학회나 우생결혼보급회가 이런 경향으로 우왕좌왕했던 모습은 발견되지 않는다. 왜일까? (이는) 확장우생주의를 「단종법」이 아닌 별도의 방법으로 발현하는 수단이 있었기 때문으로 보인다. 그 단서는 《우생》지가 민족위생협의회의 방침을 보도한 기사 "「우생결혼법」 제정"에서 살펴볼 수 있다. 이것은 후생성 예방국 마쓰바라 히사토 우생과장의 발언으로 소개되었다. 마쓰바라 우생과장은 이렇게 설명했다.

악질 유전적 질환을 가진 자에게는 불임 수술을 시켜서 자손을 남기지 않도록 하는 법률이 「단종법」인데, 임신보다 앞서 결혼 전에 불행을 미연에 방지하는 것이 더욱 좋은 방법이 될 것이다. 독일, 미국, 터키 등의 외국에서는 이미 그 점에 착목하여 이미 「우생결혼법」을 실시하고 있다. 이 법률은 감염성이 높은 성병, 결핵, 나병 같은 병이나 유전적 정신병 등이 있는 환자는 완치되기까지 결혼을 허가하지 않는 것으로 결혼에 앞서 모든 사람이 건강진단서를 교환하도록 정하고 있다.

여기에서는 '성병, 결핵, 나병 같은 질병이나 유전적 정신병 등'이 대상이다. 마쓰바라 우생과장은 "우리나라의 영아사망률이 높은 것은 선천성 매독이 주요 원인"이라고 했다. 결핵도 "결혼을 하게 되면 배우자에게 전염시키거나 자신의 병세가 악화되어 자손에게 약한 체질을 물려주는 폐해가 있다"고 지적했다. 또한 "완치가 어려운 나병이나 정신병자는 단종 후 결혼하는 것 외에는 방법이 없다"는 발언도 했다. 결핵이나 성병은 완치가 된다면 결혼할 수 있다는 발언이나 그 기조는 확장우생주의에 있다는 것을 부정할 수 없다. 그리고 마쓰바라는 "「단종법」을 「우생결혼법」 안에 포함시키는" 가능성까지 시사했다. 당연히 《우생》지는 이 기사의 내용을 "대단히 환영할 만한 내용"이라고 평했다.[50] 말하자면 확장우생주의는 우생결혼 속에 온존되어 정책화되는 날만 기다리고 있었다고 보면 될 것이다.[51]

이 「우생결혼법」도 독일 나치를 비롯한 외국 여러나라의 시책을 참고해왔다. 나치의 「결혼보건법(Ehegesundheitsgesetz)」이 공포된 것은 1935년 10월 18

일이었다. 이 법은 자손의 건강을 해칠 수 있는 질병을 가진 자의 결혼을 금지하는 것이었다. 그러한 질병으로 결핵과 성병을 상정했다. 또한 금치산자의 혼인도 금지했다. 그리고 혼인 시 모든 사람은 보건소에서 이러한 질병이나 장애가 없다는 것을 증명하는 '혼인적성증명서'를 받을 것을 의무화했다.

일본에서도 1940년에 「국민우생법」이 제정된 이후 전국 보건소에 우생결혼 상담소가 설치되었고 동시에 「우생결혼법」 제정이 모색되었다. 마쓰바라 히사토의 후임으로 1939년 1월부터 우생과장이 된 도코나미 도쿠지(床次德二)는 「국민우생법」의 "우생수술을 실시하는 범위는 제한되어 있어서, 그것만으로 악질적인 유전성 질환의 유전을 전부 억제한다는 것은 도저히 불가능"하다며 "앞으로 우생결혼상담소를 점점 더 많이 보급해 국민에게 우생결혼 사상을 교육함으로써 국민들의 자발적인 실천을 이끌어내야겠다"고 말했다. 외국에도 결혼문제의 각종 입법례가 있음을 거론하며 "장래 「우생결혼법」이라든가 「건강결혼법」이라는 명칭하에 건전한 결혼을 하는 규정을 만들고 싶다"고 말했다.[52] 뒤에서 다시 거론하겠지만 「우생결혼법」은 구상 단계에서 끝나고 말았던 것 같은데, 이는 여기까지의 분석으로도 명확하다. 「단종법」안 초안 작성에 참가했던 민족위생협회의 구성원들도 기본적으로 확장우생주의를 지향하는 사람들이었다. 그 이념은 「단종법」에 전면적으로 반영되지는 못했으나, 우생결혼의 보급과 그 법제화라는 형태로 확장우생주의의 정책화는 지속적으로 지향되었다. 그러한 유전 이해도, 우생결혼의 정책화도 독일의 민족위생학이나 나치의 우생정책의 영향하에 지향되었다는 것을 이해할 수 있다.

5. 마치며

이상의 분석을 통해 「단종법」에서 유전 범위의 엄밀성을 추구하면서도 민족위생협회나 후생성 일원을 포함한 우생학론자는 확장우생주의를 포기하지 않았다는 것이 명백해졌다. 본래 우생학은 등장 이래, 체사레 롬브로소(Cesare

Lombroso)의 범죄인류학 등과의 밀접한 연관에서 알 수 있듯이 인종, 민족의 '퇴화' 위협을 선동하며 형사정책이나 사회정책에 대한 관여를 중요한 과제로 삼아왔다. 일본에서도 사정은 동일했다. 우생학과는 그 성격상 세계 각지에서 과학의 전문적 지식이 없는 사람도 주요 관계자나 수용자로서 포섭하고 일정한 영향력을 획득하지 않았던가? 확장우생주의는 과학계몽의 양식과 더불어 연명했다. 그러나 제5장에서도 밝혔듯이 민족위생협회 자체의 계몽활동은「국민우생법」성립 전에 결론이 나, 이미《민족위생》지도 계몽지적 요소를 포기하고 인류 유전학이나 공중위생학을 다루는 순수 학술지로 전환되었다. 이런 상황에서 오랜 세월 과학계몽으로 보급해온 확장우생주의를 법안 논의의 장에서 노골적으로 드러내는「단종법」은 성립될 수 없었다. 이것은 중요한 역설이다. 즉 이전의 과학계몽에서 사람들을 끌어들인 요소가 바로 전쟁 전「단종법」의 한계를 형성한 것이다.

그 후의「단종법」은 어떻게 전개되어 나갔을까?「국민우생법」안이 1940년 3월 8일에 제75회 제국의회의 중의원에 제출되었을 때도 스기야마 모토지로 (杉山元治郎) 등으로부터 '중증 알코올 중독, 성병, 특히 매독'과 '나병'이 단종의 대상에 들어 있지 않다는 점에 불만의 목소리가 나왔다.[53] 결국 이 법은 3월 22일 귀족원에서도 가결되었다. 그러나 이 법은 작성에 관여했던 협회의 주요 일원에게조차 별로 기대를 받지 못한 것으로 보인다. 사실 고야 요시오(古屋芳雄)는「국민우생법」이 성립된 지 약 2개월 후 1940년 5월 신문에서「국민우생법」을 '우생국책의 대방침을 표방하면서 그중에는 단지 중증 유전병자의 단종수술을 실시하는 규정이 있을 뿐'이라고 비판했다. 이는 1939년 이후 후생성의 칙임기사로 취임해서「국민우생법」과「국민체력법」작성에도 관여한 입장에서의 비판이다.[54] 고야에 따르면「「국민우생법」의 탄생'을 통해 국가는 '민족국책(民族國策)'에 첫발을 내디뎠지만, 이는 '우생정책의 일부'에 지나지 않는다고 하였고. 이것은 '악질 유전병자에게 우생수술을 해서 그 증식'을 막는 '피임사상에서 나온 단종수술'을 단속하는 명분을 제공하는 것일 뿐이라고 했다. (이에 비해) 고야에게 '민족국책'이란 출생률 저하의 개선이나 '농촌의 무력화' 방지

외 다양한 '보건국책, 체력국책'을 포괄하고, '민족 변질의 방지'를 강구한 것이었다.[55]

즉 확장우생주의를 견지한 것으로 보이는 고야는 '중증 유전병자에게 단종수술'을 실시하는 것에 지나지 않은 「단종법」은 '민족국책' 전체의 견지에서 볼때 매력이 없고, 법률의 성립 자체가 상징적인 의미만을 가지는 것이라 할 수있다. 실제 「국민우생법」의 단종 건수는 겨우 538건이었다. 한편 고야가 목표했던 '우생정책', '민족국책'이란 결핵 예방, 성병 대책 등을 포함한 광범위한 것이었다. 고야는 '민족과학'이나 '체력정책'에 매진한다. 그러나 예를 들어, 1943년의 《민족과학연구》에서 보이는 논설은 인구증식, 영유아 문제, 결핵, 성병, 이질, 체력 단련 등의 개별적 관점에서 논의되었다.[56] 여기에서도 '과학'적인 엄밀성이 요구되는 실천에서 그 관점은 퇴화론(退化論)의 영향을 받은 '민족국책'이라는 통합적인 것이 아니라, 대상을 한정하고 개별적으로 접근하는 도식이 발견된다.

이상을 요약하자면, 언론에 의한 계몽에서 퇴화론에 근거한 확장우생주의를 선동하며 지지를 모은 전쟁 전의 우생학과 주요 관계자는 우생학의 정책화에 동반되는 과학적 엄밀성이나 과학자로서의 전문성을 추궁하면 할수록 영향력의 담보를 상실하고 정책 면에서 실천의 빈곤함을 안고 있었다는 것을 짐작할 수 있다. 전쟁 전 일본에서의 우생학과 그 정책화가 활발하게 논의되면서도 충분한 기능을 다하지 못했던 요인의 본질이 여기에 있었던 것은 아닐까?

그래도 확장우생주의는 정책적으로 「우생결혼법」의 법제화 구상으로서 잔존했다. 「국민우생법」 성립 후 1941년까지 후생성 우생과가 법제화의 준비를 추진했다는 것이 잡지 등에도 보도되었다.[57] 그러나 이후의 동향은 확인되지 않는다. 후생성 전체에서 합의를 얻지 못한 채 1941년 8월의 우생과가 인구국으로 편입됨에 따라 법제화 구상도 흐지부지된 것으로 짐작된다. 다만 1940년 우생결혼상담소의 개설, 우량 다자녀가정의 표창, 이듬해의 우생결혼자금 대출제도 등은 실시되었다. 그리고 우생결혼상담소장 야스이 후카시(安井洋) 등의 부인잡지를 통한 계몽활동은 활발했다. 그러한 언설(言說) 속에서 확장우생주의는 존속해왔다.

중요한 것은 전쟁 후의 「우생보호법」에는 우생결혼상담소의 설치가 규정되어 흉악범이나 한센병이 단종의 대상으로서 이 법에 포함되어 단종의 대상은 확장되고 단종 건수도 전쟁 전과 비교해서 훨씬 증가했다는 점이다.[58] 다음 장에서 밝히겠지만 전쟁 후의 우생정책의 주체는 산아조절 반대파와 다니구치 야사부로(谷口弥三郎) 등 산부인과 의사를 끌어들인 세력 간의 경합이 있었기 때문에 산아 조절운동가로 한정할 수 없다. 이는 전쟁 후 우생정책의 강화를 단순히 「단종법」 계보의 차이로는 설명하기 어려우며, 전쟁 전 우생정책의 성과를 계승했다는 것을 시사한다.

주(注)

1   藤野豊, 『日本ファシズムと優生思想』かもがわ出版, 一九九八年.

2   米本昌平, 『遺伝管理社会』弘文堂, 一九八九年, 米本昌平ほか『優生学と人間社會』講談社 現代新書, 二〇〇〇年.

3   이 논의는 松原洋子, 「民族優生保護法案と日本の厚生法の系譜」(『科学史研究』II, 三六卷, 一九九七年)や, 同「〈文化国家〉の優生法」『現代思想』(二五卷四号, 一九九八年)을 중심으로 전개되었다. 마쓰바라의 관련 연구로 이와 같은 문헌이 있다. 「中絶規制緩和と優生政策強化」『思想』八八六号, 一九九七年, 「戦時下の断種法論争 —— 精神科医の国民優生法批判」『現代思想』二六卷二号, 一九九八年, 「戦時期日本の断種政策」『年報·科学·技術·社会』七卷, 一九九八年. 또한 「단종법」에 관한 그 외 연구에는 이와 같은 것이 있다. 野間信次, 「『健全』なる大日本帝国 —— 国民優生法制定をめぐって」『ヒストリア』一二〇号, 一九九八年; 廣嶋清志, 「現代日本人口政策史論(2) —— 国民優生法における人口の質政策と量政策」『人口問題研究』一六〇号, 一九八一年.

4   衆議院·参議院編 「議会制度百年史衆議院議員名鑑」大蔵省印刷局, 一九九〇年, 二六頁, 『大正人名事典上卷』日本圖書センター, 一九八九年(底本, 五十嵐栄吉編発行 『大正人名静典』一九一八年, 東洋新報社, 四五五頁. 이후 아라카와(荒川)의 경력에 관한 기술도 이에 따른다.

5   『第六十五回 帝国議会衆議院議事速記録第十六号』, 三四一頁.

6   『第六十五回 帝国議会健康保険法中改正法律案外一件委員会議録(速記)第八回』, 三頁.

7   青水延春『優生結婚と優生断種』龍吟社, 一九四一年一一月, 八〇頁.

8   앞서 언급한 松原, 「民族優生保護法案と日本の優生法の系譜」, 四三~四六頁.

9   『第六十五回帝国議会健康保険法中改正法律案外一件委員会議録(速記) 第八回』三~五頁.

10   이상은 『第六十七回帝国議会衆議院衛生組合法案外四件委員会議録(速記)第四回』(三~五頁)을

보라.

11 『平塚らいてう著作集2』에 수록된 「避妊の可否を論ず」(一九一七年) 등에는 「サンガー夫人のような態度」에 따른 피임 장려에 소극적인 견해가 나와 있다(337쪽). 거기다 請願 「花柳病男子の結婚制限に関する件」(「第四十二回帝国議会衆議院請願委員会第二分科会議録(速記)第四回」)에 대해 아라카와는 제출한 취지를 설명했으나, 우생학과 산아조절론 관점에서 이야기하지는 않았다. 같은 시기이지만, 히라쓰카와 아라카와를 산아조절운동 안에서 계보를 잇는다고 보기는 어렵다.

12 昭和八年二月二七日提出質問第二三号 「我が民族力を衰耗銷磨しつつある三大弊事に関する質問趣意書」(国立公文書館所蔵, 「公文雑纂・昭和八年・第三十六巻・帝国談会八・質問・答弁」 2A-0140-00/纂02052100).

13 荒川五郎 「国家興隆の根本事業」『民族衛生』三巻三号, 一九三四年, 五〇頁.

14 『第六十五回帝国議会衆議院議事速記録第十六号』, 三四二頁.

15 永井潜, 「民族衛生学より見たる結核, 性病, 及び精神病」『社会事業』一七巻二号, 一九三三年五月, 七〇頁.

16 人口食糧問題調査会, 「人口部特別委員会議事録」(国立公文書館所蔵, 2A-036-00/委0054100).

17 잡지 미디어의 계몽과 우생학과의 친화성에 대해서는 제2부 참조.

18 吉益修夫, 『優生学の理論と実際』南江堂, 一九四〇年九月, 二一六~二一七頁.

19 『読売新聞』(朝刊) 一九三六年一二月一二日, 七面.

20 『第七十三回帝国議会民族保護法案委員会議録(速記)第二回』, 三~五頁.

21 『第七十四回帝国議会民族保護法案委員会議録(速記)第二回』, 二~三頁.

22 앞서 언급한 松原, 「民族優生保護法案と日本の優生法の系譜」, 四六頁.

23 上海徳文日報(Deutche Shanghai Zeitung)「強健なる後裔の為の戦ひ(新じき独逸断種法)」『民族衛生』三巻一号, 一九三三年, 五二~五三頁. 이 잡지에는 "왼쪽의 한편은 지난해 7월 나치 정부의 '단종법'안이 발표됐을 때, 이에 대한 평론으로 8월 30일 상하이 노리후미 일보에 게재되었는데, 참고할 가치가 적지 않다 생각해 그 전문을 번역하기로 했다"라고 나가이 히소무의 단서가 적혀 있다.

24 「ナチス政府の優生学的政策」『民族衛生』三巻二号, 一九三三年一二月, 九四頁.

25 吉益修夫 「ノルウェー断種法草案とナチス断種法の比絞検討(下)」『脳』八巻一号, 一九三四年一月, 二三頁.

26 吉益修夫, 「断種問題に就いて」『精神医学』一巻六号, 一九三四年二月, 六頁.

27 「特報産ませぬ為めの断種法を産み出すのに非常な困難法案制定懇談会で議論百出」『医海時報』二二七九号, 一九三八年四月三〇日, 一九~二〇頁. 또한, 이 위원회에 참가했던 위원은 다음과 같다. 松阪廣政, 正木亮, 木津盈之助, 三宅鑛一, 田宮猛雄, 内村祐之, 小野清一郎, 福田邦三, 吉益脩夫, 木村龜二, 古屋芳雄, 植松七九郎, 川上理一, 斉藤玉雄, なお欠席した委員は, 神林浩, 永井潜.

28 正木亮, 「断種法に關する諸問題」『日本医事新報』八九三号, 一九三九年一〇月二一日, 一五~一七頁.

29 『国民体力審議会第三回会議議事録』国民体力審議会, 一九三七年一二月二七日(国立国会図書館憲政資料室所蔵「野村益三文書」四八). 다만, '나병 예방법 개정안'은 75 의회의 중의원에서 심의 미완료로 끝이 났다.

30 『読売新聞』一九三五年一二月八日夕刊三面, 또한 아래 문헌에도 이 단체의 상세한 소개가 있

다. Sumiko Otsubo Sitcawich: *Eugenics in imperial Japan: some ironies of modernity*, 1883~1845, The Ohio State University, 1998.

31 집필자는 다케우치 시게요(竹内茂代) 등의 여자 의사를 제외하면, 주로 나가이 히소무, 야스이 히카시, 가야 노부노리, 요시마스 슈후 등 남자 의학자가 차지했다.

32 永井潜, 「国家百年の長計 —— 国民体位の向上」 『優生』 一巻一二号, 一九三七年二月, 五~六頁.

33 川上理一, 「素質の話」 『優生』 二巻五号, 一九三七年八月, 三~四頁.

34 小島三郎, 「近代女性に訴ふ —— 昭和十一年十一月十一日 本会講演会に於ける講演」 『優生』 二巻一号, 一九三七年四月, 六~七頁.

35 「断種法制定への機運」 『優生』 二巻一二号, 一九三八年二月, 一七~一入頁.

36 青木, 앞의 책, 八一頁.

37 青木, 앞의 책, 二五三, 二五八頁.

38 植松七九郎, 「慎重なる調査を断種法問題について(2)」 『東京朝日新聞』 一九三九年六月一四日, 七面. 우에마쓰는 후술하는 민족위생협의회의 참가원이기도 했다.

39 「厚生省の断種協議会」 『優生』 三巻五号, 一九三八年七月, 一四~一五頁.

40 「各方面の権威を網羅 厚生省の民族衛生協議会, 大勢は賛成意見に傾く」 『医事公論』 一三四五号, 一九三八年四月三〇日, 三一頁.

41 앞서 언급한 「厚生省の断種協議会」, 一四~一五頁.

42 ロバート・N・プロクター(宮崎尊訳) 「健康帝国ナチス」 草思社, 二〇〇三年, 七五~七六頁.

43 ダニエル・J・ケプルス(藤岡真利子訳) 「優生思想の歴史」 明石書店, 二〇〇〇年, 一七〇頁.

44 民族衛生研究会編 「優生断種法とは何か」 『民族衛生資料』 一号, 一九三八年一一月, 四頁.

45 앞서 언급한 松原, 「戦特期日本の断種政策」, 九二~九四頁.

46 民族衛生研究会編, 「民族衛生研究座談会速記録」 『民族衛生資料』 六号, 一九三九年三月, 二四頁.

47 제5호에는 1938년 11월 16일 민족위생연구회 발회식 후 하야시 하루오의 강연(공중위생원장)이 수록되었다. 하야시는 '정신병자는 물론 불량아, 부랑자 등은 정신적 결함'이 있고, '죄인'도 마찬가지이므로 '단종이나 거세'가 필요하다고 기술했다(民族衛生研究会編 「非常時局下に於ける民族衛生問題」 『民族衛生資料』 五号, 一九三九年三月, 一〇頁).

48 デートレフ・ポイカート(木村清二, 山本秀行訳) 『ナチス・ドイツ —— ある近代の社会史』 三元社, 一九九七年.

49 我妻栄編 『第七十五帝国議会新法律の解説』(小野清一郎執筆分) 法学協会, 一九四〇年九月, 二六八~二六九頁.

50 「優生結婚法の制定へ」 『優生』 三巻五号, 一九三八年七月, 一五~一六頁.

51 마쓰바라는 「科学史入門; 優生保護法の歴史像の再検討」(『科学史研究』 四一号, 二〇〇二年)에서 "비유전성 자손에 대한 악영향'에 관해서 후생성은 '우생결혼정책'으로 대응했다. 이렇게 확장된 우생주의적 요소는 '우생결혼정책'의 우생정책에 포섭되었다"고 견해를 새롭게 추가했다. 그러나 이것은 충분한 사료적 검토를 거치지 않은 단순한 기술로, '유전병 한정주의'에 입각해 「국민우생법」을 제정한 후생성이 이 방침을 취한 이유에 대한 설명은 없다.

52 床次徳二, 「国民優生法に就いて」 『民族衛生』 九巻一号, 一九四一年五月, 六五頁.

53 『第七十五回帝国議会衆議院議事速記録第二十五号』 五八六~五八七頁.

54 古屋芳雄, 「新法案の誕生 民族国策への出発①」 『東京朝日新開』 一九四〇年五月六日, 五面. 고야는 후생과학연구소 국민체력부장, 후생성 연구소 후생과학부장을 역임하고, 전쟁 후에는

공중위생원장을 역임하며 후생성의 우생정책과 인구정책에 깊이 관여했다.

55 古屋芳雄,「思想対策の確立 民族国策への出発③」『東京朝日新聞』一九四〇年五月八日, 六面.
56 林泰雄, 古屋芳雄編,『民族科学研究 第1編』, 朝倉書店, 一九四三年.
57 「国家民族繁栄の基優生結婚法」『優生学』一八年六号, 一九四一年六月, 二四頁.
58 앞서 언급한 松原,「中絶規制緩和と優生政策強化」 등.

제8장

인적 자원 조사에서 「우생보호법」으로

다니구치 야사부로의 전쟁 중과 전쟁 후

1. 시작하며

이 장에서는 제7장에 이어 전쟁 전과 전쟁 후 우생법과 주요 관계자에 대한 재해석을 시도한다. 「우생보호법」은 1948년에 제정되어 1996년까지 존속했다. 이 법은 인공임신중절 합법화를 실현한 것으로 알려져 있다. 동시에 우생 정책을 강화한 법으로 1940년 제정된 「국민우생법」하에서는 단종 건수가 538 건에 지나지 않았는 데 비해, 이 법은 공식 통계상에서 약 1만 6500건의 강제적 불임 외과 수술을 포함한 총계 약 84만 5000건을 실시했다.

앞 장에서 마쓰바라 요코(松原洋子)의 '우생법의 계보'론을 비판한 바 있다. 그것을 전제로 이 장에서는 전쟁 후 「우생보호법」의 성립 과정과 전개를 재검 토해보기로 한다. 이 법은 전쟁 후에 우생정책과 함께 인공임신중절 합법화를 가능하게 한 법으로 인식되며 그러한 관점의 연구가 많이 나와 있다. 이에 대해 마쓰바라는 전쟁 후 「우생보호법」에서 강제 단종의 실시, 단종 수속의 간편화, 한센병이나 '비유전성' 정신질환자의 단종 합법화 등 우생정책이 강화된 것은 인공임신중절 합법화에 주안점을 두지 않았기 때문이라고 하였는데, 이는 우생정책의 강화에 인공임신중절 합법화가 어떻게 관련을 맺었는지에 대한 시

다니구치 야사부로

자료: 《의사공론(医事公論)》 1450호(1940년 5월 11일), 62쪽.

각을 제시했다.[1] 필자는 이 주장에 찬동하고, 그 시각도 공유하는 바이다.

그러나 「우생보호법」의 성립과 전개에 대해서 '우생법의 계보'라는 논의로 설명하는 것이나 성립 과정의 해석에서 대해서는 다른 의견이 있다. 전쟁 후 「우생보호법」은 그 성립까지 제1안과 제2안으로 나뉜다. 제1안은 전쟁 전부터 산아조절 운동의 중심인물이었고 전쟁 후에는 사회당의원이 된 가토 시즈에(加藤シヅエ, 이시모토 시즈에(石本静枝), 오타 덴레이(太田典礼)가 1948년 8월에 제1회 국회 중의원에 제출했다. 제2안은 1948년에 참의원 의원(민주자유당)인 다니구치 야사부로(谷口弥三郎, 1883~1963)가 제2회 국회 참의원에 제출, 이것이 「우생보호법」으로 성립되었다. 마쓰바라는 다니구치가 산아조절에 동반되는 역도태 방지를 위해 우생정책을 강화하는 견해를 가지고, 가토나 오타와 문제 관심을 달리하면서 결국 다니구치 안은 사회당 안을 '바탕'으로 한 것이기 때문에 「국민우생법」과는 단절된 것이라고 평가했다.

그러나 이 견해는 사회당 안의 영향을 과대평가하고, 「우생보호법」의 입안자였던 다니구치의 독자적인 구상을 경시하고 있다. 원래 다니구치는 전쟁 전부터 구마모토현 의사회장, 일본의사회 부회장으로 의사계에 영향력을 가지고 있었던 한편, 인구정책에 많은 관심을 나타냈으며 특히 1939년부터 지속적으로 구마모토현 228명의 부인을 대상으로 실시한 출산 조사가 안팎으로 높은 평가를 얻었다. 이 출산 조사를 가능하게 한 것은 후생성 설치로 상징되는 위생행정의 국가적 전환을 확충시키는 구상과 '낳아라, 늘려라'라는 말로 상징되는 인구 증강 이념이었다. 전쟁 전부터 전쟁 후까지 다니구치의 이념이나 우생정책에 관한 사상과 행동의 궤적을 더듬어 가면 전쟁 전 인구증강 이념과 전쟁 후 「우생보호법」의 연속성이 드러날 것이다.

다니구치를 대상으로 한 연구의 상황도 언급하고자 한다. 먼저 1963년 다니구치 사후에 다니구치가 1953년부터 학장을 지낸 구루메대학(久留米大學)의 다니구치 야사부로 현창회(顕彰會)가 구마모토의 작가 아라키 세이시(荒木精之)에게 의뢰하여 작성한 『다니구치 야사부로전(傳)』이 있다. 일기 종류를 비롯한 다니구치의 개인 사료는 쇼와 30년(1955)대에 장남 다니구치 나가아키(谷口長明) 일가가 구마모토에서 도쿄로 이주하며 다니구치 산부인과병원(부지는 구마모토현 지역의료센터)을 철거할 때 처분했다고 한다. 이 책은 이렇게 유실된 사료도 수록하고 있으며, 다니구치의 생애를 꼼꼼히 추적했다는 점에서 귀중하다.[2] 그러나 고인의 업적을 찬양하는 목적으로 만들어진 이 책에서는 당연히 우생정책 전체 속 다니구치의 위상까지 알 수는 없다.

또한 다니구치는 「우생보호법」 입안자이므로 인공임신중절 합법화에 주안점을 둔 동 법의 성립을 다루는 연구에서는 언급되고 있다. 현재는 티아나 노그렌(Tiana Norgren)의 『중절과 피임의 정치학』이 다니구치를 회장으로 1949년에 조직된 일본모성보호의사협회(일모)의 동향까지 포함해서 전쟁 후의 사상과 행동을 비교적 상세하게 소개하고 있다. 그러나 이 책은 문제 관심의 중점을 어디까지나 피임과 인공임신중절에 두었고, 우생 문제는 부차적으로 다루어 다니구치의 동향을 일본의 우생학사의 전개상에 위치 지우지 않았다. 또한 노그렌은 다니구치를 전쟁 후의 활동을 기반으로 하여 '의원으로 선출되었고 동시에 이익집단의 간부를 지낸 정치가 겸 로비스트'로 규정하고, 일모(日母)를 '이익집단으로 다니구치의 개인적인 정치 후원회'라고 평했다.[3] 그러나 일모가 결성 초부터 그러한 성격을 가진 것은 아니었다. 다니구치의 정치가로서의 성격이나 정치적 자원의 모습은 외부로부터 가지고 들어온 논리에 의거할 것이 아니라 전쟁 전의 활동을 역추적해보아야 할 것이다.

이 장은 「우생보호법」의 성립 과정에 대한 해명 자체를 목적으로 하지 않는다. 그런 종류의 접근 방식은 옥상옥(屋上屋)일 뿐이기 때문이다. 그보다는 「우생보호법」의 입안자인 다니구치의 동향에 기점을 두고, 전쟁 전과 전쟁 후의 우생학 운동과 정책의 주요 관계자의 변용을 주목한다. 이를 통해 일본민족위생협회에서 후생성을 거쳐 다니구치나 일모(日母)가 우생정책의 주도권을 장악하는 과정도 제시될 것이다.

2. 전쟁 전 구마모토현 의사회장으로서의 활동과 인구증강 이념

이 절에서는 특히 전쟁 전 다니구치의 동향을 다룬다. 1)항에서는 그가 구마모토현 의사회장이 되기 전후의 활동을 통하여 그 정치적 자원의 모습을 탐구한다. 2)항에서는 1939년부터 개시한 구마모토현 부인출산조사(婦人出産調査)와 이를 지탱해준 이념의 소재를 밝힌다.

1) 전쟁 전의 경력: 그 정치적 자원

먼저 다니구치의 경력을 살펴보자.[4] 그 정치적 자원의 형태가 명료해질 것이다.

다니구치는 1883년 가가와현(香川県) 미토요군(三豊郡) 노하라무라(大野原村)의 농민인 곤도 사고로(近藤佐五郎)의 장남으로 태어났다. 원래 이름은 곤도 야

야마자키 마사타다

자료: 《의사공론(医事公論)》
1449호(1940년 5월 4일), 47쪽.

사부로(近藤弥三郎)였다고 한다.

소학교 졸업 후 고등학교 진학을 희망했으나 부친의 반대에 부딪쳐 모친 다네의 인연으로 12세에 구마모토현으로 이주했다. 사토(斉藤) 의원의 견습생이 되어 19세에 사립 구마모토 의학교를 졸업하고 내무성 의술개업시험에 합격하여 현립 구마모토 병원의 의원(醫員)이 되었다.

다니구치가 구마모토 의학계에서 입신 출세할 수 있었던 것은 유력자인 야마자키 마사타다(山崎正董)와 다니구치 나가오(谷口長雄)의 인정에 힘입은 바가 크다.

구마모토 병원의 산부인과 부장은 야마자키 마사타다(1873~1950)였다. 사립 구마모토 의학교 교수를 거쳐 사립 구마모토산파학교를 설립하고 교장이 된 것 외에 아이치현립 의학전문학교장, 구마모토의과대학 교장을 역임했다. 학회에서도 일본부인과학회장, 구마모토의학회장을 역임했으며 《진서의해(鎮西醫海)》, 《서해의보(西海医報)》도 창간했다. 구마모토 의계 최고의 중진이라고 할 수 있다. 야사부로는 일찍부터 야마자키의 신뢰를 얻었다고 한다. 야마자키는 1908년 말부터 1910년 8월까지 유럽에 가 있었다. 야마자키의 부재 시 진료를 맡았던 야사부로는 수완을 인정받아 1909년 26세의 나이로 구마모토 의학전문학교 조교수에 임명되었다.

그 즈음 다니구치 나가오(1865~1920)가 야사부로의 재능을 발견했다. 나가오는 현립 마쓰야먀현 병원장, 현립 구마모토병원장을 거쳐 이듬해 구마모토 의학교를 설립하고 교장에 취임해 있었다. 나가오는 슬하에 1남 1녀를 두고 있었는데, 장남 사토루(暁)는 공부를 도중에 포기한 터라 장녀 미와코(美和子)의 남편이 될 사위를 물색 중이었다. 나가오는 야사부로에게 다니구치가의 양자가 되어달라고 간청했다. 야사부로는 30세에 다니구치가(家)의 야마자키 마사타다(山崎正董) 부부의 중매로 미와코와 결혼하면서 다니구치가에 입적했다. 야사부로는 입적 후 재직 상태에서 유럽에 건너가 뮌헨 의과대학에서 의학사(doctor medicinae) 학위를 취득했으나, 제1차 세계대전의 영향으로 귀국했고 이어서 교토대학 의학부로 일본 내 유학을 갔다. 1915년에 구마모토 의전 교수로 승진했고, 이듬해 8월에 현립 구마모토병원 부인과·산과 부장으로 발령받았다. 또한 같은 해 11월에 교토대학에 논문을 제출하고 의학박사 칭호를 얻었다.

다니구치 야사부로의 활동 범위는 더욱 넓어졌고, 1917년 2월에는 사립 구마모토 산파학교 설립자가 되는 것을 인가받아 그 학교의 교장이 되었다. 1921년 사립 구마모토 의전(의학전문학교)이 현에 이관된 후에도 그 학교의 교수와 부속의원 부인과 부장으로서 근속했다. 1920년에 양부 나가오가 서거하자 나가오의 친아들 다니구치 사토루(谷口暁), 설립자 후지노 란(藤野乱)과 함께 구마모토 의전의 토지 건물 모두를 구마모토현에 기부했다. 이 학교를 구마모토현립으로 이관하여 대학 승격을 노린 것이었는데, 1922년 5월 마침내 이것이 구마모토 의과대학으로 승격되었다.[5] 이 구마모토 의전 기부로 구마모토현은 다니구치에게 일종의 빚을 진 상황이 되었다.

그러나 학장 초빙을 둘러싼 내분으로 다니구치는 1922년에 구마모토 의전 교수를 사임하고, 같은 달 구마모토시(市)에 다니구치 산부인과 병원을 개설했다. 1929년에는 재단법인 실험의학연구소장이 되었다. 다니구치 병원은 쇼와 초기에 의사회의 '고액납세 1위'가 되었다. 그리고 다니구치의 현(縣) 의사회장 시대에는 '현 의사회 병원'으로 자리매김한 것 같다.[6]

의정계(醫政界) 경력은 1931년에 구마모토 의사회장, 이듬해에는 현 의사회장(1946년 4월까지)이 되었다. 그 외에도 규슈약전 강사, 구마모토 학교위생회 부회장, 구마모토 위생회 부회장, 구마모토 결핵예방협회 부회장 등 많은 직함을 가졌다. 그리고 1939년 9월에는 기후현(岐阜県) 의사회장 야마다 에이(山田永峻)과 함께 일본의사회 부회장(1943년 1월 법정의사회 성립까지)이 되었다.

다니구치 지도하의 구마모토현 의사회는 통제가 잘되는 상황이었던 것 같다. "다니구치 선생을 찾아오는 개업의는 신사 앞에서 머리가 숙여지는 것과 같은 마음으로 온다"(제6사단 군의부장 기시마 데이조(貴島禎三))라는 말까지 나왔다. 개업의와 대학의 관계를 다니구치 본인은 "옛날부터 거의 일심동체"라고 평했다. 원래 구마모토에서는 전문학교, 현립 병원의 각 부장이 지방의 의사에게 지도나 임상강의를 하거나 처방전을 써줄 정도로 아주 잘 통하는 사이였다. 그러므로 구마모토 의전의 대학 승격 시 '개업의'도 "자신의 대학, 자신의 학교가 승격된다"는 마음으로 "대학의 교원과 함께" 승격운동 단체를 결성했다. 회장은 현의 내무부장, 부회장은 학교의 교장, 의사회장이었다. 그래서 "대학을 자신의 학교로 생각하고 있었기 때문에 서로 원활하게 소통했다"고 한다.[7]

이와 같이 구마모토 의전의 대학 승격 시 개업의, 대학인, 현과의 연대가 다니구치의 구마모토 의사회 경영에도 유리하게 작용했다는 것을 알 수 있다. 다니구치의 인적 자원 조사 등의 정력적인 활동도 이와 같은 명성이나 인맥에 힘입었다 하겠다.

2) 인적 자원 조사 실시와 그 배경

이상을 전제로 1939년부터 시작된 구마모토현 인구조사로 상징되는 인구이념과 그 실천 방식을 살펴보고자 한다.

고이즈미 지카히코

자료: 《의사공론(医事公論)》 1513
호(1941년 7월 26일), 32쪽.

　다니구치는 도조(東条) 내각의 후생대신이 된 고이즈미 지카히코(小泉親彦,
1884~1945)와 서로 잘 아는 사이였다. 다니구치는 1938년 중국, 만주 등지를 일
본의사회 위문사(慰問使)의 일원으로 시찰했다. 이 위문사의 파견은 다니구치
가 육군성 군무국장이었던 고이즈미 지카히코를 설득한 것으로 알려져 있다.[8]
사실 고이즈미 지카히코와 다니구치의 사상이나 정치적 주장은 매우 친화성이
있다. 다니구치는 위생성 설치를 건의하고, 생활과학의 추진을 주장했는데, 고
이즈미 지카히코가 바로 이 분야의 1인자였다.

　다니구치는 구마모토현 의사회를 통한 여러 가지 건의를 정부나 의사회에 제
출하는 것으로 의계에서 존재감을 발휘했다. 여기에서 다니구치 주장의 방향성
과 전쟁 후 「우생보호법」 제출의 맹아를 찾기 위해 두 종류의 건의를 참조한다.

　첫째는 위생성(나중에 후생성) 설치에 의한 의료정책의 일원화와 강화를 추
구하는 것이었다. 구마모토현 의사회는 1933년 10월, 규슈 의사연합회에 "국
민의 건강증진과 위생 상태의 개선과 향상을 도모하기 위해, 현 상태 비상시국

의 가장 시급한 일로 상정할 것이며, 이 사업을 성공적으로 관리하고 각종 위생보건행정을 총괄할 수 있는 위생성을 독립 설치할 것"을 제안했다.[9] 또한 1934년 10월 22일 규슈 의사연합회에서도 "다시 위생성 설치를 일본의사회를 거쳐 제국의회에 청원하는 건"을 제안했다.[10] "정부 각성 각국"이 "보건위생에 관해 경쟁적으로 유사한 제도"를 실시하고자 하는 최근의 경향에 대해 진료를 담당하는 의사에게는 "각 제도 처리분별의 번거로움을 참지" 못한다고 비판하고, "중추기관으로서 위생성을 설치하고 관계된 전 제도를 통일할 필요성"을 피력했다.

두 번째는 「민족우생보호법」 제도를 일본의사회를 거쳐 제국의회에 청원하는 건(1934년 10월)이다. 1934년 10월 규슈 의사연합회에서 위생성 설치 건과 동시에 제출되었다. '일본 민족 우수종'의 '보호조장'과 '악성, 악질 유전'의 '방지와 근절'을 실시하여 '국민의 혈통을 순정'하게 하는 제도와 법의 성립을 요구하는 내용이었다.[11]

이 건의에는 전례가 있다. 1927년 2월 일본의사회는 제5차 총회에서 내무대신의 '민족위생 시설에 관한 의견 여부'에 대해 나가이 히소무 등의 의견을 참고해 각 부·현 의사회의 의견을 들었다.[12] 구마모토현 의사회[당시 회장은 후쿠다 레주(福田令寿)]도 의견을 제출하고 '우수한 유전의 증가'를 위해 결혼 장려, '열등한 유전의 감소'를 위해 피임 실행, 단종, 인공임신중절 실행을 요구했다. 나병, 결핵, 정신병, 매독, 알코올 중독의 박멸을 주장하고 우생학 강좌의 설치를 요구했다.[13] 일본의사회는 제7차 총회에서 답신을 내고 '악질 유전'의 우려가 있는 '유전병자, 저능자, 변질자와 상습 범죄자'에 대해 '제산(制産) 또는 단종을 권고·장려'하는 수단을 강구할 것, '특수기관의 심의 결정'을 거쳐 강제적 단종을 행하는 법규의 정비를 요구했다. 이 답신은 인구식량문제조사회에서 참고하려 했으나, 우생학 정책화의 필요성을 확인하는 데 그쳤다.[14] 즉 1934년 구마모토현 의사회 건의의 구상은 1927년까지 거슬러 올라간다.

두 개의 건의는 규슈 의사연합회에서 원안대로 가결되었다. 12월 19·20일의 일본의사회에서도 원안대로 가결했다. 당시는 기존 의사회의 구조와 기능을 쇄신해서 의계 신체제를 구축하려는 움직임이 보인다. 구마모토현 의사회는 다른 현보다 월등한 힘으로 일본의사회를 밀어붙여 신체제 구축을 도모한 것으로 보인다.[15] 1940년 「국민우생법」 성립에 다니구치가 직접 관여하지는 않았다. 그러나 우생학으로 상징되는 인구 자질 증강이 의사위생(醫事衛生) 일원화와 넓은 의미의 예방의학 실현에 필수라는 구상은 전쟁 후 다니구치의 동향과의 연속성도 시사한다.

1939년부터 시작된 구마모토현 인구조사는 이와 같은 구상의 실천이었다. 이미 구마모토현 의사회에는 이런 종류의 조사 실적과 축적이 있었다. 1936년에 건지회(健至會)를 조직하고 제6사단 관하에서 '장정 건강부(壯丁健康簿)'를 작성해 징병검사까지 보험감시(保險監視)를 실시했다.

1936년 7월 12일 제6사단 관하 각 현 의사회 연합대회(구마모토현 의사회 주최)에서의 다니 히사코(谷寿夫) 제6사단장의 축사에 의하면, 건지회는 "구마모토현 의사회를 필두로 군·관·민 일치 협력하에", "국민의 체력 향상, 결핵예방을 목적하는바, 드디어 군의 인적요소 완성"을 기하고자 탄생했다고 말했다. 다니는 다니구치의 '의사위생의 일원화' 제창에 찬동을 표했고, (고이즈미) 육군성 의무국장을 통해 상달했으며, '위생성 설치 실시'가 기대되는 상황이 되었다는 말도 했다.[16] 그러나 건지회는 6사단이 중일전쟁에 출정하는 바람에 한동안 방치되었다. 그 후 1939년에 가와무라 다다시(河村董) 사단장 대리가 취임하고, 다니구치나 현의 위생과장 등과의 협의를 통해 가와무라의 발안으로 '집단 보건'에 힘이 실리게 되었다. '장정 체격의 향상을 도모하고, 건강의 유지와 증진'을 위해 연대구 사령부는 『건강부』를 작성하고 제6사단관 17세 이상 청년 전원에게 휴대시켜 매년 3회 이상, 징병검사년도에는 매월, 가까운 병원에서 무료로 진단을 받고 이상이 있는 경우는 본인과 부형(父兄)에게 치료상의 지시를 하는 것으로 결정했다.[17]

중요한 것은 구마모토현 의사회 - 개업의, 제6사단, 현의 위생과가 연대해서 일원적 의료행정 시스템을 형성하고 인구 자질의 증강, 관리를 도모하는 구상의 존재이다. 특히 1940년 3월에 「국민우생법」과 동시에 제정된 「국민체력법」

과 유사한 구상이 보인다는 것이 흥미롭다. 이 법은 허약체질로 판정된 자, 질병에 걸린 자를 피관리자로 매년 1회의 체력 검사를 실시하고 검사결과를 체력수첩에 기재하여 본인이나 보호자에게 교부하는 것을 의무화했다. 또한 국민체력관리의사는 본인이나 보호자에게 체력 향상의 지도를 하기로 결정했다. 건지회의 시도는 「국민체력법」의 구상을 구마모토현 내에서 징병에 특화해 선구적으로 실천한 것이라 하겠다.

1939년의 인적 자원 기본조사는 건강부의 작성, 배포가 동시에 이루어졌다. 그 경위는 1942년 다니구치가 쓴 글을 보면 다음과 같다.[18] 다니구치는 1938년 규슈의 22개 시에서 전년도와 당년도의 출산율, 사산율, 5세 이하 아동의 사망률의 매월 통계조사를 의뢰했다고 한다. 그리고 다니구치의 구마모토 의사회는 1938년에 일본의사회를 통해 정부에게 전쟁으로 인한 출산율 감소를 방지하기 위해 인구문제에 관한 각종 법령의 제정, 피임기구의 판매단속 장려를 건의했다.[19] 건의한 내용은 1939년 구마모토에서 개최된 일본부인과학회에서도 참가자의 찬성을 얻은 것 같다. 다니구치는 이 학회에서 '부인과의 권위 있는 인물'에게 대학병원이나 대형 병원에 출산 조사를 의뢰했다. 그러나 다니구치는 이 조사의 '완전'함에 의문을 가졌다. 그래서 1939년 6월 10일의 구마모토현·군·시 의사회장 회의에서 전국에 앞서 구마모토현 내의 모든 부인에게 인적 자원 조사를 빠짐없이 실시하기로 결정했다. 같은 해 7월에 '인구증강 기본조사 카드'에 기입시키는 형태로 조사를 개시했다.

조사항목은 ① 결혼연령, ② 직업, ③ 형제자매의 수, ④ 월경, ⑤ 신생아의 영양방법, ⑥ 수유기간이었다. 또한 ⑦ 조사의 목적을 보면 그 목적은 다음 10개 항목이었다. "① 다산은 어느 해 그리고 어느 해 결혼한 자에게 많은가, ② 우량아는 어느 해 그리고 어느 해 결혼한 자에게 많은가, ③ 출산 시 사망은 어느 해 그리고 어느 해 결혼한 자에게 많은가, ④ 다산은 어느 직업에 많은가, ⑤ 유산, 조산은 어느 직업에 많은가, ⑥ 사산은 어느 직업에 많은가, ⑦ 다산은 형제 자매의 수, 출생순서와 어떤 관계가 있는가, ⑧ 다산은 월경과 어떤 관계가 있는가, ⑨ 다산은 수유기간과 어떤 관계가 있는가, ⑩ 우량아는 수유기간과 어떤 관계가 있는가."[20]

　다니구치는 현·군·시 의사회원, 산파회원과 구마모토 의과대 현·청·시·정·촌 경찰서 등의 동의하에 국방, 애국 양쪽 부인회 원조를 받아 조사를 진행했다. 1939년 제1회 조사에서는 13만 6707명의 부인에 대해 조사하고 또한 1940년 황기(皇紀) 2600년 기념사업으로서 46세 미만의 기혼 부녀자 8만 6945명에 대해 조사하여 총계 22만 3000여 명의 조사자료를 얻었다. 이 조사는 고이즈미 지카히코의 소개로 일본학술진흥회로부터도 보조를 받았다. 제2회에서는 다니구치는 구마모토현 의사회를 통해 구마모토현 의회에 「황기 2600년 기념사업 인적 자원 기본조사비 현비보조에 관한 진정서」를 제출하여 보조를 얻는 데 성공했다.[21]

　1939년부터 다니구치는 인적 자원 조사의 내용과 취지를 《의사공론(醫事公論)》이나 《일본의사신보(日本医事新報)》에서 설명하며 의학자의 동의를 얻기 위한 시도를 했다. 그중 《의사공론》의 것을 인용하여 살펴보겠다.[22] 다니구치는 각국의 출산 비교표, 영아사망 비교표, 인구 자연증식 비교표를 제시하고, "출산 수는 다이쇼 9년(1920) 이래 감소 경향을 보이고 있고, 특히 사변에 의한 격감의 우려가 있으며 사망, 특히 영아 사망은 상당히 주의해야 할 상황"이라고 했다. 대책으로는 다음 세 가지 항목을 제시했다.

　첫째, '모성과 신생아에 대해 충분한 보호시설을 만들어 사산과 영유아의 사망률을 감소시키는 동시에 일당백의 우량아를 만들어내는 것'을 들었다.

　둘째, '결혼장려와 다산자 우대법을 강구할 것'을 들었다. 구체적으로는 ① '결혼상담소에 대해 지도통제를 행할 것'을 주장했다. 특히 결혼을 장려하는 한편 '국가에 불이익이 되는 심신 박약자의 다산은 극히 유해하다는 이유로 우생학의 견지에서 결혼을 희망하는 남녀를 검진하고 건강자는 조혼 장려, 취업주선 등을 할 것'을 요구했다. 또한 ② 1913년 프랑스의 「루셀법」과 같이 빈곤한 '다산자'에게 보조금을 주고, 유산자에게는 소득세 공제를 실시하는 등 '다산자' 우대 법규 제정을 요구했다. 그리고 ③ 자녀양육에 대한 부담 경감과 사회시설의 확충도 요구했다.

셋째, '피임을 방지할 것'이다. 다니구치는 '피임법은 일반적으로 경비(經費) 관계상 하급 빈곤자가 하는 게 아니라 오히려 중류 이상의 유식자(有識者)에게 남용되어 결과적으로 국력 감퇴를 가져온다'는 전형적인 산아조절 비판과 역도태론을 들고 나와 '의학적 입장에서 실시하는 것 이외의 피임'을 엄하게 금할 것을 주장했다. 구체적인 대책으로서 ① 무솔리니 정권하 이탈리아에서처럼 피임이 발각되면 외딴 섬으로 추방하는 등의 엄벌 실시, 또한 '성병 예방의 목적', 임신중독증, '우생학상 악질 유전의 우려가 있는 자 이외'의 피임기구 판매에 대한 절대적 금지를 요구했다. 또한 결혼 무이자 대출에 거액의 예산을 편성할 것을 주장했다. 그리하여 ② 피임수술과 렌트겐 피임은 '우생학상의 견지이외'에 실시하지 않는 '제재 법규'를 제정할 필요가 있다고 했다. 그런 이유로미국, 나치의 예를 들어 일본의 「단종법」의 성문화(成文化)를 요구했다.

이와 관련해서 1941년 봄에 구마모토현 의사회는 '불임부인 국가관리' 건의를 내각 총리대신, 후생대신, 기획원총재원에 제출했다. 인구정책 확립 요강을 '일본 민족 발전에 지극히 유의미'하다고 평가는 하지만, 구마모토현 의사회가 현내 22만 명에게 실시한 조사에서는 12.6%의 불임자가 있고 20년 후 인구 1억 명 돌파는 어려울 것이라고 지적했다. 건의서는 '부인의 임무를 완수'시키려면 '불임자를 국가가 관리해서 임신 가능성이 높은 시기에 전문가에게 진찰받아', '우생학의 견지에서 후세에 자손을 남긴 부인에 한해서 국가가 의료비가 없는 빈곤한 자에게는 보조금을 주는 제도를 확립해야 한다고 주장했다.[23]

인적 자원 조사의 성과는 평균 초혼 연령표, 결혼연령과 분만 수, 월경 시작 연령과 분만 수, 학력과 결혼연령, 임신력과 특수 출생률, 각 연대의 분만 수 백분율, 결혼 후의 연수와 초산 연수의 증가, 형제자매 숫자와 분만 수, 임신 순위와 유산·조산·영아 사망표, 주거와 신생아의 건강, 산모의 교육 정도와 신생아의 건강, 신생아의 영양법과 생사의 구별에 관계된 통계의 형태로 표현되었다. 이 조사는 의학자나 인구연구자에게 크게 환영을 받았고, 다니구치는 1943년에 이 조사결과와 인구정책 구상을 인구문제연구회에서 강연했다.[24] 최종적으로 통계결과는 1944년 5월에 제4집 『구마모토현 의사회조 구마모토현 인구증

강기본조사 결과 개요』로서 후생성 인구민족부에서 출판되었다.[25]

다니구치가 특히 강조한 것은 21세에 분만율이 최고조에 이른다는 통계결과를 가지고 만혼화(晩婚化)하고 있는 혼기를 앞당길 것과 부녀자는 19세부터 21세까지, 남자는 21세부터 25세까지 혼기를 앞당겨야 한다고 주장했다. 그러기 위해서는 여학교 졸업을 17세 봄으로 당길 것 등을 요구했다.[26]

이상 다니구치 지도하 구마모토현 의사회에 의한 '인구증강 기본조사'를 중심으로 활동과 구상의 형태를 추적했다. 그 특징을 요약하면, 국가적 인구 자질의 증강을 목적으로한 의사에 의한 인구관리와 시스템의 구축이다. 국가적 인구 자질의 증강은 국가인구 1억 명을 목표로 한 출산장려와 우생학의 견지에 입각한 '질'의 확보였다. 전쟁 후와의 연관에 관해서는 '하층계급'의 피임을 당연시하면서도, 실태는 중산 이상의 계급에서 실시되고 있다는 점을 위험시하는 역도태론이 중요하다. 그리고 인구관리의 수법은 조사였다. 특히 다니구치 주도하의 구마모토현 의사회는 군관민대학의 협력을 통해 의욕적으로 조사를 추진하는 것이 가능했고, 그 시도는 의학 저널 등을 통해 전국에 호의적으로 보도되었다. 다만 조사의 실시가 필연적으로 인구증강으로 연결된 것이 아니라는 점에는 주의해야 한다. 전쟁 후 인구증강 논리가 파탄을 맞이했지만, 인구의 국가관리와 조사의 의의는 남았기 때문이다.

3. 우생정책에 관여했던 집단들과의 거리:
   산부인과 의사 집단과 일본민족위생협회

여기에서는 전쟁 중부터 전쟁 직후의 우생법과 우생정책의 주요 관계자가 되었던 세력의 동향을 개관하고, 다니구치 야사부로와의 관계와 거리감을 논한다. 다니구치는 이들 세력과 거의 동일한 인구 이념을 공유하고 호의적인 관계를 유지하며 구마모토현 의사회를 기반으로 한 별도의 세력을 구축해 전쟁 후 정계 진출의 발판이 되었던 것을 살펴본다.

1) 산부인과 의사

다니구치 자신이 산부인과 의사로 전쟁 후「우생보호법」지정의(指定医)로 이루어진 일본모성보호의사협회를 결성하고 회장이 되었다. 그에 이르는 움직임을 조망하기 위해서도 다니구치와 유력한 산부인과 의사와의 관계를 전쟁 전부터 검증할 필요가 있다.

먼저 1939년 5월 구마모토 의과대학 부속원의원에서 실시된 제37회 일본부인과학회의 다니구치와 산부인과 의사의 활동을 주목해보자. 이 학회의 평의회 석상에서 다니구치는 '부인과 학회로서도 지나사변 향후 흥아정책*으로서 성전의 목적을 달성할 수 있도록 협력'하기 위한 '부속기관'을 만들 것을 제창했다. 다니구치는 독일이나 이탈리아의 '강경정책 중에는 인구정책이 깊숙이 관계'하고 있음에 비추어 '국가의 융성'을 위해 나치의 의사회처럼 '의사회와 전문가가 일치'한 '강력한 단체'를 만들 필요가 있음을 강조했다. 특히 규슈 22개 시 조사에서 작년(1938) 9월부터 '출산율이 저하'된 것을 들어 건강보험에서 '불임은 치료 제한'으로 한 것을 비판했다. 즉 인구증강을 위해 국책과의 협력과 조사를 실시하는 기관의 설치를 주장했다. 이를 위해 "학회와는 별동대로서 광범위하게 산부인과 의사 이외에도 협력자를 찾는다"고 말했다.

구지 나오타로**는 다니구치의 제안은 일본의사회를 '불신임'하는 것이 되지 않을까 질의했다. 다니구치는 현재의 의사회를 '무능하다고 보는' 것은 아니다. 그러나 의사회는 '임의가입 불허', '학교 교원 가입불가', '일부 의사'만 가입이 가능하므로 "결코 유력하지 않다"고 답변하며 일본의사회로부터의 독립도 시사했다. 기노시타 세이추***는 의사회로부터의 독립에 찬성했다. 일본의사회

---

* (옮긴이) '흥아(興亞)'란 아시아 모든 나라들의 세력을 흥하게 하는 일을 말한다.
** (옮긴이) 구지 나오타로(久慈直太郎, 1881~1968): 다이쇼 - 쇼와 시대의 산부인과 학자, 됴쿄제국대학 졸업. 경성의전 교수, 일본 적십자사 산부인과 원장 등을 거쳐, 1949년부터 도쿄여자의대 학장 겸 이사장을 지냈다
*** (옮긴이) 기노시타 세이추(木下正中, 1869~1952): 메이지 - 쇼와 시대의 산부인과 학자, 도

는 교직자가 가입하지 못하고, '의사회의 의견은 널리 통하지 않기' 때문에 '인구문제' 등은 '새로운 회'를 만들어 활동하는 것이 좋겠다고 제창했다. 구지도 일본의사회는 '국책에 따르는 의정을 망각'했으므로 '정부와 일반인에게 경시되고 있다', 새로운 기관은 '일본의사회의 전철을 밟지 않도록 권위 있는 모임으로 만들자'며 동의했다.

다만 이와타 마사미치(岩間正道) 등은 다니구치가 이 기관을 '연구기관' 혹은 '실행기관' 중 하나로 하고 싶은지가 불분명하고, 전자는 부인과 학회의 일부가 되지만 후자는 '건의를 해도 채용될까 말까' 불안하다고 했다. 다니구치는 이에 대해 '연구하고 조사를 통한 건의'를 하면 '유력'할 것이고, 또한 사회위생의 지도개선, 선전도 필요하다고 대답했다. 야마사키 마사타다(山崎正董)는 현재의 의학자는 '상아탑'에 머물지 말고, '사회사업' 등 '사회에 진출'해야 한다고 동의했다. 그 외 후생성의 인구문제연구회를 이용하자는 의견(시노다 다다스(篠田糺))도 나왔다. 마지막으로 이케가미 고로(池上五郎)가 이 단계에서 주의(主義)는 찬성이지만, '실행 방법에 이견'이 있다며 위원을 뽑아 일임할 것을 제안했고, 기노시타는 이케가미(池上), 다니구치(谷口)에게 일임하여 위원을 선정하자고 제창해 참가자의 찬성을 얻었다.[27]

구마모토 의사회를 통하여 여러 가지 건의를 해온 다니구치가 일본의사회와 별개의 정책집단 형성을 제안한 원인은 첫째, 국책실시에의 영향력이 약한 것에 대한 불만, 둘째, 인구정책에 특화한 산부인과 의사의 정책집단을 형성할 필요성 인식이 짐작된다.

그러나 의사회로부터 독립된 새로운 기관을 만드는 시도는 실현되지 못했다. 그 후 다니구치의 글에는 1939년 3월에 일본부인과학회에 대한 언급은 있으나, 일본의사회로부터의 독립은 다루지 않고 있다. 1942년의 글에는 독립기관 설치에 관한 언급은 일체 없고, 부인과의 출생조사에 관한 언급만 나온다.

교제국대학 졸업, 독일 유학, 모자보건, 의료활동을 목적으로 하는 단체 산이쿠카이(賛育会)를 설립(1918), 운영하였다.

앞에서 서술한 바와 같이 다니구치는 이 조사가 자신의 제안으로 실시되었다고 주장했다. 이 조사는 부인과학회 회원인 대학병원과 진료소에서 3만 4000매의 조사표를 바탕으로 한 결혼 수, 결혼율, 임신 횟수, 출산, 사산의 백분율 등의 조사를 실시했다. 불임, 유산, 낙태, 영아사망률의 감소, 여자의 체격* 향상과 직업 확보, 임신부의 보호, 신생아의 영양 확보하는 정책을 위한 자료로 제공되었다.[28] 그러나 다니구치는 1942년 부인과학회의 조사를 완곡히 부정하고, 구마모토현 의사회의 인적 자원 조사의 의의를 강조했다.[29]

《일본부인학회잡지》 쪽에서도 독립기관에 관한 기술은 없다. 아마도 결렬로 끝이 난 것 아닐까? 또한 1939년 9월에 다니구치는 일본의사회 부회장에 취임했기 때문에 일본의사회로부터 독립하는 움직임이 불가능해졌을 가능성도 있다. 그리고 다니구치는 부인과 학회의 1941년 3월 총회에 평의원으로서 출석했으나,[30] 1942년 3월부터는 출석하지 않았다.[31] 이 전후에 다니구치와 이 회 사이에 미묘한 균열이 생겼을 가능성도 있다.

1940년 11월에 쓴 글 「신체제에 적응해 국민의료와 생활과학의 지도를 어떻게 실시할 것인가」에서 다니구치는 1939년 3월 부인과학회에서의 제안과 전혀 달리 일본의사회를 국민의 건강증진이나 민족위생의 발전을 도모하는 의계 신체제의 중심에 놓는 구상을 했다. 다니구치는 "생활과학의 개선지도, 즉 의식주업(衣食住業)에 대한 의학적 연구, 민족위생, 환경위생, 질병예방, 기타 민족의 발전에 필수불가결한 사항에 대해 의학적 연구조사를 해서 그 성과를 토대로 개선 지도하기" 위한 '신체제'를 만들 것을 제창했다. 이 신체제는 정부 산하에 의사회와 후생사무국의 희망사항 시달과 보고의 계통을 정비하고 의사회와 후생사무국 간의 연대도 긴밀하게 하는 시스템의 구축이었다. 더하여 다니구치는 '의육(医育)개선조사회', '중앙 생활과학 연구소'의 설치를 제창했다. 특히 주목할 만한 것은 후자로서, "국가와 민족의 발전 전진에 이바지하기 위한 의식주업(衣食住業)과 고도 국방체제에 필요한 국민의 건강증진, 인구문제

---

* (옮긴이) 체격, 체력, 운동능력 등을 종합적으로 일컫는 말.

등 중요한 사항의 조사연구를 하거나 혹은 의사 집단에서 연구한 후에 나온 결과를 정리해 위정자에게 진언해 정책으로서 실천하도록 함으로써 과학과 정치 혹은 산업, 군사와 혼연 융합을 도모해 대동아 건설의 사명을 달성하고자 한다"는 대목이다.[32] 이처럼 다니구치는 의료의 일원화 구상 중에 일본의사회를 명시적으로 위치시켰다.

실제 1941년에 고이즈미 지카히코(小泉親彦)가 후생대신이 된 것을 기회로 일본의사회는 단순한 개업의 집단이 아닌 관제화의 강화를 도모했다. 1942년 2월의 국민의료법은 '국민의료의 적성', '국민체력의 향상' 도모를 목적으로 하는 의사회가 국가의 별정기관으로 여겨져 직원은 관선, 대학 교수도 강제 가입하게 되었다. 의사회는 1939년의 부인과학회에서 문제시되었던 특질(特質)의 해소를 꾀했고, 국가 시스템에 통합되었는데 이는 다니구치의 구상에 근접한 방식이었다.

한편 전쟁 후에도 이어지는 산부인과 의사의 주목할 만한 동향으로 일본모성보호회의 결성을 들 수 있다.[33] 구지 나오타로(久慈直太郎)를 이사장으로, 기노시타 세이추, 기노시타 마사카즈(木下正一), 안도 가쿠이치,* 모리야마 유타카(森山豊), 세기 미쓰오** 외 39명이 발기인이 되었다. 여기에 다니구치의 이름은 없다. 사무소는 후생성 모자과 내에 설치되었다. 이 단체의 목적은 '우리나라 모성의 건강을 증진하고, 건강한 차세대 국민의 증강을 도모하여 일본 민족력을 강화하는 것'이었다. 구체적 활동은 세기 미쓰오가 입안한 임부수첩(妊婦手帖)[34]을 중심으로 한 지도(指導)나 모성보호에 관한 정책을 제안하는 일이었다. 또한 도·부·현에도 모성보호회가 설치되었다. 구마모토에서는 모성보호회와 소아보건보국회를 합병해 '모자보호회'라는 이름을 붙여 1942년 6월에 발

---

* (옮긴이) 안도 가쿠이치(安藤画一, 1885~1968): 다이쇼 - 쇼와 시기의 산부인과 학자. 교토 제국대학 출신이며 오카야마 의대 교수, 게이오대학 교수를 역임했다. 1924년 일본 최초의 인공수정아 탄생에 기여했다.
** (옮긴이) 세기 미쓰오(瀬木三雄, 1908~1982): 도쿄대학 의학부 졸업, 후생성 초대 모자보건과장. 모자보건수첩을 개발·사용했다, 암(癌) 통계 전문가.

족했다. 회장은 다니구치였다.[35] 앞의 발기인 중에 기노시타 부자 외에는 전쟁 후에 일본 모성보호의사협회의 임원이 된다. 다만 다니구치와 산부인과 의사 계의 중추 역할을 하던 의사들과의 관계는 어딘지 모르게 어색함이 감돈다. 그렇게 전쟁 기간에서부터의 미묘한 거리감은 전쟁 후의 관계에도 영향을 끼쳤다는 필자의 생각은 다음 4절에서 검토한다.

2) 일본민족위생협회와 전쟁 직후의 다니구치

1930년대에 「단종법」 제정운동을 전개해 「국민우생법」 성립에 기여한 것은 일본민족위생학회(1935년 9월부터 일본민족위생협회. 이하 민족위생학회, 민족위생협회라고 줄여 쓰는 경우가 있음)였다. 전쟁 중의 이 회와 다니구치는 어떤 관계였을까? 또한 전쟁 후 우생법의 제출과 개정은 이 회가 아니라 다니구치가 담당하게 된 배경은 무엇인가에 대해 논하고자 한다.

다니구치는 민족위생학회 구마모토 지부의 이사 17명 중 한 사람이었다. 이사 중에는 다니구치의 전임 구마모토현 의사회장 후쿠다 레주*도 있었다. 또한 야마사키 마사타다**가 5인의 고문 중 한 사람이었다. 야마사키는 1930년대의 「단종법」 제정운동을 견인한 나가이 히소무와 약간의 교류가 있었다. 나가이는 야마사키가 1950년 타계하자 1948년 야마사키가 창간한 《서해의보(西海醫報)》지에 추도문을 썼다. 나가이는 야마사키를 '형처럼 존경'했으며 1949년에 오카야마대학에서 강의할 때 야마사키를 만나기 위해 구마모토까지 찾아갔던 일을 언급했다.[36] 나가이와 다니구치 사이에 개인적인 관계가 있었는지는 확실치 않다. 다만 나가이는 다니구치 병원이 간행 모체가 된 월간지 《위생과 부인》(1928~1942?)에 글을 12회 실었다. 이 잡지는 원래 다니구치 병원에서 연 1회 개최하는 '통속 부인강연회'의 내용을 잡지 형태로 구마모토시 부근에 광

---

* (옮긴이) 후쿠다 레주(福田令寿, 1873~1973): 의사, 교육자, 사회사업가.
** (옮긴이) 야마사키 마사타다(山崎正董, 1872~1950): 산부인과 의사, 사립 구마모토 의학교 교수, 아이치현립 의학전문학교 교장, 구마모토 의과대학장.

범위하게 보급시키려는 의도로 간행되었다. 나가이를 비롯한 저널리즘에서 활약한 의학자나 위생관료의 글을 수록했다. 매월 12쪽 정도의 분량에 지나지 않았지만, 수천 부가 인쇄되어 무료로 배포되었다. 1942년까지 발행했다고 하는데, 필자로서는 1940년 8월 144호까지밖에 확인하지 못했다. 성격은 소규모의 다니구치 개인잡지였다. 나가이의 집필 횟수는 12회로 11회를 집필한 다니구치를 상회하는 빈도이다[고이즈미 지카히코(小泉親彦)의 글도 1회 게재].

다니구치와 나가이의 주장은 공통점이 많다. 나가이는 1935년 3월에 쓴 글에서 우생결혼으로 우수한 자손을 남기자는 것과 모체보호를 위한 건강진료를 추천하고 전염병을 가진 상대와의 결혼은 삼갈 것, 만혼을 피할 것을 주장했다.[37] 또한 같은 해 8월에 쓴 글에서는 산아조절의 남용에 따른 민족의 역도태를 비난했다. 더 나아가 '독일 민족'과 동일한 우생학적 다산을 주장했다.[38] 이는 다니구치의 건의나 글에서도 되풀이되는 논리이다.

다만 다니구치가 민족위생학회의 「단종법」 제정운동에 깊이 관여한 흔적은 보이지 않는다. 1934년 10월 22일의 '민족위생학회 구마모토지부 창립강연회' 때 현 의사회장으로서 개회 인사를 한 정도에 그칠 뿐,[39] 학회지 《민족위생》에도 집필은 하지 않았다. 우생법 제정의 건의나 우생학적 다산의 주장은 모두 구마모토 의사회의 건의를 통해서였다.

제5장에서 보았듯이 중일전쟁기의 민족위생학회의 계몽활동은 1940년 「국민우생법」 제정 전에 실패로 끝났다. 그래서 이 무렵 학계, 의계에서 나가이 히소무의 평판은 좋지 않았다. 퇴직 후에 학부장이 된 타이베이제국대학에서는 총장 미타 사다노리(三田定則)와 교직원과의 대립으로 배격당했고, 1939년에 베이징 의학원 교수가 된 다음에도 수많은 적을 만드는 바람에 행정 수완이 매우 나쁘다는 평을 받았다. 전쟁 중과 전쟁 후에 나가이가 뚜렷한 정치력을 발휘할 수 없었던 것도 이런 일들과 관련이 있어 보인다.

민족위생협회는 단체 명의로 정치운동과 계몽활동은 하지 않았다. 단 협회의 주요 일원 몇 명은 후생성 기관(技官)으로서 행정에 직접적으로 관여했다. 그중 한 사람이 고야 요시오(古屋芳雄)이다. 원래 그는 가나자와 의대 교수 등을 하고 민족위생학회의 상무이사였다. 나가이와 마찬가지로 1920년대부터 신문, 잡지 등을 통하여 우생학 계몽을 했다. 그의 주장은 나가이와 거의 동일했다. 고야는 1939년 5월부터 후생성 칙임기사로서「국민우생법」,「국민체력법」의 제정에 관여했다. 또한 인구문제 연구소 참여를 통해 '낳자, 늘리자'로 상징되는 인구 증강 정책에 관여했다. 1942년에는 하야시 하루오(林春雄)의 후임으로서 후생과학연구소 후생과학부장이 되었다. 선행 연구에서도 널리 알려져 있지만, 전쟁 후 고야는 피임을 긍정하는 입장으로 전향했다. '다수의 사람에게 비난을 샀음'에도 '패전의 사실과, 눈앞에 닥친 인구 위기에 직면'했다는 것이 이유였다.[40] 참고로 나가이 히소무는 전쟁 후에도 인구제한에는 비판적이었으므로 전쟁 후 한동안은 민족위생학회 내에서 나가이와 고야가 격심한 논쟁을 벌이는 장면도 있었다 한다.[41] 그 후 고야는 공중위생원장으로서 인구 억제론으로 함께 전향한 다치 미노루(舘稔),* 기타오카 주이쓰(北岡寿逸) 등과 함께 정부 주도의 인구제한을 목적으로 한 가족계획의 주요 관계자가 되었다.

전쟁 후의 다니구치의 자세는 고야의 전향과 유사했다. 전쟁 후 1947년까지 다니구치의 글이나 기록은 확인할 수 없어『다니구치 야사부로전』에 수록된 다니구치의 친구 마쓰이 긴고(松井金吾)와의 담화 등에 의거할 수밖에 없다. 다니구치는 1946년 2월에 야마사키 마사타다 등 주위 사람들에게 제22회 중의원 의원 총선거 출마 의향을 밝힌 바가 있으나 정당 기반 없이 의사회의 지원만으로는 당선이 어렵다고 판단하고 중의원을 단념했다. 그 후 1947년 4월의 신생 제1회 국회의 참의원 의원으로 입후보했다. '구마모토 의전을 현에 기부'했다는 것에 대한 현의 '은혜 갚기'라고 할 수 있는 '의리'를 '종자'로 전국구가 아닌 지방구에서 나왔다고 한다. 미요시 노부후사(三善信房)**의 타진에 의해 일본진보당(日本進歩党)으로 출마했다.

---

* (옮긴이) 다치 미노루(舘稔, 1906~1972): 쇼와기 인구학자, 후생성 인구문제연구소 소장, 도쿄제국대학 경제학부 졸업.
** (옮긴이) 미요시 노부후사(三善信房, 1882~1965): 일본의 정치가이자 농업지도자, 중의원 의원.

선거 때 다니구치는 「우생보호법」의 기본이 되는 발상을 유권자들에게 피력한 듯하다. 만다(万田), 아라오(荒尾) 지역에서는 "종전 2주전까지만 해도 낳자, 늘리자를 선전"하더니만 전쟁 후 선거에서는 "남녀 결혼연령 3년 단축 취소, 자녀 적게 낳기"를 주장하는 것에 대해 "얼마 지나지도 않아 그렇게 방침이 바뀌는 것은 이상하다"며 호되게 추궁당했다고 한다. 그러나 다니구치는 "다자녀 가정 표창하던 때는 정부가 전쟁 지속 의미로 인구정책을 내놓았기" 때문에 "정부의 명령"에 따랐지만, "나의 생각은 민족의 우생화 운동을 하면 자연히 인구가 줄어든다. 대체로 민족의 우생화 운동이 주안점이었다"라는 "궁색한 설명"으로 넘어갔다고 한다.[42]

또한 다니구치는 당선 후 《일본의사신보》의 인물특집 「HITO」에 나온 적이 있다. 여기에서 다니구치는 "임산부와 영유아 보호를 국정에 강력하게 반영하겠다는 생각으로 미흡하나마 나섰습니다. 원래 구마모토현에서는…"이라고 기자에게 대응한 모습이 소개되어 있다. 주목할 만한 것은 이 기사가 전쟁 중의 인적 자원 조사를 "예가 없는 완전에 가까운 것이며, 전쟁이 임산부와 영유아에게 어떤 영향을 주었는지 알기 위해 좋은 자료"라며 호의적으로 취급한 점이다.[43] 사실 인구증강의 주장과 인적 자원 조사의 인과관계는 그다지 명시적이지는 않았다. 다니구치는 전쟁 후 인구 감소론으로 돌아서긴 했지만, 전쟁 전 조사의 성과를 전쟁 후 민주주의에 적합시키는 형태로써 의학적 견지에 기초한 생식의 정치 자원으로 이용했다.

지금까지 우생정책에 대한 영향력을 후퇴시킨 일본민족위생협회의 간부로서 나가이 히소무와 고야 요시오 두 사람을 다루었다. 다니구치는 민족위생학회의 주요 일원과 거의 동일한 사상을 공유하면서, 인구정책에 관해서는 구마모토현 의사회를 기반으로 한 독자적인 주장과 행동을 전개했다. 그리하여 전쟁 후에는 고야와 마찬가지로 인구 증강론에서 인구 억제론으로 전향했다. 이것은 전쟁 후 협회의 영향을 받지 않고 독자적 자세로 「우생보호법」의 입안과 개정의 동의를 행해 새로운 인구구상을 법의 형태로 체현시킨 것으로 이어졌다고 보인다.

4. 전쟁 후 「우생보호법」 성립과 개정: 1947~1952년

이 장에서는 다니구치를 중심으로 한 「우생보호법」의 제정부터 개정의 움직임을 대략 1952년까지 범위에 넣고 분석하고자 한다. 1)항에서 다니구치에 의한 「우생보호법」 제정에 이르는 기본 사항을 확인한다. 2)항에서는 「우생보호법」의 제정과 개정에서 다니구치의 사상과 행동을 전쟁 전부터 일본의 우생학사 안에서 어떤 위상을 차지하는지 고찰한다. 3)항에서는 다니구치가 「우생보호법」 지정의 조항에 기초해 설립한 일본모성보호의사협회의 동향을 추적하나, 이것으로 다니구치는 오히려 조직 내 반대세력을 품게된 것을 그 후의 동향과 연관하여 논하고자 한다.

1) 「우생보호법」 성립까지

많은 선행 연구를 통해 알려진 대로 패전 후 자국민의 본토 귀환과 국민생활의 피폐와 혼란으로 인해 국내의 적지 않은 사람들이 인구 과잉을 문제로 인식하기 시작했다. 당연히 산아조절의 필요성이 대두되었고, 산조 운동가들이 활동을 재개했다. 가토 시즈에(이시모토 시즈에)나 오타 덴레이는 사회당 의원이 되었다. 한편 불법 낙태가 성행하고, 고토부키 산원(壽産院) 사건*과 같은 대량의 영아살인 범죄도 일어났다.

1946년 1월 30일 후생성은 인구문제 간담회를 개최했고, 또 같은 해 4월에 사단법인 인구문제연구회에 인구정책위원회[위원장 나가이 도루(永井亨)]가 설치되었다. 학식경험자, 의사, 국회의원, 관료 등 56명의 위원을 위촉했고 제1부

---

* (옮긴이) 1944년 4월부터 1948년 1월 사이 도쿄 신주쿠구에서 일어난 영아 대량 사망 사건을 말한다. 고토부키 산원(壽産院)의 원장 부부는 신문광고를 통해 유아를 모집하여 부모로부터는 1인당 4000~5000엔의 양육비와 도쿄시로부터 보조금을 받으면서도, 배급물품을 암시장에 팔아 이득을 챙기고 영아들에게는 식사도 제대로 주지 않아 85명에서 169명에 달하는 영아사망을 야기한 사건이다. 1952년(쇼와 27년) 4월 도쿄 고등법원은 주범 여성에게 징역 4년, 남편에게는 징역 2년의 판결을 내렸다.

회·제2부회로 나누어 심의를 진행했으며, 같은 해 11월 20일에 '신인구정책기본 방침에 관한 건의'를 내각 총리대신, 관계 각 대신에게 건의했다. 이 장과 관계 깊은 의원으로 나가이 히소무나 고야 요시오 등 민족위생협회의 간부, 구지 나오타로, 오바타 고레키요(小畑惟清), 안도 가쿠이치(安藤画一), 세기 미쓰오 등 산부인과 의사, 가토 시즈에, 기타오카 주이쓰, 다치 미노루(舘稔) 등 훗날 가족계획을 책임지게 될 관료나 의원 등이 있었다(다니구치의 이름은 없음). 위원들 간의 주장이 너무 달랐는데, 이는 나중에 현실화된다.

「우생보호법」제정과 관련된 건의의 내용에 '국민생활의 궁핍'이라는 이유로 '출생조절의 보급은 필연적인 추세'라고 용인하는 자세를 보이는 동시에 '인위적 불임', '인위적 인공임신중절'을 '우생학적 목적'을 위해 적극적으로 적용할 것이 제창되었다. 단 '출생조절에 대한 절대적인 반대의견'도 '참고'로서 첨부되었다. 또한 '우생사상의 보급철저를 도모하는 현행 우생정책의 임의주의를 강제주의로 바꾸는 등 우생정책의 강화 확충을 기할 것'을 주장하며 「국민우생법」의 개정 등 우생정책의 강화를 주장했다.[44]

1947년 8월 28일에 가토(加藤), 오타(太田), 후쿠다 마사코(福田昌子) 등 사회당 의원은 의원 입법으로서 「우생보호법」을 제출했고, 10월 1일 접수되었다. 사회당 안의 내용은 우생학적 견지를 중시하는 것이었다. 특징을 들자면 첫째로 확장유전주의가 농후하다는 점이다. 제3조에서 단종수술이나 방사선 조사를 실시하는 대상을 "유전성은 확실하지 않아도 악질 병적 성격, 알코올 중독, 완치가 어려운 매독"으로까지 확장했다. 둘째는 강제 단종을 허용한 것이다. '상습성 범죄자'(제5조), 셋째는 피임조치에 관한 것으로 '의사는 일시적으로 생식을 피할 수 있는 조치를 자유롭게 실시할 수' 있지만(제6조), 의사 이외에는 피임 조치를 할 수 없다(제17조)고 정했다. 넷째는 인공임신중절을 조문화했다는 점으로, 단종수술을 받는 이유가 있고 또한 '모체의 생명 또는 건강상 위험을 가져오고 자손에게 나쁜 영향'을 줄 수 있는 경우, '강간' 등 자유의사에 반하여 태어나는 아이가 '필연적으로 불행한 환경에 놓이고', '열악화'할 가능성이 있는 경우는 '전문적 의술하에' 인공임신중절을 실시할 수 있다고 했다. 그러나 이 사회당 안은 GHQ*와의 절충에 시간이 걸리기도 했고, 충분히 논의되지 못한 채 심의 미결이 되었다.

그 상태에서 참의원 의원인 다니구치가 개입했다. 다니구치는 오타 등에게 "이 법안에 원칙적으로 찬성하며 통과를 위해 협조하겠다. 그러나 지나치게 급진적인 점도 있으니 이를 수정하는 것은 어떤가? 그리고 참의원 명의로 제출하는 것이 통과하기 수월하니 제출은 참의원에게 맡기지 않겠는가?"라고 제안했다. 이 제안에 대해 오타는 법안을 가로채려는 의도라며 반발했다. "참의원의 의계의원은 보수적인 입장의 사람들로 「국민우생법」 개정을 지향하고" 있을 뿐 '혁신법안'인 "원안의 골자가 빠지게 될 위험"이 있다고 생각했기 때문이다. 그러나 다니구치의 제안에 찬성한 동료들로부터 "어쨌든 통과될 수 있도록 수정해서 첫발을 내딛고, 차차 추진해나가면 되지 않겠느냐"고 설득당해 타협한 원안의 수정을 허용했다고 한다.[45]

그 후의 법안 작성 경과는 다니구치의 회상에 따르면 다음과 같다. 우선 다니구치 등이 '현재의 국정에 비추어 가장 타당한 「우생보호법」안의 입법을 계획'하고 제1회 초안을 협의회에 제출하고, 오타, 가토, 후쿠다의 발의자와 다음에는 도쿄도(東京都) 내의 산부인과 의사 대표자 참의원인 가와카미 와키치(川上和吉) 법제부장, 나카하라 다케오(中原武夫) 제1과장, 구사마 고지(草間弘司) 후생부 전문위원 등과 각 조항에 대해 검토하여 후생성 공중보건국장, 국원, 법무장 사무관과의 사이에 검토를 받아 전쟁 후 21회에 걸친 협의를 거쳐 원안을 작성했다. 그리고 다니구치와 참의원 의원인 다케나카 시치로(竹中七郎), 나카야마 도시히코(中山寿彦), 후지모리 신지(藤森真治), 중의원 의원인 후쿠다, 오타, 가토와 오하라 히로오(大原博夫), 사카키바라 도오루(榊原亨), 다케다 기요(武田キヨ) 등 총 10명을 발의자로 해서 1948년 6월 12일에 의회에 제출해 참의원 선의(先議)가 되었다. 참의원에서 6월 22일, 중의원에서는 6월 30일 본회의

---

*   (옮긴이) 연합군 최고사령부(Supreme Commander of the Allied Powers: SCAP / General Headquarters).

에서 가결되어 7월 22일 법률로 공포되었다.[46]

사회당 안과 성립 후의 「우생보호법」과 비교했을 때 중요한 점은 다음과 같다. ① '일시적 피임' 항목이 없어졌다. ② '인공임신중절' 항목이 '모성보호(임의의 인공임신중절)'가 되었고, 인공임신중절의 범위가 좁아졌다. ③ 우생보호위원회 항목을 마련하고, 인공임신중절에도 위원회의 결정을 필요로 하게 했다. ④ 인공임신중절에 대한 지정 의사 규정이 만들어졌다. ⑤ 우생결혼상담소 항목이 생겼다는 것이다.

2) 다니구치의 역도태와 피임·인공임신중절의 자리매김

이상이 법안 통과까지의 개략이다. 여기서 문제 삼고 싶은 것은 「우생보호법」을 통과시키고 1949, 1952년 개정의 발의자가 되었던 다니구치 구상의 해석과 평가이다.

주요 선행 연구는 다니구치를 '보수적'으로 보고, 오타 덴레이의 평가를 덧붙여 사회당 안의 수정점을 다니구치 구상과 동일시하는 경향이 있다. 그러나 '보수'라고 하는 오타의 다니구치 평은 의사회나 기성정당, 거기에 전쟁 전 '낳자, 늘리자'론자였던 것에 대한 반감에 지나지 않으며, 전쟁 후 다니구치의 사상과 행동을 근본적으로 오해하고 있다. 다니구치는 의원에 입후보한 시점에 인구 과잉과 역도태의 위기감을 지니고 있었다. 또한 1947년 7월 8일 다니구치는 당시의 가타야마 데쓰(片山哲) 내각에 대한 산아제한에 관한 질문 취의서에서 다음 다섯 가지 항목을 첨부해 참의원 의장을 거쳐 내각에 제출했다. 그 요지는 이렇다.

① 인구증가 억제의 일환으로 「국민우생법」의 신청 수속을 간이화할 것.
② 우생수술을 필요로 하는 사람들이 수술 전에 임신한 경우는 인공임신중절을 허용할 것.
③ 피임용기구나 약품 중에는 유해한 것이 있음. 이것들의 단속에 관해 정부의

방침을 물을 것.

④ 현재 정세를 돌아볼 때 인공임신중절의 적용을 확대하기 위해 중앙에 산아조
절심의회(가칭)를 만들어 인구, 특히 민족의 역도태, 국민 도덕의 철폐를 우려
해 인공임신중절에 대한 조건을 정하고, 이를 지방 산아조절상담소(가칭)에
전달해 희망자에게 의사의 임신 증명서와 희망서를 제출 받아 검토 후 필요하
다고 인정되는 자에게는 인공임신중절을 허가할 것.

⑤ 정부는 인공임신중절 적용을 형사정책적으로 「국민우생법」면으로 확대할
의사는 없는가.

가타야마는 ①의 간이화에 동의하고, ②는 연구 중이며, ③은 현행 법규를
엄수, ④의 인공임신중절은 신중하게 검토, ⑤는 기본적으로 노력하며 연구 중
이라고 회답했다. 다니구치는 이것을 불충분하다 여기고 「우생보호법」 제출
을 결의한 듯하다.[47]

결론부터 말하자면 이 질문취의서의 논지는 다니구치가 훗날까지 시종일관
유지한 것이다. 골자는 인구증가 억제와 우생정책의 확장으로 산아조절과 인
공임신중절은 그 속에서 자리매김되었다. 주요 관계자는 국가와 의사였다. 즉
다니구치의 구상의 대부분은 사회당 안과 동일했다. 그러나 GHQ나 후생성,
산부인과와의 협의를 거듭해 타협한 결과 1948년 법안의 형태가 된 것으로 생
각할 수 있다. 한편 1949년, 1952년의 개정 동기는 다니구치 본래의 의도를 관
철시키기 위한 것이었다. 이미 알고 있는 대로 1949년의 개정은 경제적 이유를
집어넣어 인공임신중절을 허용한 세계 최초의 것이고, 1952년의 개정은 지방
우생보호심사회(1949년 개정으로 우생보호위원회 → 우생보호심사회)가 폐지되어
심사 의사의 판단만으로 인공임신중절을 할 수 있도록 했다.

이러한 다니구치의 구상은 전쟁 전부터 우생사상이나 「국민우생법」의 역사
적 전개 중에 어떤 위치를 차지하는 것일까?

1948년 「우생보호법」 제정 시 다니구치의 구상을 검토하고자 한다. 마쓰바
라 요코는 다니구치를 사회당 안을 "「국민우생법」에 근접하게 대폭 수정"한

인물로, "산부인과 의사로서는 단종이나 인공임신중절의 적용 범위를 엄격하게 한정하는 경향이 강했다"고 평했다. 마쓰바라는 '우생법의 계보' 논의에 기초해 「국민우생법」을 '유전병 한정주의' 법률로 해석, 다니구치를 '유전병 한정주의'에 기초해 사회당 안을 수정한 주체로 인식했다.[48] 사실관계를 오인한 견해라고 할 수밖에 없다.

원래 '「국민우생법」'에서 보이는 단종 대상의 엄격화는 다니구치가 아니라 GHQ의 요청에 의한 것이었다. 다니구치 안은 국회 제출 전 민생국(GS)의 사법·법률가와 공중위생 복지국(PHW, Public Health and Welfare Section)에서도 검토되었다. 1948년 5월 11일에 GHQ 민생국의 사법·법률 과장 알프레드 오플러(Alfred Christian Oppler)는 「우생보호법」안에 대해 '강제 단종의 근거가 되는 유전적 질환을 정확히 정의할 것'을 제언했다. 법률의 성격상 GS는 PHW에 대조를 위한 코멘트를 요청했다. PHW도 5월 21일에 수정 항목으로 "제3조는 너무 개괄적이다. 유전적인 질환을 명확하게 정의해야 한다"는 것을 들었다. GS가 검토했던 다니구치의 원안 내용은 확실하지 않지만, 법안은 이 요청을 받아들여 6월 12일에 중의원에 제출되었다. 참의원에서는 6월 22일에 법안이 통과되고, 6월 24일에 후쿠다 마사코(福田昌子)는 중의원 후생위원회에서 법안의 취지를 설명했다. 25일에 PHW는 강제 단종의 대상질환의 '별표' 내용에 불만을 나타내는 문서를 제출했다. 이 별표는 1941년의 「국민우생법」 시행규칙에 따라 작성된 것이다. PHW는 '극히 적은 예외를 빼고는 유전학적으로 결론이 나지 않은 성격의 것'으로 보았다. 다니구치가 1949년 5월에 「우생보호법」의 개정안을 제출했을 때 별표는 삭제되었다. 단종 대상을 유전질환에 한정시키는 방향성은 영국이나 미국에서 1930년대 유전학자 사이에서 보였던 나치 우생학과의 차별화와도 무관하지 않다. 5월 11일의 '민정국장각서'의 '제3제국의 지배자 민족 이론에서 유래한 나치 「단종법」에서조차, 의학에 의해 유전적이라고 인정된 질환을 구체적이고 자세하게 기재했다'는 기술에서도 그 경향이 엿보인다.[49]

다니구치 본인은 단종이나 인공임신중절의 적용을 어떻게 인식하고 있었을까? 1948년 11월 11일 참의원 후생위원회에서 다니구치는 후생대신 하야시 조지(林讓治)에게 「우생보호법」은 통과되었지만 "매우 불충분"하고, "예를 들면 보건소를 적극 활용해", '부랑자'나 '거지'에게 "적극적인 진단"을 실시해, "우생수술이 필요한 자가 발견되면" '단행'함으로써 "불량분자의 출생을 방지"해야 한다고 주장했다. 이어서 '매춘부', '거지' 중에는 "정신박약자"가 많고 "생활능력이 없는 자", "경제적 무자격자"를 "수시로 색출"해 임신한 자를 잘 검사하고, 그 '적응자'를 발견해서 "인공임신중절"을 실시해 "출생을 방지"할 수는 없는가라는 발언을 했다.[50] 또한 1950년 1월 30일 참의원 후생위원회에서 후생성 공중위생국장 미키 유키하루(三木行治)가 같은 해 예산에서 강제 우생수술을 '300명' 실시할 것이란 전망을 하자, "방화범과 살인범"의 "약 5분의 4는 성격이상자"이고, "성격이상자는 유전이 많으므로", "반드시 형무소의 의사 등을 철저히 교육시켜", "1년에 1만 건 이상의 강제 우생수술"을 실시해야 하며 이는 "국고면에서도 300명 정도가 아니라 더 많이 부담해야 한다"고 요청했다.[51]

요약하면, 1948년 6월 「우생보호법」의 인공임신중절이나 단종 대상의 엄격화는 기본적으로 GHQ의 의향에 의한 것이었다. 다니구치는 단종이나 인공임신중절의 사회적 적응 조건의 확대에 집착을 가지고 있었다. 그는 '정신이상자'의 범위를 부랑자, 범죄자, 매춘부 등으로 확장해 「우생보호법」을 사회정책에 기여시키고자 했다. 즉 다니구치는 단종이나 인공임신중절의 적용 범위를 한정할 것이 아니라 훨씬 더 확장하는 것을 구상하고 있었다.

관계된 법과 다니구치 구상의 관련성은 제7장을 참고하면 전쟁 전의 우생학론자와 「국민우생법」 제정 방식과 극히 유사하다. 전쟁 전의 「단종법」 제정운동의 추진자는 유전병의 개념을 범죄나 빈곤, 성병, 알코올 중독, 전염병 등으로 확대해서 이해하고 그 정책화를 희망했다. 그러나 당시는 신중론이 대세였고, 「국민우생법」(1940)에는 반대파를 설득하기 위해 유전병에 한정한 형태로 기재했다. 즉 형식의 엄밀성을 취하는 것으로 통과하기 쉬운 법안을 지향했던 경위는 「국민우생법」과 「우생보호법」 모두 유사하다.

참고로 전쟁 전 「단종법」 운동의 추진자는 「우생보호법」 제정에 관여하지 않았지만 성립 시에는 발언을 했다. "나병에 걸리기 쉬운 체질은 혹시 있을지도 모른다"고 하고 "나병 환자에게 우생수술을 실시하는 것은 무의미한 것이 아니다"라며 소극적이나마 의견을 말했다. 또한 「우생보호법」의 강제 단종을 가미한 점을 환영했다.[52] 요시마스 슈후(吉益脩夫)는 제3조 2항에서 '유전성 정신변질증' 용법의 엄밀성에 비판적 견해를 나타내는 한편, '성욕 이상자', '흉악한 범죄자의 단종'에 대해 "성욕 이상자에게 단종을 실시해도 성욕 자체가 감퇴하는 것은 아니라서 여전히 위험"하므로 "위험한 성범죄자는 거세 수술을 시키지 않으면 효과가 없다"고 주장했다.[53] 또한 「국민우생법」의 입안에는 관여하지 않았으나 민족위생학회 회원으로 우생학에 깊은 관심이 있었던 데루오카 기토(暉峻義等)는 "일본의 사회정책 실행 현상에서 생각하자면, 우생수술의 사회적 적응 조건이 우생위원의 양식에 따라 가능한 한 확대되는 것이 바람직하다"고 말했다.[54] 즉 전쟁 전부터의 우생학론자도 단종의 적응을 유전병에 한정하지 않는 형태로 확장하는 것을 일관되게 희망했다. 이들 논객과 다니구치가 같은 견해를 공유했다는 것은 분명하다.

또한 전쟁 전의 우생정책에는 알코올 중독, 성병 환자를 우생결혼의 장려라는 측면에서 막도록 하고 법제화의 구상도 존재했다. 한편 성립 시의 「우생보호법」은 제20조에서 우생결혼상담소의 설치를 정했다. 1949년 5월 개정에서 이 상담소는 '수태조절에 관한 적정한 방법의 보급과 지도를 하기 위한' 것으로 되어 있었다. 주목할 것은 '수태조절'의 내용이다. 개정 후의 제15조에 "여자에 대해 후생대신이 지정하는 피임용 기구를 사용한 수태조절의 실시지도는 의사 외에 도·도·부·현 지사의 지정을 받은 자가 아니면 업(業)으로서는 할 수 없다"는 조문이 있다. 이 조항 입안 당시 다니구치는 '수태 조절법안'의 제정을 시도했다. 법안은 제1조에서 '인구의 급격한 증가를 억제함과 동시에 국민소질의 저하를 방지하는 것을 목적'으로 주장하고, 제3조의 수태조절 대상을 다음과 같이 제시했다.

① 「우생보호법」에 의거해 임의로 인구임신중절을 받을 수 있는 자. 단, 동법 제

4조 별표에 나온 것과 나병 환자는 우생수술을 권하는 것이 바람직하다.

② 본인 또는 배우자가 알코올 중독, 마약 중독, 악성 매독에 걸린 자.

③ 병약자, 다산자, 빈곤자 또는 분만 후 1년 이내인 자.[55]

결국 이 법안은 '수태조절이 원래 자주적 방임행위'로서 제출되지 못했던 「우생보호법」에 '수태조절' 조항을 추가하는 것에 그쳤다고 한다. 그러나 이 법안에서 '알코올 중독, 마약 중독, 악성 매독' 이외 '빈곤자'에 대한 수태조절 실시를 지향한 것은 전쟁 전 「우생결혼법」 구상과의 연속성이 보인다. 1948년 11월의 참의원 후생위원회에서도 다니구치는 '임신을 임의로 인공조절할 수 없는 계급의 자', '다산이며 매우 빈곤한 자'에게 수태조절을 무상으로 실시하면 '소질의 저하를 방지'할 수 있고, '급격한 인구의 증가'를 막을 수 있다고 발언했다. 이 발상은 1956년의 저서 『민족의 우생화와 모성보호』(비매품)에서도 변화가 없다. 다니구치는 이렇게 말했다.

심신 모두 우수한 자와 미혼자에 대해서는 수태 조절을 해서는 안 된다. 만약 우수한 자인데 경제적으로 여의치 못해 자녀 교육이 불가능한 경우에는 육영자금 제도를 확대해 국가, 단체, 회사 등이 이를 원조해서 제2의 국민 육성에 노력해야 한다.[56]

지론인 역도태론에 더하여 적극적 우생정책을 추진하는 단계로서 육영자금의 활용을 주장한 점도 주목된다. 말하자면 다니구치의 설에는 우생학 도입이래의 소극적 우생학, 적극적 우생학의 발상이 원색적으로 발현되어 있는 것이다.

전쟁 전 다니구치의 주장의 주안점은 인구증가와 모성보호에 있었다. 우생학적 특질 향상의 필요성도 주장하기는 했지만 이는 부차적인 것이었다. 그러나 다니구치는 패전 후 국토의 상실과 자국민의 본토 귀환으로 출생률 억제의 필요성을 깨달았다. 한편 국가 인구를 건전하게 유지하고자 하는 소망도 지속되었다. 다니구치는 하층사회의 인구가 증가하고, 중상류 계급의 피임으로 인구의 질이 하락하는 역도태 논리의 제창에 집착했다. 그 논리의 근본에 우생수술의 범위의 적응 확대를 꾀하고, 수술이 법적으로 적응되지 않는 부랑자, 매춘부 등도 '열악계급'으로 간주해 피임과 인공임신중절로 자손을 끊는 것을 목표했던 것이다.

원래부터 단종뿐 아니라 피임·인공임신중절도 우생사상의 실현 수단이었다. 도입 이래 고전적인 우생학도 '악질적'인 유전의 배제는 단종할 필요는 없고 피임, 인공임신중절도 가능하다는 입장이었다. 다만 피임은 중산계급에서만 행해지고, 본래 실시해야 마땅할 하층계급에서는 이루어지지 않는다고 전쟁 전의 우생학론자는 되풀이해왔다. 그런 이유로 산아조절 운동을 비판했다.

그러나 전쟁 후 인구 억제로 전향한 고야 요시오 등의 논객은 '정부의 적극적 지도'로 '생활의식이 저열'하고, '산아조절 등의 번거로움을 견디지 못하는 계급'에 수태조절을 보급할 수 있다면 '우생학적 효과는 매우 바람직한 것'이 되고, '인공임신중절에 대해서도 마찬가지'라 생각하게 되었다.[57] 1949년, 1952년의 「우생보호법」 개정은 국가적으로 피임을 장려하고 인공임신중절 규제를 완화하는 것이었다. 다니구치로서도 피임, 인공임신중절의 장려를 추진한 논리야말로 우생학에 기초한 역도태론에 다름없었다. 이것은 도입기 이래의 우생학적 주장이 법적으로 실현되었다는 것을 의미한다.

3) 일본모성보호의사협회의 설립과 「우생보호법」의 해석

다니구치의 「우생보호법」에 관한 구상은 가토 시즈에나 오타 덴레이에 의한 사회당 안과 거의 동일한 내용이었다. 역도태설에 기초한 하층 사회에의 멸시가 존재하더라도, 피임이나 인공임신중절을 실행시키는 동시에 인구증가를 억제하는 발상은 공통되기 때문이다. 그 후 사회당 안의 제출자는 어떻게 되었을까? 오타는 1948년 12월에 사회당 개혁을 시도했다가 실패하고 제명당해 새롭게 결성된 노동자 농민당에 참여했으나 1949년 1월 중의원 선거에서 낙선했다.[58] 또한, 사회당 안의 제출자 중 한 사람이었던 후쿠다 마사코는 '사회당적인 색채가 부족하다'고 평가되었고, 다니구치에게 접근해 '정당을 초월한 교우'를 이어갔다는 것은 의계 저널을 통해서도 알려진 사실이다.[59] 결국 1949년, 1952년에 개정의 주도권은 다니구치가 장악했다. 그것은 원래부터 성립 시의 「우생보호법」 제12조의 존재에서부터 기초되어 있었다.

　　도·도·부·현 의 구역을 단위로 설립된 사단법인인 의사회가 지정하는 의사(이하 지정의사)는 제3조 1항 1호부터 제4호의 1에 해당하는 자(유전병·나병 보유자, 임신·분만이 모체의 건강을 위협할 우려가 있는 자)에 대해 본인과 배우자의 동의를 얻어 임의로 인공임신중절을 행할 수 있다.

지정 의사를 지정하는 권한이 의사회에 있다는 것이 중요하다. 이 조문은 법안심의에서도 문제가 되어 1948년 6월 22일의 참의원 후생위원회에서도 "의사회 중에는 공적 의료기관에 종사하는 의사"가 들어가 있지 않은 경우, "지정에 관해 어느 정도 편파적이 되지 않겠는가"(히메이 이스케(姫井伊介)), "사단법인인 의사회가 의사를 지정하는 것은 혹시 특정인(즉 회원)만으로 한정하게 될 우려는 없는가"[나카히로 쓰네타로(中平常太郞)]라는 질문이 나왔다. 다니구치는 지정의는 "기술과 설비"만 있으면 지정을 받게 되므로 그런 우려는 없다. 또한 의사회 임원은 "공무원 혹은 학계 등에서 전면적으로 나오기" 때문에 "회원이든 아니든" 관계없이 지정된다, 즉 지정의 공평성은 유지된다고 답변했다.[60]

12조에 기초해 다니구치는 1949년 4월에 「우생보호법」의 지정 단체인 일본모성보호의사협회를 설립했다. 목적과 사업은 '① 모성보호에 관한 통계 작성', '② 우생보호에 관한 학술 향상 연구', '③ 우생보호의 일반적 보급 철저', '④ 회원 각자의 품위 향상', '⑤ 기타 본 협회의 목적 달성에 필요한 실적' 등을 들 수 있다.

회장은 다니구치 야사부로(구마모토)였지만 부회장에 후쿠다 마사코(福田昌子, 후쿠오카). 그 외에 구지 나오타로(久慈直太郞, 도쿄), 아키야마 마사루(秋山勝,

시즈오카), 스가노 지카라(菅野力, 교토), 와타나베 에이키치조(渡辺英吉造, 히로시마), 하세가와 시게오(長谷川繁雄, 도쿄), 안도 가쿠이치(安藤画一, 도쿄), 소카(莊寛, 도쿄), 모리야마 유타카(森山豊, 도쿄)의 이름이 올라 있다. 그 밖에 고문에 다카하시 아키라(高橋明, 일본의사회장), 아즈마 류타로(東龍太郎, 후생성 의무국장), 미키 유키하루(三木行治, 후생성 공중위생국장)의 참여에 다치 미노루(舘稔, 인구문제연구소 총무부장), 세기 미쓰오(瀬木三雄, 후생성 기관), 우시마루 요시토(牛丸義留, 공중위생국 서무과장), 아베 유키치(安倍雄吉, 후생성기관)의 이름이 올랐다. 특히 구지, 안도, 모리야마 산부인과 의사의 존재가 주목된다. 그들은 일본모성보호의사협회(일모) 등의 과거 간부로 전쟁 중과 전쟁 후에 「국민우생법」의 인공임신중절 규제 완화를 지향했던 사람들이다. 그들이 다니구치 아래에 모였던 것이다.[61]

일모(日母)의 성격과 인적 구성을 통해 국가 시스템 안에서 의사회를 자리매김하고, 일모를 주체로 조사·계몽을 실시하는 기관으로서 「우생보호법」의 운영을 도모하는 다니구치의 의도를 엿볼 수 있다. 여기서부터는 정부 주체로 의사회와 후생사무국의 희망사항과 보고의 계통을 정비하고, 의사회와 구성사무국 간의 연대 강화를 꾀했던 전쟁 전 의계 신체제의 잔상을 도출해보자.

다니구치는 「우생보호법」의 운영과 개정의 주도권을 전쟁 전부터 산조 운동가에서 다니구치 자신과 일모를 구성한 산부인과 의사나 참여한 후생성 관료 아래로 빼앗아 오는 데 성공했다. 그런데 다니구치로서는 골치 아픈 문제가 생겼다. 실은 일모에 끌어들인 산부인과 의사나 후생성 관료야말로 다니구치의 「우생보호법」 구상 비판의 최선봉이었던 것이다.

일모에 참가한 산부인과 의사로 학계 중추에 있던 의사들은 전쟁 전부터 「국민우생법」 개정을 요구하고 전쟁 후 개정 논의에 참가했다. 구지(久慈), 안도(安藤), 오바타(小幡)는 1946년의 '신인구정책 기본 방침에 관한 건의'를 정리한 인구정책위원회 제2부회의 일원이었다. 또한 1947년 7월에 일본의사회는 구지, 하세가와(長谷川), 안도, 쓰쓰미 다쓰로(堤辰郎), 이와타 마사미치(岩田正道), 오바타 고레키요(小畑惟清), 기노시타 마사카즈(木下正一), 쇼(莊)를 위원으로 우생법 개정을 위한 위원회를 열었다.

어디까지나 구마모토 의계가 정치 기반이었던 다니구치는 이들 산부인과 계통의 학계의 중추였던 의학자들과 전쟁 전부터 관계를 이어오면서도 어딘지 모르게 불편함이 함께했다는 점은 앞에서도 지적했다. 전쟁 후가 되자 사상의 차이점은 상당히 심각해졌다. 일모의 존재방식 자체에 의문을 표하고, 「우생보호법」으로 합법화되어가는 산아조절이나 다니구치의 역도태론에도 부정적인 견해를 드러낸 산부인과 의사도 적지 않았다.

먼저 일모라는 조직에 대한 비판에 관해서는 좌담회 '「우생보호법」에 관한 지정의 문제를 둘러싸고'(1949년 2월 2일)를 검토한다. 이 좌담회는 하타 세이자부로(泰淸三郞, 도쿄 의대 교수), 오바타(小幡), 쇼(莊), 나카지마 기요시(中島精, 게이오대학 조교수), 구로자와 준이치(黑沢潤三, 도쿄도 의사회장), 마가라 마사나오[真柄正直, 준텐도(順天堂) 의대 교수], 아베 유키치(安倍雄吉, 후생성 기관), 기노시타 마사카즈[기노시타(木下) 병원장], 히구치 가즈시게[樋口一成, 지케대학(慈惠大學) 교수], 모리야마, 세기 미쓰오(후생성 위생통계부)가 참석했으며 발언자의 이름은 알파벳으로 표기되었다.

오바타로 생각되는 A는 다니구치가 「우생보호법」의 초안을 작성할 때 의견을 물어왔는데, "갑론을박을 벌였다"는 발언을 했다. 그러나 이 법에 관해서 "부인과 의사의 총의를 대표해서 다니구치 박사가 추진했다고 해석해서는 안 됩니다. 사실 그게 아니고, 우리가 뭔가 제의한 것도 아니고…"라고 말했다.[62]

이 좌담회에서는 일모라는 조직의 존재 의미에 대한 부정적인 견해가 나왔다. 세기로 생각되는 E는 "부인과학회, 일본의학회라는 것이 일본의사회로 통합된 현재" 일모를 "별도로 만들 필요는 없다"는 논의가 있었고, 다니구치가 "다음 선거에 대비해서 하나의 양보"를 해서 창립했다는 '혐의'가 있다고 말했다. 여기에 대해 B가 '다니구치 씨 이야기'로서 일모의 설립 목적은 첫 번째로 '임의로 인공임신중절을 하게 되면 이번에는 지금까지처럼 신고가 없어서', '통계상 곤란하다', '통계를 보고 싶다'라는 것, 둘째는 '현재 병원 조산소 규칙이 개정되었으나, 그 기구상 조산소에는 48시간이라는 시간제한이 없어 수용이

가능하나 다른 편은 48시간 이상 수용할 수 없다는 모순'을 '보호의협회에서 장래 해결'하고 싶다는 목적이 있고, '장래의 선거 운동을 위해서라는 것은 사실 오해'라며 다니구치를 옹호했다. 또한 D는 다니구치의 지정의 창설에서 제일 중요한 점은 '모성보호'로 '결국 부정한 인공유산으로 많은 모체가 많이 죽어가는 상황을 방지하려는 의미'라고 말했다. 그래도 E는 통계나 우생법의 모순이나 문제의 해결은 일모에서가 아니라 "일본의사회에서도 할 수 있는 일이 아닌가?" 하고 말했다. I는 일모가 48시간 문제의 '진정(陳情) 단체 같고', 다른 동기도 '설립 이유가 희박'하다고 평했다. 이에 대해 D는 일모 고유의 의의에 관해서 '모성보호만의 문제'를 활성화시키는 일도, 일본의사회만으로 실시하기는 곤란하다고 말했다. D의 발언 내용은 다니구치도 우생법을 둘러싼 해설문이나 좌담회에서 되풀이했다.[63]

「우생보호법」 성립 시에는 산아조절에 부정적인 산부인과 의사가 적지 않았다. 《종합의학》지의 좌담회에서는 1948년의 「우생보호법」 입안 동기에 관해서 다니구치가 '좁아진 국토에 비해 인구가 너무 많기' 때문에 '산아제한'을 해야 한다는 주장을 한 것에 대해 이견이 나왔다. 오바타 고레키요(小畑惟清)는 인구라는 것이 "한번 감소하기 시작하면 걷잡을 수 없는 것이 아닌가"라며, '역시 일본 민족의 긍지'를 잃고 싶지 않다고 말했다. 이것을 받아 안도 가쿠이치(安藤画一)는 오바타의 발언을 '지당하다'면서도 "이 법률은 조속히 철폐하는 것이 마땅하나, 현 시점에서는 이것 외에 다른 방법이 없다"고 말했다.[64] 그리고 1948년 당시 이 법은 수태조절에 관한 언급이 없었던 것에 대해 다니구치는 "사실은 그 조항을 삽입하려다가 조금 확실하지 않은 부분이 있어 그만두었습니다. 그러나 이번(1449년 5월 개정)에는 그 조항을 넣기로 했습니다"라고 말했다.[65]

후생성 관료는 산아조절에 대해 조금 더 비판적이었다. 아베 유키치(후생성 공중위생국 후생기관)는 1948년 12월에 『「우생보호법」과 인공임신중절』이라는 해설서를 냈다. 공중위생국장 미키 유키하라(三木行治)의 추천문이 붙고, 서무과장 우시마루 요시토의 열성적인 지도와 원조를 얻었다고 한다. 아베는 강화회의(講和會議)도 개최되지 않고, '인구수용력도 확실하지 않은 현재'는 국가가 '적극적으로 산아제한의 실행을 전 국민에게 호소해야 할 단계'가 아니라 '가정 상황, 본인이나 배우자의 건강상태 등' 정말로 필요성이 있는 자에 국한되어야 한다고 했다.[66] 또한 인공임신중절의 허용은 '의학상, 우생상, 모성의 보호'라 는 의미에 한정되고, '경제적 또는 단순한 사회적 이유' 때문은 아니라고 강조했다.[67]

다니구치가 그 신조를 관철시키기 위해 여러 차례 법 개정을 요구한 것은 이들 산부인과 의사나 후생성 관료의 반대론을 고려했기 때문일 것이다. 그러나 인구정책의 추세는 다니구치의 의도대로 진행되었다. 1949년 5월 12일에 도코 나미 도쿠지(床次德二), 후쿠다 마사코(福田昌子)의 제의에 의한 '인구문제에 관한 결의안'이 제5회 중의원에서 가결되었다. 인구의 자연증가 '억제'를 위해 '수태조절의 보급', '우생사상과 「우생보호법」의 보급'을 추구하는 것이었다. 또한 같은 해 5월에 수태조절과 경제적 이유에 의한 인공임신중절을 허용하는 「우생보호법」 개정안이 통과했다. 1949년 내각에 설치된 인구문제심의회가 작성한 '일본인구대책에 관한 건의안'에서는 "인구증가를 막고, 건강하게 문화적 생활을 실현하기 위해 산아조절을 정부가 지도해야 한다"는 문장이 들어갔다. 또한 1951년에는 인공임신중절에 의한 모체 장애문제의 해결을 위해 '수태조절 보급에 의한 각의(내각회의) 양해 사항'이 결정되었다.

이 전후로부터 산부인과잡지에서도 피임 방법이 검토되고, 인공임신중절 전에 피임하는 것이 바람직하다는 견해가 제시되었다. 후생성 관료 쪽에서는 1949년 개정에서도 아베 유키치가 「우생보호법」을 '낙태를 무조건 허용하는 법률', '산아제한을 장려하는 것'이라는 견해에 대해 '오해'라 하며, 인공임신중절로 '경제적 이유'가 적응되는 상세 조건과 번거로운 수속을 자세히 설명하고 피임도 '모체보호'의 관점만으로 보급하게 되었다고 말했다.[68] 그러나 1952년 에는 스가노 노리미쓰(菅野周光, 후생성 공중위생국 서무과장)는 낙태를 지정의사 이외의 사람이나 법이 정하는 요건에 해당하지 않는 사람이 수술을 담당하는 것을 경계하고 인공임신중절을 받기 이전에 임신 자체를 예방할 것을 권고하는 데 그쳤다.[69] 결국 정부에 의한 산아조절추진 방침의 명백화에 끌려오는 형태로 피임 추진에 대한 비판은 수습되었다.

일모(日母)에 참가한 산부인과 의사나 후생성 관료는 다니구치의 「우생보호법」 개정의 근본적 이념인 역도태론에도 이의를 제기했다. 《산부인과의 세계》지는 1950년 7월에 다니구치를 포함시킨 좌담회를 열었다. 세기 미쓰오(瀨木三雄)는 제3조의 '의사'는 '본인의 동의와 배우자(중략)가 있는 경우 배우자의 동의를 얻어 임의로 우생수술을 할 수 있다'는 조문에 대해, '임의 수술에 원래 허가가 필요한가'라는 의문을 제시했다. 세기는 "실제로 역도태는 그다지 중대한 영향을 가져오지 않는다", 다만 "강제 단종수술의 문제는 이것을 쟁점화하는 의미도 있다"고 말했다.[70] 이런 문맥에서 구지 나오타로(久慈直太郎)도 "보통 인텔리 계급을 우수하다고 생각하는 사람이 많으나, 자신의 생활도 힘들어 단종을 하고자 하는 인텔리 계급이 과연 우수 민족인가(웃음)", "이것은 그대로 방치해도, 나는 우수한 민족이 끊어질 우려는 결코 없다"라고 말했다. 후쿠다 마사코(福田昌子)는 '임의'라는 말은 '「국민우생법」 관련'도 있고, '비약하는 느낌'을 주지 않기 위해 삽입했지만, '오늘날에는 그럴 필요가 없다'는 견해를 나타냈다. 좌담회의 참가자도 이구동성으로 임의 단종은 필요없다고 말했다. 다니구치는, 이 자리에서는 "나도 그렇게 고집할 생각은 없다"라고 하는 한편 "자녀가 많은 가난한 사람이 「생활보호법」의 적용을 받으며 자녀를 낳는 것은 상당히 괴로운 일이라 생각하므로" 수술이 무료라는 것이 알려지면 환영할 것이라고 말했다. 좌담회에서 다니구치는 역도태론은 꺼내지 않았다. 또한 좌담회에서는 스가노 노리미쓰(菅野周光)처럼 "헌법이 바뀌었는데 우생법만을 멀뚱멀뚱 남기는 것은 좀 그렇다"는 견해를 보였다.[71]

실제 1952년 4월 개정에서는 3조의 '임의로'라는 말이 삭제되었으나 임의 우생수술의 적응에 배우자가 정신병 혹은 정신박약자인 경우를 새로이 추가했다(실제 우생수술의 99%는 임의에 의한 것). 또한, 본인이 유전성 이외의 정신병 또는 정신박약인 경우 그때까지 임의 우생수술이나 강제 우생수술 모두 불가능했지만, 새로운 제12조에서는 정신위생법에 규정된 보호 의무자의 동의와 우생보호심사회의 심사 결정을 요건으로 우생수술을 할 수 있도록 했다. 이 개정의 제안 이유에 대해 다니구치는, 최근 수태조절이 장려되고 보급성공률이 지능적으로 우수한 계층에서 높게 나타나서 지능 면에서의 역도태가 일어날 우려가 있으며 강제 우생수술의 1월부터 10월까지의 시행 수가 겨우 357례에 지나지 않는다는 점을 들었다.[72] 결국 다니구치는 가까운 산부인과 의사들의 이견을 흘려버리고, 역도태 이념 등 자신의 신조를 굽히지 않고 우생정책의 강화를 국회 법개정에서 실현했다.

노그렌은 일모를 인공임신중절 의사의 이익집단, 그리고 다니구치의 선거 지원 단체로 평가했다.[73] 그러나 일모가 설립 당시부터 그런 성격을 가졌다고 해석하는 것은 잘못이다. 1950년에 다니구치는 참의원 의원으로 재출마했는데, 그때도 지방구에서의 출마로 구마모토현 의사회의 지원을 얻어 당선되었다.[74] 그러면 일모는 언제부터 다니구치의 선거 지원단체가 된 것일까? 1956년 3월 19일에 다니구치가 자유민주당에서 전국구 후보가 되어 공인된 즈음부터이다. 그때 일모의 간부인 산부인과 의사는 《모성보호의보》에서 다니구치의 선거를 응원하는 글을 게재했다.

일찍이 「우생보호법」 비판의 최선봉에 섰던 세기 미쓰오는 다니구치가 '「우생보호법」을 거의 독자적인 힘으로 입안'한 것에 대해 "획기적인 안에 무한한 경의를 표했다"고 한다. 한편 "의표를 찔려 실업 상태에 빠진 후생성 소관과에서는 멍하니 무엇을 해야 할지 몰라했다", "후생성에서 병행적으로 만든 안은 이미 완전히 무산되었지만, 후생성 안이 통과되었다면 어떻게 되었을까? 지정의의 지정권을 부·현의 의사회가 보유하는 것과 같은 획기적인 구상은 다니구치 선생이 아니라면 불가능한 것이었고, 이후 법률에서도 전혀 유례가 없다"고 말했다.[75] 안도 가쿠이치(安藤画一)는 「우생보호법」 성립 시에 정부가 지정의제를 "지사가 지정하도록 강경하게 주장했으나, 다니구치 군이 의원 입법으로서의 특질을 살려 이것을 계속 거부함으로써 의사회의 지정권리를 확보한 것이 사실"이라고 했다.[76] 구지 나오타로도 '후생성에서는 기회가 있으면 지정의의 지정권을 관청으로 끌어오려고 했으나' 이를 견제하고 '이 외에 의사회에 저런 식으로 권리를 준 적이 있는가'라고 주장하고, 지정의제를 일모의 회원은 '영구히 확보하는 태세를 취해야 할 것'이라고 했다.[77]

앞서 말한 바와 같이 일모는 본래 국가적 행정 시스템 안에 의사회를 자리매김하고, 그 아래에서 조사·계몽을 실시하는 집단으로 결성되었다. 거기에는 전쟁 전 의계 신체제의 잔상도 보인다. 그러나 1956년 당시는 「우생보호법」을 둘러싼 지정의제는 일모의 이권이 되어버려 후생성의 공익 추구와 대립하는 동향을 보였다. 이러한 와중에 스스로의 이권을 창출한 자, 보호자로서의 다니구치의 성격이 명백해졌을 때 일모는 기꺼이 다니구치의 선거 응원자로서의 역할을 받아들였다. 우리는 후생성의 공익과 대립하는 다니구치를 개입시켜 산부인과 의사의 단체이익을 추구하는 일모의 모습에서 전쟁 전 의계 신체제의 구상이 보인 전쟁 후 변주를 찾아내야 할 것이다. 또는 이전의 의계 신체제가 개선을 시도했던 파벌주의(sectionalism)적 대립을 전쟁 후 후생성과 일모가 재연했다고 해석한다면 이것도 역시 전쟁 중의 구상에 소인이 잉태되어 있었다고 논평해야 할지 모른다.

5. 마치며

이상으로 다니구치 야사부로가 전쟁 중에 실시한 인적 자원 조사를 중심으로 한 구마모토 의사회장으로서의 활동부터 「우생보호법」의 제출, 개정에 이르기까지의 구상과 행동을 추적해보았다.

다시 한 번 다니구치의 사상이나 행동을 일본 우생학사 전개에서 그 위상을 고찰해보자. 다니구치는 구마모토현 의사회장, 일본의사회 부회장이라는 입장을 발판으로 위생행정 시스템의 일원화를 주창하고, 그 아래 의사와 의사회를 두고 인적 자원으로서의 인구증가와 '질' 향상을 이루고자 했다. 다니구치는 그것을 군·관·학의 연계하에 구마모토 의사회에서 인적 자원 조사라는 형태로 실천했던 것이다. 이런 사상과 행동은 인구 증강과 모체 보호에 중점이 있기는 했으나, 전쟁 전의 우생학 운동과 우생정책의 주류였던 민족위생협회의 주요 일원과의 구상과 공통된 것이었다.

그러나 다니구치는 전쟁 후 인구 증강론에서 인구 억제론으로 전향했고, 그 대신 보충으로 인구의 '질' 향상을 강조하게 되었다. 계급적 역도태론을 고집하고 우생정책의 강화와 피임과 인공임신중절을 추진했던 것은 그런 이유에서였다. 전쟁 전부터 우생학 운동의 주요 관계자는 나가이 히소무처럼 인구증강에 집착한 사람도 있었지만, 고야 요시오처럼 인구 억제론으로 전향해서 후에 행정적인 가족계획의 보급을 시도한 사람도 있었는데, 다니구치는 후자의 패턴으로 분류할 수 있다.

다니구치가 전쟁 후에 통과시킨 「우생보호법」의 성격은 「국민우생법」과 연관해서 어떻게 해석할 수 있을까? 법이 성립된 경위와 구상을 더듬어가면 전쟁 전·후의 연속성과 공통성을 분명하게 살펴볼 수 있다.

제7장에서 제시한 전쟁 전부터의 우생학론자는 우생학적 조치의 적용을 유전병에 한정하지 않는 형태로 확대하고자 했다. 그들은 범죄자, 알코올 중독자, 성병 소유자를 유전적으로 근절시킨다는 사상을 가지고 「단종법」을 빈곤 퇴치, 범죄 예방까지 포함한 사회정책 수단으로 하고자 하는 희망이 있었다. 그러나 법안 논의에서 신중론이 강경했던 점도 있고, 나치 「단종법」에 따라 형식적인 엄밀함을 강조한 법률로 수정해 의회에서 통과하기 쉽도록 했던 것이다.

전쟁 후에는 「국민우생법」에 의한 우생정책의 기능 부전이 지적되고, '신인구정책 기본 방침에 관한 건의'에서는 우생정책의 강화, 피임의 추진, 인공임신중절 규제 완화가 제창되었다. 가토 시즈에(加藤シヅエ)나 오타 덴레이(太田典礼)에 의한 「우생보호법」의 사회당 안도 그 법제화를 제창했다. 그들은 전쟁 전부터의 산아조절 운동가, 피임, 인공임신중절의 도입을 둘러싼 전쟁 전의 우생학론자나 다니구치를 포함한 산부인과 의사와 대립하고 있었다. 그러나 우생학적 조치의 확대라는 점은 전쟁 전부터 우생학론자와 공통되어 있었고, 전쟁 후 다니구치 등 인구 증강론자가 인구 억제론으로 전향하자 그 주장은 더욱 비슷해졌다. 사회당 안이 1948년 「우생보호법」 성립 시에 「국민우생법」에 근

접하여 단종의 적용이 한정되고 산아조절이 강조되지 않은 것은 다니구치의 의향으로 보는 견해가 있으나 이는 명백한 오류이다. 전자는 GHQ가 법의 엄밀성을 추구했기 때문이고, 후자는 국내 산아조절 신중파의 동향을 고려해서 그렇게 된 것이다.

결과적으로 1949년, 1952년의 개정으로 우생조치의 적용 범위는 확대되고 피임, 인공임신중절의 규제는 완화되었다. 다니구치의 구상이 관철된 결과였다. 인구 억제론으로 전향한 전쟁 전의 우생학론자는 하층계급은 자제심이 없고 교육을 받지 못해 자발적인 피임이 불가능하고, 한편으로 중산계급은 피임을 하니까 계급적 역도태가 발생한다고 주장했다. 그러나 전쟁 후에는 하층계급에도 국가적으로 피임, 인공임신중절을 지도하면 우생학적으로 유효하다고 여겨졌다.

이상을 근거로 「국민우생법」은 '유전병 한정주의'를 표방한 '나치계'로 하고, '확장우생주의'를 표방한 「우생보호법」은 산아조절 운동의 계보를 잇는 '비-나치계'로 한다는 마쓰바라 요코의 '우생법 계보'론은 전쟁 후의 동향에서도 성립할 여지가 없다. 그래서 러일전쟁 후 도입 이래, 잡지미디어에서의 과학계몽으로 반복되었던 고전적인 우생학의 주장은 전쟁 후 「우생보호법」에서야말로 전면적으로 표면에 드러났다고 평가할 수 있다.

다니구치는 「우생보호법」에 지정의제의 조항을 삽입함으로써 자신과 일본 모성보호의사협회가 이 법의 운용을 독점하는 것에 성공했다. 그러나 「우생보호법」을 둘러싼 다니구치와 일모(日母)의 다른 산부인과 의사 사이에는 커다란 사상적 차이가 있었다. 일모에 모인 유력 산부인과 의사는 「국민우생법」의 인공임신중절규제를 철폐하겠다는 욕구는 있었지만, 피임의 추진은 전쟁 전부터 인구증강 정신의 연장선상에서 반대하고, 계급적인 역도태에 대해서도 부정적인 견해를 가진 사람이 적지 않았다. 그 경향은 일모에 참여라는 형태로 끌려들어온 후생성 공중위생국의 관료에게는 더욱 강했다. 그러나 다니구치 주도의 법 개정은 이런 반대를 극복한 것이다.

단종·피임·인공임신중절의 다면성을 가진 「우생보호법」은 입장이나 주장에 따라 법의 어느 부분을 취할 것인가가 달라진다. 그런 점이 이 법 해석의 확산을 불렀을 것이다. 이 법은 자칫 「인공임신중절법」으로서의 측면만 강조되기도 한다. 관계된 이 법 해석의 성격은 이미 전쟁 후 초기의 「우생보호법」 주요 관계자의 해석 방법 안에 잉태되어 있었다고도 할 수 있다. 그러나 이 법에서 단종, 피임, 인공임신중절은 다니구치에게는 계급적인 역도태의 논리로 통합되었다. 그 구상이야말로 현실 정치의 법 형태로 체현되었다는 의미는 아무리 강조해도 지나치지 않을 것이다.

주(注)

1 松原洋子,「中絶規制緩和と優生政策強化」『思想』八八六号, 一九九七年.

2 荒木精之,『谷口弥三郎伝』久留米大学谷口弥三郎顕彰会, 一九六四年.

3 ティアナ=ノーグレン(岩本美砂子監訳)『中絶と避妊の政治学』青木書店, 二〇〇八年(原二〇〇一年)七六~七七頁. 그 밖에 우생보호법에서의 피임, 중절규제 완화에 중점을 둔 주요 연구는 다음과 같다. 石井美智子,「優生保護法による堕胎合法化の問題点」『社会科学研究』三四巻四号, 一九八二年, 藤白ゆき『性の歴史學』不二出版, 一九九九年; 田間泰子,『「近代家族」とボディ・ポリテイクス』世界思想社, 二〇〇六年; 荻野美穂,「「家族計画」への道』岩波書店, 二〇〇八年. 또한 溝口元,「占領期における人口政策と受胎調節(家族計画)」(『通史 日本の科学技術 第一巻』一九九五年)는 전체적 동향 파악에 유익하다.

4 이하, 다니구치의 경력은 아라키(荒木), 앞서 언급한 서적 외 P·Q生「人物評論(48)谷口弥三郎論」(『医事公論』一四二七号, 一九三九年一二月二日, 三三頁)의 기술도 참고가 된다.

5 이러한 경위는 古川卓治,「熊本医科大学への昇格運動 —— 県立移管と大学昇格」(『人文論集』三二巻三号, 一九九七年), 同「熊本医科大学の官立移管 —— 県財政窮乏下の公立大学運営をめぐる対立と帰結」(『教育史研究室年報』一四号, 二〇〇八年)에 자세하다.

6 「座談会 県医師会館の変遷と終戦前後の県医師会」『熊本県医師会史』熊本県医師会, 一九八三年, 七三五, 七三七頁(参加者の一人, 八木国男は谷口の女婿).

7 「座談会 熊本医界の特異性を語る」『医事公論』一四五一号, 一九四〇年五月一八日, 三一~三二頁.

8 앞서 언급한 P·Q生「人物評論(48) 谷口弥三郎論」, 三三頁. 여기에서 '전(前) 육군성 의무국장 고이즈미 지카히로 중장의 부친은 구마모토 6사단의 군의부장이었다. 지카히로 중장은 그 당시 확실히 야쓰시로(八代) 부근에서 태어났다. 그러므로 지카히로 중장과 야사부로 박사는 이해관계에 있었고, 그것이 메이지 10년 이래 깊은 인연으로 6사단 군의부와 구마모토현 의사회와의 긴밀한 제휴에 한층 강한 쐐기를 박고 있다'고 소개했다. 다만, 고이즈미는 후쿠이현 출신인데, 출생지가 야쓰시로인지 아닌지 분명치 않다. 게다가 고이즈미는 도쿄의 가이세(開成) 중학교, 오카야마(岡山) 제6고등학교를 나와 도쿄대학 의학부 생리학교실의 나가이 히소

무 문하에 들어갔고, 구마모토에서 지낸 흔적은 없다(「座談会·小泉親彦先生を語る」『日本医事新報』一六五一号, 一九五五年一二月一七日). 따라서 기사의 신빙성에 의문이 남는다.

9 熊本県医師会『熊本県医師会史』, 一九五九年, 四二九頁. 이 책은 구마모토현 의사회의 건의 및 결정 등을 담은 사료집이다. 구마모토현 의사회에 따르면, 현재 이 책에 수록된 원사료는 1953년 6월 26일 시라카와(白川) 홍수로 수몰되어 이용 불가능한 상황이라고 한다. 따라서 구마모토현 의사회 관련 사료의 인용은 오로지 이 책에 의거한다.

10 『熊本県医師会史』四三二頁.

11 『熊本県医師会史』四三二頁.

12 永井潜, 「優生学に就て」『医政』三巻七号, 一九二八年三月, 一九頁.

13 「民族衛生施設に関する方策如何」『医政』三巻一一号, 一九二八年七月, 二三~二五頁.

14 人口食糧問題調査会, 「人口部特別委員会議事録」(国立公文書館所蔵).

15 高岡裕之, 「医界新体制運動の成立 ── 総力戦と医療·序説」『日本史研究』四二四号, 一九九七年, 八三頁.

16 『熊本県医師会史』, 四九五~四九六頁.

17 『熊本県医師会史』, 五九一~五九二頁.

18 谷口弥三郎, 「人的資源調査上より見たる熊本県の実情と人口問題」『日本医師会雑誌』一八巻五号, 一九四二年八月, 二~三頁.

19 『熊本県医師会史』五七一頁.

20 『熊本県医師会史』五七七頁.

21 『熊本県医師会史』, 五九八~六〇一頁.

22 谷口弥三郎, 「時局と人口問題」『医事公論』一三八二号, 一九三九年一月二一日, 二二~二四頁.

23 『熊本県医師会史』, 六〇四頁.

24 谷口弥三郎, 「調査上より見たる熊本県の実情と人口問題」, 「人口問題座談会 ── 熊本県の人口問題を中心として」『人口問題』五巻二号, 一九四二年一二月.

25 その後の調査に関連した動向として, 一九四三年にはこの調査に基づいた「人口増強, 健民推進」のための「準健民特別指導地区」設定が挙げられる. 「準」とは厚生省の健民指導地区と区別し, これに倣ったとの意味だが, 医師会の独自の事業活動であるとの含意もある. これは指導地区を回迎町, 高瀬町, 菊池村など県下十町村に定め, 町村民の健康調査を主に保健指導を積極的に展開することを決めた. 調査は医師会支部, 当該町村, 学校の三つにわけ, 町村では, 1.乳幼児妊産婦数とその健否, 2.一般衛生状態, 3.業態及生活状態, 4.町村氏の異動状況, 5.壮丁検査の成績, 6.死亡病類別及年齢, 7.流産早産死産数, 学校では学校衛生(設備, 養護, 訓練, 給食, 不就学児童, 出席率, 職業指導等), 医師会は庁村民一般の健康状態, 衛生知識の程度のように調査項目を定めた(「地方医師会の活動状況を観る」『日本医師会雑誌』一九五号, 一九四三年九月, 一〇~一一頁).

26 앞서 언급한 「人的資源調査上より見たる熊本県の実情と人口問題」, 九頁.

27 「第37回日本婦人科学会総会記事」『日本婦人科学会雑誌』三四巻五号, 一九三九年五月, 六八~六九頁.

28 木下正中, 「昭和一四年度日本婦人科学会地方部会調査成績の総括」『日本婦人科学会雑誌』三五巻五号, 一九四〇年五月, 四三三~四四六頁.

29 앞서 언급한 谷口, 「人的資源調査上より見たる熊本県の実情と人口問題」, 二~三頁.

30 「第三九回日本婦人科学会総会記事」『日本婦人科学会雑誌』三六巻五号, 一九四一年五月, 八

三頁.

31 「第四〇回日本婦人科学会総会記事」『日本婦人科学会雑誌』三七巻五号, 一九四二年五月, 一三八頁.

32 谷口,「新体制に適応して国民医療並に生活科学の指導を如何に実施すべきや」『日本医師会雑誌』一六巻八号, 一九四〇年一一月, 四~八頁.

33 「日本母性保護会記事 其の一」『産科と婦人科』一〇巻四号, 一九四二年二月, 六一~六二頁.

34 1956년 다니구치가 참의원 의원선거에 전국구 후보로 출마했을 때, 세기 미쓰오(瀬木三雄)는 '모생보호법의 선각자(先覺者) 다니구치 야사부로 선생님'에서 수첩제도의 예산이 좀처럼 내려오지 않았을 때 다니구치가 당시 후생대신 고이즈미 지카히코(小泉親彦)와 교섭해 제도의 실시에 이르렀다고 말했다(『母性保護医報』七三号, 一九五六年四月二〇日, 一九七頁).

35 「日本母性保護会記事 其の四」『産科と婦人科』一〇巻七号, 一九四二年四月, 六八頁.

36 永井潜,「斯の時にして斯の人亡し」『西海医報』二七号, 一九五〇年九月一〇日.

37 永井潜,「民族衛生より観たる科学的配偶者の選択」『婦人と衛生』七九号, 一九三五年三月, 四~五頁.

38 永井潜,「生物学より観た人類の興亡観」『婦人と衛生』八四号, 一九三五年八月, 三~四頁.

39 『熊本県医師会史』四四一頁, 또한 전날 10월 22일에 구마모토현 학무과는 '나가이 히소무 씨 강연회'를 하나바타초(町) 의사회관에서 개최했다(440쪽).

40 古屋芳雄,『老学究の手帖から』家族計画協会, 一九七〇年, 六七頁, 고야(古屋)의 경력 등도 이 책을 참조.

41 石原房雄,「民族衛生創立時の追憶」『民族衛生』三〇巻一号, 一九六四年一月, 一頁.

42 앞서 언급한『谷口弥三郎伝』, 二七五~二八三頁.

43 「人 HITO 五一 谷口弥三郎氏」『日本医事新報』一二三二号, 一九四七年九月二一日, 一六頁.

44 「新人口政策基本方針に關する建議」人口問題研究会, 一九四六年一一月, 一五~二〇, 三一~三四頁.

45 太田典礼,「堕胎禁止と優生保護法」経営者科学協会, 一九六七年, 一七〇~一七一頁.

46 谷口弥三郎, 福田昌子『優生保護法解説』研進社, 一九四八年一〇月, 八五~八六頁.

47 앞서 언급한 谷口, 福田『優生保護法解説』, 八三~八五頁.

48 앞서 언급한 松原「中絶規制緩和と優生政策強化」, 一二七頁.

49 WNRC. RGNo 331 Box No. 9322 "Eugenics Protection Law" May 1948~Nov 1949 file, SCAP PHW Administrative Division, Publishing File.

50 『参議院厚生委員会議事録』二号, 一九四八年一一月一一日, 二頁.

51 『参議院厚生委員会議事録』四号, 一九五〇年一〇月三〇日, 一頁.

52 永井潜,「近時公布二つの重要法律について」『厚生時報』四巻一号, 一九四九年一月, 二四~二五頁.

53 吉益脩夫,「優生学から見た優生保護法」『法律のひろば』二巻五号, 一九四九年五月, 二〇~二一頁.

54 暉峻義等,「優生保護法と社会政策」『厚生時報』三巻四号, 一九四八年八月, 一五頁.

55 谷口弥三郎,『優生保護法詳解』日本母性保護医協会, 一九五二年九月, 四四~四五頁.

56 谷口弥三郎,『民族の優生化と母性保護』(非売品), 一九五六年一二月, 二五頁.

57 古屋芳雄,「優生問題としての人口問題」『婦人の世紀』一〇号, 一九四九年八月, 一四頁.

58 太田典礼,『反骨医師の人生』現代評論社, 一九八〇年, 四一~四九頁.

59 KS生, 「時の人 福田昌子さんを語る」『医界公論』三五号, 一九五〇年一月二五日, 二二頁.

60 『参議院厚生委員会議事録』一四号, 一九四八年六月二二日, 一~二頁.

61 「日本母性保護医協会 順調に発展す」『母性保護医報』一号, 一九四九年七月, 一頁.

62 「優生保護法に関する指定医問題をめぐって」(座談)『産婦人科の世界』一巻二号, 一九四九年五月, 二六~二七頁.

63 앞서 언급한 「優生保護法に関する指定医問題をめぐって」(座談), 三六~三七頁.

64 「座談会 優生保護法をめぐる問題(その一)」『総合医学』六巻八号, 一九四九年四月一五日, 一四~一六頁.

65 앞서 언급한 「座談会 優生保護法をめぐる問題(その一)」, 一八頁.

66 安倍雄吉『優生保護法と妊娠中絶』時事通信社, 一九四八年一二月, 二八頁.

67 安倍, 앞의 책, 一〇九頁.

68 安倍雄吉, 「優生保護法について」『社会事業研究』三二巻八号, 一九四九年九月二〇日, 二二~二七頁.

69 菅野周光, 「妊娠中絶の制限緩和と受胎調節の普及」『法律のひろば』五巻九号, 一九五二年九月, 二五~二七頁.

70 「座談 優生保護法めぐる諸問題(その1)」『産婦人科の世界』二巻一〇号, 一九五〇年七月, 四一頁.

71 「座談 優生保護法めぐる諸問題(その1), 四五~四六頁.

72 『参議院厚生委員会議事録』一二号, 一九五二年三月二五日.

73 ノーグレン, 앞의 책, 七六~七七頁.

74 앞서 언급한 『谷口弥三郎伝』, 二九六~三〇二頁.

75 瀬木三雄, 「母性保護の先覚者 谷口弥三郎」『母性保護医報』七三号, 一九五六年四月二〇日, 一九八頁.

76 安藤畫一, 「私の見る谷口君」『母性保護医報』七二号, 一九五六年三月二〇日, 一九三頁.

77 久慈直太郎, 「谷口君に関する所感(談話)」『母性保護医報』七一号, 一九五六年二月二〇日, 一八九頁.

제4부

신우생학의 전개와 매스컴
일본모성보호의사협회를 중심으로

《일모의보(日母医報)》제394호(1983년 2월, 2쪽)에 게재된 ''82「우생보호법」반대집회 회장 앞'(위)과 '개악 절대 반대를 외치는 여성 단체'(아래)(모두 야마테(山手) 교회에서) 사진

제9장

신우생학의 미디어 캠페인
오갸 헌금의 등장과 전개

1. 시작하며

이 장에서는 1960년대 이후 신우생학의 전개를 미디어와 그 시대의 중증 심신장애아(重症心身障害兒)* 복지와 의료 기술을 둘러싼 맥락에서 논한다.

신우생학의 내용은 복잡다단한 내용을 담고 있으나, 여기서는 염색체 이상을 주요 대상으로 한 양수검사, 산전 진단에 따른 선택적 인공임신중절 등을 지칭하며 이미 생명윤리의 논점이 된 지 오래이다. 이는 「국민우생법」(1940년 성립), 「우생보호법」(1948년 성립, 1996년에 「모체보호법」으로 개정, 이하 「우생보호법」으로 표기하기도 함) 등 「단종법」을 통과시킨 고전적인 우생학과는 구별된다. 2011년 7월 일본산부인과의사회는, 2001~2010년간 산전 진단으로 인한 인공임신중절은 1991~2000년 동안의 건수의 두 배에 이른다는 통계를 발표했다.[1] 1960년대부터 싹튼 기술의 발달에 따라 임신부 개인이나 가족, 나아가 현장의 산부인과 의사까지도 심각한 결단을 강요받는 사태는 진행이 점차 확대되고 있다. 이 장에서는 그 딜레마의 형성을 현대사 관점에서 살펴보고자 한다.

제1부와 제2부에서 이 부분은 우생학이 어떤 성질을 가진 '과학'이었는가를

---

*   (옮긴이) 일본에서는 '장해아(障害兒)'로 표현하나 이 책에서는 '장애아(障碍兒)'로 사용했다.

그 언론을 구성한 미디어에 착안하면서 분석했다. 제3부는 거기에서 형성된 논리가 우생학의 행정화에 어떤 식으로 반영되었는지를 살펴보았다. 여기서는 1960년대 이후 신우생학을 대중 매체와 연관지어 분석한다.

선행 연구의 전체적 동향은 서장 4절의 4)항에서 기술한 대로이다. 신우생학의 일환인 산전 진단이 1970~1980년대 「우생보호법」 개폐 논쟁 속에서 비판받으면서도 오늘날까지 존속되어서 지금도 우생사회의 양상을 보이는 원인을 여전히 파악할 수 없다. 그 원인은 1960년대부터 자치단체가 추진하다 1970년대에 없어진 '불행한 아이 태어나지 않게 하기 운동' 등과는 다른 맥락에서 찾아야 할 것이다.

서장에서도 기술했다시피, 1960년대부터 현대 신우생학의 동향을 해명하려면 일본모성보호의사협회(현 일본산부인과의사회, 이하 '일모(日母)'로 표기하기도 함)에 대한 자세한 분석이 필요하다. 이 장에서는 신우생학과 미디어의 관계에 대해 일모(日母)가 실시한 '오갸 헌금(おぎゃ一献金)'에 대해 살펴본다.

앞서 설명했듯이 1949년 일모(日母)는 산부인과 의사이면서 참의원 의원이자 일본의사회장을 역임한 다니구치 야사부로(谷口弥三郎)가 결성했다. 다니구치는 1948년에 「우생보호법」을 국회에서 통과시킨 중심 인물이었다. 다니구치는 「우생보호법」 제12조에서 인공임신중절 수술, 우생수술을 하는 지정 의사 조항을 제정했다. 일모는 다음 해 「우생보호법」 지정 의사 단체로 결성되어 인공임신중절 문제와 아주 큰 이해 관계에 놓였다. 서장에서도 언급했지만, 일모를 대상으로 한 연구는 적어서 일모의 활동 전체상을 파악하기는 부족했다.[2]

일모 산부인과 의사의 기본 관심은 인공임신중절 수술을 시행하는 지정 의사의 권한과 이해를 지키는 것이었다. 1960년대 무렵부터 '생장의 집(生長の家)'이라는 종교단체가 「우생보호법」상의 경제적 이유로 인공임신중절을 허용하는 문구를 문제 삼으면서, 산부인과 의사는 매스컴으로부터 낙태 의사라는 낙인이 찍히고 비난을 받았다. 오갸 헌금은 1964년에 가고시마현(鹿児島県) 오쿠치시(大口市)의 산부인과 의사인 도야 요시에(遠矢善栄)의 주장으로 시작되며, 일모가 전국적으로 캠페인을 전개했다. 오갸 헌금은 선천적 장애인의 복지와 선진 의료 개발을 위해 산부인과에서 비장애아를 출산한 임산부에게 헌금을 요청한다는 내용이었다. 본론에서 자세히 설명하겠지만, 일모는 오갸 헌금이 그 분야 복지에 공헌하는 동시에 산부인과 의사에 대한 미디어의 비판을 가라앉히는 데 도움이 되었다고 자평했다.

일본에서 우생학적 발상이 비판받기 시작한 것이 1970년 즈음이다. 오갸 헌금은 우생학적 발상이 아직 과학적이고 도덕적으로만 인식되었던 1960년대 중반의 산물이었다. 그것은 비장애아와 장애아를 양분해 전자를 행복하고 후자를 불행하다고 여기는 발상으로, 선진기술의 개발로 장애아의 출산을 감소시키는 발상과 결부되어 있었다. 그런 의미에서는 오갸 헌금을 신우생학의 생성이라는 맥락에서 논하는 것이 당연하다. 이 장에서는 주로 헌금의 전사(前史)부터 발족 10년 정도까지의 동향을 중점적으로 다룬다. 그 시기에 기본적인 윤곽은 모두 나오기 때문이다. 게다가 헌금은 1960년대 우생사상이 도덕적으로 옳다고 믿고 있던 시절에 발족했기 때문에 이 장에서 다룰 내용은 오늘날 윤리관에 조금 부합하지 않은 부분도 있지만, 이 책은 지금도 헌금 사업에 매진하는 분들의 진지한 노력을 부정할 의도는 전혀 없음을 밝힌다.

2. 오갸 헌금 전사(前史)

1) 역경 속의 일모:
「우생보호법」 개폐 논의의 발생과 다니구치 야사부로의 사망

오갸 헌금의 성립을 알려면 일본모성보호의사협회라는 조직의 본질, 나아가 1960년대에 존재한 「우생보호법」 비판의 동향을 살펴야 한다. 앞 장의 내용을 토대로 논의해보자.

「우생보호법」은 패전 후의 식량난, 전쟁 후 귀환자와 군제대자로 인한 인구과잉 문제, 또 강간 문제의 다발로 인한 인공임신중절 규제 완화를 요구하는

주장을 토대로, 1947년 가토 시즈에(加藤シヅエ) 등 사회당 의원이 제출했으나 심의 미결로 끝났다. 다음 해인 1948년에 참의원 의원 다니구치 야사부로가 주도하는 초당파 의원의 제출로 성립되었다. 다니구치는 1949년에 '경제적 이유'에 따른 인공임신중절을 허용하는 개정을 성립시키고, 1952년 개정에서 지역우생보호심사회를 통하지 않고 의사의 승인만 있어도 인공임신중절을 가능하게 했다. 이후 인공임신중절 건수는 급증했다. 다니구치는 동법 제12조(성립 시)에 인공임신중절을 '사단법인 의사회가 지정하는 의사'만 시행할 수 있도록 하는 지정 의사 조항을 포함시켰다. 이듬해 1949년 다니구치는 「우생보호법」 지정 의사 단체로서 일본모성보호의사협회를 설립했다. 그 목적과 사업은 '모성보호에 관한 통계 작성', '우생보호에 관한 학술 향상 연구', '우생보호의 철저한 일반 보급'이었다. 동법의 지정의사 조항은 산부인과 의사를 낙태죄로부터 보호하고, 인공임신중절수술이나 우생수술의 권한과 이권을 가져왔다. 그 이권의 확보를 위해 일모(日母)는 1950년대 중반 이후, 다니구치의 선거를 열렬히 후원했다.

그러나 1960년 전후부터 생장의 집 등이 「우생보호법」상 '경제적인 이유로 인한 인공임신중절'의 남용을 비판하고 나섰다. '생장의 집 흰비둘기회[白鳩会]'는 인공임신중절 방지 계몽운동으로 '생명 존중 운동'을 개시하고, 수차례에 걸쳐 국회에 청원했다. 그리고 1959년에 가토 시즈에 의원 등은 「우생보호법」에 시한 개설을 주장했다. 나아가 일본가족계획협회 중 일부도 지정 의사의 인공임신중절을 가족계획의 장애물이라며 비판했다. 여기에 더해 지정 의사 조항 등의 영향으로 「우생보호법」의 관리와 운용에 충분히 관여할 수 없었던 후생성도 높은 수준의 인공임신중절 횟수로 인해 '모체의 보호와 건전한 가족계획'이 무너질 것을 우려하면서, 「우생보호법」은 재검토하는 쪽으로 기울어졌다.[3]

일모(日母, 일본모성보호의사협회)는 역경을 맞았다. 일모의 부회장 구지 나오타로(久慈直太郎)는 이들 운동에 대항하기 위해 이듬해 참의원 의원 출마를 고사한 다니구치에게 출마를 설득했다. 그러던 중 1962년 5월 22일 다니구치는 고쿠라(小倉)에서 강연을 하다 쓰러진 후 심장병 진단을 받았다. 참의원 의원 선거 고시가 6월 6일인 탓에 결국 다니구치는 출마를 단념했다. 그러나 일모 내에서는 '와병 중에도 운동을 진행하는 것이 당연하다는 설'이 돌 정도로 다니구치에 대한 의존도가 높았다.[4]

같은 해 10월 30일 일모 전(全) 이사회에서는 "언젠가 이 이사회에서 다니구치 선생을 대신할 사람이 나와야 한다"는 데 뜻을 모았고, 참의원 의원인 마루모 시게사다* 의원이 일모의 고문으로 추천되었다. 마루모는 1970년대부터 1980년대에 일모의 로비스트로 활동하며 「우생보호법」 개정 저지에 힘썼다. 또 이사회에서 구지 나오타로 회장대리는 "매스컴이 떠든다고 해서 지나치게 예민해질 필요는 없다"고 발언했으며, 후쿠다 마사코(福田昌子)는 "일본을 낙태 천국이라 비판해도 당황해서는 안 된다"고 말했다. 이 이사회에서 아이치현(愛知県) 지부의 아사이 시로(浅井四郎)가 "일모는 계속 이렇게 넋 놓고 있을 수 없다. 어떤 사업이든 해야 한다", "현재 사회정세는 사회복지 측면을 특히 간과할 수 없다"고 하면서, 아이치현에서 시행되는 '암의 집단검진, 임신중독증 대책 실시', 가족계획에 관한 설문조사 실시를 소개했다(이상 《의보》 제150호, 1962년 11월, 5쪽). 조직에 위기가 닥쳤을 때 지역 지부 단계에서도 일모의 신규 사업 개척을 요구하는 의지가 생겨났다.

그러나 1963년 8월 '탈리도마이드(thalidomide) 수기(手記) 사건'은 병상에서 회복 중이던 다니구치와 일모에 더 큰 충격을 주었다. 이 사건의 영향으로 「우생보호법」 개정 주장이 한층 높아지고 후생성까지 개정을 검토하기 시작했다. 사건의 개요는 이렇다. 1960년대 초 수면제 탈리도마이드제의 최기성(催奇性)**이 문제시되어, 미국과 유럽 여러 나라에서 판매금지 조치가 취해졌는데, 일본 후생성은 대응이 늦어지고 있었다. 그러던 중, 한 장애인이 자신의 장애 원인이 탈리도마이드에 있는지 확인하기 위해 임신 중인 아내에게 발매 금지

---

* (옮긴이) 마루모 시게사다(丸茂重貞, 1916~1982). 의사, 정치인, 자유민주당 참의원, 환경청 장관 등 역임.

** (옮긴이) 약품이나 환경 중의 화학물질이 임신 중의 모체에 작용했을 때, 태아에 기형을 일으키는 성질.

된 이 약을 대량 복용시켜, 임신 5개월에 인공임신중절수술을 받게 했으나, 태아에 장애는 나타나지 않았다. 이 사실을 적은 수기가 1963년 8월 5일자 주간지 《여성 자신(女性自身)》에 게재되면서 수술을 맡은 의사가 문제시되고 언론매체에서 「우생보호법」 개정 움직임이 공론화되었다.

후쿠다에 따르면, 다니구치는 화가 심장병에 얼마나 악영향을 미치는지(御立腹と同時に御心痛一入) 잘 알면서도 1963년 8월 19일 뇌출혈로 사망하기 며칠 전까지 후생성에 나가 장관들과 담판을 벌였다고 한다.[5] 구지 나오타로는 다니구치에 바치는 조사에서, 사건에 대해 "매스컴에서 마음대로 기사들을 썼다"며 비난하고, 그것이 다니구치의 뇌출혈 원인이 되었다며 "탈리도마이드가 다니구치를 죽였다"고 말했다.[6]

1963년 일모의 《의보(医報)》에는 5월 「인공임신중절에 대한 매스컴의 논설 요지」, 「저널리즘의 인공임신중절 활용' 방지 소송에 대응하며」(이상 제156호)를 비롯하여 거의 매 호에서 매스컴을 비판했다. 다니구치 사후 일모의 《의보》에서 신문잡지의 '비방 기사'를 향한 비판은 한층 격화되었다. 1963년 10월(제161호)의 스기야마 세이(杉山生)가 쓴 "참으로 지독한 이야기"는 《부인공론(婦人公論)》 10월호에서 니시오카 아이코(西岡瓊子, 전직 조산사)가 쓴 "200만 태아를 대신해 고소하다"라는 기사를 공격했다. "인공임신중절로 운영되는 조산원 경영"에서는 "임신 8개월째의 중절 수술 시, 우는 태아의 입을 의사가 손으로 눌렀다" 같은 영아살인 사례를 소개했다. 스기야마 세이는 '적의'에 찬 '폭로 기사', '싸구려 기사'라고 비판하며 일모의 힘을 결집해 '명예 훼손'으로 '고소'도 불사해야 한다고 말했다(6쪽). 사실, 일모는 11월에는 '중앙공론 사장, 편집장에 항의'하며 일모 단체 자격이 아닌 마쓰우라 데쓰야(松浦鉄也)라는 개인 이름으로 12월호에 반론 기사를 내기로 약속을 얻었다(제62호, 7쪽). 10월호(제60호)에서는 미즈카미 쓰토무(水上勉)가 《모든 책들(オール読物)》 잡지에 쓴 소설 「검은 산실(黒い産室)」도 악덕 산부인과 의사를 묘사해 비판받았다. 《선데이 마이니치(サンデー毎日)》지에 연재한 야마자키 도요코(山崎豊子)의 「하얀 거탑(白い巨塔)」도 '사람들이 의사와 의료를 불신'하게 만들었다며 이들 작가에게 '반성'

을 강력히 촉구했다. 즉 일모는 스스로를 전문가 집단으로 규정하면서, 「우생보호법」의 개폐를 주장하는 세력과 거기서 발단되어 신문과 잡지에서 떠드는 인공임신중절 비판들을 전문가의 의도를 이해 못 하는 매스컴으로 일괄해서, 조직 내에 피해자 의식을 고취하거나 때로 반격을 시도하기도 했다.

다니구치 사후 일모의 새 회장은 1964년 3월 22일 13회 정례 대의원회에서 도쿄대학 교수인 모리야마 유타카(森山豊, 1904~1988)로 정해졌다. 모리야마는 회장 취임사에서 다니구치의 죽음을 '일모 결성 이래 최대의 난관'이라며 '작금의 지정 의사 문제라든가, 「우생보호법」에 대한 주위'의 비판이 거세지는 점을 언급하며, 변명만 할 것이 아니라 "적극적으로 우리의 입장과 주장을 당당하게 말하고, 오히려 여론을 리드해야 할 것"이라고 말했다. 아울러 모리야마는 일모(日母)의 운영상 염두에 두어야 할 점을 아홉 가지 들었다. 이 장과 연관 깊은 내용만 소개하면 다음과 같다. ①'지정 의사를 회원으로, 민족우생과 모성보호를 목표로 창립'되었다는 일본모성보호의사협회 존재 의의를 되새길 것, ③ '모성보호 지도 추진'으로서 지정 의사는 '가족계획 지도, 임산부 보험 지도, 불임 예방, 치료 이외 후생성이 전국적으로 실시하고 있는 임신중독증, 미숙아, 신생아 대책이나 혼전 지도 등에 협력'할 것, ④「우생보호법」의 연구, ⑥'인공임신중절의 실태 조사' 등의 '조사연구'(《의보》 제167호, 1964년 4월, 2쪽).

또한 같은 날 총회에서는, 가고시마 지부가 제출한 '중증 심신장애아의 구제 대책'이 채택되어 상무 이사회에 일임되었다. 이것이 바로 '오갸 헌금'이다. 동호의 '소식자(消息子)'에서 "일모는 인공임신중절 전문의사 집단이라는 오해를 풀기 위해서도 가고시마에서 제안한 '오갸 헌금'은 반드시 결실을 맺고 싶은 계획. 매스컴이 그 성과를 기다리고 있다"(상동, 5쪽)며 기대를 모았다.

지금까지의 논점을 정리해보자. 1960년 즈음부터 「우생보호법」의 경제 조항에 관해 생장의 집과 매스컴에서 지정 의사를 비판하자 일모는 대책을 강요받았다. 여기에 회장이었던 다니구치 야사부로가 병으로 정계은퇴를 한 후 사망하는 사태까지 겹쳤다. 그로 인해 일모는 새로운 체제를 확립하고 지정 의사 비판을 피하기 위한 신규 사업 개척의 필요성을 모색했다. 오갸 헌금의 전국적 전개는 이런 맥락에서 채택되었던 것이었다.

2) 도야 요시에와 일모 가고시마현 지부

오갸 헌금은 가고시마현(鹿児島県) 오쿠치시(大口市, 현재의 이사시(伊佐市))의 산부인과 의사 도야 요시에(遠矢善栄, 1906~1993)가 제창했다. 도야는 가고시마현(縣) 히오키군(日置郡) 이자키촌(伊作町)에서 태어났다. 어머니가 출산 중 출혈로 인해 사망한 것을 계기로 산부인과 의사가 되기로 마음먹고, 도쿄 의학전문학교(현 도쿄 의대)를 졸업했다. 도립 오쓰카(大塚) 병원에 근무하는 것도 잠시, 전시 공습을 피하기 위해 아내의 피난처인 오쿠치시에 의탁하다가 그곳에서 개업했다.

도야(遠矢)는 같은 오쿠치시에 사는 뇌성마비로 인한 중증 심신장애아 세 자매를 만나 구제운동을 시작하게 되었는데 그것이 도야가 오갸 헌금을 창시하게 된 계기였다. 세 자매는 장녀가 16세, 차녀가 11세, 막내가 8세였다. 나머지 가족은 부모와 장애 없는 장남이었다.[7] 세 자매의 양친은 1946년 3월에 결혼했는데 사촌끼리의 근친결혼이었다. 이는 그 지역에 흔히 있는 풍습이었다.

1963년 장마 기간에 도야는 《미나미니혼신문(南日本新聞)》의 지인 기자로부터, "사례가 되었던 세 자매 집에 가보지 않겠습니까?"라는 권유를 받았다. 이 세 자매는 도야가 만나기 전부터 현지에서 유명했다. 세 자매의 아버지는 모 주간지에 '저희와 같은 장애아가 있는 가정'의 '불행한 사람들을 널리 찾아서', 편지 왕래든 직접 만날 수 있다면 '물심양면으로, 한줄기 광명을 찾을 수 있지 않을까'라는 취지의 투서를 썼다. 여기에 응하여 도후쿠 이와키시(磐城市)의 전기 기구상이 텔레비전 1대를 기증했다. 《미나미니혼신문》은 5월 27일 조간에서 이 기사를 보도했다. 세 자매는 특히 프로레슬러에 '독특한 흥미'를 느꼈는데, 아버지는 세 자매가 '즐거워하는 모습이 보기 좋아서' 역도산(力道山)*에게

---

* (옮긴이) 역도산(力道山, 리키도잔, 1924.11.14~1963.12.15): 한국계 일본인 프로레슬러.

편지를 썼다. 이윽고 역도산 일행이 가고시마 시내에서 경기를 하던 날, 세 자매와 아버지를 초대하였다. 역도산은 '불행한 세 자매의 모습에 진심으로 연민을 느껴, 부친을 위로하고' 텔레비전 1대를 기증했다. 기자가 '사례가 되었던 세 자매'라는 표현을 쓴 것은 이런 경위가 있어서 미디어에서 오갸 헌금이 전개되는 소지도 찾을 수 있기 때문이다.

도야가 세 자매의 집을 방문했을 때 다다미 네 장 반짜리 방에는 '엎드리거나, 또는 누워 있거나, 고개를 젖혀서 이상한 괴성을 지르는 세 여자아이가' 있었다. 도야는 세 자매의 어머니가 다섯째 아이를 임신했을 때 자신이 인공임신중절과 피임 수술을 했었다는 사실을 나중에야 떠올렸다. 가족에게 '수족에 운동장애가 있는 아이'가 있고, '가계 형편도 어려워서', '이 이상의 부담을 이겨낼 수 없다'는 호소에 응했다고 한다.

도야는 오쿠치시 의사회 회장이라는 입장도 있어, 아동복지법에 의거해, 후생성에 세 자매를 시설에 수용해서 치료, 간호를 받게 하는 절차를 신청하고자 했다. 도야는 오쿠치시의 이케다 기요시(池田清志) 국회의원의 소개로 구로키 도시가쓰(黒木利克) 아동국장과 만났다. 그러나 후생성의 복지대책은 18세 이상 장애인의 직업지도가 대부분으로, 장애아의 수용시설은 엄두도 못 낼 형편이었다. 도야는 낙담했으나, 오쿠치시의 오가와 히사시(小川久志) 복지사무소장이 이해를 표했다. 1963년 7월 복지사무소를 중심으로 '오쿠치시 세 자매를 행복하게 하는 모임(大口市 三姉妹を幸せにする会)'을 개최했다. 그러나 '맹인이나 농아'도 장애인으로, '세 자매 이외에도 마찬가지 처지의 장애아가 있다'는 의견에서 '중증 심신장애아를 행복하게 하는 모임(重症心身障害児を幸せにする会)'으로 변경했다. 설립 총회는 9월에 개최해 일반회원 537명, 특별회원 65명이, '장애아의 수용시설 정비와 보호시책 확립'을 요구하기로 결의했다. 같은 해 12월에는 '장애아의 어머니를 위로하는 모임'을 개최했다. 이 모임은 예상 이상의

일본에서 프로레슬링의 기초를 닦은 인물로, '일본 프로레슬링의 아버지'로 불린다. 본명은 김신락(金信洛)으로, 귀화 후 이름은 모모타 미쓰히로(百田光浩 ももた みつひろ)이다.

반향을 일으켜 매스컴에서 취재도 왔다.

그러나 도야는 이 활동의 효과에 한계를 느꼈다. 그래서 1964년 1월쯤 일본 모성보호의사협회의 가고시마현(縣) 지부에서 장애아 구제에 관한 문제를 제기하려고 마음먹었다. 도야는 그에 앞서 전 회원에게 팸플릿을 배포했다. 거기에는 이렇게 적혀 있다.

오체가 완전한 옥동자처럼 건강한 우리 아이의 탄생을 알고, (중략) 우리 아이가 건강한 울음 소리를 내다가도 새근새근 잠들면 그 충만함으로 엄마 얼굴은 행복으로 가득하지요.

그런 의미에서 산모 분들에게 부탁합니다! 부디 이 기쁨, 이 행복의 천만 분의 1도 되지 않는 돈 10엔을 장애아와 불행을 안고 살아가는 가족에게 나눠주십시오. 이 기부의 적립에 따라 이 불행한 아이들도 반드시 밝고 행복한 날을 맞이하게 될 겁니다.

이런 종류의 문구는 오갸 헌금의 소개 기사나 팸플릿에서 꼭 나오는 내용으로, 현재에도 그 틀은 바뀌지 않았다. 건강아와 장애아를 이분해서 전자를 행복하고 후자를 불행하다고 평가하는 발상은 현재 구조에서는 '내재된 우생사상'으로 파악된다. 그 말은 태어난 우리 아이가 건강한 아이이기를 바라는 엄마의 일상적 소망과 불가분에 있다.

도야는 이 구상을 진작에 일모(日母) 가고시마현 지부이사인 구스모토 미센시(楠本己千之)에게 이야기하고 구스모토는 부지부장(副支部長)인 노보리 이사오(昇勇夫)에게 상담했다. 노보리는 '이 아이디어야말로 우리를 향한 혹독한 여론을 진정시키는 데 도움이 될 것이라고 대번에 확신'했다. 노보리는 신속히 도바시 히데오(土橋英夫) 지부장에게 상담하고 동조를 얻었다. 도야의 구상은 1월 23일 지부총회에서 만장일치로 채택되었다.[8] 가고시마 지부의 간부는 총회 종료 후에 쓰치하시 집에 모여서 실행에 옮길 협의를 하고, 도야의 의견을 수용해 운동을 '오갸 헌금'으로 명명했다. 그리고 3월 23일 일모(日母)의 정례 대의원회에서 오갸 헌금의 전국적 실시를 제안하고 만장일치로 채택되었다. 4월부터는 헌금이 가고시마현 지부에 납입되기 시작했다. 5월에는 현의 헌금 사무를 집중적으로 맡은 와카하라 다케오(若原猛夫) 이사가 일모(日母) 규슈 구역 회의에서 운동 추진에 대한 협조를 의뢰했다.[9] 7월 1일부터 전국 단위로 사업이 개시되었다.

3. 오갸 헌금의 개시와 전개

이 장부터 헌금 운동의 내용 분석에 들어간다. 단, 언제 무슨 일이 있었는지는 오갸 헌금 연대기나 팸플릿류에 대부분 명확히 나와 있으므로 연표의 기술은 무의미하다. 여기서는 헌금의 구성 요소를 ① 미디어 캠페인, ② 장애인 복지, ③ 선진 의료와의 관련성이라는 세 가지로 분류해 논의한 후 신우생학이나 「우생보호법」 개폐 논쟁에서 어떤 의미가 있는지 명확히 하고자 한다.

1) 미디어 캠페인으로서 성격과 전개

오갸 헌금은 출발점부터 매스컴을 활용하는 경향이 두드러졌다. 1960년대 무렵부터 신문, 라디오, 텔레비전, 주간지에서 중증 장애아와 가족의 참상을 호소하며 보호를 요청하는 보도가 늘어나기 시작했다.[10] 오쿠치시의 세 자매가 주간지나 지역 신문에서 알려졌던 것도 그 일환일 것이다. 1964년 6월 3일 《아사히신문》은 오갸 헌금이 7월부터 전국적으로 전개될 거라고 보도했는데, 그에 앞서 1963년 8월부터 배우 반 준자부로(伴淳三郎)가 뇌성마비 등 심신장애아를 돕는 헌금 활동을 하고 있다는 기사와 함께 소개했다.[11] 다음에 나올 2)항에서도 언급하겠지만, 오갸 헌금의 매스컴 활용은 적기를 맞이했다.

전국적 시행에 앞서 운동을 개시한 일모(日母) 가고시마 지부에서는 도바시히데오 지부장과 와카하라 다케오(若原猛夫) 이사가 신문사와 접촉했다. 《미나미니혼신문》 문화부가 동조하며 포스터, 전단지, 헌금 주머니 등의 인쇄물에 들어갈 문장의 교정, 영수증에 첨부할 도안을 제공했다고 한다.[12] 이 신문은 1964년 4월 8일에 도쿄 일모(日母) 총회에서 오야 헌금이 전국적으로 진행될 예정이라고 보도했다.[13] 아울러 10일 1면의 칼럼 「남풍록(南風錄)」에서는 도야의 사상과 행동에 지지를 표하며 가고시마현민이 전국적으로 펼친 '세 가지 대성공 운동'으로 '도서관에서 부모와 아이의 20분 책읽기 운동' '현 부인회의 세 가지 없기 운동' 다음에 오야 헌금을 추가했다.[14] 이후에도 이 신문은 가끔 헌금 관련 기사를 게재했다.[15]

일본모성보호의사협회 중앙에서는 특히 《아사히신문》과의 연대가 두드러졌다. 상무이사인 마쓰우라 데쓰야(松浦鉄也)는 『오야 헌금 10주년 기념지』에 보낸 회상 글에서, 관계자는 헌금 운동을 "널리 사회에 철저히 주지"시키려면 "매스컴 보도가 유일한 방법"이라는 의견에서 일치했으며, "홍보 담당인 저에게 맡겨진 업무"이기도 했다고 말했다.[16] 《아사히신문》 사회부의 초등학교 동창인 기자 도움으로, 마쓰우라는 노스에 겐이치(野末源一) 담당간사와 함께 아사히 신문사로 가서 '심신장애시설의 빈곤, 우리의 포부, 그리고 오야 헌금 운동 PR'을 했다. 다음 6월 29일 조간에 운동의 소개와 모리야마 유타카 일모 회장의 코멘트가 7단계로 나뉘어 소개되었다.[17]

7월 1일 발족식장은 도쿄대학 분원의 강당에 있는 한 교실이었다. 회원 중 참가자는 40명 정도로, 가고시마 지부에서 쓰치하시, 도야도 참가했다. 모리야마는 인사말에서 이렇게 말했다.

중증 심신장애아가 태어나면 본인은 물론, 그 가족과 관련자의 고생이 이루 말할 수 없습니다만, 현대 의학으로는 그 원인을 모르는 경우도 많고 사실상 예방이 불가능하다고 합니다. 그런 점에서 건강한 아기의 탄생은 대단한 경사인 동시에 행복입니다. 기쁨에 찬 어머니와 그 탄생을 도운 의사, 또는 조산사와 그 외 관계자들이 약소하나마 헌금을 해서 심신장애아 시설비의 일부로 사용하고자 하는 것이 헌금 운동 전개의 취지입니다.

도야 요시에, 스미 하나요와 함께
자료: 『おぎゃー献金十周年記念誌』社団法人日本母性保護医協会(1973).

　내빈 인사는 후생 대신 대리인 다키자와 다다시(滝沢正) 모자위생과장, 다케미 다로(武見太郎) 일본의사회 회장 대리인인 아베 데쓰오(阿部哲男) 부회장, 시마다 요육원(島田療育園) 원장 고바야시 데이주(小林提樹)였다. 그에 비해 아사히, 마이니치, NHK를 비롯한 각 신문사, TV, 라디오에서는 20~30명의 보도진이 몰려들었다. 게다가 모리야마 회장은 같은 날에 TBS, NHK 텔레비전 방송에도 출연했다(《의보》 제170호, 1964년 7월, 1~2쪽).

　헌금 제1호는 전 다카라즈카(宝塚)* 여배우 스미 하나요(寿美花代)**였다. 마쓰우라는 '매스컴을 통해 전국 방방곡곡까지 이 운동을 소개하려면 헌금 제1호를 유명인에게 의뢰할 필요가 있다는 결론'하에 3개월 전에 남아를 출산하고 '행복의 절정'에 있는 이 연예인 부부에 주목했다. 하지만 이 제안은 본인에게

---

* (옮긴이) 효고현(兵庫県) 다카라즈카시(宝塚市)에 본사를 둔 가극단.
** 다카시마 다다오(高島忠夫)의 부인.

헌금 제1호의 문양
왼쪽부터 도바시 히데오, 스미 하나요, 도야 요시에, 모리야마 유타카
자료: 『おぎゃー献金十周年記念誌』社団法人日本母性保護医協会(1973).

전해지기도 전에 거절당했다. 그 외 둘째를 낳은 우에키 히토시(植木等) 부부
등이 후보에 올랐으나, 결국 '반년 전, 고바야시 게이주(小林桂樹)와 쓰카사 요
코(司葉子)가 산부인과 의사 부부로 연기하는 영화의 연기지도(?)'를 한 인연 덕
에 도호(東宝) 영화사의 아오야기 노부오(青柳信雄) 감독 도움으로 발회식 전날
인 6월 30일 다카시마 다다오(高島忠夫)의 승낙을 얻었다. 여배우 스미의 헌금
은 각 신문 등에서 크게 보도되었다. 스미는 《요미우리신문》의 취재에서 자신
이 출산할 때 "어떤 아이가 태어날까 걱정이 많았다"고 말하며 "선천적으로 손
발이 부자유롭거나 정신박약아를 생각하며 헌금에 꼭 참여하기로 마음먹었다"
라고 답했다.[18] 그러나 다카시마 부부의 소중한 아이 미치오(道夫)는 8월 24일
그 집 가정부에게 살해되었다. 마쓰우라(松浦)는 다카시마 부부로부터 "35일
기일 법요에 즈음하여 답례로 '헌금'을 하였는데, "인사 한마디도 없었다"고 하
였다.

한편 가수 하타케야마 미도리(畠山みどり)는 1966년 3월 8일 도호극장에서 자선 공연을 개최했다. 악천후에도 관객이 70~80%나 입장할 정도로 성황이었다고 한다. 모리야마 일모 회장이 취지 설명을 하고, 가와시마 쇼지로(川島正次郎) 국무상이 축사를 전했다(《의보》 제191호, 1966년 4월, 8쪽). 그리고 헌금 상자에는 아즈마 지요노스케(東千代之介), 가스가 하치로(春日八郎), 컬럼비아 톱·라이트 만담가 콤비가 헌금하여 1만 6000엔이 넘게 모였다. 하타케야마는 따로 20만 엔의 헌금 목록을 넘겼다. 또 1968년 6월 20일에는 헌금 1억 엔 기념회 기념식과 자선 공연이 700명이 참가한 가운데 열렸다. 하타케야마, 페기 하야마(ペギー葉山), 오하시 교센(大橋巨泉), 스미(寿美)의 사회로 '즐거운 추첨 대회'가 열렸다. 자선 공연의 수익금은 전액 오갸 헌금에 기부되었다(《의보》 제217호, 1968년, 2쪽). 다만 1967년 9월 《의보》는 1억 엔 기념 행사에 대해 다음과 같이 보도했다. "여론이란 굉장히 잘 잊어버리는 존재라서 때로 뭔가 새로운 일이 없으면 대체 뭔 일이 있었던가 하곤 한다"(《의보》 제208호, 2쪽). 이처럼 여론이란 잠시 화제가 되다가도 금세 식어버리는 위기감과 종이 한 장 차이였다는 사실도 지적하고자 한다.

이후에도 오갸 헌금은 가끔 연예인을 활용했다. 1972년 제4회 헌금 포스터에는 쓰카사 요코(司葉子)가 모델이 되었다. 1986년 제2회 자선 바자회는 프로 권투 선수인 가쓰 이시마쓰(ガッツ石松), 시바타 구니야키(柴田国明), 나카지마 시게오(中島成雄)가 초대되고, 에도야 네코하치(江戸屋猫八), 사이조 히데키(西城秀樹), 마쓰모토 이요(松本伊代) 등 다수의 예능인과 프로야구 선수의 협찬을 홍보했다. 1988년 헌금 제25주년 기념 이벤트 포스터에는 하라 다쓰노리(原辰徳)의 헌금 모습이 실렸다. 1993년 제30주년 기념 이벤트에서는 아그네스 찬(Agnes Meiling Kaneko Chan)의 노래와 토크쇼가 개최되었다.[19] 1998년 SAM과 아무로 나미에(安室奈美恵)의 헌금도 기념지 등에서 크게 언급되었다. 다만 그 이후에는 두드러지는 연예인의 등장이 보이지 않는다.

여기서 더 중요한 점은 황족의 헌금이다. 1969년 4월에 노리노미야 사야코(紀宮清子) 공주를 출산한 미치코 비(현 황후)는 6월 10일에 금일봉을 헌금했다.

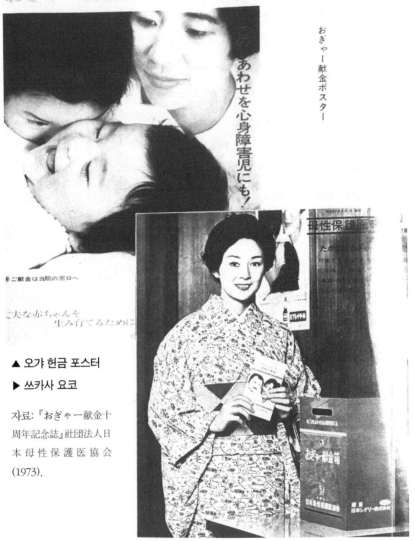

おぎゃー献金ポスター

▲ 오갸 헌금 포스터
▶ 쓰카사 요코

자료: 『おぎゃー献金十
周年記念誌』社団法人日
本母性保護医協会
(1973).

그날은 모리야마가 황태자와 미치코 비에게 '일본의 모자보건 현황에 대하여'
라는 제목으로 강론했을 때였다. 《의보》는 평상복 차림의 미치코 비가 노리노
미야를 안고 찍은 사진과 함께 이를 보도했다(제230호, 1969년 7월, 1쪽). 미치코
비는 1983년 9월 18일 헌금 20주년 기념 식전의 축하회에도 참석해 전시실에서

모리야마로부터 헌금 경과와 전시품의 설명을 들었다.[20] 1992년 1월 31일에는 아키시노 노미야 비[秋篠宮妃, 가와시마 기코(川嶋紀子)]가 헌금을 하고, 다음 해 1993년 10월의 헌금 제30주년 기념 축하회에도 참석했다.[21] 기코 비는 1995년 2월에도 헌금을 했다. 이를 일모의 《의보》와 기념지는 크게 언급했다. 미치코 비의 헌금과 관련한 화제는 1958년 결혼 이후 매스컴이 대대적으로 보도해왔다. 1960년 나루히토 친왕(德仁親王, 현 황태자)의 출산도 매스컴의 큰 이벤트가 되었다. 황태자 부처는 연애 결혼을 통한 이상적인 가족으로 거론되었다.[22] 기코 비의 보도도 마찬가지일 것이다. 즉 매스컴이 창출한 황실 이미지를 가져다 일모를 홍보하는 데 유용(流用)을 한 것으로 파악할 수 있다. 또한 황실을 존경하는 '생장의 집'에 맞서서 황실 이미지를 빼앗아 올 의도가 있었을지도 모른다.

일본모성보호의사협회는 헌금의 효과를 실감했다. 일모의 《의보》는 1965년 7월호의 편집 후기에서 동년 6월 20일의 지부장 회의에 대해 "탈리도마이드에 끌려다닌 재작년 여름의 지부장 회의에 비하면, 모든 것이 발전적 활동"이었다고 전했다. 아울러 헌금이 "일모의 주요 임무는 아니나, 부인과 의사의 '선의'를 다시금 인식시킨 것은 안팎으로 커다란 의의가 있다"고 이어 말했다(제265호, 7쪽). 또 《요미우리신문》은 "산부인과의 선택과 비용"이라는 기사에서, 인공임신중절은 물론 출산도 '「우생보호법」 지정 의사'를 선택하도록 권장했다.[23] 《의보》는 "오갸 헌금 등으로 인해 본회의 존재가 세간에 인식된 '결과'로 '우보(「우생보호법」) 지정 의사'의 의의가 널리 알려졌거나 '지정 의사가 아니라면 산부인과 전문의가 아니다'라는 사실이 상식이 되었기 때문"이라고 전했다(《의보》 제205호, 1967년 6월, 1쪽).

이는 헌금 보도 등을 통한 '매스컴 대책'의 성과로도 볼 수 있다. 일모의 정례 대의원회에서는 1966년 3월 이후, 사업 항목에 '매스컴 대책'도 넣었다(《의보》 제192호, 1쪽). 1967년 《의보》 200호 기념 설명에서는 「우생보호법」 비판 등 '매스컴'의 '활자 폭력'에 대항해 많은 '신문, TV, 라디오, 주간지, 여성 잡지 등'과 교섭을 갖고, '여러 기획이 제정되면서 최근에는 부인과 관련 문제는 우선 본회에 회부되도록' 했다(3쪽).

그러나 매스컴에 대한 경계는 확고했다. 예를 들어 1966년 11월 감사 구사카리 구니히코(草刈邦彦)(도쿄도 지부)가 탈리도마이드 인체 실험이나 보도사진전을 통해 인공임신중절 수술의 안이함이나 비참함을 논하는 식의 '매스컴 폭력'을 비판했다. 구사카리는 '그들에게 이용당하지 않는 것이 가장 중요'하며 '적정 타당한 의료'나 봉사 활동 등 'PR을 내외로 강화'하는 등 '우리가 일치단결'할 것을 호소했다(《의보》 제198호, 6쪽). 그러나 1968년 10월에 4NET의 민족 TV 모닝쇼가 "인공임신중절 천국 일본"을 방송하는 등 지정 의사 비판은 그치지 않았다. '「우생보호법」이 지정 의사에 따라 안 지켜지고 있다는 사실을 필름과 몰래 녹음한 파일로 증명하며 산부인과 의사를 낙태죄로 고소하자고 호소'한 보도였다(《의보》 제221호, 2쪽). 다음 달 《의보》는 "녹음된 의사, 계속된 항의"라는 글에서 '지정 의사가 인공임신중절을 단념하도록 설득한 부분은 전부 편집'한 점 등을 들어 비판했다.

「우생보호법」 개폐의 움직임도 여전히 풀리지 않았다. 1967년 4월 《의보》는 3월 16일자 《요미우리신문》에 "「우생보호법」의 재검토를 수상이 지시 '인공임신중절'에 냉엄한 태도",[24] "다시 불붙은 임신 인공임신중절 시비 논의"[25]를 게재했다. 《의보》에서는 "그 후 각 방면의 견해는 본회의 생각과 일치하는 방향으로 나아간다"라고 했는데, 이는 신문의 같은 면에 나온 '후생성 「의사회법」 개정에 반대'라는 움직임을 가리키고 있는 것 같다(제203호, 3쪽). 주목할 점은, 《의보》의 같은 호 1쪽에 나온 "오갸 헌금 운동을 강화/올해에도 대약진을 기대/모금에 대한 노력과 대형병원장의 노력을!"이라는 내용이다. 그리고 헌금 1억 엔 돌파 기념식은 1968년 6월에 성대하게 치러졌으나, 같은 해 '생장의 집' 등 「우생보호법」 개폐 기성 동맹의 움직임에 대해 2월의 전국 지부장회에서 일모는 '의연한 자세를 견지'하도록 재확인하며 경계를 강화했다(제214호, 2쪽). 즉 「우생보호법」 개정 기운이 고조되는 동시에 헌금 운동도 강화된 측면이 있는 것으로 생각된다.

이상을 요약하자면, 오갸 헌금은 지정 의사를 통해 건강한 아이를 낳은 가정의 행복과, 장애아를 낳은 가정의 불행을 대치시켜, 전자가 후자에 대해 동정하는 마음을 헌금이라는 형태로 표현했다. 거기에는 어머니의 '내재된 우생사상'을 환기하는 측면이 있었다.

일모는 「우생보호법」에 의한 인공임신중절과 지정 의사가 생장의 집이나 매스컴으로부터 받는 공격을 오갸 헌금이라는 중증 장애아 복지 증진을 내세우며 매스컴의 주의를 돌리는 정치적 무기로 이용했다. 그래서 자식을 둔 행복한 가정이 지정 의사에게 기여한다는 존재 의의를 선전하고 어느 정도 성공을 거두었다. 그래도 「우생보호법」 개폐 논의의 재연과 함께 매스컴을 향한 불신감은 흔들림이 없었다. 일모의 매스컴에 대한 태도는 이렇게나 이율배반적인 것이었다.

그러나 이용하려 하든 적시하려 하든, 이 시기의 일모에게 매스컴의 존재는 커다란 압력이었다. 일모는 스스로를 전문가 집단으로 규정하면서도 결국 매스컴에 대한 의존도를 높이지 않을 수 없었다.

2) 콜로니(colony) 구상의 전개에 따른 헌금의 중증 장애아 복지 기여

여기서는 중증 장애아에 대한 복지행정 동향을 중심으로 헌금의 전개를 분석한다.

도야 요시에(遠矢善栄)의 세 자매를 돕기 운동에서 시작되어 오갸 헌금에 이르는 1963~1964년은 장애아 복지에 중요한 새로운 시기였다. 앞서 설명했듯이 1960년대부터 미디어에서 장애아 문제가 맹렬히 보도되었다. 1963년 6월에는 작가인 미즈카미 쓰토무(水上勉)가 《중앙공론(中央公論)》지에서 "삼가 이케다(池田) 총리대신께 아룁니다"라고 공개적으로 발표해 반향을 일으켰다. 척추 파열로 장애를 가진 딸이 있는 미즈카미 쓰토무는, 시마다 요육원(島田療育園) 같은 중증 심신장애아 시설에 지원되는 정부보조금이 2년에 1000만 엔밖에 되지 않는다는 점, 중증 장애아가 있을 비율이 높은 저소득자층에게는 감세 혜택이 적용되지 않는 상황을 냉정하게 비판하고, 장애아의 예산을 배분해 시설을 확충해줄 것을 호소했다.[26] 후생성 구로키 도시카쓰(黒木利克) 아동국장은

같은 잡지 기자와의 담화에서 "미즈카미 씨의 편지는 중증 장애아 문제의 5년 계획이 실행되려던 시점에 발표되어 아쉽다"고 말하며, 요육원 직원의 급여 인상, '손을 맞잡은 부모 모임(手をつなぐ親の会)'에 대한 400만 엔 보조 외에 시마다 요육원과 비와코 학원(びわこ学園)*을 중증 장애아 병원으로 지정하고, 도쿄 요육소아병원과 학풍회(鶴風会)에 중증 장애아를 받아들이도록 권고하는 등, 병원을 확대하고 직업 소개 시설을 마련해 콜로니(colony)를 형성할 계획이라고 말했다.[27]

오갸 헌금은 콜로니 구상과 맞물려 전개되었다. 1965년 7월 일모의 《의보》에서는 "본회의 오갸 헌금 운동은 전국 다수의 중증 심신장애아에게 도움의 손길을 뻗치는 동시에 이 방면에 대한 정부의 무대책을 자극해 위정자의 주의를 환기하는 것이 목적"이라고 보도한다. 이 기사는 6월 29일에 스즈키 젠코(鈴木善幸) 후생대신이 기자회견에서, 정부는 국립 중증 심신장애아 시설을 만들고, 집에서 지내는 장애아의 장애 수당도 대폭 늘리겠다고 발표한 것에 대해, 참의원의 슬로건으로 이용될 것을 우려하면서도 '희소식'으로 전했다(제182호, 4쪽).

일모에서는 1965년 3월 말에 사이타마 은행(埼玉銀行)의 예금 잔고가 1000만엔에 달하자 "이 돈을 무슨 사업을 하는 데 쓸 것인가?"라는 질문도 많이 받았다. 1965년 4월 대의위원회에서는 "더 많은 금액을 모을 때까지 배분을 보류하는 게 맞다", "대부분을 연구비로 쓰자", "한 시설에 한해 고액을 지원하자"와 같은 의견이 나왔으나 결국 다음 안에서 전원 찬성을 얻었다. ① 시설에 대한 지원으로, 시마다 요육원(도쿄도 미나미타마군(南多摩郡))에 마이크로버스 1대(50만 엔), 비와코 학원(오쓰시(大津市))에 마이크로버스 1대, 심전도기, 근전도기, 테이프레코더(250만 엔), 후지 애육원(不二愛育園, 도쿄도 세타가야구(世田谷区)), 히후미 학원(一二三学園, 기타타마군(北多摩郡))에 수용 아동을 위한 훈련실 건설 자금(각 200만 엔)으로 배분되었다. ② 연구비로 일본지체부자유아협회[니혼대학 사토 고조(佐藤孝三) 교수]의 '임신 분만의 장애 방지 관련 조사 연구'에 100만

---

* (옮긴이) 일본의 대표적인 장애인 의료복지시설(사회복지법인).

엔, '신체장애아의 요육 방법 관련 구체적 연구'에 100만 엔이 배분되었다. 제1회 배분은 도쿄에 집중되었는데, 《의보》에는 "전국 각지에서 환자를 받고 있는 곳이므로 한 지역에 한정해 배분했다 볼 수 없다" 보도했다(《의보》 제179호, 2쪽). 실상 현재까지 이어지고 있는 헌금의 배분은 일본 전국의 시설에 배분되고 있다.

헌금의 제1회 증정식은 1965년 5월 16일에 도쿄 국제문화회관에서 열렸다. 후생대신, 일본의사회 회장, 일본산부인과학회장의 각 대리자, 참의원 사학위원장, 지방은행협회 회장 등 수많은 내빈이 참석했다. 행사장 앞마당에는 시마다 요육원과 비와코 학원에 보낼 마이크로버스 2대가 전시되었다. TV, 신문 등의 카메라맨도 다수 몰려들었다. 게다가 NHK TV방송은 다음 날 17일 아침 7시 25분부터 모리야마(森山), 도야(遠矢)와 함께 마이크로버스 '오갸 헌금호'를 스튜디오로 불러들여 성과를 생방송했다(《의보》 제180호, 1쪽). 콜로니 구상의 전개로 건설된 시설로는 아이치현(縣) 심신장애인 복지센터(1967년 9월 기공) 등이 있다. 이 시설은 '오갸 헌금 쉼터'로 1000만 엔이 수여되어 지역 신문에서도 보도되었다(《의보》 제209호, 3쪽).

사실 헌금 운동의 방식은 당사자도 최선이라고는 생각지 않았다. 가고시마현 지부장인 도바시 히데오(土橋英夫)는 1966년 3월 《의보》에 "'오갸 헌금'의 성장을 직시하며"라는 논설을 보내, '헌금의 일부가 연구비라는 무형의 것이나 자동차 같은 소모품으로 사용'된 점은 '과도기이기에 어쩔 수 없다'고 인정했다. 또한 쓰치하시는 '단기간에 목적을 이루고 싶다면', '매스컴의 힘으로 돈을 모으고 또 재벌의 후원을 받는 것도 좋을 것이다'라고 하면서, "그런 식으로 국가나 사회를 진정으로 움직이게 할 수 있을까? 한여름의 불꽃놀이 식의 방법은 최선의 방법이 아니다"라고 말하며, 매스컴 보도에 의존한 헌금 운동의 성격에 의문을 나타냈다. 또한 정부의 콜로니 구상에 회의를 나타내며, "우리의 운동과 미즈카미 쓰토무(水上勉) 씨, 반 준(伴淳, 준자부로, 淳三郎) 씨 등의 운동으로 약간의 효과가 있었다"고 말하면서도 '아직 예산 조치는 하지 않은 단계'이므로, '공적인 위치에서 안심해서는 안 된다'고 말했다. 덧붙여 '헌금의 전국 활동을 시작하고 아직 1년 반도 되지 않은 상태'로 '성과를 누릴 단계'에 도달하지 않았음에도, '운동의 존속이 공론'되는 것을 보며 '빨리 끓고 빨리 식는 일본인의 본성을 드러낸 사람들의 생각'이라고 비판했다(제190호, 617쪽).

쓰치하시조차 느꼈던 '불꽃놀이 식의 헛된 운동에 대한 불편함'은, 《아사히신문》 기자인 사카이 히로시(酒井寬)가 쓴 1966년 논설을 읽으면 더 이해하기 쉽다. 이 논설은 '중증 장애아 붐'이라는 풍조를 날카롭게 비판한 글로, 직접 언급하지는 않았으나 헌금에서도 공통된 문제점을 지적하고 있다. 사카이는 "중증 심신장애아의 문제는 붐이나 분위기로 조성될 것"이 아님에도, 그 점이 "문제의 이해나 대책의 방향을 그르치게 하고 있다"고 논했다. 사카이는 "신문이나 라디오, TV, 다양한 단체의 행사 등"에서 장애아의 구호를 부르짖으면, "그 정도 했으면 충분하다", "아직도야?"라는 기분이 들고 아무리 실상을 알려줘도 "결국은 국가가 돈을 더 써야 한다는 성급한 결론을 내리고", 그 결론만으로 "사고 정지 상태가 되는 것이 불행"이라고 썼다. 또 자선 공연이나 토론회는 "성대하게 해서, 신문에 큼직하게 실리기만 하면 우리는 중증 장애아를 도운 거라고 자기만족"에 빠지니, 거기에 "붐의 문제점이 있다"고 지적했다. 그리고 '단체가 돈을 모아 시설에 기부'할 때에도 원장과 어머니들, 장관, 수많은 신문 기자, 카메라맨을 모아 야단스럽게 특별한 '증정식'을 여는 것은, "세상 사람들이 어쩜 이렇게도 서먹하고 차가울까"라는 생각의 '반증'이라며 "그 뿌리는 똑같다"고 시사했다. 사카이는 "붐이 가라앉고 중증 장애아를 향한 이해와 관심"이 사람들의 일상 생활에 "자연스러운 모습으로 자리 잡기를 바란다"고 결론을 지었다.[28] 이처럼 오야 헌금은 콜로니 구상의 등장과 맞물려 공연이나 증정식을 미디어에 보도하게 하는 등 '장애아 붐'에 중요한 역할을 맡았으나, 그와 같은 캠페인을 가볍게 보는 경향도 있었을 것이다.

1965년 7월에는 사토 에이사쿠(佐藤栄作) 수상의 사적 자문기관인 사회개발 간담회가 콜로니 구상을 주창하고, 후생성의 콜로니 간담회는 1974년에 전국의 콜로니망을 완성하기로 방침을 세웠다. 1967년 이후, 일본은 군마현(群馬県) 다카사키시(高崎市)에 국립 콜로니(소망의 정원, のぞみの園)를 건설하고, 자치단

체나 민간단체도 콜로니를 개설하기 시작했다. 그러나 도야도 인지했다시피 다음과 같은 구조적 문제가 발생했다.

그 무렵[헌금을 개시한 무렵] 중중 심신장애아 수용 시설은 민간이 경영하는 200개 병상 시설에 위탁되었는데, (19)73년도가 되자 병상이 약 9500개로 엄청나게 늘어났습니다. 그러나 시설만 완비되었지 인력이 부족한 데다 인건비와 물가 상승이라는 현재 경제 정세의 가세로 빈 병실만 늘어나는 바람직하지 않은 사태가 발생했습니다. 장애아의 아버지로서 존경받는 시마다 요육원 원장 고바야시 데이류(小林提樹) 선생도 6000만 엔의 부채를 갚을 길이 없다는 소식이 보도된 바 있습니다.[29]

콜로니 계획이 진행되면서 시설은 많아졌지만 직원 수가 부족했기 때문에 빈 병상이 늘어가는 사태가 발생했다. 게다가 1964년 단계에서 미즈카미 쓰토무(水上勉)도 정부의 보조를 받은 시마다 요육원(島田療育園)에 100개의 빈 병상이 있는 것을 문제시했다.[30] 오갸 헌금의 배분을 받은 고바야시 데이류(小林提樹) 원장은 경영 문제로 원내의 파업 발생과 맞물려서 1974년 원장을 사임했다.[31] 헌금은 콜로니의 구조적 문제를 인지하면서도 묵인하는 형태로 성과를 홍보해왔다.

3) 신우생학에서 오갸 헌금의 평가

여기서는 지금까지의 내용을 토대로 신우생학에서 평가하는 오갸 헌금을 고찰해본다.

1966년 1월 26일에 일모(日母)는 '오갸 헌금 사업의 추진으로 심신장애아 발생을 막을 한층 발전된 연구의 필요성'을 강조하며 '그 구체적인 대책'을 찾기 위해 '심신장애아 발생 방지 대책 관련 간담회'를 개최했다. 모리야마 유타카(森山豊) 회장 등 일모 간부 몇 사람과 후생성 모자위생과의 하기시마 다케오(萩

그림 9-1 • 오갸 헌금 총액과 배분액의 추이

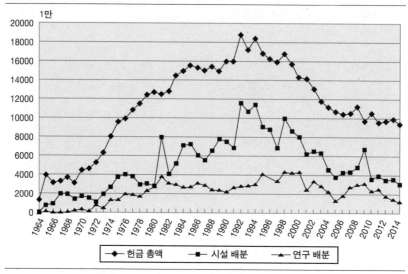

주1) 출전은 1964년부터 1973년까지는 '오갸 헌금 10주년 기념지'(일본 모성보호의사협회, 1973년), 이후에는 《의보》를 참고했다.

주2) 1979년부터 소액 배분이 설정되어 표에서는 시설 배분에 합산했다. 동년은 국제장애인의 해를 맞이해 기념 사업 명목으로 국가에 2000만 엔을 기부.

주3) 1995년 이후, 연구비 배분과 특별 위탁 연구비 배분은 합산했다.

주4) 2009년은 오갸 헌금 기념사업 특별부 배분 1000만 엔(이사시(伊佐市) 아동교류지원센터)을 합산한 수치이다.

주5) 2011년부터 소액 배분이 집기 비품 등 배분으로 바뀌어 이 금액도 시설 배분에 합산했다.

島武夫) 과장, 도쿄도 위생과의 오시마 가즈요시(大島一良) 과장이 동석한 자리에서, "산과 의사가 넓은 범위에서 협력하여 부인과 환자 한 명당 임신 초기부터 출산 후 3년까지 '적극적인 조사'를 실시할 필요성"을 확인했다(《의보》 제189호, 11쪽). 그림 9-1에 나와 있듯이, 헌금은 중중 심신장애아의 수용시설 기부 이외에, 모든 선천이상 방지 연구에 평균적으로 배분액의 두세 배, 많게는 5할 정도의 금전적인 보조를 시행했다(1건에 50~100만 엔 정도). 그러는 동안 현재까지 거의 매년 1건은 일모의 선천이상위원회의 연구에 할당되어왔다. 선천이상 부서에서 1971년부터 임원 인선이 정리되면서 위원회는 1972년부터 할당을

받은 듯하다.[32]

일모는 1957~1958년에도 세기 미쓰오(瀨木三雄)를 중심으로 선천이상을 조사했다. '방사성 분진에 의한 오염'이 '인류의 장래'에 미치는 영향에 대한 관심에서, 첫 번째로 '기형을 낳는 배경이 된 분만 수', 두 번째로 '기형과 관련된 유의 요인'과 '예방의 단점'이라는 조사 연구를 목적으로 시행했다(세기 미쓰오, 「선천 기형의 조사에 대해」《의보》 제86호, 1957년 6월, 1쪽). 이 조사는 '보고 누락이 많아 발생 빈도 조사는 하지 못했다'. 다만 '기형 발생 요인' 중 '일단 유의성이 있는 요인'으로 '기형아의 산모는 경산부(經産婦)*에서 많다는 점, 산모의 기형아 임신 중에 인플루엔자에 걸린 적이 많은 점, 양수 과다증이 많은 점, 기형아의 혈연 관계에 기형이 있는 사람이 많은 점, 기형아의 부모, 조부모가 혈족 결혼이 많은 점'을 들었다(세기 미쓰오, 「기형아 조사 집계 보고」《의보》 제109호, 1959년 6월, 423쪽).

이어서 '선천이상 역학조사'가 1970년부터 계획되었다. '환경 오염, 화학물질이 인체에 미치는 영향'으로 '선천이상'의 증가 추세 우려가 그 배경이었다. 이 조사에는 역학 조사에 따른 실태 파악, 이를 통계적으로 분석할 체제의 확립, 감독 시스템 확립 가능성의 추구가 계획되었다. 일모는 1971년 1월부터 임신부와 태아에 대해 임신 초기부터 분만, 생후 1년까지 '전향적(前向的) 추적 조사'를 실시했다. 이와 병행해 1972년 1월부터 '외표기형(外表奇形) 조사'에 집중했다. 200개가 넘는 참가의료기관의 협력을 얻은 것으로 연구비는 오갸 헌금에서 지원했다. 일모는 1972년부터 조사 결과를 선천이상협회에 보고했다. 1976년에는 선천이상협회가 초기 선천이상 모니터링을 실시했는데, 그때 심포지엄에 미나가와 스스무(皆川進) 감사가 참석했다. 그리고 제17회 이 심포지엄에서 일모는 선천이상 모니터링의 확립과 그 가능성에 대해, 일모의 조사를 바탕으로 13항목의 사지(四肢) 기형을 선택해서 분석한 성적을 보고했다. 1983년에도 이 심포지엄에서 외표기형(外表奇形) 조사를 집계한 무뇌증, 다운증후

---

* (옮긴이) 아이를 낳은 경험이 있는 부인.

군, 다지증, 구개열, 구순열 출산 1만 건에 대한 이환율과 역학 분석을 구획별·지역별로 나눠 발표했고, 선천이상 모니터링의 바람직한 역할을 설명했다. 또한 이 조사는 1974년에 주산기 장애 관련 역학조사로 후생성 심신장애 연구의 보조를 받았다. 아울러 1988년 일모는 선천이상 모니터링 태세를 갖추고 각국의 정보를 교환하는 '국제선천이상 정보교환기구(ICBDMS)'에 가입했다.[33]

이 동향에서 주목해야 할 점은 자치단체의 '불행한 아이들을 낳지 않기 운동'에 일모의 조사와 오갸 헌금이 관여했다는 것이다. 이 운동은 염색체 이상을 주요 대상으로 하는 양수검사를 지방의 복지행정 중 하나로 도입하려는 시도로, 1966년 효고현에서 시작된 것을 시초로 41곳의 도·도·부·현(都·道·府·県)과 15개 시에 보급되었다.[34] 일모의 《의보》도 1972년 6월, 효고현(兵庫県)이 '불행한 아이 낳지 않기 대책'으로 효고현이 비용을 대고 양수검사를 실시한다고 전했다(《의보》 제265호, 2쪽). 시즈오카현(静岡県)에서도 '불행한 아이를 낳지 않기 운동'의 일환으로 양수검사가 도입되었다. 1972년 4월부터 염색체 이상에 관한 검사를 실시하고 일모의 외표기형(外表奇形) 조사도 참고했다. 이 양수검사 시행에 헌금도 지원되었다.[35]

그러나 1970년대에는 장애인단체와 여성단체가 「우생보호법」의 우생사상 비판에 나서면서, '불행한 아이 낳지 않기 운동' 역시 비판받았다. 그에 따라 이 운동은 폐지에 내몰렸다. 일모의 《의보》를 조사한 범위 내에서, 양수분석 등의 모니터링 기술을 우생사상으로 비판하는 목소리에 반응한 글은 1978년 2월 가세키 다쓰오(可世木辰夫)가 쓴 「번식을 둘러싼 오늘날의 과제」뿐이다. 가세키는 '염색체 이상을 사전에 예측하는 양수 분석'에는 '이 아이가 이상하다고 보는 차별'에 대해 '리브(リブ)* 운동 사람들의 강력한 반대'가 있다고 진술했다. 그러나 가세키는 동시에 '한정된 자원으로 현대 세상을 살아가기 위해서

---

* (옮긴이) 우먼 리브(ウーマンリブ, Women's Liberation)의 약자. 1960년대 후반 미국에서 시작되어 전 세계로 확산된 여성해방운동으로, 일본은 1970년 11월 14일 제1회 여성해방대회가 도쿄도(都) 시부야구(区)에서 개최되었고 '리브(リブ)'라는 이름의 운동단체로 활동하였다.

는', '열등 유전자를 줄이고, 더 우수한 자손을 번식해야 한다'고 말했다. 또 '의학의 발달로 유전적으로 약한 아이도 성장'을 하는데, '페닐케톤뇨증(phenyl-ketonuria)을 조기 발견하여 도움을 받은 여아가 나중에 임신을 하면 유전적으로 문제없는 태아에게 장애를 줄 우려'가 있다고도 전했다(《의보》제333호, 6쪽). 결국 '열등 유전자'를 줄이고 '우수한 자손'을 확대하려는 우생사상을 견지하면서, 이를 토대로 양수검사 등의 기술을 강행하는 자세를 엿볼 수 있다. 현재도 과거에 비판받았던 기술은 착실하게 실용화되고 있다.

오갸 헌금은 신우생학적 기술을 지원했는데, 이념부터가 필연적이었다. 그 이념은 우생사상의 1960~1970년대 방식 그 자체였다. 예를 들면, 헌금의 창시자 도야 요시에(遠矢善栄)는 신우생학적 기술을 적극적으로 지지했다. 도야는 '시험관 아기의 실험적 성공'이 간소화되면 '개업의가 임신부의 양수를 채취해 그것을 시험관에 넣고 일정한 연구소에 위탁하는' 것이 가능해지는데, 이는 '산전 의학의 여명기'와 다름없다며 기대했다. 도야는 '오갸 헌금의 최종 목적'은 '혹시 아이에게 이상이 있는 건 아닐까 하는 불안 속에 지내는 임신부에게 확실한 보증을 통해 안심시켜 줄 수 있는 날'을 맞이하는 것이라고도 말했다.[36]

그 사상은 「우생보호법」으로 유지될 수 있었다. 도야는 아폴로 11호의 성공에 입각해 '컴퓨터 시대인 오늘날, 이상아(異常兒)의 발생 원인을 연구해서 출산 전에 의학이 선행하는 것'이 바로 '우생보호'이자 '모성보호'라 하며 '다니구치 야사부로 선생의 궁극적인 목적도 여기에' 있으므로 이것이 '고 다니구치 선생의 영전에 받치는 일본모성보호의사협회의 책무'라고 말했다.[37] 제8장에서 기술했듯이 다니구치는 「우생보호법」을 통해 우생 단종의 대상을 제한없이 확장시키고, 우생학적 의의를 부여함으로써 인공임신중절과 피임의 확대를 주장했다. 그 발상이 일모에서 어느 정도 공유되었는지는 의아스럽다. 다만 헌금의 창시자인 도야가 '이상아의 발생원인' 연구와 방지를 헌금의 '최종 목적'으로 삼고, 그것을 「우생보호법」의 이념과 더불어 긍정한 점은 바로 헌금과 이 법의 친화성을 상징하는 것이다.

오갸 헌금은 인공임신중절 반대론으로부터 「우생보호법」을 지키는 데 기여했다. 「우생보호법」은 인공임신중절법과 우생법의 이면적 성격을 갖는다. 전자가 공격받았을 때, 법의 존속 근거로 후자의 논리가 동원되었다. 그 발상이 현저히 나타난 글은, 1970년 11월 발표된 아사이 시로의 「민족우생과 그 방향」이다. 아사이가 일모(日母)의 역경 앞에 신규 사업 개척을 제창한 것은 1절의 1)항에서 살펴보았다. 아사이는 '「우생보호법」의 첫 번째 목적은 불행한 자손을 남기지 않는 것'에 두고, 종교단체나 학자들의 동법 개폐론을 '약간 핀트가 어긋나 있지 않은가? 좀 더 우리 민족의 실태를 파악해서 장래 우리 민족의 자질 향상에 힘을 쏟고 싶다'며 비판했다. 아사이는 "일단 정박아가 태어나면 그 대다수는 평생 불행한 사람이자, 민족이나 사회 입장에서도 부족한 존재이며 우생이라는 측면에서 역행하는 것이다", "아이치현에 설립된 심신장애인 콜로니에서도 한 명의 장애아를 입소시키면, 그 한 명에 드는 월 경비가 직원의 한달 급여와 맞먹는다"라고도 진술했다(《의보》 제246호, 4쪽). 아사이의 발언은 '이상아의 발생 원인' 연구와 방지를 헌금의 '최종 목적'으로 둔 도야의 발상과 중복된다.

헌금에서는 개개 가족의 행복 추구가 찬양 받는 한편, 일모 내에서는 '민족우생'이라는 국가 의학적 가치관이 찬양받는 사실이 지금의 관점에서 보면 의외로 여겨질지도 모른다. 그러나 마쓰바라 요코(松原洋子)가 지적하듯이 1970년대에는 장애인단체나 여성해방단체가 우생사상을 비판하는 움직임을 보이긴 했지만, 같은 시기 『후생백서』나 『인구백서』 등의 정부 문서나 일부 연구자들은 '우생'이라는 개념을 긍정적으로 말하고 있다.[38] 그 '우생'이라는 개념은 이미 태어난 장애아는 시설에서 보호하는 한편, 복지의 경제효과라는 관점에서 출생을 미리 막는다는 논리하에 중증 장애아의 복지와 연결했다. 현재도 역시 '민족우생'이 좋은 개념으로 인식되진 않는다. 다만 그런 말을 쓰지 않는다 해서 장애아 출생 방지와 관련한 실태가 바뀌었다고 볼 수 있을까? 이 발상은 제2장에서 본 전쟁 후의 사회사업가가 우생사상을 주장한 논리에까지 거슬러 올라갈 수 있다. 결국 「우생보호법」, 그리고 신우생학과 오야 헌금은 '불량한 자손'의 출생 방지라는 논리를 중심축으로 보완 관계에 있었다.

4. 마치며

오갸 헌금은 건강한 아이가 태어나서 행복한 가정에 장애아의 불행을 대비해서 그 행복을 헌금이라는 방식으로 표현한 것이었다. 그 개념은 「우생보호법」에 근거한 우생사상과 같은 뿌리로, 헌금이라는 행위 자체에도 '내재된 우생사상'을 환기하는 요소가 있었다. 아울러 헌금은 장애아가 콜로니에서 보호받는 데 활용되는 동시에 장애아의 출생을 방지하는 선별 기술에도 이용되었다. 그것은 중증 장애아를 자혜의 시선으로 보면서 다른 한편으로 그 출생을 방지한다는 상반적 태도의 반영이었다. 게다가 결과적으로 인공임신중절 반대론에 따른 「우생보호법」 지정 의사 비판을 진정시켰다. 그런 의미에서 오갸 헌금은 신우생학의 미디어 캠페인이었다.

그러나 헌금은 10주년 무렵부터 '매너리즘화'가 우려되고 이후에도 헌금의 부진, 운동의 와해가 곳곳에서 지적되었다.[39] 헌금액은 1991년을 절정으로 1998년부터는 줄어들기 시작한다(그림 9-1). 원인은 다양하겠지만, 산부인과 의사가 낙태 의사로 비난받을 걱정이 사라졌기 때문은 아니었을까? 다음 장에서 언급하겠지만, 1983년을 마지막으로 생장의 집이 「우생보호법」 개폐를 단념하면서 지정 의사의 이권이 무너질 걱정은 줄어들었다. 1996년에는 「우생보호법」의 우생사상이 문제시되어 「모체보호법」으로 개정되었으나, 인공임신중절도 지정 의사의 이권도 유지되었다. 이러한 과정들이 역설적으로 헌금의 정치적 의의를 희박하게 했던 것은 아닐까? 1980년대에는 차별어 철폐 움직임도 있었지만 우생사상은 공공연히 주장하지 못하게 되었다. 다만 그것과 별개로 진행되어온 산전 진단에 의한 선택적 인공임신중절이 요즘 들어 급증하고 있다.

1980년대에는 오갸 헌금이 스리랑카나 인도네시아까지 확산되었다. 본토에서도 시설과 연구에 지원되는 부분은 현재까지 이어지고 있다. 한신·아와지 대규모 재해 때는 헌금에서 5000만 엔이 갹출되어 동일본 대재해 지원금으로 기부되었다.[40] 지금도 헌금은 '아름다운 사랑'이나 '선의'를 주장한다. 그 '사랑'

이나 '선의'도 원래는 1960년대 이후 일모의 「우생보호법」 지정 의사 이권을
둘러싼 정치 투쟁과 교묘한 미디어 전략에서 유래한 것이다.

주(注)

1 「出生前診断で中絶倍増」『読売新開』(夕刊) 二〇一一年七月二二日, 一面.
2 단, 최근 이 책과는 다른 시각이기는 하지만 中山まき子,『出産施設はなぜ疲弊したのか —— 日母
   産科看護学院·医療法改定·厚生諸政策のあゆみ』(日本評論社, 二〇一五年)가 발간되었다.
3 「野放しの『中絶』是正 優生保護法改正図る 厚生省」『朝日新聞』一九六二年六月三日, 一面. 이
   러한 경위는 특히 荻野美穂,「『生命のはじまり』をめぐるポリティクス」(『生命というリスク』法
   政大学出版会, 二〇〇八年)를 참조.
4 杉森司,「辞退に至るまで」『母性保護医報』一四六号, 一九六二年七月二〇日, 四頁.『母性保護
   医報』는 자주 나오므로, 이하 '의보'로 줄여 쓰고, 본문 중에 호수, 연월, 쪽수를 표시한다.
5 福田昌子,「噫々 谷口先生」『西海医報』一八三号, 一九六三年九月一〇日, 一三頁.
6 久慈直太郎「弔辞」『西海医報』一八三号, 一九六三年九月一〇日, 一一頁.
7 以下, 遠矢善栄『この子らを救わん —— 愛のおぎゃー献金物語』(保健同人社, 一九八一年, 一
   四~六三頁)를 参照.
8 昇勇夫,「おぎゃー献金創設時の歴史的背景と将来の展望」『鹿児島県医師会報』六二六号, 二
   〇〇三年, 六~七頁. 이하 가고시마현 지부의 동향은 昇勇夫氏談話(二〇一一年八月二〇日에
   鹿児島市で筆者聴取)에도 의거.
9 若原猛夫,「『おぎゃー献金』創始のころ」『五十周年記念誌』 日本母性保護産婦人科医会鹿児
   島県支部, 二〇〇一年, 一〇三~一〇四頁.
10 『大宅壮一文庫 雑誌記事索引総目録 件名編6』(大宅壮一文庫, 一九八五年)의「小児マヒ」의 項
   目(九一一頁)을 참조.
11 「心身障害児のために盛り上がる救援運動 始った "おぎゃー献金"」『朝日新聞』(朝刊) 一九六
   四年六月三日, 九面.
12 若原猛夫,「『おぎゃー献金』発足の舞台裏」『日母だよりかごしま』五号, 一九八七年, 五頁, 昇
   勇夫,「おぎゃー献金に思う」同, 七頁.
13 「"オギャー献金"全国巡動へ 出産のたび 10圓玉 身障児救済立ちあがった産科医」『南日本新聞』
   一九六四年四月八日, 七面.
14 「南風録」『南日本新聞』一九六四年四月一〇日, 一面.
15 例えば,「15歳になった『おぎゃー献金』」『南日本新聞』一九七九年一月二六日, 七面,「遠矢善
   栄,『この子らを救わん』出版に際し「南日本ビッグインタビュー」『南日本新聞』一九八一年八
   月一日, 七面.
16 松浦鉄也,「発足当時をふり返り, その裏話のいくつかを紹介」『おぎゃー献金十周年記念誌』日
   本母性保護医協会, 一九七三年, 五八~六〇頁, 이하 마쓰우라(松浦)의 발언도 여기에 의거.
17 「おぎゃー献金 安産の母に "お願い" 一日に発足 身障児のために」『朝日新聞』一九六四年六月

二九日, 一五面.

18 「エース登板 不幸な子を思うと… 親の気持ち, わかりました」『読売新聞』一九六四年七月五日, 一四面.

19 『おぎゃー献金・この10年』財団法人日母おぎゃー献金基金, 一九九四年, 七六~七七頁.

20 『おぎゃー献金二十周年記念誌』日本母性保護医協会, 日母おぎゃー献金基金, 一九八四年, 七六~八八頁.

21 앞서 언급한 『おぎゃー献金・この一〇年』, 二~一九頁.

22 例えば, ケネス・ルオフ『国民の天皇』岩波現代文庫, 二〇〇九年 (元二〇〇三年), 三三四~三四四頁.

23 「産院選びと費用 優生保護法指定医を」『読売新聞』(都民版, 夕刊) 一九六七年一月四日, 七面.

24 「優生保護法を再検討 首相指示 "中絶"にきびしい態度」『讀賣新聞』(夕刊) 一九六七年三月一四日, 一面.

25 「妊娠中絶 再燃した是非論議」『読売新聞』一九六七年三月一六日, 五面.

26 水上勉, 「拝啓池田総理大臣殿」『中央公論』七八年六号, 一九六三年六月.

27 水上勉, 「『拝啓池田総理大臣殿』から一年」『中央公論』七九年六号, 一九六四年六月, 一四五~一四六頁.

28 酒井寛, 「ブームの中で思うこと」『月間福祉』四九巻六号, 一九六六年七月, 一四~一八頁.

29 遠矢善栄, 「實らせましょう "おぎゃー献金"」前掲『おぎゃー献金十周年記念誌』六三頁.

30 앞서 언급한 水上 『拝啓池田総理大臣殿』から一年」, 一四八頁.

31 小林提樹, 「島田療育園をなぜ見捨てたか」『文芸春秋』五二巻六号, 一九七四年六月.

32 『先天異常調査 二〇年のあゆみ』日本母性保護医会, 一九九三年, 一二二~一二三頁.

33 앞서 언급한 『先天異常調査二〇年のあゆみ』, 一一~一六頁.

34 土産敦, 「『不幸な子どもの生まれない運動』と羊水検査の歴史的受容過程」『生命倫理』一七巻一号, 二〇〇七年, 同「母子衛生行政の転換局面における『先天異常児』出生予妨政策の興隆」『三田学会雑誌』一〇二巻一号, 二〇〇九年.

35 앞서 언급한 土屋, 「『不幸な子どもの生まれない運動』と羊水検査の歴史的受容過程」, 一九六頁.

36 앞서 언급한 遠矢, 「実らせましょう "おぎゃー献金"」, 六三~六四頁.

37 遠矢善栄, 「故谷口先生の霊前に供える」『日本母性保護協会二十年史』日本母性保護医協会, 一九七〇年, 一六五頁.

38 앞서 언급한 松原, 「日本 ── 戦後の優生保護法という名の断種法」, 一九九~二一九頁.

39 앞서 언급한 『おぎゃー献金二十周年記念誌』(一六二頁, 一六二~一六三頁)에는 헌금을 모아 장애아동센터를 만들려고 했지만, 운동의 '매너리즘화', '사회정세의 변화와 물가의 상승'등으로 센터 건설, 운영은 불가능해졌고, 1978년 일모 대의원회에서 저축을 바탕으로 재단법인 일모 오갸 헌금기금을 설립(다음 해 인가)하게 되었다고 한다.

40 献金のホームページ(http://www.ogyaa.or.jp/, 二〇一一年一〇月三一日参照).

1970~1980년대「우생보호법」
개정 논의의 재검토
일본모성보호의사협회의 동향으로부터

1. 시작하며

제9장에서는 1960~1970년대 일본모성보호의사협회(일모(日母))가 진행한 오꺄 헌금 방식을 통해「우생보호법」의 인공임신중절 논의의 초점이 우생 문제로 슬쩍 바꿔치기되어, '우생'이라는 논리와 신우생학적 기술이 보존된 채 전개되어가는 양상을 밝혔다.

이 장은 1970년대부터 1980년대의「우생보호법」개폐 논의에 대한 일모(日母)의 동향과 관계 세력의 동향까지 포함해서 설명하고자 한다.

「우생보호법」개정을 둘러싼 논의는 일단 인공임신중절의 가부(可否)가 중심인데, 이와모토 미사코(岩本美砂子)[1]와 노그렌(Tiana Norgren)[2]은 인공임신중절 규제 반대를 둘러싼 투쟁의 측면에서 전체 논쟁을 조망하는 연구를 했고, 오기노 미호(荻野美穂)는 가족계획[3]과 여성해방단체[4]의 동향을 기술했다. 그리고 개정을 주도한 생장의 집(生長の家)이나 국회 심의의 동향에 초점을 맞춘 연구도 있다.[5] 한편 모리오카 마사히로(森岡正博)[6]와 가토 마사에(加藤雅枝)[7] 등은 인공임신중절 규제에 반대하는 '우먼 리브(ウーマンリブ, Women's Liberation)'라는 여성해방단체와 장애인단체가 장애인의 인공임신중절에 관한 딜레마를 안

고도 1972~1974년과 1982년에「우생보호법」의 우생사상 자체를 부정하는 형태로 공동 투쟁한 사실에 대해 기술했다. 운동가와 관련된 언급도 많아서[8] 연구에 인용되는 경우가 많다.

이 장에서는 다른 각도인 우생학사의 관점에서 일모를 중심으로 논쟁을 재검토하고자 한다. 즉, 인공임신중절 규제에 강력하게 반대하는 한편, 양수검사 등 태아진단 기술도 추진하는 등 신우생학의 주요 관계자이기도 했던 일모의 동향을 살펴본다. 근본적으로 인공임신중절 규제를 반대하는 입장에서 설명되는 이 논쟁은 우생학사와 관련한 측면에서는 장애인의 인공임신중절을 둘러싼 여성해방단체와 장애인단체 간의 알력을 포함한 공동 투쟁, 나아가 우생사상 자체의 비판을 폭넓게 보여준다. 그러나 논쟁은 인공임신중절 규제가 중심이며 또한 같은 시기 우생사상의 연구는 장애인단체, 여성단체를 중심으로 전개되었기 때문에 연구사에서는 태아 조항, 양수검사의 주요 관계자였던 일모의 존재는 가려져 있고 충분히 검토되지 않는다. 일모의 동향이 설명되지 않으면 산전 진단과 같은 신우생학적 기술의 운용은 기정사실화되어 '우생사회'가 된 현재의 양상에 이르는 과정을 이해할 수 없다.

이 장은 기본적으로 일모의 의보 《모성보호의보》(1974년 1월부터 《일모의보(日母医報)》)를 활용해 그 동향을 중점적으로 논한다. 생장의 집이나 여성단체 등 기타 세력의 동향도 논하겠지만, 일모에 관련된 것으로 그 범위를 한정하기로 한다.

2. 1960년대「우생보호법」개정운동과 일본모성보호의사협회

제9장에서 언급했듯이 1963년 탈리도마이드(thalidomide) 수기 사건을 계기로「우생보호법」개정론이 재점화되었다. 그에 따라 와카마쓰 에이이치(若松栄一) 공중위생국장은 7월 30일 일본모성보호의사협회의 간부 내방을 요청했다. 구보타 요시아키(窪田義明) 상무이사, 기노시타 지스케(木下二亮)·마쓰우라

데쓰야(松浦鉄也) 양 간사가 후생성에 출석하여 와카마쓰 국장, 스즈키 아키라(鈴木晃) 정신위생과장과 만나 의견을 교환했다. 국장은 일모(日母)의 간부에게 이렇게 힐문했다.

① 연간 100만 건에 이르는 인공임신중절 건수를 어떻게 생각하는가?
② 법 제14조의 '경제적 이유'의 해석에 대한 1953년(6월 12일) 차관통첩(별도기재["「생활보호법」의 적용을 받고 있는 자', '「생활보호법」의 적용을 받아야 되는 경우' 등이 해당])이 실제로 지켜지고 있는지 여부는?
③ 인공임신중절 적응의 유무 판단이 의사 한 명에게만 맡겨지므로 수술이 남용되어 법이 사문화되지 않았는가?
④ 인공임신중절은 방치되어 있다는 여론에 대해 이대로 좋다고 보는가?(《의보》제158호, 1963년 7월, 1쪽)[9]

이 의견 교환을 소개한 《의보》 제158호는 "「우생보호법」 개정 문제가 주간지의 시시한 기사 때문에 재점화된다는 것은 바보 같은 이야기이다"라고 전한다(5쪽). 게다가 "개정론 재점화 경과'를 '합당한 수용에 따라 이루어진 인공임신중절임에도 특별한 관계도 없는 법률 개정 문제로 초점을 옮긴 저널리즘의 논법이란 참으로 어처구니가 없다"고 했다. 이 움직임은 "사회당 일부 의원(가토 시즈에 등)을 중심으로 한 그룹, 인공임신중절을 살인이나 사고와 동일시한 (생장의 집 중심의) '생명 존중 운동'의 전개, 그리고 후생성 관련 신문 기자"도 궤를 같이하고 있다고 보았다.

이에 대해 《의보》에서는 종전부터 "인공임신중절은 '방치'가 아니다", "적응 승인은 의사의 권위에 따라 정당하게 행해졌다"고 주장해왔다고 보도한다(1쪽). 관련해서 8월 7일에 다니구치 야사부로 회장이 고바야시 다케지(小林武治) 후생대신, 와카마쓰 공중위생국장과 의견 교환을 했다(2쪽). 그러나 제9장에서 살펴봤듯이 다니구치는 8월 19일에 뇌출혈로 사망해 일모는 결성 이래 위기를 맞았다. 후생성의 제의를 받은 일모는 9월 15일 전국 이사회와 전국 지부장 회의를 열었다. 이사회에서는 "기존 모든 일모가 법의 바른 운영을 위해 노력해 왔음을 강력히 주장"하며, "「우생보호법」이 민족우생, 모성보호, 가족계획 지도라는 커다란 목적이 있음을 내외에 강조"한다, 그리고 대학에서 하는 「우생보호법」 교육을 산부인과 교수에게 요청할 것 등이 확인되었다. 아울러 역으로 후생대신과 문부장관에게 요청서를 제출하기로 되었다. 후생대신에게, ① 지정 의사의 의료기관에 한해 '우생보호 상담소'의 설치를 간소화하고, ② 임신중독증, 불임, 미숙아의 예방 치료 행정지도기구에 지정 의사를 참여시키며, ③ '민족의 우생 향상'을 위해 정신과 의사와 교도소 의사가 협력하여 '우생수술'의 '실적'을 향상시킬 것을 요청했다. 문부장관에게는 중·고등학교 사회교육에서 '올바른 성교육 성도덕 강좌'를 개설하도록 요청했다(《의보》 제159호, 1963년 9월, 112쪽). ①은 승인되었으나(마쓰이 긴고(松井金吾), "인재 양성과 「우생보호법」," 《의보》 제168호, 1964년 5월, 1쪽), 각 지역의 지정 의사가 빠짐없이 상담소를 개설했다고는 볼 수 없다.

한편 생장의 집이 주도하는 '생명을 소중히 하는 운동연합'[1962년 8월 결성, 하토야마 하루코(鳩山薰子) 총재]은 1964년 5월 8일 「우생보호법」 개정 국민 결기 집회를 개최하고, 1965년 12월에는 사토 내각의 고바야시 다케지(小林武治) 운수성(이케다 내각의 전 후생대신)에게 공개 질문장 「귀하는 왜 약속대로 「우생보호법」을 개정하지 않습니까?」를 제출하고, 사토 수상 이하 정계 각 기관에도 널리 배포했다(《의보》 제200호, 1966년 1월, 4쪽). 1966년 3월 14일 내각회의에서 사토 수상은 "「우생보호법」을 재검토해야 한다"고 명했다. 그러나 후생성이나 일본의사회는 법 개정에 반대하며 법을 올바르게 운용하고, 일모와 지정 의사 지정 권한을 가진 도·도·부·현 의사회가 '엄중히 회원을 지도'하면 된다고 주장했다. 후생성의 동조는 일모와 '후생성 당국 간의 거듭된 회담'의 영향일 것이다(《의보》 제205호, 1966년 6월, 1쪽). 1966년 6월 17일에 「우생보호법」 개폐 기성동맹(미우라 다이에이(三浦岱栄) 회장)이 '젊은 인력의 부족, 인구 연령 구성의 노령화, 풍기 문란' 등을 일으키는 '인명의 대량 말살 행위'인 인공임신중절의 '방임'을 비판하며 '「우생보호법」의 개폐' 실현을 도모하는 취지서를 제출했

모리야마 유타카

자료: 『二十周年記念誌』社団法人日本
母性保護医協会(1970).

다(《의보》제213호).

　일모의 1968년 2월 18일 전국지부장회도 국회 안팎에서「우생보호법」재검
토의 필요성을 논의했다. 《의보》제214호는 "산부인과 의사가 자기 이익 옹호
를 위해 법의 개정에 반대하고 있다"거나, "본회가「우생보호법」지정 의사 집
단이기 때문에 회원의 업무 옹호를 위해 법 개정에 소극적"이라는 의견은 '오
해'라고 지적했다. 모리야마 유타카 회장은 오해를 바로잡아 '본회의 의연한 자
세를 명시하고, 각 도·도·부·현 지부에서도 의사회 등의 외부단체와 긴밀한
연계를 유지하면서 본회의 목적, 특히「우생보호법」의 올바른 운영에 최선의
노력을 하도록 요청'했다.

　흥미로운 점은, 《의보》의 같은 호에 게재된 도쿠시마현(德島縣) 지부의 가지
히로히사(梶博久)가 쓴「일가일언(一家一言)」이라는 글 내용이다. 가지는 '「우생
보호법」의 개정에 대해', 최근 개정논의가 "성도덕의 문란으로 버려진 아이에

대한 책임까지 이 법에 강요하기에 이르렀는데, 참으로 당치도 않다"고 비판했다. 또 "일본의사회 우생보호법위원회의 결론을 마치 일모의 영리적 주장으로 곡해하고 우리 당사자를 빼고 법을 개폐하려는 움직임"은 "무모한 계획"이라고 했다. 다만 「우생보호법」 개폐 기성동맹의 취지서에 나와 있듯이 "인구의 노령화와 젊은 노동력의 감소라는 현실은 진지하게 생각"해볼 여지가 있으며 "「우생보호법」을 재검토하는 위원회의 결성을 제창"하고 싶다고 했다. 그 성격은 "민족의 열성화를 방지하는 것, 즉 모든 계층의 부부가 자진해서 수많은 자손을 낳을 수 있는 사회를 만들어야 한다"고 했다(이상, 1967년 3월, 3쪽).

다른 임원들도 비슷한 태도를 보이는데, 조금 거슬러 올라간다면 1964년 5월 마쓰이 긴고(松井金五)의 「인재 양성과 「우생보호법」」이라는 글에서도 "인재 양성의 첫걸음은 무엇보다 「우생보호법」에 의한 민족우생화를 목적으로 두고 불량아(不良児)의 출생을 막는 데서 출발해야 한다"고 했다. 마쓰이는 총 150만여의 정신장애인이 있다고 말하며, "민족의 우생화에 발맞춰 재능 있는 아이를 기르기 위해서는 우선 임산부의 보호 지도가 필요"하다고 했다. 그러려면 정신적으로는 "태교와 같은 수양을 통해 안심하고 출산할 수 있도록 자각시키고" 신체적으로는 "임신중독증 예방, 임신 개월 수에 맞는 적절한 영양과 휴식과 노무의 제한으로 약한 아이를 낳지 않도록 조산 예방, 결핵과 매독의 성별 차이, 모유 수유 등에 대해 보호 지도"해야 한다고 했다. 아울러 "불량 또는 비행 소년의 발생에는 민족우생의 역도태(逆淘汰, adverse selection) 현상에 특별히 주의를 요한다"고 적었다(《의보》 168호, 1쪽). 이 내용들은 1963년 9월 일모가 후생성에 제출한 우생정책 강화 관련 요구 사항과도 연관된다.

결국 일모는 「우생보호법」 개폐 논의는 생장의 집 등 종교단체와 그 영향 아래 있는 정치가의 폭거에 의한 산물로 발생한 것으로 보아 그것을 경박한 매스컴이 과장한 것으로 간주했다. 그런 까닭에 일모는 「우생보호법」의 개정 필요성을 인정하지 않은 채 지정 의사의 이권 옹호에 힘썼다. 그리고 일본의사회와 연대하고 후생성과도 토의를 거듭하며 압력을 행사하여, 「우생보호법」의 개폐 저지를 도모했다. 또한 오갸 헌금과 같은 미디어 캠페인을 활용하여 「우생보호법」 개폐 여론을 진정시키기 위해 논점을 슬쩍 돌리며 매스컴 회유까지 시도했다. 다만 그럼에도 개정해야 한다면 「우생보호법」의 '민족우생화'라는 논리만은 최우선으로 삼아야 한다는 입장이었다. 이러한 입장은 1980년대 개정 논의 때까지 대부분 일관되게 유지되어왔다. 그러나 생장의 집은 국회의원까지 동원하여 격렬한 공세를 펼치며 급기야 국회에 개정안을 제출한다. 일모는 각각의 국면에서 신속한 대응이 필요했다.

3. 1972년 '「우생보호법」안 개정안' 제출 전후

이 절에서는 1972년 생장의 집 계열 국회의원에 의한 '「우생보호법」 개정안'의 제출 전후 움직임과 그에 대한 일모(日母)의 동향, 그리고 거기서 비롯된 1970년대 우생사상의 본질을 살펴본다.

1) 개정안 제출 전 본격화된 논쟁

1972년 생장의 집이 중심이 되어 「우생보호법」 개정안'에 이르게 한 과정은 이렇다. 1967년 6월 생장의 집은 「우생보호법」 개폐 기성동맹을 결성해 가톨릭 계열의 의사 집단과 손을 잡았다. 1968년 3월에는 「우생보호법」 개정 촉진 대회를 개최하고 중의원 의원 77명, 참의원 의원 29명, 여성 참가자 약 9000명을 모집했다. 1968년 10월에 다마키 가즈오(玉置和郎) 의원을 중심으로 '「우생보호법」 의원 간담회' 간사회가 발족하여 정부, 의사회, 자민당 사회부회, 중의원과 참의원의 사회노동위원회 등과 법 개정을 정치 일정에 올리기 위한 절충 과정에 착수했다. 1969년 3월 31일에는 참의원 자민당 정책심의회 사회부회에서 「우생보호법」 개정 문제가 처음으로 정식 의제에 올랐다. 1970년에는 사토 에이사쿠(佐藤栄作) 수상이 "생명 존중이야말로 정치의 기본"이라 말하고 4월에 우치다 쓰네오(内田常雄) 후생대신이 "「우생보호법」 개정 시기가 왔다"고 하자,

주요 각료들이 줄지어「우생보호법」개정 발언을 했다. 그리고 1972년 6월 제68회 국회에서 '「우생보호법」개정안'이 제출되었다.[10]

1967년 12월 일모(日母)의 《의보》 232호에는 "「우생보호법」개정 문제는 종교단체를 중심으로 한 개폐 기성동맹에서 의원을 국회에 보내 점차 본격적인 논쟁 단계에 접어들었고 내각이 개편되면 정계에 파장이 일 것"이라고 전했다 (1쪽). 일모도「우생보호법」개정안 제출 동향을 살펴 논쟁이 새 국면에 접어든 것으로 파악했다.

1972년「우생보호법」개정이 제출되기 전의 두 가지 동향에 주목해야 한다. 첫 번째는 참의원 내에서 열린 자민당 정책심의회의 공청회에서 일모의 모리야마 유타카 회장이「우생보호법」개폐 기성동맹의 학자와 함께 강사로 초대되어 논쟁을 벌인 것, 두 번째는 일본의사회가 후생성 위탁으로「우생보호법」지정 의사의 시설과 인공임신중절 희망 환자 조사를 실시한 것이다.

첫 번째 동향에 대해. 1969년 3월 1일에 자민당 정책심의회 공청회가 참의원 내에서 열렸다.「우생보호법」개폐 기성동맹에서 다나카 다다오(田中忠雄, 고마자와대학 강사)와 이노우에 시덴[井上紫電. 난잔대학(南山大學) 교쉬이, 일모에서는 모리야마가 강사로 참가해 의견을 피력했다. 국정의장에서 대립하는 두 파가 논쟁을 벌이는 형식이 되었다.

다나카 다다오는 법 개정이 필요한 이유를 다음과 같이 말했다. 인공임신중절은 '생명 존중 그 자체'에 반하는 것, '임산부의 높은 사망률은 인공임신중절에서 기인'하며 모체 보호의 폐해가 되는 것, 인공임신중절로 인해 일본의 출생수는 감소하여 세계 최저가 될 전망이라는 것. 또한 청소년의 비행 문제, 인구 감소, 젊은 노동인구의 격감도「우생보호법」이 원인 중 하나라고 주장했다. 이노우에 시덴도 '수태 조절 보급과「우생보호법」'이 노동인구의 감소, 여성의 자살, 불법 인공임신중절의 원인이 되고 있으므로「우생보호법」이 개정되어야 한다고 주장했다.

모리야마는 다음과 같이 반론했다. 우선 "미혼자나 그 외 젊은 층의 문제"는 "「우생보호법」의 직접적인 영향"이 아니고, 현재 "순결교육 교과서"를 작성 중이며 그 방면의 교육도 실시하고 싶다고 말했다. 그리고 '임신 중 사망률'의 '첫 번째 원인은 임신중독증이 45%', '두 번째가 분만 시 출혈'이므로 인공임신중절 과는 관계 없고 오히려 외국 여러 나라에서는 '임신 초기의 발열'로 인한 사망 률이 높은데, 이는 "비합법 인공임신중절과 낙태의 영향임이 인정된다", "불법 낙태가 많은 외국에서는 이 모체 장애로 골머리를 앓다"가 "인공임신중절 완화 방향으로 나아가고 있다"고 했다. 또한 '노동인구 문제'에 대해서는, "현명한 일 본 국민이 인구 감소 때문에 망할 정도의 민족은 아니다", "일본의 출산율은 1961년에 최저를 기록한 후 국민생활이 향상되고 사회 복지도 충실해지면서 한층 더 상승 중"이라고 말했다. 마지막으로 우리 역시 "필요 없는 인공임신중 절을 줄이고 싶다", "다만 단순히 법률 한 부분을 개정하는 정도로는 근본 대책 이 될 수 없다"고 말했다(이상 《의보》 제229호, 1969년 6월, 112쪽).

결국 양자의 논쟁은 평행선으로 끝이 났다. 다만 1969년 8월 《의보》 제231 호에서, 인구문제심의회도 '출생률 세계 최저를 경고'했다고 적었다(1쪽). 일모 도 출생률 저하는 무시할 수 없었다. 선행 연구가 지적하듯이 1972년의 개정안 은 생장의 집과 일본의사회와 일모의 양쪽 안을 섞은 내용이었는데, 그 점에서 양자가 동일한 토대에서 논의할 수 있는 소지도 찾을 수 있다.

두 번째 동향에 대해. 일본의사회에서는 정부의 위탁을 받아 1969년 12월 8~17일에 걸쳐 「우생보호법」 지정 의사 전체를 대상으로 시설 조사와 인공임 신중절 희망자 관련 조사를 실시했다. 대상은 '인공임신중절을 원해서 내원한 임부'(수술 실시 여부는 관계 없음), 목적은 '「우생보호법」 제도 재검토의 기초 자 료로서, 인공임신중절을 희망하는 이유와 사회적·경제적 배경과 해당 환자의 의식을 조사하고 아울러 인공임신중절에 대한 지정 의사의 소견을 요청한다' 는 내용이었다(《의보》 제234호, 1968년 11월, 1쪽).

그 주요 결과를 살펴본다. 응답률은 92%였다. 인공임신중절 희망자의 인공 임신중절 이유는 '피임 실패'가 14.1%, '자녀가 더 생기면 경제적으로 곤란하 다'가 10.6%, '더는 자녀를 낳고 싶지 않다'가 10.3%, '현재 키우는 자녀가 아직 어리다'가 9.3%, '본인의 질병'이 7.4%, '평소 몸이 약하다'가 7.2%였다. '의료

기관에서 수술을 거부당했을 때 어떻게 하는가?'라는 항목에서는 '불법 수술을 받는다', '아이를 버린다', '기타 부정행위를 한다'고 응답한 사람이 35%에 달했다. 또 '생활 형편이 매우 어렵다면 인공임신중절도 할 수 있다'는 응답은 78%, '어떤 이유라도 인공임신중절을 해서는 안 된다'는 응답은 4%였다.[11]

일본의사회 이사회는 조사 결과를 "현대 여성이 임신과 육아에 대해 인류적인 사명과 책임을 딱히 자각하고 있지 않음을 증명하는 결과"라고 평했다. 그리고 "만약 임신 인공임신중절을 전면 금지하는 법률이 생긴다면, 이 조사에 따르면 약 35%의 여성은 불법 행위를 선택한다는 뜻으로, 매우 무서운 결과"라고 말했다. 따라서 이사회는 "종교적인 정조 교육과 적절한 사회 교육을 충분히 시행하고 청년 남녀에게 생명 존중을 인식시키며 책임의식을 갖고 임신중절을 원하지 않는 체제로 가는 것이 중요하다. 의사 지정 방법이나 설비 기준을 관료가 통제하려 하거나, 인간의 본능에 관한 문제와 종교적 결함 현상을 법률 조작으로 시정하려고 하는 것은 커다란 착오"라고 주장했다.[12]

비슷한 시기에 총리부에서도 동일한 조사를 했다. '인공임신중절을 하는 이유'에 대해, 악성 유전이나 어려운 생활 형편(기초 생활 수급자 정도)을 이유로 든 사람은 겨우 1%로, '계획에 없던 임신이어서'라는 이유가 46%였다. 게다가 '인공임신중절 대책'으로 필요한 것은, '올바른 임신 조절의 보급'이라고 생각하는 사람이 73%로, '법률에 의한 제한'은 11%, '도덕 의식의 고양'은 8%에 지나지 않았다(《의보》 제239호, 1970년 4월, 213쪽).

조사 내용은 일본모성보호의사협회와 일본의사회에 유리하고 생장의 집 등 「우생보호법」 개정파에게는 불리한 결과였다. 물론 인공임신중절 희망자에 대한 조사이므로 인공임신중절 불가 응답률이 낮은 것은 당연하다 할 수 있다. 그러나 주목해야 할 사항은 매스컴에서도 두 가지 조사를 통해 「우생보호법」 개정에 이의를 제기하는 움직임이 생겼다는 것이다. 1970년 5월 《의보》 제240호는 《아사히신문》의 칼럼 "천성인어(天声人語)"에서 이렇게 언급했다.

「우생보호법」을 개정해 인공임신중절을 규제하려고 하면 오히려 '불법 인공임신중절'을 성행시켜 혼란을 초래하지 않을까? 법률로 단속하기보다 먼저 가족계획을 세워야 할 것이다. 이번 총리부 조사에서는 60%의 여성이 인공임신중절 반대를 말하면서도 41%가 인공임신중절 경험자였다(3쪽).[13]

지금까지 매스컴의 논조는 기본적으로 '인공임신중절 천국 일본'이라며 인공임신중절에 비판적이라 일모의 반발을 샀었다. 예를 들어 1968년 12월 《의보》 제235호는 「매스컴의 「우생보호법」 개정 분위기」라는 글을 싣고, "여론정치의 시대라 불리는 이 시대, 논의의 옳고 그름은 매스컴으로 대변되는 「여론」에 의해 크게 좌우된다", "특히 《아사히신문》은 '인공임신중절을 수입원으로 하는 산부인과 의사의 저항도 예상되므로'라는 무례하기 그지없는 내용을 적고 있다"며 매스컴을 비난했다(3쪽). 그러나 이들 조사 후에 매스컴의 논조에 변화가 보인 것은 주목할 만하다. 1972년에 「우생보호법」 개정안이 제출되었을 때 대부분의 매스컴과 여성해방 단체가 반대론을 주창했는데, 그 밑바탕을 이 시기에서 찾을 수 있다. 그러나 이 단계에서 일모는 아마도 개정안이 제출될 때 반대론이 대세를 점하는 사태를 예측하지 못했을 것이다.

2) 1972년 개정안의 태아 조항 삽입

1970년 3월 일모(日母) 《의보》 제238호에는, 중의원 선거가 끝난 2월 상순 생장의 집과 가톨릭 종교단체가 생장의 집 정치연합 총회에서 이번 국회에 개정안 제출을 결의했다고 전했다. "이 모임은 치과의사협회의 참의원 전국구 가시마 도시오(鹿島俊夫) 씨, 생장의 집의 참의원 전국구 다마키 가즈오(玉置和郎) 씨와 다마키 다케오(玉置猛男) 씨가 지도자가 되었으며, 기시 노부스케(岸信介), 가와시마 쇼지로(川島正次郎)와 같은 대장로(大長老)가 가담했다는 소식"도 전했다(1쪽). 1970년 6월 《의보》 제241호에는 1970년 제1회 이사회가 열려 "이번 국회에 「개정안」이 상정되지 않은 것은 본회와 관련된 여러 국회의원들 덕분", "본회로서는 성급한 일방적 국회 제안을 저지함으로써 일단 제1기 대책은 완료되었으나, 차후 법안에 대해 구체적인 대책을 검토하고 수립해야만 제2기에 접어들게 된다"고 인식하기 시작했다(1쪽).

노그렌(Norgren)은 "「우생보호법」 개정 논의가 수그러들지 않을 것을 인식한 그들은 일모의 평판을 높이고 개정안 내용 안에 몇 가지 제어 수단을 남기기 위해 생장의 집과 협상하기로 결정했다", "1970년부터 1972년에 걸쳐 여러 차례 협상을 거듭한 끝에 양자는 타협을 지었다"라고 했다.[14] 생장의 집이 발행하는 신문 《성사명(聖使命)》지에 "마루모 시게사다(丸茂重貞)(군마현 지역구)[1963년 8월부터 일모 고문][15]는 일본의사회 대표 의원이지만, 다마키, 가시마 두 참의원과 함께 「우생보호법」 개정으로 분주했다"고 마루모와의 양호한 관계를 강조하며 "나는 일본모성보호의사협회의 최고 고문이다. 하지만 지금까지 4년여에 이르는 설득에도 「우생보호법」 개정을 끝까지 반대한다면 내 직책을 그만두겠다는 굳은 결의를 이해해줘서 생장의 집이 바라는 경제적 이유 조항을 삭제할 수 있었다. 이번 내각 법제국에서 검토 중으로 곧 이번 국회에 정부 발의로 제출될 것이다"[16]라는 마루모의 발언이 게재되었다. 그러나 1974년 마루모의 행동을 고려한다면, 다마키와 가시마 등과의 관계가 지금까지 우호적이었다고 생각되지 않으며 일모에서 마루모가 생장의 집을 대변하는 듯한 행동을 취한 점도 쉽게 신뢰할 수 없다. 또 일모가 생장의 집을 어디까지 진실한 협상 상대로 봤는지는 의심스럽다. 예를 들어 1970년 7월 고자키 모토사카(小崎源栄, 후쿠시마현 지부장)가 쓴 글 「일모의 오늘날 과제」(《의보》 제242호)에는 "「우생보호법」 개정에 대한 집요한 진의"는 "자신이 당선되기 위해 표를 제공받은 일부 악덕 의원의 행동과 심의"에 의한 것으로, "일모는 아닌 밤중에 홍두깨 같은 예기치 않은 인연의 피해자이자 피해자 단체이다"라고 했다(4쪽). 대부분 회원들의 인식하는 바도 비슷했을 것이다. 그러나 제출이 예상되는 법안에 일모와 일본의사회가 나서서 자신들의 주장을 끼워 넣은 움직임은 꽤 성공을 거둔 것으로 보인다.

1970년 8월 일본의사회는 「우생보호 대책에 관하여」라는 소견을 발표했다. 거기서 '현행 「우생보호법」의 문제점'을 다음과 같이 들었다.

① (중략) 제14조 제1항 4호 '임신 유지 또는 분만이 신체적 또는 경제적 이유로 모체의 건강을 현저히 상하게 할 것'의 조문에 관해서는, 임신·분만 외에 '육아'의 추가, '신체적 또는 경제적 이유' 대신 경제적·신체정신의학적 이유를 반영하는 표현을 검토할 필요가 있다.

② 이번 조사에서도 인공임신중절 희망자 중에 '기형아 출산 우려'를 호소하는 이들이 있다. 학회뿐만 아니라 여론에서도 선천이상아 발생의 예방 대책이 중요한 사안이 되었으므로, 여러 외국의 사례와 마찬가지로 인공임신중절을 허용하는 조건으로 태아 쪽의 이유를 추가해야 할 것이다.

③ 우생수술에 관해 그 조문이나 유전성 질환을 대상으로 한 '별표'는 최근의 정신의학이나 인류유전학 견지에서 적절한 내용이라고는 할 수 없다. 따라서 전문적으로 재검토할 필요가 있다.

④ 남성이나 여성의 불임 수술(우생수술)은 영구 불임이 되는 것이어서, 민족의 역도태를 막는다는 이 법의 목적으로 보아도 법의 적정한 운용을 강화시킬 필요가 있다.

⑤ 또 「우생보호법」의 적극적인 면으로 우생보호 상담소나 임신 조절의 보급이 법률로 규정되어 있지만 그 운용을 강화할 필요가 있다.[17]

일본의사회와 일모의 연대 관계는 이 시기에는 정상화되어 일본의사회의 산부인과 의사는 그대로 일모 회원이었다. 따라서 위 견해는 사실상 일모의 견해라 보아도 좋다. 이는 1절에서 언급한 1963년 9월 일모가 후생대신에게 요구한 내용과 매우 흡사하다. ①, ②는 임신중독증, 불임, 미숙아의 예방 치료의 행정 지도 계획에 참여하겠다는 의사와 유사하다. ④ '역도태' 방지를 위한 우생수술을 증가시키겠다는 주장도 변함이 없다. ⑤의 우생보호 상담소도 마찬가지다. 일모(日母)는 일관되게 「우생보호법」의 우생 요소를 강화하고자 계획해왔다. 동 법 개정안은 제출되지 않아 통과된 적은 없지만, 만약 통과되었다면 몇 해 전부터 주장해온 내용을 법의 강화라는 형태로 반영시키려고 시도한 셈이었다. 사실 그 내용은 1972년 개정안에 대부분 반영된다.

1971년 4월 모리야마 유타카의 발언은 이 견해를 뒷받침한다. 모리야마는 "본회 입장에서 「이 법의 개정운동」 내용은 개악(改惡)이라고 생각하기 때문에 국회에 이 법의 개정안 상정을 저지하려고 애써왔다", "그 결과 개정안의 국회 발의를 현재까지는 일단 저지할 수 있었다"고 말했다. 다만 '소극적인 반대운 동'이 아니라 "적극적으로 법을 어떻게 할 것인가에 대해 검토하고 있다. 이 법 의 검토 시에는 인공임신중절뿐만 아니라 우생수술, 가족계획도 포함하고 더 나아가 세계의 정세, 차후 일본의 동향 등 충분한 자료와 시간을 들여 검토해 나가겠다"고 했다(《의보》 제251호, 1쪽).

1972년 3월 정례 대의원회에서는 일모의 고문인 마루모 시게사다(丸茂重貞) 참의원 의원을 내빈으로 초대함으로써 "곧 치러질 총선거를 앞두고 일부 단체 의 개폐 운동이 확산되면서 불확실한 상황 속에 국회의원에 대한 로비 활동이 현저히 활발"해진 것이 확인되었다(《의보》 제263호, 1972년 4월, 1쪽).

1972년 5월에 「우생보호법」 개정안의 국회 상정은 확실해졌다. 일모의 《의 보》는 "법의 일부 수정안이 국회에서 태아 적응도 설정해서 적정화", "'정신 건 강을 해칠 우려'를 신설하고, '경제적 이유'를 삭제"라는 큰 표제를 붙여 보도했 다. 《의보》는 개정 움직임이 "특히 이번 해에 들어 더 급속하게 구체화되면서 5월 상순 무렵에는 관계 각 방면의 합의를 토대로 점차 별항과 같은 완성 안을 얻기에 이르렀다. 우선 자민당의 사회부회와 정책심의회에 붙여져 23일 내각 회의에서 국회 상정을 양해받은 후에 26일 중의원에 상정되면서 순차적으로 국회 심의까지 진행되었다"고 전했다. 개정 내용에 대해 '경제적 이유'의 삭제 는 일모의 뜻에 반했다. 그러나 그 외 부분은 일본의사회와 일모의 견해가 반 영되었다. 다음에 신·구 비교 내용을 표시한다(밑줄은 요코야마(橫山), 취소선은 삭제 내용, 굵은 선은 추가 부분).

[의사의 인정을 받은 인공임신중절, 제14조]

[구] 4. 임신의 유지 또는 분만이 ~~산체적 또는 경제적 이유로 인해~~ 모체의 건강을 현저히 해칠 우려가 있을 경우

[신] 4. 그 태아가 중도의 신경 또는 신체장애의 원인이 되는 질병 또는 결함을 가
   지고 있을 우려가 현저하다고 판단될 경우

5. 임신 유지 또는 분만이 정신적·신체적으로 또는 경제적 이유로 모체의 건강을
   현저히 해칠 우려가 있을 경우

(우생보호 상담소)

제20조 우생보호 견지에서 결혼 상담을 통해 유전과 기타 우생보호상 필요한 지
   식의 보급 향상을 도모하는 동시에, 적정 연령에서 첫 분만이 이루어지도록 하
   기 위한 조언과 지도와 그 외 임신과 분만 관련 조언과 지도 또는 임신 조절에
   대한 적절한 방법을 보급·지도하기 위해, 우생보호 상담소를 설치한다.

   국회에서 개정안의 제출 이유는 이렇게 설명했다. 태아 조항에 대해서는
"최근 진단 기술이 향상되어 태아가 심신에 심각한 정도의 신경 또는 신체 장
애가 생길 질병 또는 결함을 갖고 있을 우려가 현저하다고 판단되는 경우에도
인공임신중절을 허용할 것"이라고 말했다. 1967년부터 실시된 영국의 인공유
산법규(「인공임신중절법」) 등을 참고했다고 한다. 제20조에 대해서는, "최근 고
연령 초산이 문제가 되고 있는데 특히 초산이 적정 연령에서 이루어지도록 조
언과 지도하는 등 업무 내실을 기하고자 한다"고 설명한다(이상《의보》제264호,
1972년 5월, 1쪽).

   수정 법안은 언뜻 보기에, 생장의 집과 일모 쌍방의 주장을 적절히 타협한
내용으로 보인다. 그러나《아사히신문》의 칼럼 "천성인어(天声人語)"는 "개정
안을 만든 후생성에 듣기로는, 조문을 순수 의학적으로 작성했을 뿐 인공임신
중절을 줄이거나 인구정책적인 의도는 없다. 원래 우생보호를 위한 법률이지
인공임신중절 자유화 법률은 아니었으므로 개정 후에도 실제로 인공임신중절
이 어려워질 것도 없다는 말이다"라고 전했다. 이어서 칼럼은 "놀랐다. 그렇다
면 법 개정과 관련된 여론의 불안이나 찬반 양론은 모든 것이 오해거나 짐작에
다름없게 된다", "어째서 정부가 의혹이나 오해를 부르도록 조문으로 장난을
친 것인가? 알 수 없다"라고 평했다(《의보》제265호, 1972년 6월).[18] 사실 7월 15

일 일본의사회 지도자 강의에서 후생성의 다키자와 다다시(滝沢正) 공중위생국장은 「「우생보호법」 운영의 문제점'이라는 강연을 했는데, 다키자와는 "경제적 이유의 삭제에 대해서는, 신체적 이유와 함께 '이유'라는 표현을 삭제해서 오히려 의학적 판단으로 순화한 것", "이번 개정의 목적은 인공임신중절의 조건을 엄격하게 한다거나 완화시키는 것이 아니다"라고 말했다(《의보》 제267호, 1972년 8월, 1쪽). 다시 말해 일모 입장에서는 1972년의 개정안이 통과하지 않았다면 더 좋았겠지만, 통과되어도 별 영향은 없도록 이루어졌다.

일모의 《의보》는 「신문의 각 방면 반향을 살피다」라는 글을 통해 주요 각 신문의 사설이나 투서를 소개했다. "이 개정안은 꼭 인공임신중절수술 규제 강화를 목적으로 한 것은 아니지만, 인공임신중절을 금지하는 법이라는 잘못된 해석에 따라 논지를 펴고 있는 글이 눈에 띄기도 한다"고 평했다. 예를 들어 내각회의 결정 전날인 5월 22일에 《요미우리신문》은 "인공 인공임신중절 엄격히 규제, 「우생보호법」 개정 이번 국회에 발의 '경제적 이유' 지운다"라는 표제로 보도하며, 관계자는 '이번' 개정에서 「우생보호법」의 암적인 존재로 오랫동안 현안이 되었던 '경제적 이유' 항목을 삭제한 것을 '우생보호 정책의 큰 진전'이라 평가하며, 경과 설명에서는 "당초 '건강상의 이유'라는 제약도 좁혀야 한다'며 강한 규제를 요구하는 의견도 있었다. 그러나 일본의사회 등에서 꺼려하자 규제 강화의 선이 희미해지는 바람에 타협안으로 '경제적 이유'만 삭제되었다. 따라서 '이것만으로 엉성한 법이라는 점에는 변함이 없다'는 불만의 목소리도 있다"고 보도했다.[19] 다음 날 23일에는 《아사히신문》, 《마이니치신문》 등도 《요미우리신문》과 비슷한 논지를 펼쳤다(이상 《의보》 제265호, 1972년 6월, 3쪽).

개정안은 5월 23일 내각회의 결정을 거쳐 26일에 중의원 사회노동위원회에 회부 심의되었으며, 30일 동 위원회의 발의책임자인 사이토 노보루(斎藤昇) 후생대신이 별도 기재한 발의 이유를 설명했다. 그러나 그 후 회기 연장된 국회는 공전을 거듭하며 6월 16일까지 심의되지 않고 경과되어, 결국 차기 국회에서 심의하기로 결정되었다.

그런데 일모는 개정안 제출 전후로 한 가지 새로운 경향을 발견했다. '현재 일본에서는 경제적 이유로 인한 인공임신중절이 반드시 필요하다'는 주장이 매우 강력하다는 사실이었다. 《의보》는 "이 의견이 이번 개정안을 비판하는가 여부는 제쳐두고 가족계획단체나 유전학자, 인구학자 등 각 방면에서 일제히 목소리를 높이며 매스컴에서 서민들의 투서와 함께 계속해서 그 주장을 보도하는 것은 여태까지와 완전 반대 현상인 동시에, 이를 통해 '여론의 동향'을 확인할 수 있었다"라고 평했다(《의보》 제265호, 1972년 6월, 1쪽). 경제 조항에 대해 생장의 집과 후생성과 자민당은 집중 포화를 받게 된다.

일모는 필시 내심 이 사태를 기뻐하면서 방관하고 있었다. 1973년 5월의 《의보》 제276호는 5월 19일부의 《아사히신문》이 "정부 발의의 본 개정안이 사실은 종교단체의 필요에 의해 의원들이 압력을 행사한 것"으로 '안이한 개정안을 철회하라고 주장'한 것을 "지극히 정확한 해설"이라고 평했다. 게다가 "본회는 원래부터 '법의 수정은 진중하면서도 전면적인 검토가 필요하므로, 안이한 개정은 절대 반대'라는 일관된 태도를 유지하고 있는데, 특히 작년부터 개정안에 대해 진정으로 이 법을 필요로 하는 사람들의 목소리를 듣기 위해 표면상 지켜보는 태도를 취해왔다"고 적고 있다(2쪽). 일모는 개정안 제출 전에는 매스컴이 날조한 '여론'을 비판했으나, 일모는 그 '여론'을 자신들의 정치력을 이용해 수중에 넣는 방향으로 전환했다. 관련 매스컴에 대한 이중적인 자세는 오갸 헌금 때와 동일하다.

개정안은 경제 조항의 삭제뿐만 아니라 태아 조항도 비판받았다. 《의보》에 적힌 내용에 따르면, 1973년 5월 일본아동정신의학회가 "「우생보호법」 개정은 신체 장애인의 차별과 억압책이다"라는 이유로 반대성명을 냈다. 이 학회는 "개정안에 담긴 인공임신중절의 촉진은 오늘날 현존하는 장애인에 대한 차별과 억압을 태아 시기까지 더 거슬러 올라가 계통적으로 강화시키는 내용"이라며 태아 조항을 비판했다. 또한 현행 「우생보호법」도 '불량한 자손의 출생을 저지'하는 것이 목적이므로, '장애인에 대한 차별 사상으로 관철'된 「우생보호법」 '개정'(안)을 폐기해야 한다고 밝혔다. 일모는 "의학 관련 단체가 「우생보호법」 개정을 적극적으로 반대하고 나선 것은 처음이라 주목받고 있다"고 평하는 것으로 그쳤다(《의보》 제277호, 1973년 6월, 10쪽).

일모는 태아 조항을 비판받았으나 우생사상을 포기할 의사는 전혀 없었다. 1972년 11월 29·30일에 일본가족계획연맹 주최로 열린 1973년 모자보건과 가족계획 전국대회에서, 기노시타 마사카즈(木下正一) 상무이사는 일모의 의견으로 "정부가 이번 기회에 어떻게 해서든 정부 발의를 해야 하는 단계까지 내몰려 있다면, 본회의 생각과 합치하지 않지만 일단 이번 개정안이 승인되더라도 전체적인 입장에서는 지장이 없을 것이란 결론을 얻었다"고 개정안 제출 경위를 설명했다. 기노시타는 이렇게도 말했다. "개정안대로 법률의 일부분이 개정되어도 해석 방법에 따라 인공임신중절이 심각한 압박을 받지는 않는다." 그래서 일모는 "이번 일부 개정에 대해 적극적인 반대를 하지 않았다". 그러나 일모는 "「우생보호법」의 개정에 대해 민족우생을 위해서 이른바 과감한 개정을 폭넓고 진중하게 진행하는 것이 필요하다는 기본 태도는 전혀 바꿀 생각이 없"었다(《의보》 제272호, 1973년 1월, 5쪽). 결국 일모는 인공임신중절을 둘러싼 이권에서 손을 뗄 의도는 털끝만큼도 없으며, 우생사상을 둘러싼 틀도 1960년대부터 일관되게 이어지고 있다고 보아도 좋다.

3) 1974년 개정법안 제출과 참의원 선거

1974년 2월 《의보》 제285호는 중의원 사회노동위원회에서 계속 심의 중인 「우생보호법」 개정안은 처리를 둘러싸고 "묘한 단계에 있지만 참의원 선거의 절박함도 얽혀서 예측이 어렵기만 한 상태는 아니"라고 적고 있다. 그리고 일본의사회 다케미 다로(武見太郎) 회장은 2월 21일 중의원 사회노동위원회로부터의 타진에 대해 '개정할 필요 없음'이라는 의향을 전달했다(1쪽).

그 개정안은 돌연 5월 14일 자민당 총무회에 제출되어, 태아 조항을 삭제하고 나서 국회를 통과시키기로 당의(黨議)가 결정되었다. 생장의 집 계열 의원의 주도에 따라 장애인단체의 반발을 고려한 결정이었을 것이다. 그 사이 일모와 함께 일본의사회의 다케미 회장이 강경한 반대 성명을 냈다. 28일 참의원 사회

노동위원회에서 일모와 일본의사회의 후원을 받는 자민당의 마루모 시게사다 (丸茂重貞) 의원과 다마키 가즈오(玉置和郎) 의원 간에 격렬한 논쟁이 펼쳐져 위원회 개최가 불능 상태에 빠졌다. 그 결과「우생보호법」은 폐안이 되었다. 다음 날 전국 각 신문은 반대하는 마루모 의원을 중심으로 한 혼란 양상을 상세하게 보도했는데, 대다수는 폐안을 시인했다. 여·야당 모두에서 통과되기를 기대했던 사회노동위원회의 5개 법안이「우생보호법」과 함께 전부 폐기되었다. 노동성의 중요 법안인 '고용보험'이나 일용 건강보험의 70% 지급을 결정하는 개정안 등이었다.

일모는 6월 참의원 선거에 대비해 마루모를 지원할 준비에 착수했다. 그러나 마루모에게 노동위를 혼란케 한 책임을 추궁하는 주장이 나와 자민당 내에서 입장이 난처해졌다. 한편「우생보호법」폐기 때문에 140만이나 되는 생장의 집 표가 줄어들어 전국구든 지역구든 여당은 크나큰 충격을 받을 가능성이 지적되었다. 그래서 '「우생보호법」개정에 반대한 의사 단체가 도대체 얼마만큼의 정치력을 갖고 있었는가' 의심받을 지경에 이르렀다. 일모는 이를 '갑작스런 새로운 사태의 발생'으로 받아들였다. 그도 그럴 것이 여당 내에서 생장의 집 계열 의원과 마루모 시게사다의 표 차이가「우생보호법」개정의 운명을 결정할 것으로 이목이 집중되었기 때문이다.

6월 상순, 가장 신뢰받는 모 보도기관의 전국 조사 주요 관계자가 관계자에게 누설한 바에 따르면, '전국의 의사 표는 예상을 밑돌아 상당히 적다'는 내용으로, 그 수치를 본 관계자는 우려를 나타냈다고 전했다. 일모는《의보》를 통해 "소위 경제적 이유가 삭제되면", 법무성, 후생성은 "아무래도 법문의 문언대로 해석을 해서 '적응' 범위를 좁혀야 하므로 지정 의사는 생활곤란자인 환자와 법 사이에서 심각한 갈등 상황에 빠질 것으로 예상된다", "또한 법제 심의회에서 결정 중인 형법개정안에 따르면, 낙태죄의 적용이 현행보다도 간단해져서 필요하면 벌금형 등으로 '안이'하게 유죄가 될 수 있도록 짜여 있다"고 하면서 회원들을 열심히 독려했다(이상《의보》호외, 1974년 6월 8일, 112쪽). 태아 조항이 삭제된 이상 마루모가 당선되지 않으면, 일모에 불리한 조건으로「우생보호법」이 개정될 것은 명백했다.

일모는 참의원 선거를 위해 세세한 부분까지 준비해나갔다. 먼저 1974년 1월부터 회보 명칭을 《모성보호회보》에서 '《일모의보(日母医報)》'로 변경했다. 기관지는 '일모'라는 문자를 붙일 필요가 있다는 의도 때문이었다. 1974년 5월부터는 일모 회원을 대상으로 9시 15분부터 30분까지 단파방송 〈일모 산부인과 시간〉을 방송했다. 이는 "새로운 산부인과 의사 관련 뉴스나 연수 방송을 방영해 회원의 편의를 도모"하고, "의정 문제, 의료 정보, 연수, 임상 아이디어를 소리로 전달하는 것을 목적으로 했다"(287호, 14쪽). 이는 모두 '일모'의 회원임을 자각시키고 정보의 폭넓은 공유로 회원 내의 결속을 높일 목적이었을 것이다.

선거 결과는 1974년 7월 《의보》 제290호에서 대대적으로 보도되었다. "마루모 의원 압승, 현직 의원 중에서는 2위", "이 1년 남짓의 본회 활동은 일모(日母)의 조직력 여하를 점치는 시금석이기도 했다. 그 점을 조금 걱정도 했었지만 훌륭한 성과를 거둔 것은 앞으로의 본회 활동에 커다란 자신감을 부여했다"라고 전했다. 다만 1974년 9월 《의보》 292호는 "「우생보호법」 개정안 임시 국회로 다시금 상정될지 정세는 낙관을 허용하지 않음"이라고 보도한다. 1975년 2월 《의보》 제297호에서도 "생장의 집, 「우생보호법」 개정안 국회 재제출을 위해 맹활동"이라고 전했는데(2쪽), 어느 쪽도 기우에 그친 듯하다.

일모는 선거에서 회원의 결속을 확신한 건지, 결속의 유지를 꾀한 것인지 이후 《의보》에는 '일모 패밀리'라는 표현이 눈에 많이 띄었다. 1979년 10월 《의보》 제353호에는 「일모 찬가 일모의 노래」(이마 하루베(伊馬春部) 작사, 다카기 도로쿠(高木東六) 작곡)가 발표되었다. 3절까지인 가사에 붙은 공통된 후렴 가사는 "아아 일본의 모성보호/사명에 타오르는/우리의 일모/패밀리, 패밀리, 우리는 패밀리"였다(14쪽).

4) 리브 신주쿠 센터의 일모 비판

1970년 8월 '침략＝차별과 싸우는 아시아부인회의'가 개최되었을 무렵부터,

각지에서 여성단체가 결성되어 1972년에 그 네트워크 조직의 거점인 리브 신주쿠 센터(リブ新宿センター)가 '여성의 집'으로 도쿄에 개설되었다. 이 단체 외에도 여성해방을 외치는 여러 단체는 인공임신중절 금지법 역할을 하는「우생보호법」개정을 반대하는 한편, '푸른 잔디회(青い芝の会)' 같은 장애인 운동으로부터 장애아라면 인공임신중절을 할 것인가라고 규탄받으며 비난 속에서 국가권력에 대한 비판, 우생사상과 산전 진단에 기반을 둔 선택적 인공임신중절에 대한 비판을 강화한 점은 선행 연구 등에서도 널리 알려져 있다. 이 중에 리브 신주쿠 센터의 일모 비판 동향을 살펴보자. 이 시기의「우생보호법」개정 비판은 한결같이 생장의 집과 후생성, 자민당을 향하고 있어,[20] 좀 특이하다 볼 수 있겠다.

이 단체는 경구피임약 도입을 비판하는 입장으로 중피연(中ピ連)*과 대립하는 한편, 1970년대「우생보호법」개폐 논쟁에서는 '의사·제약회사·후생성·생장의 집을 한 패거리'로 인식하고 있었다. 1974년 3월 일모가「우생보호법」개정 반대를 표명한 것에 대해 "애초에 만일의 사태가 생기면 그들은「개정」반대를 결단할 심산이었다", "말로만 왈가왈부하고 실제로는 아무것도 하지 않는다. 그리고 개정안의 성립을 도와서 '생장의 집'에도 몫을 할당하여 자신들을 향한 비난을 막는" 전술을 쓴다고 비판했다.[21] 그로 인해 1974년 7월 참의원 선거에서는 일모도「우생보호법」의 개악 세력으로 간주하며 생장의 집 계열의 다마키 가즈오(玉置和郎), 하시모토 류타로(橋本龍太郎)뿐만 아니라 마루모 시게사다(丸茂重貞)의 낙선도 호소했다.[22]

그러나 선거 결과는 생장의 집 계열인 다나카 다다오, 무라카미 마사쿠니(村上正邦) 등의 낙선으로 생장의 집의 패배였다. 리브 신주쿠 센터는 '우리의 승리' 원인을 다음과 같이 들고 있다. 먼저 "여성들의 광범위한 전쟁과 '장애인' 단체의 단호한 결기가 야당 각 당을 뒤흔들어" 자민당에게 "'개악안'을 통과시

---

* (옮긴이) 인공임신중절금지법에 반대하고 경구피임약 해금을 요구하는 여성해방연합의 약칭.

키려면 '일용 건강보험'도 포기할 각오를 하게 한" 것이며 아울러 "일본의사회 다케미 다로가 한계에 도달해 개악 반대로 돌아선" 점, "마루모 시게사다가 다마키 가즈오('생장의 집' 출신, 청풍회(靑嵐会) 간사)와 갈라서고 개악 반대파로 옮긴" 점도 승리 요소로 들고 있다.[23] 하지만 일본의사회와 일모와 마루모의 연대는 더 신속하고 깊었다. 오히려 생장의 집에 결정적인 충격을 입힌 것은 일찍이 생장의 집과 적대해왔던 일모의 후원을 받은 마루모의 승리였다.

아래 기사를 보면, 현행 「우생보호법」은 '낙태죄의 면책 법규'로 낙태를 허가하는 경우의 내용은 모두 '장애인 차별'로 이 법 자체의 재검토가 필요하며 아래 다섯 개 항목에 대한 반대, 투쟁을 호소하고 있다.

① 형법 '낙태죄' 철폐 투쟁, ② 일본 민족 개조를 노리는 '양수검사' 격퇴 투쟁(특히 이 실험이 시행되는 각 학교(도쿄대학, 도호쿠대학, 니혼대학 등)는 분기하자!), ③「우생보호법」 사상과 일상 생활 속에서 싸워나가는 투쟁(예를 들면 '유모차' 사용금지 반대와 같은 투쟁이 일상 속의 투쟁이다), ④ 인간을 우생과 열성으로 나누는 사고방식은, 일본 민족은 우생이고 아시아 사람들은 열성이라는 생각, 즉 민족배외주의(民族排外主義)와 반대로 되어 있다. 기생관광이나 기술지도, 직업훈련이라는 명목으로 한국 등에서 노동력 이입, 간호사로 혹사시키는 현대판 '강제 연행'에 반대하는 투쟁 등을 지속, 강화해가자는 말 아닌가.[24]

주목해야 할 점은 많으나, ③의 일상 속 우생사상이나 ④의 배외주의와 우생사상을 결부시키는 견해는 오늘날 우생학을 보는 견해에도 영향을 줄 것이다. ②에서 리브 신주쿠 센터는 태아 조항과 밀접하게 관련된 양수검사에 대해서도 1970년대 초부터 강력히 비판하며, 먼저 '불행한 아이 낳지 않기 운동'을 추진한 효고현이나 양수검사를 실시한 대학 등을 공격했는데, 모리야마 유타카 일모 회장도 참가한 모자보건추진회의(1967년 발족)도 그 대상이었다. 「우생보호법」에 태아 조항 삽입이나 양수검사 실시를 추진하는 취지의 모리야마 발언이 게재된 이 추진회의의 출판물인 『모자보건』(1972)에 실려 있는 '일본 민족

개조론'을 "일본 순결 대가족(日本純潔大家族)으로 향하는 길을 맥진(驀進)하자는 것이다"라고 공격했다.[25]

이렇듯 「우생보호법」의 우생사상 자체를 악으로 보는 비판이 「우생보호법」 개정 문제를 계기로 리브(リブ) 단체나 장애인단체에서 제시되며 우생사상의 인식 방법에도 영향을 미치게 된다. 그 비판 대상에 일모도 포함되었다. 다만 그 논법은 후생성, 자민당, 생장의 집, 제약회사라는 거대 악 집단의 한패로 묶어 공격하는 것이었다. 그러나 실제로 일모는 생장의 집과 격렬하게 대립했고, 자민당도 이 문제에서는 두 파로 나눠져 있었다. 게다가 리브 단체 등이 지칭한 선거 '승리'의 실태는 일모 세력에 의한 바도 컸다. 분명한 것은 그 비판의 논법은 우생사상 비판이라는 점에서 중요한 논점을 제시했다. 그러나 후세 사람이 권력 파악 관점에서 당시의 시각을 공유한다면 논쟁의 실태를 오인할 수도 있을 것이다.

4. 1982~1983년 개정안을 둘러싸고

1) 「우생보호법」 개정 논의 재연과 일모의 괴로운 처지

1974년 선거부터 1982년까지 「우생보호법」 개폐와 관련하여 큰 움직임은 없었다. 전체적인 동향으로 기쿠타 노보루(菊田昇) 의사의 아기 입양 주선을 둘러싸고 지정 의사 취소소송이 있었다. 일모는 기쿠타를 지지하는 매스컴에 분개하기도 했으나, 그동안은 비교적 일모에 평안한 시기였다.

그러나 생장의 집 지도자인 다니구치 마사하루*는 1981년에 「우생보호법」 개정을 다시금 호소했다. 1982년 3월 일모는 공교롭게도 일본의사회장을 장기

---

*   (옮긴이) 다니구치 마사하루(谷口雅春, 1893~1985). 신교, 불교, 기독교에 현대 과학을 가미하여 완성한 새로운 종교 창시자. '생장의 집(生長の家)' 설립자, 초대총장.

간 역임한 다케미 다로가 교체되고, 일모 고문인 마루모 시게사다 의원이 장기 입원 중이던 무렵이었다. 1982년 3월 15일에는 참의원 예산위원회에서 생장의 집 계열의 자민당 의원인 무라카미 마사쿠니(村上正邦), 다마키 가즈오(玉置和郎)가 총리장관, 문부장관 등에「우생보호법」개정, 특히 경제 조항 삭제를 강력하게 압박하자 후생대신은 개정을 시사하는 발언을 했다(《의보》제384호, 1982년 4월, 6쪽).《의보》5월호는 후생성 사무국도 개정 작업을 시작하고, 중앙 우생보호심의회에서도 강행 개정론이 우세하다고 전했다(《의보》제1285호, 1982년 5월, 2쪽).

일모는 개정 움직임이 지금까지와 '전혀 성격을 달리한다'며 다음의 특징을 들었다. ①「우생보호법」개정을 유일한 목적으로 2년 전에 최초로 등장한 참의원 무라카미 마사쿠니 의원이 '생장의 집'을 뒷배경으로 활동을 계속하고 있는 점, ② 생장의 집의 다마키 가즈오 의원과 싸워온 마루모 시게사다가 위중한 병으로 병상에 있는 점, ③ 경제적 이유의 철폐에만 개정점을 압축해 신속한 수정을 꾀하고 있는 점, ④ 후생대신 경험자이자 중의원인 유력한 사회 노동족 의원이 후원하고 있는 점, ⑤ 종교정치연구회(종정연, 宗政研)의 일원이 급격히 증가한 점, ⑥ 레이건 대통령의 인공임신중절 금지 방침이었다(《의보》제 387호, 1982년 7월, 1쪽).

1982년 6월 26일, 일모는 "경제적 이유를 삭제할 것인가? …「우생보호법」공전의 위기, 개정 제출 압박받다"라는 이례적 표제가 붙은 '호외'를 발표했다. 그에 따르면, 일모는 6월 17일에 무라카미 의원을 향한 논박을 국가 의원과 각 방면에 배포했다. "여성의 기본 인권이라 할 수 있는 자기결정권을 무시하고, '경제적 이유로 인해 모체의 건강을 해칠 경우'를 철폐하면 원하지 않은 임신을 한 여성의 강력한 요구와 법 규제의 모순으로 사회적 혼란과 모체의 위험을 초래"하므로, '전문의사 단체'로서 반대한다는 요지의 글이었다. 일본의사회도 6월 22일 상임이사회에서 일모의 견해에 찬동하며 전면 지지를 결정했다.

일모의「우생보호법」개정 반대 논리에서 주목할 점은, "불량한 자손을 막고자 하는" 관점에서 경제 조항을 옹호한 부분이다. 일모는「우생보호법」개정 반대 논거로 "일본 「우생보호법」의 공적을 재인식해야 한다"며, 경제 조항이 "패전의 혼란(즉 국민의 기아와 귀환자 부인의 임신 등)에서 오늘날 번영을 맞이할 때까지 오랫동안 공헌했다"는 점을 들었다. 동시에 "「우생보호법」은 우생수술과 인공임신중절과 가족계획 세 가지를 중심으로 성립"되는데 "개정론자는 쓸데없이 인공임신중절만을 들고 있다"고 개정법을 비판했다. 게다가 "태아 적응이 없는 현재 경제적 적응은 없어선 안 된다"고 했다. 이유는 이렇다.

최근 선천적 이상의 예방 필요성이 한층 강력히 주장되고 있는데, 태아의 이상을 이유로 하는 조항은 현행법에 존재하지 않는다. 각종 조사에서도 인공임신중절을 원하는 이유로 '중증 기형아 출산 우려'를 드는 경우가 흔히 보이며, 또한 산전 진단 기술의 발달로 무뇌아의 95%가 임신 중에 발견할 수 있게 되었다. 한편 임신 초기의 풍진 감염에 의한 중증 심신장애아의 출생 우려가 예측되어 정말로 어쩔 수 없는 경우에는 '중증 장애아 출산 때문에 경제적 압박으로 모체의 건강을 현저히 해칠 우려가 있는 것'으로 판단해야만 하는 상황도 적지 않다. 경제적 이유의 삭제로 인해 이러한 사회적 혼란의 발생이 충분히 예측되는 바이다.

현재까지 장애를 이유로 한 인공임신중절은 이 논리로 이루어지고 있다. 이는 1970년대 경제 조항을 삭제하는 대신에 태아 조항 삽입을 시도한 태도와 통한다. 1980년대는 인류유전학이 한층 발전하는 동시에 태아 스크리닝 기술도 진보하여 의료 현장에 도입되어 있었다. 일모는 「우생보호법」의 우생수술 대상인 '유전성 질환'을 열거한 '별표'는 "근대유전학의 입장이므로 그 내용이 모두 합당하다 볼 수 없기 때문에" 재검토해야 한다고 했다. 그러나 일모는 "「우생보호법」의 목적은 헌법의 인권존중 취지에 따른 모체보호와 불량한 자손 방지를 꾀하는 것"임을 거듭 강조하며 산전 진단은 「우생보호법」의 우생 논리를 체현한 것이라는 사실을 긍정적으로 받아들였다(이상 《의보》 제339호, 1982년 9월, 112쪽). 결국 일모의 우생사상은 1980년대에도 본질적인 변화는 없다.

그러나 1980년대 일모에는 마루모 시게사다(丸茂重貞)라는 국회에서의 강력한 대변인이 부재했기 때문에 1970년대만큼의 정치력을 발휘하기는 어려웠다. 마루모는 1982년 7월 23일에 지주막하 출혈로 사망했다. 모리야마 유타카 회장은 "「우생보호법」 개정 문제가 제기되는 현재, '만일 마루모 선생이 아직 건재하다면…' 하고 생각하면, 참으로 유감천만"이라며 서거를 애도했다.

그리고 1970년대에는 일본의사회와 일모의 연대 관계는 다케미 다로 회장이 「우생보호법」 개정 반대에 협력적이었던 만큼 견고했으나, 1980년대는 회장의 교체에 따라 사이가 벌어진 듯 보였다. 일본의사회는 10월 5일 상임이사회에서 「우생보호법」 개악을 반대하는 일모의 견해에 대한 지지를 재확인했다. 일모는 "이에 따라 일본의사회와 일모는 의견의 일치를 확인했으며 연대의 끈은 강해졌다"고 평가했다(《의보》 제391호, 1982년 11월, 6쪽). 그러나 12월 일모의 1982년도 제2회 지부장회에서는 몇몇 지부에서 "일본의사회가 개정반대 운동의 선두에 나서지 않는 것이 최대 난항이라는 의견을 내자 대응의 어려움을 슬쩍 내비쳤다"(《의보》 제392호, 1982년 12월, 3쪽).

그래도 일모는 공세에 나섰다. 1982년 12월 23일에는 일모와 도쿄 모성보호 의사협회 간부 12명이 항의단으로 후생성을 방문해 미우라 다이스케(三浦大助) 공중위생국장과 만나 교섭을 진행했다. "「우생보호법」 개정안은 분명 의학적·사회적으로 혼란을 일으킬 우려가 있으며 중대한 결과를 초래할 것이다"라고 의사를 표시했다. 미우라 국장이 "국회에서 약속한 사항"으로 "적극적으로 법안 작성을 준비 중이다" 등의 발언을 하자 항의단은 "'국민의 반수인 여성과 전문의의 의향에 귀를 기울이지 않고 개정이 강행되려고 하는 현실'이라며 맹렬하게 반대 의견을 피력하며 격론을 벌였다"고 한다(《의보》 호외, 1982년 12월 25일).

2) 일모와 여성해방운동과의 거리감

1970년대에 비해 정치력이 떨어진 일모는 경제 조항의 철저한 보완에 대해, 주장의 연유는 접어두더라도 여성단체나 매스컴의 「우생보호법」 개정 비판도 믿었던 것 같다. 《의보》 제387호의 '소식자(消息子)'는 "6월 20일 《아사히신문》

의 기사 "인공임신중절 옳은가 그른가"가 도화선이 되어 매스컴 논쟁이 크게 전개"되었다고 판단했다. 또 TV아사히의 〈모닝쇼〉(6월 22일)에서는 "일모 임원이 지금까지 몇 번이고 호되게 배신을 당해온 이 방송도 이번에는 제안자인 무라카미 의원을 제외하고 대부분이 '개정 반대'"였다고 전했다(4쪽). 그러나 1982년 10월 《의보》 제390호는 개정안이 미제출되어서인지 "여성 측의 반응이 의외로 적다", "중심이 되어 반대운동을 이끌어나갈 강력한 여성단체가 아직 보이지 않는다", "매스컴의 이 문제에 대한 관심도 일부 신문을 제외하고 의외로 낮다"고 무기력해져 있기도 했다(4쪽).

한편으로 《의보》 같은 호에서 '「우생보호법」 '개정' 저지 연락협의회'의 발족도 전하고 있다. 이 협의회는 일본가족계획연맹 내에 사무국을 두고 모자보건사업을 중심으로 한 10여 개의 유력한 단체가 가입하여 "국회나 지방의회에 접촉하거나 매스컴에 PR, 일반 대중을 대상으로 한 교육"을 할 것으로 기대된다, "일모는 이 협의회의 일원은 아니나, 이 협의회와 협력하여 개악저지운동을 펼칠 유력한 단체임은 새삼 말할 것도 없다. 사무소도 같은 이치가야(市ヶ谷) 보건회관 내에 있고, 서로 연락도 긴밀하다"고 전한다(4쪽).

1982년 12월 《의보》 제392호는 "지금까지 지역적이었거나, 일부 유지가 이끄는 운동이었던 것이 이번 한 달 동안 커다란 움직임이 되어", 1982년 10월 20일에 "일본여의사협회나 일본조산사협회를 비롯해 12개 유력 여성단체가 「우생보호법」 '개정' 저지연락협의회를 결성"했다고 전한다. 또 11월 4일에 기독교 단체를 다수 포함하는 '중립계' 단체, 일본여성유권자동맹, 대학여성협회, 일본기독교부인교풍회, 여성국제평화자유연맹 일본지부, 전국지역여성단체연락협의회, 도쿄기독교여자청년회, 일본간호협회가 '7부인 단체 의회활동 연락위원회'를 결성했다. 이 위원회는 모리시타 모토하루(森下元晴) 후생대신에게 ① '인공임신중절 방지를 위한 충실한 성교육과 가족계획의 보급이 선결', ② '경제적 이유를 삭제하면 비합법적 낙태가 늘어나 임신 사망률을 높임', ③ '출산 여부는 기본인권' 등을 근거로 들며 우생보호법 개정을 반대했다. 아울러 도쿄, 오사카, 교토의 45개 '우먼 리브' 단체들은 '82 「우생보호법」 개악 저지 연락회'를 시부야·야마테(渋谷·山手) 교회에서 개최했다. 일모《의보》는 "협회의 3층석까지 가득 채운 참가자의 열기에서 엄청난 파워를 느꼈다"고 평했다. 단상의 여성들은 '낳든, 낳지 않든 그것은 여성의 자유', '성을 관리하는 것은 우경화의 시작, 전쟁을 위한 병사를 우리에게 낳으라는 뜻', '불법 인공임신중절이 늘어나 모체가 위험에 노출된다'고 주장하며 "소란스런 회장 안이 특수한 분위기에 휩싸여 있었다"고 전했다(이상, 1~2쪽).

1983년 2월《의보》제394호는 "「우생보호법」'개악 절대 반대'를 외치는 여성단체, 각지에서 들끓는 반대 움직임"을 이례적으로 한 면을 그라비아 인쇄로 게재했다. 내용은 '82년「우생보호법」개악 반대 집회'장 앞과 '개악 절대 반대'를 외치는 여성단체, '82「우생보호법」개악 저지 연락회'가 작성한 팸플릿, '인공임신중절을 생각하다'(일본성교육협회 주최) 강연회에서 이야기를 나누는 강사와 참석자의 모습이었다(2쪽). 그리고 이《의보》는 "「우생보호법」「개정」에 반대"라는 제목의 1982년 12월 17일 일본사회당의 제47회 당대회 결의 전문을 소개했다. 1968년 테헤란에서 열린 국제연합 인권선언을 들며 자녀를 '낳고 낳지 않고'는 인간의 기본적 권리에 속하는 것으로 국가는 개입해서는 안 된다고 주장했다. 동시에 "우리 당은 현행법의 '우생의 견지에서 불량한 자손의 출생을 막는다'는 우생사상을 배제"하겠다고도 했다(3쪽).《의보》에 나타난 일모의 자세는 여성단체는 물론, 사회당의 주장까지도「우생보호법」개정 비판을 한다면 호의적으로 받아들이겠다는 것으로 볼 수 있겠다.

한편《의보》에서 언급한 여성해방 계열 단체의 동향을 어떠했을까?《의보》에 등장하는 "82「우생보호법」개악 저지 연락회(改悪阻止連絡会)"는 원래 '「우생보호법」개악 = 헌법개악과 맞서는 여성단체[이퀄(equal)회]'와 '국제 여성의 해를 계기로 행동에 나선 여성단체'까지 포함된 모임으로, 인공임신중절 규제에 심각한 위기감을 느낀 여성들이 개인이나 단체로 결집하여 결성된 모임이라고 한다. 이 연락회는 1984년에 회집《저지연 뉴스 ― 여성의 건강부터(阻止連ニュース女のからだから)》를 간행하기 전후부터 비교적 소수 인원의 그룹으로 변화했고, 1996년 이후《소시렌(SOSHIREN) ― 여성의 건강부터》라고 칭하며

그림 10-1 • 『「우생보호법」 개악과 맞서기
위해』에 게재된 '흥/미/진/진/신/
신/사/록'(40쪽)

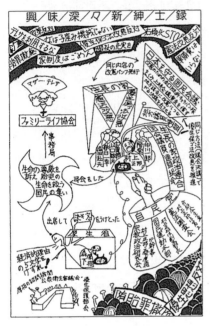

현재에 이른다.[26]

　필자는 그 당사자에게 직접 사
정을 물어보았다.[27] 요네즈 도모코
(米津知子)는 1982년 개정안에 태아
조항은 없었으나, 장애인단체는 경
계하고 여성단체의 대처도 불안해
서 1970년대처럼 1980년대에도
'당신들은 장애라고 해서 낳지
않을 작정인가?'라고 압력을 받았
기 때문에 그 점을 꼭 고려해야 했
다고 이야기했다. 사실 이쿼회가 편
집하고 이 연락회가 발행한 『「우
생보호법」 개악과 맞서기 위해』에
서도 "이번 양수검사 조항이 개악
안에 포함되지 않는다 해도 정부가
의도하는 바는 바뀌지 않는다. (중
략) 현행법상 양수검사 결과에 따
른 인공임신중절은 '경제적 이유'를 적용시켜 이루어지고 있다. 그러므로 이번
'경제적 이유'를 삭제하는 개악안이 성립되면 가까운 장래에는 양수검사 조항만
있는 개악안이 제기되는 것도 충분히 예상할 수 있다"라고 적고 있다.[28]

　그렇다면 양수검사의 주체는 어디인가? 이 장이 기록한 내용을 참조하면 일
모였다고 말할 수 있다. 그러나 이 문서가 개악 세력으로 지목한 것은 후생성,
생장의 집, 자민당 등으로, 일모는 언급하지 않고 있다. '흥미진진 신신사록'(그
림 10-1)이라는 개악 세력의 만화나 항의 대상에 대한 수신자가 이 문서에 나와
있으나 일모, 일본산부인과학회, 일본의사회 등은 포함되어 있지 않다.[29] 『자
료 일본의 여성사 Ⅲ』는 이 연락회의 '취지서' 등 관계 문서를 싣고 있는데, 이
연락회가 작성한 「1982년 11월 3일의 '「우생보호법」 개악집회 기조보고」에는

「우생보호법」이 "식량난, 주택난, 혼혈아 출생" 해결을 위해 "「국민우생법」의 우생사상은 그대로 둔 채, 모성보호라는 이름하에 조건부 인공임신중절을 합법화하고 여성에게 인공임신중절을 시킴으로써 이들 사회모순을 해결하려고 했다"고 보며, "우생·열성으로 인간을 차별 선별하고, 그 사상에 의거해 여성에게 인공임신중절을 하게 하는 「우생보호법」 그 자체를 철폐시키고자 한다"라는 내용이 들어 있다. 그렇다 해도 비판 대상을 무라카미, 다마키, 나카소네 야스히로(中曾根康弘), 니카이도 스스무(二階堂進) 등 '생장의 집 정치연합 국회 의원연맹'이나 후생성과 같이, 우생사상의 추진 주체는 어디에 있는지 판연(判然)하지 않은 식으로 적고 있다.[30]

이와 같은 사정에 대해 요네즈는 1970년대부터 '후생성이 우생사상의 체현 자'라고 최초로 간주하고 '생장의 집도 다른 측면에서 우리를 압박했기 때문에 거기에도 항의'했다고 말했다. 또 한편으로 나가오키 사토코(長沖曉子)는 1970년대는 태아 조항이 개정안에 나왔으나, 1982년 개정안에는 나오지 않아서 일단 '적(敵)은 경제적 이유를 삭제하려고 한 사람들'이라며 그곳에 비판을 집중했다고 말했다. 또한 1980년에 와타나베 쇼이치(渡部昇一)가 《주간문춘(週刊文春)》에서 소설가 오니시 교진(大西巨人)은 혈우병 환자 자녀의 의료비를 고액으로 책정해서 혈우병 아이가 태어날 가능성이 있다면 아이를 갖지 않는 것이 '신성한 의무'라고 써서 비판받았는데, 오하시 유카코(大橋由香子)는 그런 동향을 위시한 우생사상을 오랫동안 경계했다고 한다.

반면 오하시는 일모에 대해, "1981년에 발각된 후지미 산부인과 사건에서 수많은 산부인과 의사가 피해자 동맹 입장에 서지 않은 것에 불신감은 들었다. 다만 전문의사 집단으로서 일모와 딱히 공동 투쟁을 하지도 않았고 별달리 항의할 일도 없었으며, 예의주시하고 있지도 않았다"고 말하고, 요네즈 역시 일모가 《의보》에서 저지 연대 일을 문제 삼았다 해도 "직접 상대가 된 기억은 없다"고 말했다. 결과적으로 인공임신중절 규제 반대라는 동일한 입장에 선 것일 뿐인 관계였다고 전한다. 당사자들은 일본여의사협회나 일본조산사협회로 이뤄진 「우생보호법」 '개정' 저지 연락협의회, 일본가족계획연맹과도 마찬가지 관계였다고 이야기했다.

필자는 그 시대 항의 단체와 관련해 그 자세의 좋고 나쁨을 평가하는 입장은 아니다. 오히려 운동단체의 바람직한 자세로서는 물론이고 전략적으로도 합리적이었을지 모른다. 하지만 같은 시기의 「우생보호법」 논쟁에서도 우생사상 비판이 이루어졌는데 그 논리 구조인 우생사상이나 양수검사 등의 신우생학을 어떤 단체가 추진하고 있었는가에 대한 중요 논점은 사각 지대에 있었다고 평가할 수밖에 없다.[31] 이 사각지대까지 후세의 연구자가 공유할 필요는 없기 때문이다.

3) 「우생보호법」 검토 소위원회의 형성과 생장의 집 정치연합 해산

「우생보호법」 개정 반대 목소리가 거세지는 사이 "「우생보호법」 개정안, 이번 국회에서는 단념?"이라는 기사가 보도되었다. 《마이니치신문》과 《요미우리신문》에서만 보도한 내용인데, "신풍이 부는 듯한 주요 뉴스(神風が吹いたようなトップニュース)", "어느 소식통에 들어도 풀리지 않는 이야기"로 "여러분, 방심하지 말라"고 하며 반신반의했다(《의보》 제396호, 1983년 4월, 2쪽).

결과적으로 보도 내용은 사실이 되었다. 일모는 수개월 후에서야 파악했는데, 1983년 수년 전부터 전국 각 자치단체 회의에서 「우생보호법」 개정 결의가 채택되어 국회 청원 형태로 중앙에 송부되는 사태가 이어졌다. 그러나 점차 '개정 반대' 결의를 하는 자치단체가 늘어나 3월 이후는 전자보다 후자가 상회했다. 최종 결과는 개정 132만, 반대 162만이었다. 이들 "지방자치단체들이 의회에 올린 결의와 청원은 자민당의 법개정 논의에 큰 영향을 미쳐서", "국회에서의 발의가 순조롭게 진행되었다"고 한다(1983년 8월 1일, 4쪽).

「우생보호법」 반대 움직임은 여당 의원에게도 퍼졌다. 1983년 3월 23일에 자민당 내에서 '모성의 복지를 추진하는 의원연맹'이 결성되었다. 회장은 다자와 기치로(田沢吉郎)로 78명의 의원이 이름을 연명했다. 이 의원연맹에는 시마무라 요시노부, 하타 쓰토무, 하토야마 구니오, 요사노 가오루, 모리야마 마유미 등 내각 경험자들도 연명했다. 후생대신에게 '요청서'를 제출하고 「우생보호법」 개정의 '성급한 진행 방식에 의문을 가진 적극적인 여론, 특히 당사자인 여성들 사이에 반대의 목소리가 거세다'는 사실을 들면서 신중한 반응을 요구했다(《의보》 제1297호, 1983년 5월, 1쪽).

자민당 내에서 개정파인 '생명 존중 국회의원 연맹'과 '모성의 복지를 추진하는 의원 연맹'으로 상반된 의원단이 형성되는 사태가 발생했다. 그래서 자민당 정무조사회 사회부회 내에 '「우생보호법」 검토 소위원회'를 설치했다. 중립파 4인(다나카 마사미(田中正巳) 등), 신중파 5인[다자와 기치로, 모리야마 마유미(森山真弓) 등], 개정촉진파 5인[하시모토 류타로(橋本龍太郎), 무라카미 마사쿠니(村上正邦), 오기 지카게(扇千景)]으로 구성되었다.

이 소위원회에서 도출한 의견은 '전면적 재검토 필요'로서, 차후 개정 검토를 시사하는 내용이었다. 단순히 '경제적 이유'만 삭제하는 사항은 소위원회에서도 비판이 있었다고 했다. 그러나 동법 성립 시와 비교해 사회경제적 정세가 변한 데다, 동법의 우생사상, 예를 들어 "이 법의 목적 규정 중 '우생상의 견지에서 불량한 자손의 출생을 방지한다'라는 표현이나 제3조 제1항에서 언급하는 우생수술의 적용 사유와 별표에 언급한 유전성 질환 등"의 기본적인 측면에도 문제가 있고, 법의 운용도 엉성해서 어떤 형태로든 이 법의 검토나 개정은 피할 수 없다고 한 것이었다. 《일모의보》는 "「우생보호법」 개정 문제가 일단락되었다고 보는 것은 큰 실수"이고, "자민당 내의 위원회가 전면 재검토 방침을 명확히 내세운 이상, 앞으로 장기간에 걸쳐 동법을 현행대로 존속시킬 가능성은 적어졌다"고 상황을 분석했다(1~2쪽). 1983년 7월 《의보》 제399호도 "종전대로 생장의 집의 강한 압력 아래 경제적 이유의 개폐를 축으로 한 '전면적 재검토가 전개'될 것"이라고 추측했다. 소위원회 3분의 1은 「우생보호법」 개정파 의원으로 구성되었으니 무리도 아니었다.

아울러 "'현행법과 그 운영은 너무나도 엉성하다'라는 의견을 수용해 행정 당국이 법의 운영 강화를 계획하는 것은 당연 예측된다"는 견해도 나타냈다(이상, 1쪽). 사실 1984년 4월 《의보》 제408호에서 당무이사 고미부치 마사토(五味

淵政人)는「「우생보호법」의 전면검토에 대한 개정론 또다시 대두」라는 글에서, 1983년 4월에 후생성 공중위생심의회의 우생보호부회가 소집되어, ① 인공임신중절을 둘러싼 사회적 문제, ② 인공임신중절의 기술과 피임, ③ 인공임신중절제도를 둘러싼 법적 문제, ④ 국민생활수준 향상과 '경제적 이유'의 의의, 저연령 임신, 「우생보호법」 관련 유전질환, 낙태죄와의 관련성 등 폭넓은 내용이 검토되었다고 적고 있다(4쪽).

일모의 상황이 호전이 된 것은 1983년 6월 26일 투표가 이루어진 참의원 선거였다. 일모는 오키나와현 의사협회장이었던 오하마 호에이(大浜方栄)를 자민당 후보로 지지했다(《의보》 제398호, 1983년 6월, 1쪽). 오하마는 12위라는 높은 순위로, 함께 일모와 일본의사회의 추천을 받은 13위 이시모토 시게루(石本茂, 일본간호협회)와 당선되었다. 그 밖에도 전 후생사무차관인 소네다 이쿠오(曽根田郁夫) 등 일모가 추천한 후보 십 수명[32]이 당선되었다(《의보》 제399호, 1983년 8월, 1쪽).

한편 생장의 집은 패배했다. 1983년 8월 《의보》 제400호는 생장의 집 정치연합의 해산을 전했다. 해산 성명은 참의원 비례대표구에서 생장의 집 정치 연합의 데라우치 히로코(寺内弘子) 여성·청소년부장이 자민당의 명부 등재 순위 21위로 낙선해 「우생보호법」 개정을 실현할 가망이 사라졌기에 자민당에 대한 비판 자세를 강화하고 교화 활동 중심으로 전환한다는 내용이었다(2쪽).[33]

1983년 9월 《의보》 제401호는 구(舊)생장의 집 계열 의원이 종래의 지론을 전개하는 것을 여전히 경계했다. 그러나 자민당 사회부회는 6200억 엔 의료비 삭감 문제와 의료법 개정 검토에만 매달릴 것이라고 보았다. 후생성에서도 국장급 인사 대이동이 있고 "구체적인 움직임은 당분간 없을 것"이라고 판단했다(1쪽). 그리고 「우생보호법」의 전면 검토를 시행할 「우생보호법」 검토 소위원회는 중의원과 참의원 양 의원의 교체 문제로 다시 개최되지 않았다. 같은 해 9월 18일 일모는 미치코(美智子) 황태자비 참석 아래 오갸 헌금 20주년 기념식을 성대하게 거행했다.

5. 마치며

이상으로, 1970~1980년대 「우생보호법」 개폐 논쟁에서 일본모성보호의사협회가 당찬 전략성과 정치력으로 1977년 개정 시 이 법의 틀을 견지하고 옹호해내는 데 성공했으며, 1970~1980년대 이 법이 '불량한 자손'의 출생을 막는다는 이념의 비판으로부터 벗어나서 그 이념을 토대로 현재까지 산전 진단 기술 개발을 이어오게 된 양상을 밝혔다. 일모는 다니구치 야사부로의 입법, 사상, 정치적 입장을 명실상부하게 계승하여 존속시킨 것이었다. 일련의 논쟁 속에서 일모의 존재는 후생성이나 생장의 집, 자민당과 혼합되는가 하면 그 배후에 숨는 경향이 강하여 같은 시대 「우생보호법」 개정 비판 운동의 논리 속에서 그 경향을 알아차릴 수 있음을 적었다. 또한, 이 장의 서술을 통해 그 시기의 우생 사상과 정책, 생식 의료의 첨단기술과의 관계는 일모라는 존재의 분석 없이는 절대 이해 불가능한 사실임을 잘 알 수 있었을 것이다.

실제 그 후로도 일모는 태아 조항의 도입을 원했다. 1984년 11월 《의보》 「양수검사에 관한 설문조사 검사결과」에서 "일본의 인공임신중절의 적용에 태아 조항이 없고, 아무리 태아의 치명적 기형이나 질환이 진단되었다 하더라도 「우생보호법」에 의해서는 인공임신중절이 허용되지 않는다는 모순이 있다. 태아 진단 기술이 발달해 치명적 기형이나 질환이 확실하고 간단하게 진단된다면, 당연히 그 태아 조항들이 적용될 수 있는 날이 올 것이다"라고 적고 있다. 그 취지하에 일모 선천이상부(先天異常部)는 회원에게 양수검사, 초음파진단의 실시 현황을 조사했는데, "회원의 약 60%는 양수검사가 필요하다고 생각되는 증례를 보거나, 초음파 검사가 필요하다고 생각되는 증상을 발견해서 70% 이상의 회원이 초음파검사를 기형 스크리닝에 이용하고 있다"고 했다(5쪽). 1985년은 후생성이 「모자보건법」(1965년 제정)에 임신 전의 모성건강관리를 충실히 하고, 선천이상 모니터링 시스템의 정비를 도모하는 개정을 위해, 곤도 다케후미(近藤健文) 모자위생부장이 8월 22일에 모리야마 유타카 일모 회장을 방문했다(「모자보건법 개정 운동 활발화 후생성, 내용취지를 공표」, 1쪽). 그러나 이 개정안은 '「모자보건법」의 개악에 반대하고, 모자보건의 바람직한 자세를 생각하는 전국연락회'의 반대 등에 맞닥뜨려 좌절되고 말았다.[34]

마지막으로 1996년 「우생보호법」의 「모체보호법」에 대한 개정에 대해 언급한다. 소규모 좌익 페미니스트 단체와 여성장애인단체는 1990년대부터 「우생보호법」 개정 움직임을 보이며 1994년 카이로 회의(국제인구개발회의)에서 「우생보호법」의 시대착오적·차별적·강제적 측면을 소개하며 저널리스트의 주목을 모았다. 그 사실이 일본 정부에 법 개정을 독촉하는 외압으로 작용했다.[35] 인공임신중절 조항의 철폐가 아니었기 때문인지 일모는 저항하는 움직임을 보이지 않았다. 개정 동향을 늘 주시하면서 모리야마 유타카 사후 회장자리에 오른 사카모토 쇼이치(坂本正一)의 제안으로 「우생보호법」 임시위원회를 설치했다. 검토 사항은 '「우생보호법」의 문제점'으로 다음과 같은 인식이 나타났다.

먼저 20세기 전반의 제국주의 잔영과 같은 '우생'이라는 고전적인 명칭에 있다. 그리고 여기서 파생한 '우생수술' 역시 마찬가지이다. 1991년도 우생수술 건수는 6138건인데, 남성의 수술 건수는 겨우 24건에 지나지 않는다. (중략)
경제적 적응의 삭제, 태아 조항의 문제 등인데, 태아 적응이 없는 「인공임신중절법」도 세계적으로 드물고, 이 법 제1조의 '불량한 자손의 출생을 막는다'와 모순된다(이상 《의보》 제513호, 1992년 12월, 6쪽).

결국, 일모는 '우생 = 거대, 악 = 나치즘'과 같은 도식을 이용하여, 1970년대까지 우생수술의 강화를 주장하고 1980년대까지 우생사상을 견지했던 과거를 봉쇄한 것이다. 더욱이 「우생보호법」 제1조의 '불량한 자손'의 출생 방지라는 이념도 버리지 않았고 그만큼 비판받은 1970년대 이후의 태아 조항의 삽입에 의욕을 보였던 것이었다.

「우생보호법」은 1996년 6월 18일에 참의원에서 가결되었다. 5월에 자민당 사회부회의 에토 세이치(衛藤晟一) 부회장이 관계 의원에게 설명해서 미야자키 히데키(宮崎秀樹) 의원이 일모로 연락해 왔다. 《의보》는 "일모에서는 후생성과의 연락으로 개정을 예측했지만, 이번 국회에서 통과하고 싶다는 희망은 참으로 뜻밖", "일모 개입의 여지도 없었다"라며 불만을 감추지 않았다. 일모는 6월 17일에 참의원 후생위원회에서 "「우생보호법」의 일부를 개정하는 법률안에 대한 부대 결의"를 요청하는 것이 고작이었다. 그 내용은 "Reproductive Health/Right(성과 생식에 대한 건강과 권리)의 관점에서 여성의 건강 등에 관련된 시책에 종합적인 검토를 덧붙여 적절한 조치를 강구한 것"이었다(이상 《의보》 제556호, 1996년 7월, 112쪽).

일모의 내력을 떠올린다면, '성과 생식에 대한 건강과 권리(Reproductive Health/Right)'라는 칭찬은 커다란 변화일 것이다. 그러나 그것은 일모가 「모체보호법」 개정에도 잃을 것이 없다는 확신 때문은 아니었을까? 인공임신중절의 기득 권익도, 태아 진단 기술도 보존된 것이다. 그리고 머지않아 '성과 생식에 대한 건강과 권리'의 용법에 태아 조항이 삽입될 것이 분명해졌다. 1999년 2월 27일 일모의 법제검토위원회는 「모체보호법」의 개정 문제에 관해 보고했다.[36] 개정 내용에는 불치(不治) 또는 치사율 높은 질환이 있는 태아의 인공임신중절을 용인하는 '태아 조항'을 제정하는 부분이 들어갔다.[37] 그러나 7월 17일 이사회에서 태아 조항은 장애인단체와 페미니스트단체 등으로부터 '차별이다'라는 반대가 강한 데다,[38] 일모 내부에서도 '인간의 존엄에 어긋난다'는 의견이 있어 사회적으로 용인될 상황이 아니기에 보류되었다. 현재까지 「모체보호법」에 태아 조항을 삽입하려는 뚜렷한 정치적 움직임은 없다.

그러나 구(舊)일모나 산전 진단을 추진하는 산부인과 의사에게 법 개정은 사실 본질적인 문제가 아닐지도 모른다. 애초 1972년에 「우생보호법」에 태아 조항의 삽입을 시도하다 실패한 후에, 일모는 경제적 조항을 방패로, 장애를 이유로 한 인공임신중절과 그 기술을 추진해왔다. 그 기술은 순조롭게 현장의 의료에 정착해갔다. 태아 조항은 기껏 실태와 법의 합치를 꾀한 것에 지나지 않는다. 서장에서 서술한 대로, 2011년 7월에 구(舊)일모는 "2009년까지의 10년간, 태아의 이상을 진단받고 인공임신중절을 한 것으로 추정되는 사례가 이전

10년간과 비교해 배로 증가했다"는 보고를 정리했다.

이 밖에 구(舊)일모나 도입에 적극적인 산부인과 의사가 장애인단체나 여성단체 등의 반대에 개의치 않고 산전 검사를 순조롭게 정착시켜놓아서 이미 돌아갈 수 없는 지점까지 와버린 것이나 다름없다.

주(注)

1   岩本美砂子,「優生保護法をめぐる政治過程 —— 一九八〇年代の女性主体について」同「人工妊娠中絶政策における決定・非決定・メタ決定 —— 一九八〇年代日本の二通りのケースを中心に」『年報行政研究』二八号, 一九九三年.

2   ティアナ・ノーグレン(岩本美砂子ら訳)『中絶と避妊の政治学』, 青木書店, 二〇〇八年(第五章).

3   荻野美穂,『「家族計劃」への道 —— 近代日本の生殖をめぐる政治』岩波書店, 二〇〇八年.

4   荻野美穂,『女のからだ —— フェミニズム以後』岩波書店, 二〇一四年.

5   1960년대부터 1970년대의 생장의 집 동향은 土屋敦,「日本社会における『胎児をめぐる生命主義』の源流 —— 一九六〇年代優生保護法論争をめぐって」(『ソシオロゴス』二八号, 二〇〇四年)가 자세하고, 上野輝将,「出産をめぐる意識変化と女性の権利」(女性史総合研究会『日本女性生活史 5 現代』東京大学出版会, 一九九〇年)는 국회심의 동향 등도 포함한다.

6   森岡正博,『生命学に何ができるか —— 脳死・フェミニズム・優生思想』勁草書房, 二〇〇一年, 유사한 논점을 다룬 연구로 生瀬克己,「1970年初期における《優生保護法改悪阻止》をめぐるウーマン・リブ運動と障害者問題に關する覚書」「桃山学院大学キリスト教論集」三三号, 一九九七年; 二階堂祐子,「1970年代の障害者運動における女性隊碍者の意識変容 —— 青い芝の会神奈川県連合会「婦人部」をめぐって」『女性学』一九号, 二〇一一年가 있다. 또한, 같은 시기의 우생학을 둘러싼 전체적 동향의 이해를 위해 松原洋子,「日本 —— 戦後の優生保護法という名の断種法」(『優生学と人間社会』講談社, 二〇〇〇年)가 유익하다.

7   Masae Kato, *Women's Rights? The politics of Eugenic Abortion in Modern Japan*, Amsterdam University Press, 2000.

8   横田弘対談集,『否定されるいのちからの問い —— 脳性マヒ者として生きて』(現代書館, 二〇〇四年), 米津知子・大橋由香子,「重くらべや後回しからは, 何もうまれない —— 優生保護法をめぐる女性解放と障害者解放」(『現代思想』二六巻二号, 一九九八年), 大橋由香子,「産む産まないは女がきめる —— 優生保護法改悪阻止運動から見えてきたもの」(女性学研究会編,『講座 女性学3 女は世界をかえる』勁草書房, 一九八六年), 長沖曉子,「ウーマン・リブの現場から」(高草木光一編,『「いのち」から現代世界を考える』岩波書店, 二〇〇九年) 등 다수.

9   『母性保護医報』一五八号, 同号는「七月二〇日発行」가 있는데, 실제로는 8월 7일 다니구치의 동향을 소개하고 있다. 표기된 발행일과 실제 간행에는 약간 차이가 있는 듯하다. 또한, 이 장에서도 이 의보가 자주 나오므로 본문 속에서 '의보'로 표기하고, 호, 연·월, 쪽을 표시했다.

10   앞서 언급한 土屋「日本社会における『胎児をめぐる生命主義』の源流 —— 一九六〇年代優生保護法論争をめぐって」, 一〇三頁 등.

11 「意識調変を中心とした優生保護実態調査結果(要旨) 厚生省・日本医師会(四五, 四, 二〇)」
  『日医ニュース』二〇七号, 四頁.

12 「調査結果に対する日本医師会の見解」『日医ニュース』二〇七号, 四頁.

13 「天声人語」『朝日新聞』一九七〇年四月二二日, 一面.

14 ノーグレン, 前掲者, 一一一頁.

15 마루모(丸茂)의 약력. 1916년 군마현 아가쓰마군 출생, 도쿄의학전문학교 졸업. 일본의사회
  대의원, 일본의사회 상임이사 등을 역임, 1962년 참의원 전국구에서 초선, 군마 지방구를 거
  쳐 1974년, 1978년에 전국구 당선, 대장정무차관(현 재무부대신) 등을 역임하고, 미키 내각에
  서 환경청 장관(의보 388호, 1983년 8월, 1쪽)을 역임하였다.

16 「目耳心許さぬ安易な中絶」『聖使命』八四八号, 一九七二年五月一日, 四面.

17 日本医師会 「優生保護法対策について」『日医ニュース』二一五号, 三頁, 같은 내용은 일모의
  《의보》 243호(1970년 8월, 2~3쪽)에도 게재.

18 「天声人語」『朝日新聞』一九七二年六月六日, 一面.

19 「人工中絶きびしく規制 優生保護法改正今国会に『経済的な理由』削る」『読売新開 』一九七
  二年五月二二日, 二面.

20 예를 들면, 침략=차별과 싸우는 아시아 부인회의자료집성 간행회가 낸『侵略=差別と闘うア
  ジア婦人会議資料集成3』(インパクト出版会, 二〇〇六年)의 부인민주클럽, 우생보호법개악
  저지실행위원회, '푸른 잔디' 가나가와현 연합회 등 다른 단체도 포함한 1972~1974년의 우생
  보호법 개악저지를 둘러싼 문서들을 참조해도 그 경향이 강하다.

21 「潜入3年逢に真相バクロ! 医者・製薬会社・厚生省・生長の家がグルになっていた優生保護法の
  裏の裏」『リブニュースこの道ひとすじ』九号, 一九七四年三月, 三頁. なお, 優生保護法改悪阻
  止実行委員会의 「ドキュメント・改悪限止」(一九七三年六月)에도 1973년 6월 2일에 '모성보호
  의사협회에 개악에 대해 태도표명과 견해표명의 요청문을 발송했고, 6월 4일에 일본의사회와
  회견을 했다고 되어 있다(溝口明代ら編『資料 日本ウーマン・リブ史 II, 1972~1975』松香堂,
  一九九四年, 一八〇頁).

22 「国会情勢──私たちはこう読む!」『リブニュースこの道ひとすじ』 一〇号, 一九七四年四月,
  三面.

23 「あの感激を今一度… 闘った! 勝った! 優生保護法改悪案, 廃案成る!」「リブニュースこの道ひ
  とすじ」一二号, 一九七四年七月, 三頁.

24 前掲「あの感激を今一度...闘った! 勝った! 優生保護法改悪案, 廃案成る!」, 三頁.

25 「独占スッパ抜き これが日本民族改造論だ!──恐怖の羊水チェック, その行手」『リブニュー
  スこの道ひとすじ』一一号, 一九七四年五月, 四頁.

26 앞서 언급한 荻野『女のからだ』(一七八~一七九頁) 등을 참조. 뒤에 언급하는 나가오키 사토코
  (長沖暁子)의 증언에 따르면 참가단체는 100을 넘었다고 한다.

27 2015년 7월 30일, 도쿄도 신주쿠구에서 1970년대부터 리브계 여성해방운동에 참가하고, 이
  운동을 담당하고 있는 멤버인 요네즈 도모코(米津知子), 나가오키 사토코(長沖暁子), 1980년
  대부터 가세한 오하시 유카코(大橋由香子)가 당시의 사정에 밝은 다카하시 사키노(高橋さき
  の)를 토대로 당시의 상황을 증언해주었다. 본문 중 당사자의 발언은 달리 언급이 없는 한 이
  내용에 의한 것이다.

28 優生保護法改悪 = 憲法改悪と闘う女の会編『優生保護法とたたかうために』`82優生保護法改
  悪阻止連絡会, 一九八二年, 一三頁.

제10장_ 1970~1980년대 「우생보호법」 개정 논의의 재검토 413

29 前掲, 「優生保護法とたたかうために」, 四〇, 四四~四七頁.

30 溝口明代ら編『資料 日本ウーマン・リブ史 III, 1975~1982』松香堂, 一九九五年, 一九五~一九
六頁.

31 앞서 언급한 오기노(荻野)의 『여성의 몸(女のからだ)』에서는, "1980년대에 두 번째 「우생보
호법」 개정 움직임이 일었을 때, 개정안에는 1970년대와 같은 태아의 장애를 이유로 낙태를
가능케 하는 조항이 포함되어 있지 않았기 때문에, 장애인은 직접 반대 운동에는 가담하지 않
았다고 한다"(180~182쪽). 다만, 장애인 운동 관계자가 의견을 말하기는 했는데, 예를 들어
《복지 노동(福祉労働)》21호(1983년 12월)의 「특집: 우생보호법개'정'과 우리의 입장(優生
保護法改『正』と私たちの立場」에서도 복수의 관계자가 우생사상 비판을 전개했다. 거기서도
비판의 대상은 대체로 후생성, 생장의 집, 자민당을 향하고 있었다.

32 그 밖에 일모의 지지를 얻어 당선된 의원은 다음과 같다. 小島静馬(静岡), 竹山裕(静岡), 杉山
令肇(岐阜), 古川博(愛知), 水谷力(三重), 森下泰(大阪), 世耕政隆(和歌山), 木村睦男(岡山), 藤
田正明(広島), 真鍋賢二(香川)(医報四〇〇号, 一九八三年八月, 四頁).

33 이 내용은 「앞으로 교세 확장에 전력을 — 생정련의 활동을 정지(今後は教勢拡大に全力を
— 生政連の活動を停止)」(『聖使命』一二九七号, 一九八三年八月一五日, 二面)에 있다. 이와
관련해서 무라카미 마사쿠니(村上正邦)는 1927년 경찰서에서 다마키 가즈오(玉置和郎)는
1992년 7월 공직선거법 개정을 둘러싼 생장의 집과의 대립, 교단 삼대째인 다니구치 마사요
시의 다마키에 대한 불신때문에 다마키는 1983년 2월에 참의원에서 중의원으로 전업을 선언
하고, 교단과 다마키의 관계는 단절했다고 밝혔다. 또한 다마키의 후계자로 이전 비서인 데라
우치 히로코(寺内弘子)를 자민당은 비례명부 21위에 올렸고, 데라우치는 차점으로 낙선함으
로써 다마키와 당에 대한 교단의 불신이 더 깊어졌다고 기술했다(魚住昭「聞書き村上正邦 日
本政治右派の底流 第五回」『世界』七六二号, 二〇〇七年, 一六三~一六四頁).

34 이 연락의회는 전국장애인해방운동연락회의, '82 「우생보호법」 개악 저지 연락회, 장애아를
보통학교로·전국연락회, 모자보건에 종사하는 심리상담원 모임, 전일본자치단체 노동조합,
전국 푸른 잔디회(青い芝) 총연합회, 부인민주클럽으로 이루어졌다. 이 동향은 『母子保健法
の改悪阻止に向けて』(全日本自治団体労働組合衛生医療評議会, 一九八六年)을 참조.

35 ノーグレン, 前掲書, 一三三~一三四頁.

36 「『胎児条項』認める見解 多胎減数手術も 母性保護医会・法制委」『朝日新聞』一九九九年二月
二八日, 一面.

37 여성의 몸에서 '82 우생보호법 개악 저지 연락회(약칭 저지연)의 회지 《저지연 뉴스: 여성의
몸으로부터》는 1997년 일모가 장애가 있는 태아의 중절을 허용하는 태아 조항을 담은 보체보
호법 개혁안이 만들어졌을 당시 '「모체보호법」에 태아 조항을 넣는 안에 반대하는 의견서'를
1997년 3월 140호에 발표했다. 그 내용은 ① '태아 조항은 「우생보호법」의 개정에 역행합니
다', ② '태아 조항은 여성의 자기결정권과 상반되는 것입니다', ③ '태아 조항은 나라가 법률로
차별을 행하는 것입니다'라고 비판하는 것이었다(2쪽). 또한, 저지연은 전국장애인해방운동연
락협의회(전장연), 전국푸른 잔디회, 모자보호법 개악에 반대하는 여성들·오사카연락회, 여성
노동조합 '간사이'와 함께 일모에 '「모체보호법」에 태아 조항을 넣는 안에 반대하는 의견서'를
제출했을 뿐 아니라, 같은 해 3월 7일에는 '태아 조항 발안에 반대하는 의견서'도 제출했다(141
호, 1997년 4월, 3~8쪽).

38 「『胎児条項』見送り 母体保護法改正提言案 減数手術は認める 母性保護医会」『朝日新聞』一
九九九年七月一八日, 一面.

··

이 책에서는 서장을 통해 네 가지 포괄적인 논점을 제시했다.

① 우생학은 잡지 매체를 기반으로 한 대중과학으로 파악할 수 있지 않을까? 이런 관점에 따르면 일본에서 우생학 운동의 언론 공간구조와 전개는 어떤 것이었다고 설명할 수 있을까?

② 일본의 우생학 운동 구조와 전개를 '파시즘'이나 '푸코의 방법론'과 같은 일종의 강제사관에 근거하여 설명하지 않고 다르게 설명한다면 어떻게 설명할 수 있는가?

③ 우생학 운동과 우생정책의 전쟁 중 그리고 전쟁 후의 '파시즘론'이나 마쓰바라 요코의 '우생법의 계보론'에 근거한 설명과 다르게 설명한 어떻게 설명할 수 있는가?

④ 일본에서 신우생학의 전개는, 「우생보호법」을 통과시킨 다니구치 야사부로(谷口弥三郎)가 설치한 일본모성보호의사협회의 동향을 중심으로 볼 때 어떤 설명과 논점의 제시가 가능한가?

이상의 질문을 다음 1~4절에서 각각 대응시키면서, 본론에서 얻은 지식을 바탕으로 답하고자 한다. 그리고 5절에서는 산전 진단의 최근 상황과 그에 대한 필자의 소감을 밝힌다.

1. 대중과학(popular science)으로서의 출발점과 전개

우생학이 어떤 '과학'이었느냐고 한다면, 제1장에서 논한 바와 같이 19세기 자연과학주의에 따른 이데올로기적 성격이 농후한 것이었다.

우생학이 도입된 러일전쟁 무렵에도, 그 시기의 사람들은 진화론에 대해 허버트 스펜서와 같은 사고방식을 추구했다. 스펜서가 죽은 후, 유행이 지난 것처럼 보였지만 그러한 경향은 계속되었다. 그 진화론의 내용은 '우주의 신비'를 자연과 인생의 영역에서 과학적으로 설명하는 종합철학이라는 성격을 가졌다. 이에 따라 학문의 세분화를 비판하고, 학문의 종합을 제기하는 주장도 생겼다. 러일전쟁 후에는 에른스트 헤켈(Ernst Heinrich Philipp August Haeckel)의 일원론이 그 역할을 맡았다. 동시에 주목할 것은, 당시에는 생물학 지견(知見)을 사회학이나 철학에 적용하려는 사고가 아직 건재했고, 우생학 도입은 그 일환으로 자리매김했다는 것이다. 같은 시대에 진화론을 둘러싼 이러한 지식의 방식을 첨단적으로 표현한 인물이 바로 《인성》을 창간한 후지카와 유(富士川游)였다. 후지카와는 자연 과학에 근거해 여러 종류의 학문을 종합하고, 인간의 사회생활과 정신생활에 관한 연구와 개선을 주장했다. 후지카와의 주장에서 우생학적 사고는 단편적이면서도 명시적으로 나타난다. 헤켈의 일원론을 도입한 후지카와는 일원론에 근거한 과학적인 종교로 '신란(親鸞) 신앙'을 주창하는 등 자연과학에서 세계관을 추구하는 경향이 짙었다. 그러나 이러한 사고방식은 같은 시대에 (다른 사람들과도) 어느 정도 공유되고 있었다.

그러한 '과학'은 이제 전문지에서 다루어질 여지가 없었다. 그러나 과학 저널리즘은 이를 적극적으로 수용했다. 과학 저널리즘은 '교수', '박사'라는 학문적 권위를 상업적 홍보에 이용한 측면이 있는가 하면, 학위와 지위가 없는 '통속적 과학자'도 마찬가지로 포섭하는 언론 공간이었다. 동시대의 《과학세계》

와 같은 과학 저널리즘에서 나타나는 사고방식은 과학에 철학과 이상을 요구함으로써 과학 보급을 통한 국위 선양을 내세우는 것이었다. 이와 같은 진화론, 우생학 사고와 과학 저널리즘의 친화성을 구현한 것이 《과학세계》지에 다섯 번째로 집필을 많이 한 '통속적 과학자' 운노 유키노리(海野幸德)였다. 운노는 《태양》, 《중앙공론》, 《일본과 일본인》 등 동시대의 여러 잡지에도 수많은 논설을 게재했는데, 1920년대에는 그 지적 토양을 배경으로 신흥 학문인 사회사업학의 체계화에 매진했다.

제3장에서 설명한 바와 같이, 나가이 히소무 등은 1910년대부터 우생학의 정책화를 도모하는 운동을 전개해 1916년 보건위생조사회를 통해 정책화를 진행하고자 했지만, 시기상조론도 있어서 잡지를 통해 우생학 지식의 보급 계몽을 활발하게 행했다. 1920년대의 《문화생활》지는 같은 시기의 우생학론자들이 다수 집필을 하고, 이 시기의 우생학 계몽의 형태를 구현한 일례이다. 이런 우생학 계몽의 특성은 해당 잡지에서 가정생활의 합리화라는 '문화생활'의 이념에 우생학이 매우 적합했음을 보였다는 것이다. 우생사상에 근거해 금주, 금연을 장려했을 뿐만 아니라 피임이나 유전 상담도 '문화생활'의 일환이었다. 또한, 이 시기에 대학 교수가 문화인으로서 자신의 전문 영역 밖인 시가(詩歌)나 에세이를 짓는 등의 사례도 볼 수 있다. 학자의 가두주의(街頭主義)라는 긍정적인 풍조도 볼 수 있고, 오늘날의 탤런트 교수*를 방불케 하는 요소도 있다.

그러나 제4장에서 논했던 바와 같이 대체로 1920년대의 우생학 계몽은 저널리즘의 세속화를 외면하는 경향을 보였다. 일본 최초의 본격적인 우생학 잡지 《우생학》(창간 당시에는 《Eugenics》)도 집필자로 의학자, 생물학자들이 많았지만, 그 내용은 해설기사와 과학평론이었다. 다만, 집필자와 독자는 고단샤 문화와 에로그로 등 저널리즘의 세속화에 어느 정도 역행하는 학술적 생경함을 추구했다.

제5장에서는 나가이 히소무와 1930년 설립된 일본민족위생학회(1935년부터

---

* (옮긴이) 엔터테인먼트 회사와 계약을 맺고 방송에 출연하는 대학 교수.

협회)의 동향을 추적했다. 이 시기의 학회와 '민족위생'은 우생학 계몽을 적극적으로 추진하고, 우생학의 정책화를 도모하려는 지향이 어느 때보다 높아졌지만, 이 시기 인류유전학의 발달에서 볼 수 있는 것처럼 학술과 연구에 특화하려는 지향도 강해졌다. 결국 《민족위생》지는 계몽과 학술의 병용 노선을 추진했던 나가이의 타이베이대학행을 계기로 재정 사정도 겹쳐 1939년부터 학술지 특화 노선으로 전환했다.

제6장은 미디어에서 급격하게 전개된 산아 조절 논쟁의 산아 조절 비판이 정책 문서에 직재(直裁) 형태로 반영했음을 보여주었다. 그러나 제7장에서 다루었듯이 「단종법」 논쟁과 「국민우생법」 성립의 과정에서 미디어의 계몽으로 전개된 '확장유전주의'와 같은 애매한 유전 관념은 논쟁에서 당시의 유전학 수준과의 차이를 드러냈고, 결국 단종 적용 대상은 축소될 수밖에 없었다.

또한, 우생학 계몽은 당사자가 정책에 관여하는 데 자원(resource) 역할을 하는 측면이 있었다. 일본민족위생학회를 출신 모체로 하고, 우생학 계몽에도 적극적이었던 의학자 고야 요시오(古屋芳雄), 가와카미 리이치(川上理一), 요시마스 슈후(吉益脩夫), 야스이 요우(安井洋) 등은 「단종법」을 협의하는 정부 위원과 후생 관료가 되는 등 실제 우생정책에 영향을 미칠 수 있는 지위를 획득해나갔다. 특히 고야는 《민족위생》지의 성격 전환 이후에도 일반 신문, 잡지에서 과학계몽을 전개했다는 점이 흥미롭다. 그들은 여전히 미디어를 통한 계몽을 필요로 했다. 고토 류키치의 《우생학》지 역시 1943년까지 장수했다(제4장). 또한, 패전 후 귀국한 나가이 히소무도 민족위생협회를 통해 우생학 계몽을 재개하려는 움직임을 보였다.

한편, 우생학이 국가정책화를 달성한 것에 더해 1948년 「우생보호법」은 산부인과 의사 출신으로 참의원 의원이었던 다니구치 야사부로(谷口弥三郞)의 주도로 행해졌고, 다니구치는 법을 운영하는 「우생보호법」 지정 의사 단체인 일본모성보호의사협회(이하 '일모')를 결성했다. 그 결과 「우생보호법」 운영의 주도권(initiative)은 후생성마저 제치고 다니구치 - 일모가 잡게 되었다. 그 때문에 전쟁 후에는 우생학 계몽이 우생정책의 자원(資源)이 되거나 영향을 미치는 등과 같은 전쟁 전과 같은 현상을 거의 볼 수 없게 되었다. 무엇보다 다음 4절에서 다룬 것처럼 다니구치 - 일모는 인공임신중절 비판을 둘러싸고 언론과 대치할 수밖에 없었다. 일모는 처음으로 자신을 전문가 집단으로 자기 규정하고, 비판 세력을 언론과 동일시하는 입장을 취했다. 그러나 곧 오갸 헌금으로 상징되는 매스컴 활용으로 전환해갔다. 일모는 1970~1980년대의 「우생보호법」 개폐 논쟁에서 매스컴 역시 부추겼던 「우생보호법」 개정 반대 여론에도 힘을 입었다.

여기에서 설명한 우생학 계몽의 전개는 대중과학을 초과학(超科學)이나 의사/유사과학(疑似科學)류와 동일시하는 것과는 차이가 있다. 그러나 우생학 계몽의 전개가 일반 미디어를 모체로 하였으며 학문의 세분화와 엄밀화와는 거리가 있었던 것임에는 틀림없다. 우리는 오히려 의사/유사 과학적인 것으로 취급되기 십상인 대중과학의 내용에 관하여 틀을 더 확장하고, 심화한 형태로 다시 살펴볼 필요가 있다. 동시에 우생학이 지닌 대중성(popularity)은 전쟁 후 영향력을 더욱 키운 대중매체와도 적합적이었고, 우생정책의 주체도 전쟁 후 그 영향력에 크게 의존했다는 점도 주목해야 할 현상이다.

2. 모순과 대립으로 가득 찬 우생학 운동과 우생정책의 전개

여기에서는 이 글의 단락 구성방식에 충실한 형태로 ① 개별 이론가(운노 유키노리)의 수준, ② 우생학 계몽과 운동 단체의 수준, ③ 국가정책 수준의 3단계로 나누어 논한다.

1) 개별 이론가의 수준

제2장에서는 1910년에 일본 최초의 본격적인 우생학 이론서 『일본 인종 개조론』을 저술한 운노 유키노리의 동향을 다뤘다. 운노는 구(舊)제국대학 출신

이 아닌 후루야상회에 근무하는 사람으로서 오로지 일반 잡지와 과학계몽 잡지에 대량의 우생학 논설을 게재했다. 그런 의미에서 그는 '통속적 과학자'의 전형으로 이 시기 과학 저널리즘의 특성 없이는 나타날 수 없는 존재였다. 운노는 1920년대 이후 우생학론자에서 사회사업가로 변신했다. 1910년대의 운노 우생학에 중산층의 생활 문제 해결과 사회 위생학적 관심이 포섭되고, 1920년대의 사회사업으로 이어지게 되었다. 그러나 1920년대에는 사회사업에 내포된 사회연대 관념이 완전한 우생학의 발현을 막았다. 1930년대에는 '민족'의 '생존'이라는 이념을 축으로 사회사업과 우생학은 이념적으로 일치했지만, 운노가 기대했던 종합적인 관점에 의한 우생정책의 구상은 현실 우생정책으로 이어지지 못했다.

결국, ①에서 말할 수 있는 것은 19세기 자연과학주의의 기반 위에서 생성된 '과학'의 현실화를 도모할 때, 이 시대의 사회연대 관념과 충돌하고 현실 정책에서 대응의 분산화와 실천의 결핍에 직면하게 될 가능성이 운노 같은 개별 이론가의 구상 단계에서 존재했다는 것이다.

2) 우생학 계몽과 운동 단체의 수준

제4장에서 설명했듯이, 우생학 단체 사이에는 갈등과 이념에 차이가 있었다. 예를 들어 고토 류키치(後藤龍吉)가 주도한 일본우생학협회의 《우생학》지는 이케다 시게노리(池田林儀)의 '우생운동'에 욕설을 퍼붓기도 했다. 또한 1930년대에 고토는 내무성, 후생성, 일본민족위생학회 등이 위험시하던 산아 조절을 지지하는 입장으로 전향하기도 했고, 폐간 시에는 전시 정책을 비판하다 필화(筆禍)*를 당하기도 했다. 이것들은 이 잡지가 후생성의 정책을 수시로 보도하면서도 국가로부터의 자립성을 유지했다는 것을 보여준다. 또한 제5장에서

---

* (옮긴이) 언론 매체 등에 당시의 집권 세력을 비판하거나 풍자한 창작물을 게시했을 때, 그 창작자가 처벌 등의 불이익을 받는 것을 뜻함.

설명했듯이, 우생학 계몽에서 우생정책의 실현을 달성하려는 지향과 인류 유전학의 발달 등에 따른 학술 특화 지향이 어긋남을 보였다.

3) 국가정책 수준

정책 내용은 제6장에서 설명했듯이, 나가이 히소무 등 우생학론자는 산아조절 운동에 대한 공격을 통해 1920년대부터 인구증가와 우생학의 논리에 맞지 않는 피임을 비판했다. 또한 그 의도를 「국민우생법」에 반영시키려 했다. 그러나 우생학적 조치의 정책화는 산아조절 운동과 마찬가지로 피임의 자유의지를 인정한다는 여지를 남긴 채 진행되었다. 「국민우생법」은 피임 금지 조문을 마련하지 않았고, 개인이 행하는 피임의 존재 자체를 부정하지 않았다. 결과적으로 전쟁 중에도 개인이 피임할 여지가 제도적으로도 다분히 남겨진 상태였다. 결국, 우생학적으로 피임을 국가의 통제하에 두려던 구상과 정책은 작동하지 않았다.

제7장에서는 「국민우생법」의 성립 과정을 논의했는데, 우생학의 과학계몽의 융통무애(融通無碍)한 유전 이해는 일반 대중도 포함한 광범위한 지지의 획득을 가능하게 했지만, 실제 '과학'으로 정책화하는 과정에서 그 학문으로서의 애매함을 비판받고, 법률로서의 한계를 형성해 영향력의 상실로 이어지는 특징을 발견했다.

지금까지 설명한 것을 종합해보면, 적어도 강제사관에 전형적인(국가와 개인을 대치시키는) 우생학을 국가가 개인을 억압하고 관리하는 억압적인 권력으로 보는 관점은 성립하기 어려워 보인다. 우생학 운동이 성공을 거둬 국가정책화 되었지만 그 과정에서 대립과 노선의 차이가 표면에 드러나고, 구상과 정책 사이에 괴리가 발생했다. 이러한 제반 사항을 살펴보면, 전쟁 전의 우생학 운동이 국가정책화를 성공시켰으면서도, 그 정책이 완전히 실현되지 못했던 이유도 이해할 수 있다.

오히려 지금까지 많은 모순과 대립을 안고도 우생학 운동 자체가 많은 사람을 매료시키고, 적지 않은 주요 관계자와 찬동자를 만들어낸 것, 정책으로 구체화된 것 자체가 놀랍다고 할 수 있다. 여기에 영향을 미친 방식을 찾아내야 하는데, 그 원천이 된 것이 앞의 1절에서 지적했던 미디어에 의한 과학계몽이었을 가능성을 지적할 수 있다.

3. 우생정책의 전쟁 중과 전쟁 후

서장에서 우생정책의 전쟁 중과 전쟁 후의 연속성, 불연속성은 '파시즘'이나 '우생법의 계보'로 설명할 수 없다고 기술했다. '우생법의 계보'론도 제7~8장을 통해 전혀 성립하지 않는다는 것을 밝혔다. 제7장에서 아라카와 고로(荒川五郎)의 민족 「우생보호법」안과 일본민족위생학회(협회)의 주요 구성원은 같은 확장유전주의자로 보아야 하고, 유전 이해를 공유하고 있었음을 보여주었다. 그리고 협회 회원, 야기 이쓰로(八木逸郎), 후생성이 「단종법」안에 대해 단종 대상을 알코올 중독, 매춘, 범죄에 한정하지 않고 유전병으로 한정한 이유로, 첫째 반대론자 설득을 위해서라는 것, 둘째 「단종법」에 확대 해석의 가능성이 있었다는 것, 셋째 대상이 제한된 「단종법」의 보완으로 우생 결혼 정책의 도입이 검토되었다는 것을 지적했다.

이 견해와 전쟁 후 「우생보호법」과의 관계를 어떻게 이해해야 할까? 제8장에서 「우생보호법」의 입법자인 다니구치 야사부로(谷口弥三郎)는 나가이 히소무 등 민족위생협회 회원과 마찬가지로 모성보호와 우생학적 다산 주장을 구마모토현 의사회장으로서 건의와 글을 통해 반복했다. 그러나 다니구치는 전쟁 후 식민지 상실과 귀국을 계기로 고야 요시오(古屋芳雄)와 마찬가지로 출산 증강에서 인구 억제론으로 전향했다. 계급적 역도태론에 충실해 우생정책의 강화와 피임과 인공임신중절을 추진한 것은 그 때문이었다.

사회당 안(案)은 1948년 「우생보호법」 성립 무렵 「국민우생법」 쪽이었다. 단종의 적응이 제한되고 산아 조절이 강조되지 않았던 것이 다니구치 본인의 의향으로 알려지기도 했지만, 이는 잘못된 것이다. 단종 적용 제한은 GHQ (general headquarters, 연합군 최고사령부)가 법의 엄격함을 요구했기 때문이었고, 산아 조절을 강조하지 않은 것은 국내 산아 조절 신중파의 동향을 고려한 것이다.

(그러나) 결과적으로는 1949, 1952년의 개정을 통해 우생 조치의 적용 범위는 확대되었고, 피임 및 인공임신중절에 대한 규제 완화가 이루어졌다. 다니구치의 구상이 실현되었다고 할 수 있다. 다니구치는 '민족의 역도태'를 막는다는 우생학적 관점으로 부랑자, 매춘부, 범죄자의 인공임신중절과 피임을 주창했다. 러일전쟁 후에 도입되어서부터 잡지 미디어를 통한 과학계몽으로 전개되어 온 고전적인 우생학의 주장 중에서 '열등종자'의 출생을 피임과 인공임신중절을 통해 방지하는 것도 가시화되었다. 그렇게 되면 이제 더는 「국민우생법」과의 연속성 문제가 아니다. 도입 이후 우생학 계몽의 유전 이해(遺傳理解)는 전쟁 후 「우생보호법」에 더욱 전면적으로 포함되었다고 할 수 있다.

4. 일모를 통해 본 일본의 신우생학의 전개

무엇보다, 「우생보호법」에서 '민족의 역도태' 방지 수단으로서의 단종은 1960~1970년대가 되면서 산전 진단에 의한 장애의 발견과 그 지식을 근거로 한 인공임신중절로 바뀐다. 바로 '신우생학'이다. 1960~1970년대의 신·구 우생학을 동일한 이념으로 가교한 것이 다니구치 야사부로가 설립한 「우생보호법」 지정 의사 단체인 일본모성보호의사협회(일모)이다.

제9장은 1960년대 생장의 집(生長の家)과 후생성이 「우생보호법」에서 인공임신중절 조항을 수정하려는 움직임을 보이고, 저널리즘도 이에 동조하는 움직임을 보인 것에 대한 일모(日母)의 대응을 다뤘다. 일모는 스스로 전문의(專門醫) 집단으로 규정하고, 이 법의 개폐를 주창하는 세력을 전문의의 의도를 이해 못 하는 언론이라며 공격했다. 1963년 다니구치는 사망했고, 단체는 약화를

우려해 체질 쇄신을 도모했다. 그 과정에서 탄생한 것이 1964년에 시작된 오갸 헌금이었다. 오갸 헌금은 '건강아'가 출생했을 때, 장애아 복지를 위해 기부를 하는 자선 활동이었다. 일모는 오갸 헌금을 연예인과 대형 신문사를 활용해서 대규모 매체 캠페인으로 전개했다. 이를 통해 일모는 그 주장과 사회적 의미의 정당성을 설파하고자 했다. 이것은 신우생학의 방식을 상징하는 것이었다. 헌금으로 장애아를 '불행한 아이'라고 평가함으로써 기부한 어머니들의 내면의 우생사상을 환기했기 때문이다. 또한 헌금이 장애인 시설에 대한 기부 외에도 태아 진단 등의 기술 개발 촉진에도 사용되었기 때문이다. 동시에 제9장에서는 우생학 주요 관계자에게 전쟁 전의 우생학 운동이 내포한 전문성과 대중성의 괴리 폭은 커졌지만, 저널리즘의 영향을 전쟁 전보다 더욱 의식하지 않을 수 없게 되었음을 보였다.

제10장에서는 1970~1980년대의 「우생보호법」 개폐 논란에서 일모의 대응을 다뤘다. 일모는 생장의 집의 유보법 개정을 틈타 동법 개정안에 장애를 이유로 한 인공임신중절을 허용하는 태아 조항 삽입을 시도했다. 그러나 이 조항에 대해 여성단체와 장애인단체가 반발했고, (일모보다는) 자민당과 후생성은 그런 비판에 시달리다 이후의 개정안에는 포함시키지 않았다. 여기서 생장의 집의 「우생보호법」 개정 압력에 대항하는 일모의 논리가 흥미롭다. 그것은 「우생보호법」은 민족의 우생화를 위해 존재하는 것으로서, 인공임신중절에만 영향을 미치는 것은 이상하다는 것이었다. 오갸 헌금과 마찬가지로, 인공임신중절 규제 반대의 논리로서 신우생학의 촉진이 부상하는 구조가 같은 시기에 존재했다.

1982년 「우생보호법」 개정안 제출을 둘러싼 정치적 흥정에서 일모의 로비스트였던 마루모 시게사다(丸茂重貞)가 급사했다. 일모 간부들은 스스로 후생성에 개정 저지를 제의하는 등 노력했지만, 1970년대부터 형세가 불리해졌다. 다만 이 시기는 여성단체와 장애인단체는 물론 언론의 논조도 개정 반대 쪽으로 기울어져 있었다. 일모는 「우생보호법」 개정에 반대하는 자세를 보였기 때문에 양자는 같은 입장이었다. 그러나 같은 시기에 적지 않은 여성단체와 장애인단체가 우생사상을 비판하고, 「우생보호법」 자체의 폐지를 요구하고 있었다. 반면에 일모와 산하의 산부인과 의사들은 태아 조항의 삽입을 포기하지 않고, 양수 검사도 시행하고 있었다. 그러나 이 당시 우생사상을 비판하는 단체조차 오로지 후생성, 생장의 집, 자민당에 비판을 집중시키고 있었다. 결과적으로 법 개정은 저지되었고, 생장의 집 의원 연맹은 1983년에 동법 개정 운동을 그만둘 것을 표명했고, 개정 논의는 수습되는 방향이 되었다.

이 논쟁에 관한 문제점은 우생학사의 각도에서 현대적인 입장을 고려해볼 때, 두 가지가 있다고 생각한다.

첫째, 이 시기에 우생사상과 산전 진단 등 신우생학이 비판을 받았음에도, 그 주체가 불분명한 상태로 반대 투쟁이 전개되었다는 점이다. 원래 「우생보호법」 개정 문제는 일차적으로 인공임신중절 규제의 문제에 있었다. 그것을 전개했던 생장의 집과 관련된 자민당 의원, 거기에 후생성이 비판받은 것은 필연적이었다. 하지만 그렇기 때문에 1970~1980년에 걸쳐 「우생보호법」 개정 반대 운동에서는 우생사상과 신우생학이 거듭 비판을 받았음에도 우생사상과 신우생학을 누가 담당하고 있었는가 하는 점은 사각 지대에 있었다고 할 수밖에 없다.

둘째, 관련해서 「우생보호법」 개정 비판 세력에 의한 정치 구조의 파악은 현재 시점에서 보면 상당한 사실 오인을 포함하고 있다는 점이다. 1972년 「우생보호법」 개정안에 태아 조항이 삽입되었을 때 리브 신주쿠 센터 등은 일모를 공격했다. 그러나 당시 격렬하게 대립하고 있던 일모와 생장의 집, 거기에 자민당, 후생성을 싸잡아 거대한 국가악으로 간주하고 공격했다. 또한, 반대 측의 '승리'는 1970년대나 1980년대에도 상당 부분은 사상적으로는 맞는 것도 없는 일모에서 가져온 것이라 할 수밖에 없다. 물론 여성해방단체와 장애인단체에는 '승리'란 다소 유보가 붙은 것이지만, 당시 이 점에 대해 어디까지 자각하고 있었는지는 의문이다.

물론 이 시대의 한정된 정보만으로 그 당시를 투쟁해 온 「우생보호법」 개정 반대 운동에 대해 오늘날 높은 위치에서 내려다보며 비판하는 듯한 글을 쓰는 것은 생산적인 일이 아닐 것이다. 또한, 필자는 「우생보호법」 비판이 결과적으로 개정 저지 여론 형성을 주도했고, 문제 제기로도 의미가 있으며, 그 관점은 페미니즘과 생명윤리의 관점에서도 높은 사상성을 띠고 있다는 점은 인정하고 있다. 그러나 비교적 시기가 오래되지 않은 일이기 때문에 유사한 권력관과 사 각지대가 후세에 이 논쟁과 관련 현상을 연구하는 일부 사람들에게까지 공유 되어, 「우생보호법」 개정 논란에서부터 현재 산전 진단의 증가에 이르는 메커 니즘의 규명이 불충분하게 이루어진 것은 매우 큰 문제이다.

또한 1970년대 「우생보호법」 개정 반대의 정치적 수사 때문에 시점이 과거 로 소급된 것은 우생학 운동과 우생사상의 역사 연구에서 강제사관을 불필요 하게 뿌리 깊은 것으로 해석한 것은 아닐까? 예를 들어 《부인민주신문(婦人民主 新聞)》이 「우생보호법」 개정 비판을 전개한 것은 1972년부터이다. 그 당시 「우 생보호법」의 우생사상을 비판하고 역사적으로 나치와의 유사성을 꼽는 논설 이 여럿 등장한다. 대표적인 사례를 들어보겠다. 부인민주클럽 하라주쿠(原宿) 지부에서는 「우생보호법」을 비판했고, 효고현(兵庫県) 등에서는 양수검사('불 행한 아이가 태어나지 않게 하기 운동')에 대해 "「우생보호법」은 '장애인' 말살을 정당화하고, 그것을 위해 여성을 동원하는 법률이다. 이것을 분쇄해가는 것이 역사적으로 만들어진 우생사상과의 싸움이라는 결론에 도달했다", "학교 교육 에서는 중학교·고등학교의 보건위생 교과서를 통해 확실히 우생 결혼을 장려 하고, 혈통과 가계 조사를 지시하고 있다. 이것이야말로 나치가 유대인 학살에 독일 민중을 선동하고 몰아세웠던 사상"이라 했고, 또한, 일본의 부락, 재일 조 선인, 빈곤 노동자에 대한 차별을 만들어 "전쟁을 지지하고, 각종 모순을 일방 적으로 우리 인민에게 강요하는 체제의 축으로서 우생학이 있고, 그 역할을 이 끌어내는 것이 이번 개악이다"라고 했다.[1]

우생학을 나치의 전쟁 범죄와 극단적으로 묶어 전쟁, 차별, 지배의 화신으로 보고, 심지어 양수 검사 등의 신우생학과 「우생보호법」 개정과도 연결하려는 논리를 엿볼 수 있다. 이러한 논의는 1970~1980년대의 「우생보호법」 개정 비 판, 우생학 비판에서도 얼마든지 찾아볼 수 있다. 일반 언론, 아카데미즘의 적 지 않은 부분도 그 주장을 증폭시켜갔다. 현재 우생학사에서 극복하고 수정되

426

어야 할 이미지가 바로 여기에 있다.

실제로 우생학 실행자는 민간 부문 주체로 다양하고 내부 갈등과 권력 교체를 잉태한 것이었지만, 강제사관은 우생학 주요 관계자와 나치즘과의 유사성을 강조하면서 국가 권력의 억압성으로만 회귀하고, 그 동태 이해의 다양성을 단조롭게 만들어 오히려 과거에 대한 올바른 이해를 방해하는 것처럼 보인다. 앞으로는 전쟁 후 정신에 뿌리내린 강제사관 자체를 역사적 검토 소재로 해야 할 것이다.

1983년 사이토 지요(斎藤千代)의 에세이 『보이지 않는 '길': 「우생보호법」의 계보를 찾아보고, 생각한 것』은 예외적으로 「우생보호법」의 역사를 더듬어 나치즘의 악과 닮았다는 이유로 이 법을 비판하는 자세를 책망하고, 사람들의 '내면의 우생사상'의 존재를 정확하게 밝혔다.[2] 그러나 그 인식이 어디까지 계승되고 확산되었는지 의심스럽다. 실제로, 1997년에 일본의 언론 대부분이 스웨덴이나 북유럽 국가의 단종을 '나치 = 우생사회 = 거대한 악'이라는 도식의 연상 게임으로 탄핵했고, 1996년 「우생보호법」의 개정도 그 연장선에서 파악했는지 여부는 요네모토 쇼헤이(米本昌平)가 『지정학의 권유(知政学のすすめ)』[3]에서 비판한 대로이다. '나치 = 우생사회 = 거대한 악'이라는 도식을 따르지 않고, 현재 우리가 놓여 있는 상황에 대한 해명과 그 역사를 진지하게 탐구하는 연구에 비교적 많은 사람이 임하게 된 것은 지난 십수 년의 일에 지나지 않는다.

5. 총괄과 전망

다시 논의를 정리해보면, 이 책은 다음과 같은 내용을 담았다. 1970~1980년대의 우생사상 비판 시 나타난 강제사관을 극복하기 위해 그것을 변변치 않고 '비과학적'이라 치부하지 않고, 동시대의 '과학'이었음을 과학 저널리즘과의 거리감까지도 시야에 두고 재검토했다. 동시에 우생학 운동의 구상, 정책의 모순과 대립을 해명해 강제사관을 상대화하면서 '우생법의 계보' 같은 단절론이 아닌 형태로 전쟁 전후의 연속성을 강조했다. 이를 바탕으로 1970~1980년대 이후 우생학에 대한 비판이 있었음에도 우생학적 상황이 존속하고 힘을 얻어가는 요인에 관하여 고찰했다.

2011년 산전 진단의 진료 건수가 최근 10년간 두 배로 증가했다는 보도가 있었고, 2012년에는 임산부의 혈액 검사만으로 다운증후군 등 태아의 염색체 이상을 판별할 수 있는 새로운 산전 진단 기술의 도입이 검토되었으며, 2013년 4월부터 일본 내 일부 의료 시설에서 시행되고 있다. 그러면서 신문, 잡지, TV, 인터넷 등 대중 매체에서도 산전 진단에 관한 보도가 늘어나고 있는 듯하다. 그러나 안타깝게도 언론 보도 중 이런 기술에 대해서 과거에 어떠한 논의가 이루어졌는지, 그 역사를 다루는 것은 거의 없는 실정이다. 혹시 역사 깊은 신문사와 방송국도 망각하고 있는 것은 아닐까? 이 문제가 국민적으로 논의되는 것은 바람직하지만, 산전 진단은 1960년대부터 일본에 도입된 후 꾸준히 시행 건수가 늘고 있으니 현재 단계에서 조망하는 것도 때늦은 감이 있다. 새로운 산전 진단은 그런 느낌을 표면화했을 뿐이라 할 수 있다.

산전 진단 등 생식 의학의 신기술을 둘러싼 논의는 1970년대 이후에 이루어졌다. 이 책에서도 그 일부분을 보여주었다. 과거의 연구는 어떤 단체가 어떤 논리로 산전 진단 등의 도입을 추진해왔는지, 그 실태조차 제대로 파악하지 않았던 감이 있다. 그러나 이 책은 시행 단체의 방식과 1970년대 이후 「우생보호법」 개정 문제로 산전 진단에 반대한 단체의 논의와 문제점에 대해 양쪽을 모두 밝혔다. 한편, 이 책에서 충분히 다루지 못한 1990년대부터 2010년에 이르기까지의 여성단체와 장애인단체 등 우생사상을 비판하는 단체와 일본산부인과학회 등 의료 단체와의 논의 방식에 대해서는 그 자신도 항의 단체에서 활동했던 도시미쓰 게이코(利光惠子)의 『수정란 진단과 산전 진단 —— 그 도입을 둘러싼 분쟁의 현대사(受精卵診断と出生前診断 — その導入をめぐる争いの現代史)』(生活書院, 2012)라는 유익한 책이 나와 있다. 이 책이 구(舊)일모의 존재에 대해 충분히 언급하지 않은 것은 유감이지만, 항의 단체가 아무리 "우생사상이다", "생

명의 선별이다"라며 비난해도, 기술을 가진 의료인들이 법 규제가 없는 상태에서 조금씩 그 시행의 확대를 추진해온 것에 대해 잘 이해할 수 있다.

그런데 '우생사상'을 둘러싼 역사 인식이라는 점에서는, 과연 생산적인 논의와 이해가 얼마나 이루어지고 있을까?

산전 진단은 신우생학의 일환이며, 우생사상의 관점에서 전쟁 전 우생학과 연결될 수 있다고 이 책에서 수차례 실증했다. 여성단체와 장애인단체에서 그 점을 지적하지 않았지만, 1980년대까지 적지 않은 산부인과 의사가 우생사상을 올바른 것으로 간주했다. 그러나 우생학의 악평이 높아지자 1990년대에 「단종법」과 산전 진단을 구분하고, 우생학이 아니라고 발뺌하면서 후자의 존속을 정당화해왔다. 일모에 관해서는, 전쟁 후 얼마 되지 않아 결성한 이래로 단종 수술의 시행을 담당해왔던 과거조차 언급하지 않는다. 그러나 현재의 생명윤리적 쟁점을 분명히 하기 위해서도, 의료 업무를 담당하던 가운데, 우생학의 계보를 이어 그것이 좋든 싫든 담당했던 과거를 솔직히 인정하는 편이 좋다. 그런 반성을 통해 위험성도 내포한 그 기술을 어떻게 사회적으로 관리하고 운영할지 폭넓게 논의하면 된다. 동시에 《의보》 이외에 과거 수십 년의 역사를 보여주는 사료와 증언을 적극적으로 공개해주기를 바란다.

사실, 강제사관과 신우생학 비판 시의 이분법적 사고 회로는 이 책에서 참고 문헌으로 인용한 적지 않은 역사학자와 생명윤리 연구자들도 공유해왔다. 일단 그러한 주장을 해온 연구자들이 새로운 산전 진단이 도입되어 신우생학의 석권이 결정적으로 되어가고, 산전 진단으로 고민하는 부부들의 모습이 언론에 주목받고 있음에도 본격적인 주장을 개진하는 예는 많지 않다. 역사적 관점에 입각한 분석은 더욱 그러하다. 그것은 이 문제에서 아카데미즘의 기능 마비와 정체이기도 하다. 결국, 우생학과 우생사상을 문제 삼은 수십 년의 연구는 무엇이며 그에 관련된 연구자는 어떻게 하면 좋을지에 대한 비판적 고찰은 더 많은 연구자들이 다루는 것이 좋을 것이다.

오늘날 요네모토 쇼헤이 등의 지적처럼 산전 진단의 정의나 규칙을 재정의하고, 이 기술의 이점과 결점을 포함해 어떤 의미가 있는지 논의할 시기가 온 것인지도 모른다.[4] 이 책의 연구 결과가 이러한 종류의 논의에 기여할 수 있다면, 그것은 이 문제에 대한 올바른 역사 인식과 냉정하고 균형 잡힌 논의의 토대를 제공한다는 점에 있을 것이다. 논의 시 이 책에서 해명한 우생학 운동의 역사가 우리와는 관계없는 거대 악의 산물로 파악해서는 안 된다. 현대인이 우생학을 과거의 것으로 부정할수록, 윤리적 그리고 도덕적으로 진보하지 않았다는 사실은 이제 명백하지 않을까? 그러지 말고, 우리 자신이 걸어온 과거로서 우리 스스로 이를 받아들여야 할 일이다.

주(注)

1 「優生保護法改悪についての意見 侵略と不可分 "優生"の思想=差別」『婦人民主新聞』一三三八号, 一九七三年四月一三日, 三面.
2 斎藤千代, 「見えない〈道〉── 優生保護法の系譜をたずねて見たこと, 考えたこと」『あごら』二八号, 一九八三年.
3 米本昌平, 『知政学のすすめ』中央公論新社, 一九九八年 (九章).
4 米本昌平, 「論点スペシャル 出生前診断で中絶倍増生命倫理 再議論の時」『読売新聞』二〇一一年九月一七日, 一四面.

2015년 4월 초에 일본학술진흥회의 과학 연구비 보조금(연구 성과 공개 촉진비)을 교부받아 이 책의 간행이 내정되었고, 그로부터 얼마 후 필자는 다소 무모하게 두 가지 중요한 가필·수정에 임하기로 했다.

첫째, 2015년 3월 후지 출판의 《우생학》지의 복간이 종료되었는데, 주마 미쓰코(中馬充子) 씨의 해설에 주간인 고토 류키치(後藤龍吉)의 유족, 유고에 관한 정보를 담고 있었다. 필자는 2011년에 이 책 제4장의 바탕이 된 「쇼와 전쟁 전기에서 우생학 미디어의 성격: 잡지 '우생학'을 중심으로」(《생물학사연구》 제85호)를 발표했는데, 《우생학》지 폐간 후 고토의 행적과 사망 연도를 불명으로 나타냈다. 그래서 꼭 이 정보를 보충하고 싶었고, 고(故) 고토 류키치 씨의 손자인 고토 미노루(後藤稔) 씨에게 연락을 취해 유고의 열람을 허락받았다. 당시 유고는 아직 주마 씨에게 있었는데, 신속하게 대응해주셨다. 또한, 고 류키치 씨와 주변 상황에 대해서 미노루 씨를 통해 차녀 지즈코(千鶴子) 씨에게 약간의 질의응답을 할 수 있었다. 그 정보는 이 책에서 활용되었다. 도와주신 여러분께 깊이 감사드린다.

둘째, 1970~1980년대의 「우생보호법」 개정 저지 운동을 둘러싼 여성 해방 운동의 동향에 관해서이다. 계기는 2013년 9월의 생물학역사연구회·생물기초

론연구회·여름학교(종합연구대학원 대학)에서 '일본의 우생학 연구는 무엇을 해왔는가?: 새로운 산전 진단의 등장에 부처'라는 보고를 했다. 그 속에서 여성해방 운동과 장애인 운동은 일본모성보호의사협회의 동향을 간과하고 있었던 것은 아닌가 하는 취지의 언급을 했다. 그때 다카하시 사키노(高橋さきの) 씨는 1980년대에 몸담았던 경험을 바탕으로 그 견해에 의문을 제기했다. 이것도 오랫동안 걱정거리로 남아 있었는데, 이 책의 간행 내정을 계기로 다카하시 씨에게 당시의 상황에 관한 가르침을 부탁했다. 다카하시 씨는 친구이면서 지금도 'SOSHIREN 여자의 몸'에서 활동하고 있는 오하시 유카코(大橋由香子) 씨를 소개해주었고, 또한 오하시 씨의 주선으로 1970년대부터 운동에 종사해온 요네즈 도모코(米津知子) 씨, 나가오키 사토코(長沖暁子) 씨의 이야기를 들을 수 있게 되었다. 2015년 7월 30일 요네 씨, 나가오키 씨, 오하시 씨, 다카하시 씨가 도쿄 아케보노바시역(曙橋駅) 근처에서 약 두 시간 반 동안 당시부터 현재에 이르는 저지 연합과 주변 상황에 대해 증언과 가르침을 주었다. 나중에 테이프 녹취록을 작성했더니 약 5만 자에 이르는 매우 깊은 내용이었다. 당연히 필자에게 큰 행운이었다. 증언을 토대로 가필한 내용이 도움을 주신 분들이 만족할 만한 것인지 아닌지 확신이 서지 않지만, 심심한 감사를 표하고 싶다.

이 책에서 이 두 가지는 화룡점정과 동일한 것이며, 여러분의 많은 도움을 통해 드디어 필자는 이 책을 간행해도 되겠다는 느낌을 얻을 수 있었다. 또한 이 책의 토대가 된 논문을 작성하는 단계에서 이케미 다케시(池見猛) 씨, 노보리 이사오(昇勇夫) 씨, 가키노키 세이야(柿木成也) 씨 면회를 통해 동시대의 증언을 듣고, 류코쿠대학(龍谷大学) 도서관(운노 문고, 海野文庫), 야나기하라출판(柳原出版), 구마모토현(熊本県) 의사회, 가고시마현(鹿児島県) 의사회, 가고시마시(鹿児島市) 의사회, 일본산부인과의사회, 오갸 헌금기금 사무국의 협력과 자료와 관련 정보를 제공받았다. 또한 고 요시마스 슈후(吉益脩夫) 씨의 유족에게 편지를 통해 사료의 현황과 생전의 모습에 대해 가르침을 얻었다. 그리고 졸고 「규슈제국대학에서의 민족위생·식민지 위생 강좌: 전쟁 전후의 미즈시마 하루오(水島治夫)의 학문에서」(《규슈사학》 제167호, 2014)에 관심을 갖고 연락을 주신

한양대학교 의과대학 신영전 씨로부터 조선의 우생학 동향에 관한 자료 제공과 가르침을 받았다. 그리고 사료의 열람과 대출로 이용한 도서관과 연구기관의 수가 매우 많다. 이 기회에 깊이 감사드린다.

이 책은 필자가 규슈대학 대학원 비교사회문화학부(2014년부터 지구사회통합과학부)에 제출한 학위논문[2013년 3월, 박사(비교사회문화) 학위 수여]이 원형이다. 물론 앞의 두 가지 사항에 대한 가필뿐 아니라 각 부분에 필요한 추가 수정과 압축을 시행했다.

원래 비교사회문화학부 석사 과정에서는 시미즈 야스히사(清水靖久) 선생님께서 정치·사회 사상사를 공부하는 학생으로 맞아주셨다. 졸업 논문은 허버트 스펜서의 진화 사상이 일본에서 어떻게 수용되었는가를 다룬 것으로, 대학원에서도 그 연장선의 연구를 생각하고 있었다. 그러한 주제에 관심을 가진 계기는 학부 2학년 때 나쓰메 소세키(夏目漱石)의 대표작을 대강 읽고, 그중에서도 『행인』에서 "인간의 불안은 과학의 발전에서 온다. 진행만 하고, 멈출 줄 모르는 과학은 지금까지 우리에게 멈추는 것을 허락한 적이 없다", "죽을까? 미칠까? 아니면 종교를 찾을까? 내 앞길에는 이 세 가지밖에 없다" 등의 문구에서 이러한 것을 소세키에게 쓰게 만든 일본 근대의 모습은 어떤 것이었는지 의문이 들었기 때문이라 생각하지만, 지금은 확실하지 않다.

그런데 입학 후 반년 만에 이 노선을 지속하는 것은 어렵다고 생각했다. 그 무렵 「태양」을 읽고 있었는데, 당시의 나에게 흥미로운 글이 눈에 들어왔다. 바로 운노 유키노리(海野幸德)의 것이었다. 이것도 입구로서는 좋지 않았지만, 필자가 우생학사 연구에 뛰어드는 계기가 되었고, 이후 사상사의 경계를 넘어 미디어 역사, 정치사, 사회운동사 등 다방면의 소재를 다루게 되었다. 이런 사정으로 박사 후기 과정은 원래부터 지도교수단의 한 명이었지만, 일본 근현대사 전공 아리마 마나부(有馬学) 선생님께서 또 다른 지도교수가 되어주셨고, 현재까지 많은 신세를 지고 있다. 진학 당시 아리마 선생님의 본격적인 지도를 받을 수 있다는 것에 매우 기뻐했지만, 연구 스타일의 근본적인 재검토를 요구받아 뇌 속의 도서관을 불태워야 하는 경험을 했다. 결국, 필자가 처음 활자 논문을 《일본역사》지에 발표하면서 가르침에 조금이나마 보답하는 흉내를 낼 수 있었던 것은 아리마 선생님께서 규슈대학을 퇴임하신 2009년이었다.

아리마 선생님의 퇴임 후 요시오카 히토시(吉岡斉) 선생님께서 비교문학 지도교수가 되어주셨고, 현재에 이르고 있다. 과학사·과학론의 관점에서 논문 초안 등에 많은 지도를 받은 데다 마쓰바라 요코(松原洋子) 선생님 등 해당 분야에서 쟁쟁한 연구자들에게 소개해주신 것도 큰 은혜였다. 그런데 2011년 3월 동일본 대지진이 발생하고, 후쿠시마 제1원전사고가 발생한 것으로부터, 아시다시피 요시오카 선생님은 이전보다 더욱 바빠지게 되었다. 당시 필자는 박사논문의 제출을 검토하고 있었는데, 연구지도를 받는 것을 조금 자제할 수밖에 없었다. 다만, 원전 문제로 분투하시는 요시오카 선생님의 모습을 보고, 필자는 현대사 연구의 필요성을 재인식했다. 일단 규슈대학에 집중 강의로 오신 가나모리 오사무(金森修) 선생님께서 "당신은 현대의 신우생학까지 해야 한다"라고 하신 말씀이 오랫동안 마음에 걸렸던 것도 크지만, 박사논문과 이 책에서 현대사까지 연구 소재에 포함하기로 결정한 것은 지진 후였다. 무모했을지도 모르지만, 학위논문 심사 시 아리마 선생님으로부터 "지금까지 읽은 것 중 가장 전망이 좋다"는 칭찬의 말을 듣고 이 선택이 옳았다고 확신했다. 지진 후에도 박사논문 제출에 관한 번잡한 수속에 관해서 요시오카 선생님의 대응은 믿을 수 없을 만큼 빠르고 정중했다. 무엇보다 요시오카 선생님의 친한 친구이기도 하며, 이 책의 분석 시각에 가장 큰 영향을 준 요네모토 쇼헤이(米本昌平) 박사를 박사논문의 부사(副査)로 해주신 것은 기대 이상의 기쁨이었다.

또한 비교문화학의 요시다 마사히코(古田昌彦) 선생님(일본 근대사), 인문과학연구원 야마구치 데루오미(山口輝臣) 선생님(일본 근현대사)께 석사과정 입학 후부터 세미나와 연구회 등에서 많은 지도를 받아왔다. 특히 야마구치 선생님께 일대일로 귀중한 지도를 받을 기회가 많았고, 편저 『일기로 읽는 근대 일본 3대정(日記に読む近代日本3大正)』(吉川弘文館, 2012)의 저자 중 한 명으로 참여하는 등 중요한 체험도 시켜주셨다.

이 책이 나오기까지 감사의 인사를 드릴 분들이 너무 많고, 연구의 폭이 넓어지면서 해마다 늘어나고 있다. 한 명씩 이름을 적고 싶지만, 지면의 한계상 어려우므로 직접 인사를 드리려 한다. 다만 그러한 분들과 만났던 곳을 적는다면 우선 규슈사학연구회를 꼽을 수 있다. 또한 사회사상사학회, 미디어역사 연구회, 일본과학사학회 생물학사분과회, 나나쿠마사학회, 사회사업사학회도 학회지에 논문을 게재해주신 데다 대회와 월례회 시 많은 분의 의견을 구했다. 최근 사회사업사학회에서 2015년 5월에 제6회 요시다 규이치(吉田久一) 연구장려상을 수상한 것은 감사할 따름이다. 규슈사학회 일본사 부회, 히로시마사학연구회, STS NetWork Japan 연구회에서도 참가자분들의 소중한 의견을 들을 수 있었다. 2011년 2월 하야시 신리(林真理) 선생님 등이 주최하는 과학담론 프로젝트연구회에 하라카쓰미(原克) 선생님과 함께 강연자로 초청해주신 것도 고마운 경험이다.

대학원 입학할 때부터 지금까지 공사에 걸쳐 많은 신세를 지고 있는 분으로 도이 뎃페이(土井徹平) 씨, 간다 아키후미(官田光史) 씨의 이름은 그래도 거론해야겠다. 두 사람은 필자가 대학원에 입학한 당시부터 이미 뛰어난 실적을 거둔 선배이며, 지금도 많은 것을 배우고 있다. 필자의 연구 궤적은 두 사람의 뒤를 한참 뒤처진 곳에서 칠전팔도(七顛八倒)하면서 따라가는 것이다.

이 책의 간행을 맡아주신 게이소 쇼보(勁草書房), 편집 하시모토 쇼코(橋本晶子) 씨께도 깊이 감사드린다. 생물의학계의 역사, 과학론 관련을 비롯해 명저가 많은 게이소 쇼보의 간행물에 졸저가 포함될 수 있어 영광이다.

마지막으로, 필자의 연구 내용을 잘은 모르지만, 그래도 따뜻하게 필자를 지켜보아 준 가고시마의 가족에게도 감사의 마음을 바치고 싶다.

2015년 11월 23일

요코야마 다카시(橫山尊)

[부기] 이 책의 출간을 위해 독립 행정법인 일본학술진흥회로부터 2015년도 과학 연구비 보조금(연구 성과 공개 촉진비)의 교부를 받았다.

초출일람

序　章　書き下ろし。

第一章　書き下ろし（ただし、「明治後期―大正期における科学ジャーナリズムの生成― 雑誌『科学世界』の基礎的研究を通して」（『メディア史研究』 26号、2009年の一部を踏まえている）。

第二章　「優生学と社会事業―第一次大戦後の海野幸徳の転身を中心に」『社会事業史研究』41号、2012年。

第三業　「『文化生活』の優生学―大正期の科学啓蒙と雑誌メディァ」『日本歴史』730号、2009年。

第四章　「昭和戦前期における優生学メディアの性格―雑誌『優生学』を対象に」『生物学史研究』85号、2011年。

第五章　「一九三〇~四〇年代における 『民族衛生誌』の成立と変容―科学啓蒙と学術特化のあいだ」『七隈史学』15号、2013年。

第六章　「戦間期日本の優生学論者と産児調節―論争の発生から国民優生法まで」 『九州史学』161号、2012年。

第七章　「国民優生法成立の再検討―法案論議と科学啓蒙のあいだ」 社会思想史研究 34号、2010年。

第八章　書き下ろし（2011年2月の科学言説プロジェクト研究会講演内容 「優生保護法成立と展開の側面史―谷口弥三郎の 戦中と戦後」を大幅に加筆力修正）。

第九章　「新優生学のメディアキャンペーン―おぎゃー献金の登場と展開」『メディア史研究』32号、2012年。

第一〇章　書き下ろし（2012年10月の社会思想史学会大会報告内容 1970~80年代における優生保護法改正論議の再検討―日本母性保護医協会の動向から」を大幅に加筆修正）。

終　章　書き下ろし（ただし、2013年9月の生物学史研究会・生物学基礎論研究会・夏の学校報告内容「日本の優生学史研究は何をしてきたか?―新型出生前診断の登場を受けて」の一部を踏まえている）。

찾아보기

인명

사항

지은이

● **요코야마 다카시**(横山尊)

1978년 일본 가고시마현 출생
규슈대학(九州大學) 대학원 비교사회문화 학부 졸업. 박사(비교사회문화).
현재 규슈대학 대학원 비교사회문화연구원 특별연구자, 치쿠시여학원대학(筑紫女学園大学), 구마모토학원대학(熊本学園大学) 비상근 강사
전공: 일본 근현대사
주요논문: "On Eugenic Policy and the Movement of the National Temperance League in Pre-war Japan"(*HISTOR SIA* 167호, 2014), 「규슈제대 의대 민족위생학·식민위생학 강좌: 전쟁 전후의 미즈시마 하루오(水島治夫)의 학문을 중심으로」(《九州史学》 167호, 2014) 등 다수

옮긴이

● **안상현**(MD.)

가정의학과 전문의
명덕외국어고등학교 일본어과 졸업 및 일본어 번역사
가천의과대학교 의학과 졸업
방송통신대학교 정보통계학과 졸업
연세대학교 인문사회의학 협동과정 의학교육학과 석사 과정 수료
공중보건의사(충청남도 소방안전본부 구급지도의, 탕정보건지소 지소장)
서울아산병원 인턴 수료
서울대학교병원 가정의학과 전공의 수료
대한전공의협의회 부회장, 학술이사
현 성성온가족의원 원장, 대한가정의학회, 한국동물매개심리치료학회 상임이사, 모바일닥터 CCO
역서: 『내과 주치의 필수노트』, 『소아과 주치의 필수노트』, 『항생제 처방가이드』, 『치매노인은 무엇을 보고 있는가』 등 다수

● **신영전**(MD. MPH, PhD.)

한양대학교 의과대학/보건대학원 교수, 건강과사회연구소 소장
서울대학교 보건대학원 박사
대한의사학회, 건강정책학회, 대한예방의학회 이사
하버드대학교 방문학자(2002~2004)
전공: 건강정치학
저서: 『보건의료개혁의 새로운 모색』(공저)
역서: 『리처드 레빈스의 열한 번째 테제로 살아가기』, 『건강 불평등을 어떻게 해결할까?』, 『보건의료개혁의 정치학』, 『사회 역학』, 『낸시 크리거의 역학 이론과 맥락』(이상 공역) 등 다수

한울아카데미 2155

일본이 우생사회가 될 때까지

과 학 계 몽 , 미 디 어 , 생 식 의 정 치

지 은 이	요코야마 다카시
옮 긴 이	안상현·신영전
펴 낸 이	김종수
펴 낸 곳	한울엠플러스(주)
편집책임	조수임

초판 1쇄 인쇄 2019년 4월 15일
초판 1쇄 발행 2019년 4월 30일

주 소	10881 경기도 파주시 광인사길 153 한울시소빌딩 3층
전 화	031-955-0655
팩 스	031-955-0656
홈페이지	www.hanulmplus.kr
등록번호	제406-2015-000143호

Printed in Korea.
ISBN   978-89-460-7155-1 93300 (양장)
          978-89-460-6639-7 93300 (무선)

* 책값은 겉표지에 표시되어 있습니다.
* 이 도서는 강의를 위한 학생판 교재를 따로 준비했습니다.
  강의 교재로 사용하실 때는 본사로 연락해주십시오.